RICHARD SCHAEFFLER

WAS DÜRFEN WIR HOFFEN?

RICHARD SCHAEFFLER

WAS DÜRFEN WIR HOFFEN?

Die katholische Theologie der Hoffnung
zwischen Blochs utopischem Denken
und der reformatorischen Rechtfertigungslehre

1979

WISSENSCHAFTLICHE BUCHGESELLSCHAFT
DARMSTADT

CIP-Kurztitelaufnahme der Deutschen Bibliothek

Schaeffler, Richard:
Was dürfen wir hoffen?: Die kath. Theologie d. Hoffnung zwischen Blochs utop. Denken u. d. reformator. Rechtfertigungslehre / Richard Schaeffler. — Darmstadt: Wissenschaftliche Buchgesellschaft, 1979.
ISBN 3-534-08191-9

Bestellnummer 8191-9

Satz: Maschinensetzerei Janß, Pfungstadt
Druck und Einband: Wissenschaftliche Buchgesellschaft, Darmstadt
Printed in Germany
Schrift: Linotype Garamond, 9/11

ISBN 3-534-08191-9

INHALT

Vorwort XI

Abkürzungen XV

Einleitung 1
1. Die Situation der katholischen Theologie um die Mitte des 20. Jahrhunderts und die Bemühungen um ein positives Verhältnis zur „neuzeitlichen Denkform" 1
2. Konzentration auf das Thema „Hoffnung" und die Suche nach einem eigenständigen Weg katholischer Hoffnungstheologie 5

Erster Teil

Vorbereitende Schritte auf dem Wege zu einer katholischen Theologie der Hoffnung — Bemühungen um eine Versöhnung der katholischen Theologie mit dem kantischen Denken 11
1. „Was darf ich hoffen?" — Kants Religionsverständnis als theologisches Problem 13
   a) Die religiöse Hoffnung als Vereinigung des theoretischen und praktischen Vernunftzwecks 13
   b) Voraussetzungen und Folgerungen von Kants Philosophie der religiösen Hoffnung 17
2. Versuche einer Versöhnung mit Kant — Die „transzendentale Theologie" und die theologische Rechtfertigung der Transzendentalphilosophie 22
   a) Theologie der Hoffnung und transzendentale Reflexion 22
   b) Maréchals „Transposition des Kantismus" und die Möglichkeiten einer „transzendentalen Theologie" 29
   c) J. B. Metz: Die transzendentale Denkform als wirkungsgeschichtliche Folge der „christlichen Anthropozentrik" 35
   d) Offene Fragen und ein Wechsel des Themas 43
3. Die evangelische Theologie als Vorbild: Die Theologie der Säkularisierung im Kontext der dialektischen Theologie 50

a) Zwei Quellen der Säkularisierungs-Theologie: Die reformatorische Rechtfertigungslehre und die Lehre vom „dreifachen Gebrauch des Gesetzes“ 52
b) Zwei Ausprägungen der Säkularisations-Theologie: Friedrich Gogarten und Karl Barth 55
c) Der „eschatologische Vorbehalt“ und seine Funktion bei Karl Barth 58
d) „Säkularisation“ und „Säkularismus“ — Gogartens Versuch einer wertenden Unterscheidung 61
4. Probleme einer Transposition aus der evangelischen in die katholische Theologie 64
5. Die Theologie der „weltlichen Welt“ bei J. B. Metz 70
a) Das Heil als Zukunft dieser Welt 72
b) „Verweltlichung der Welt“: Zweideutigkeiten und ein Ansatz zu ihrer Überwindung 74
c) Konsequenzen für die Unterscheidung von „Säkularisierung“ und „Säkularismus“ 78
d) Christliche Weltverantwortung 79
6. Offene Fragen und eine Änderung des Argumentationszieles . . . 80
a) Offengebliebene Probleme 80
b) Eine Änderung des Argumentationszieles und ihr Anlaß 84
c) Die Wendung zur Politik und die Frage nach dem spezifisch theologischen Ansatz 88
α) Die Wendung zur Politik 88
β) Die Frage nach dem spezifisch theologischen Ansatz 91

Zweiter Teil

Ernst Blochs utopisches Denken und der Versuch einer politischen Hermeneutik der Religion 97
1. Ernst Blochs „utopisches Denken“ als „Philosophie des Noch-Nicht“ 98
a) Bloch und die Tradition des utopischen Denkens 98
b) Die dreifache Vermittlung von utopischer Hoffnung und erfahrener Welt-Realität 102
c) Die „unterirdische Bibel“ und der „Atheismus im Christentum“ . 110
d) Blochs hermeneutischer Ansatz: Der Gegensatz zwischen „dieser“ und der „kommenden Welt“ 112
2. Die evangelische Theologie als Vorbild: Jürgen Moltmanns Theologie der Hoffnung als theologische Antwort auf die philosophische Utopik Ernst Blochs 118

a) Moltmanns Zentralthese: Der Auferstehungsglaube als Hoffnung auf die „Zukunft Christi" 118
b) „Tendenz und Latenzen" — Moltmanns Auseinandersetzung mit Ernst Bloch 126
c) „Sendung" — Möglichkeitsgrund für eine Praxis der Hoffnung . 134
d) Das theologische Zentralproblem: Die Identität von Alpha und Omega oder die Vermittlung zwischen „dieser" und der „kommenden Welt" 140
3. Die Rezeption Blochs in der „politischen Theologie" von J. B. Metz . 145
a) Das Vorstadium: Abtasten möglicher Gemeinsamkeiten 145
b) Ansätze zu einer Theologie mit Mitteln Blochscher Utopik . . . 149
c) Atheistische Folgerung oder christliche Interpretation („Reich ohne Gott" — oder „Utopie ohne Atheismus")? 154
d) Politische Theologie als Apologie des Christentums: Aufgabe und Programm 159
e) Politische Theologie als Apologie des Christentums: Ihre Durchführung bei J. B. Metz 160
f) Der Begriff der Erlösung: Bewährungsprobe oder Grenze einer politischen Theologie? 167

Dritter Teil

Auf der Suche nach einem eigenen Weg katholischer Hoffnungs-Theologie 175
1. ›Die Hoffnungsstruktur des Glaubens‹ — Ferdinand Kerstiens' Versuch einer kritischen Rezeption von Moltmanns Hoffnungs-Theologie 179
a) Kerstiens' Themenwahl und seine Orientierung an Moltmann . . 179
b) Thematische Schwerpunkte der Untersuchung von F. Kerstiens . 185
c) Probleme einer Transposition aus der evangelischen in die katholische Theologie 188
d) Transpositionsprobleme schon bei Moltmann 190
e) Kerstiens' Kritik an Moltmann und sein leitendes Interesse . . . 193
2. Auf der Suche nach einem neuen Ansatz der katholischen Sozial-Theologie 199
a) Das Methodenproblem: Katholische Sozialtheologie zwischen klassischem Naturrecht und reformatorischer Rechtfertigungslehre 199
b) Zwei Leitbegriffe weltgestaltender Praxis: „Verändern" und „Vollenden" 208

c) Das weiterführende Sachproblem: Die Weltgeschichte als Feld der sittlichen Praxis 215
d) „Umkehr“ als geschichtstheologische Grundkategorie 220
3. ›Unsere Hoffnung — Ein Bekenntnis zum Glauben in dieser Zeit‹. Die Erklärung der Gemeinsamen Synode als theologisches Dokument 223
a) Vorbemerkungen zur Eigenart des Textes 223
b) Der Stellenwert der Rede von der Hoffnung — Der Weg von der „Ersten Arbeitsvorlage“ bis zum verabschiedeten Text 226
c) Die Form von ›Unsere Hoffnung‹ — Das Ringen um den Aufbau des Textes und die Form seiner theologischen Aussagen 236
d) Die Themen von ›Unsere Hoffnung‹ — Schwerpunkte der Aussage im verabschiedeten Text der Synodenerklärung 240
e) Grundgedanken einer katholischen Theologie der Hoffnung und ihre Spiegelung in der Erklärung der Gemeinsamen Synode . . . 245
4. Das Selbstverständnis der katholischen Hoffnungs-Theologie in ihrer doppelten Abgrenzung 248

Vierter Teil

Die katholische Theologie der Hoffnung — Eine Antwort auf die Herausforderung Blochs? 251
1. Die Frage nach dem rechten Ansatz für eine theologische Auseinandersetzung mit Ernst Bloch 251
a) Die Problemlage 251
b) Vorschlag eines Ansatzes für die Diskussion mit Ernst Bloch: Von der Redaktionsgeschichte zur Religionsgeschichte 254
2. Die Frage nach dem religionsgeschichtlichen Ort der biblischen Hoffnungsbotschaft 257
a) Blochs Bibelverständnis und seine Auffassung von der religionshistorischen Bedeutung der biblischen Botschaft 257
b) Zum religionshistorischen Ort des Gegensatzes zwischen „dieser“ und der „kommenden Welt“ 262
c) Zum religionshistorischen Ort biblischer Apokalyptik 271
d) Zum religionshistorischen Ort der neutestamentlichen Eschatologie 281
3. Blochs Philosophie der Hoffnung als Herausforderung an die Theologie 289
a) Die Art der Herausforderung 289
b) Die katholische Theologie der Hoffnung als Antwort? 299

4. Perspektiven einer künftigen Hoffnungs-Theologie? 309
a) Selektive Aneignungsverfahren und ihre Unzulänglichkeit . . . 309
b) Ein Rückblick auf die Hoffnungsphilosophie Kants 313
c) Kants postulatorische Hoffnung und die katholische Theologie . 317
d) Auf der Suche nach einem angemessenen Kontext katholischer Hoffnungs-Theologie 320

Literatur 327

Stichwortregister 331

VORWORT

Die hier vorgelegte Untersuchung entstand im Zusammenhang eines Forschungsvorhabens, das die Gegenseitigkeit der Beziehungen zwischen Philosophie und katholischer Theologie zum Gegenstand hatte. (Ein Ergebnisbericht wird demnächst unter dem Titel ›Die Wechselbeziehungen zwischen Philosophie und katholischer Theologie‹ in der Reihe ›Die philosophischen Bemühungen des 20. Jahrhunderts‹ im Verlag der Wissenschaftlichen Buchgesellschaft erscheinen.) Die Bemühungen um eine katholische Theologie der Hoffnung nehmen in diesem Zusammenhang in zweifacher Hinsicht eine Sonderstellung ein. Erstens hat die katholische Theologie gerade auf diesem Felde ihren Weg nicht nur durch die Auseinandersetzung mit der Philosophie der Gegenwart gefunden — hier war vor allem die Philosophie Ernst Blochs für sie bedeutsam —, sondern zugleich und in ausgezeichnetem Maße durch das Gespräch mit der evangelischen Theologie. Aus dieser Beobachtung ergibt sich der Titel ›Die katholische Theologie der Hoffnung zwischen Blochs utopischem Denken und der reformatorischen Rechtfertigungslehre‹. Zweitens ist die katholische Theologie hier weniger als auf anderen Sachgebieten über die bloße Rezeption philosophischer und evangelisch-theologischer Impulse hinausgelangt und zu einer aktiven, eigenständig antwortenden Gesprächsführung übergegangen, aus der auch die Philosophen eine weiterführende Anregung hätten gewinnen können. Von „Wechselbeziehungen" kann daher auf diesem Felde nur in ersten Ansätzen die Rede sein. (Anders verhält es sich, um nur ein Beispiel zu nennen, bei der schöpferischen Aneignung der kantischen Transzendentalphilosophie durch Maréchal und die transzendentale Theologie. Hier wurde der transzendentale Ansatz Kants auf eine auch philosophisch bedenkenswerte Weise weiterentwickelt.) Aufgrund dieser beiden Abweichungen von der Regel erschien es gerechtfertigt, die katholische Theologie der Hoffnung in einer eigenen Veröffentlichung zu behandeln.

Daß die bisher noch fehlende Gegenseitigkeit des Gebens und Nehmens auch auf dem Felde einer praxisanleitenden Theologie und Philosophie der Hoffnung möglich wäre und für die Zukunft erwartet werden kann, ist die Überzeugung, zu der ich bei der kritischen Sichtung der bisher vorliegenden Bemühungen um eine katholische Theologie der Hoffnung gelangt bin. Einer solchen fruchtbaren Gegenseitigkeit den Weg zu bereiten, ist die Absicht, der die folgenden Überlegungen dienen.

Die Frage jedoch, was geschehen muß, um auch auf diesem Felde zu jener für beide Teile fruchtbaren Wechselbeziehung zu gelangen, zu der die katholische Theologie sich auf anderen Gebieten als fähig erwiesen hat, hat meine Aufmerksamkeit auf die Differenz zweier Verfahrensweisen gelenkt. Diese beiden Verfahrensweisen werden im folgenden unter den Titeln „Selektion" und „Transposition" mehrfach zur Sprache kommen. Solange nämlich die Theologie sich gegenüber der Philosophie (bzw. die katholische Theologie gegenüber der evangelischen) rein rezeptiv verhält, wird sie zu einem selektiven Verfahren genötigt. Sie löst dann aus der Vorlage, die sie jeweils benutzt, Elemente heraus, die ihr zustimmungswürdig und für ihre eigenen Überlegungen verwendbar erscheinen. Eine solche Isolierung zustimmungswürdiger und verwendbarer Elemente löst jedoch jeweils den Argumentationszusammenhang auf. Dies hindert die katholischen Theologen, den Gründen nachzuspüren, die bei ihren philosophischen bzw. evangelisch-theologischen Gesprächspartnern sowohl zu denjenigen Aussagen geführt haben, denen die katholischen Theologen zustimmen können, als auch zu jenen, denen sie widersprechen müssen. Die Herauslösung ausgewählter Ergebnisse aus dem sie begründenden Argumentationszusammenhang macht deshalb eine eigenständig argumentierende Antwort weitgehend unmöglich.

Gefordert ist deshalb dort, wo Gegenseitigkeit gelingen soll, statt bloßer Selektion eine Transposition, die methodenbewußt und kritisch die Strukturdifferenz der Kontexte bedenkt, aus denen bzw. in die hinein sich solche Übernahmen vollziehen können. Wird eine solche Transposition geleistet, dann nehmen auch diejenigen Elemente, die aus einer Vorlage übernommen werden, eine veränderte Bedeutung an und können in dieser verwandelten Funktion dem Gesprächspartner zu erneuter Bearbeitung zurückgegeben werden. Die Geschichte des Wechselverhältnisses von Philosophie und Theologie ist reich an Beispielen für diese Art der Gegenseitigkeit des Dialoges.

Die vorwiegend rezeptive Haltung, die die katholischen Theologen der Hoffnung gegenüber den zeitgenössischen philosophischen und evangelisch-theologischen Formen des Hoffnungsverständnisses eingenommen haben, hat also weithin bewirkt, daß das Verfahren selektiv geblieben ist und die je spezifischen Transpositionsprobleme ausgeklammert blieben. Soll der Übergang von der einseitigen Rezeption zum wechselseitigen Dialog gelingen, so scheint es nötig zu sein, auf diese Transpositionsprobleme eine erhöhte Aufmerksamkeit zu verwenden. Sie werden daher im folgenden beim Bericht über die einzelnen Schritte, die die katholische Theologie auf dem Weg zu einer eigenständigen Theologie der Hoffnung unternommen hat, jeweils ausdrücklich hervorgehoben werden.

Weiterhin hat sich ergeben: Die beiden bevorzugten Gesprächspartner einer katholischen Theologie der Hoffnung sind Ernst Blochs utopisches Denken und die evangelische Theologie der „weltlichen Welt" bzw. der „Zukunft Christi", wie sie einerseits von Friedrich Gogarten und Karl Barth, andererseits von Jürgen Moltmann entwickelt wurde. Aber diese Ansätze zu einem philosophischen bzw. evangelisch-theologischen Hoffnungsverständnis sind ihrerseits, so zeigte sich, aus einer je besonderen Transformation der Postulatenlehre Immanuel Kants hervorgegangen. Daher schien es nötig, einleitend und auch abschließend auf Kants Religionsverständnis und seine Theorie der postulatorischen Hoffnung zurückzugreifen. Das Ergebnis muß zeigen, ob dieser Rückgriff sich als fruchtbar erwiesen habe.

Gerne benutze ich die Gelegenheit, an dieser Stelle meinen Mitarbeitern zu danken. Dieser Dank gilt vor allem meinem Assistenten, Herrn Michael Buchmann, der meine Bemühungen nicht nur durch bibliographische Vorarbeiten unterstützt, sondern vor allem stets in kritischem Gespräch begleitet hat. Die studentischen Mitarbeiter meines Lehrstuhles, Frau Daniela Kessler, Herr Werner Berning und Herr Johannes Müther, haben sich um die Zitatenkontrolle, die Anfertigung der Register und das Lesen der Korrekturen verdient gemacht. Frau Anneliese Kaufhold hat das Typoskript in allen Fassungen, die diese Arbeit durchlaufen hat, in dankenswerter Geduld und stets gleichbleibender Sorgfalt angefertigt. Alle diese Formen der Mitarbeit an dem hier vorgelegten Werk seien an dieser Stelle dankend erwähnt.

Bochum, im Juli 1978 Richard Schaeffler

ABKÜRZUNGEN

AC	E. Bloch, Atheismus im Christentum, Frankfurt 1968, in: Gesammelte Werke XIV
(1.—4.) AV	1.—4. „Arbeitsvorlage" für den späteren Synodenbeschluß „Unsere Hoffnung" (bisher ungedruckt)
BzE	S. Unseld (Hrsg.), Ernst Bloch zu Ehren, Frankfurt 1965
CA	J. B. Metz, Christliche Anthropozentrik. Über die Denkform des Thomas von Aquin, München 1962
EdL	J. B. Metz, Erinnerung des Leidens als Kritik eines teleologisch-technologischen Zukunftsbegriffs, in: Evangelische Theologie 32 (1972), S. 338—352
EuE	J. B. Metz, Erlösung und Emanzipation, in: L. Scheffczyk (Hrsg.), Erlösung und Emanzipation, Freiburg 1973, S. 120—140
GdU	E. Bloch, Geist der Utopie (Urfassung), München 1918, in: Gesammelte Werke XVI
GdU^2	Ernst Bloch, Geist der Utopie (Überarbeitete Fassung), in: Gesammelte Werke III
gE	J. B. Metz, Glaube als gefährliche Erinnerung, in: A. Exeler, J. B. Metz, K. Rahner, Hilfe zum Glauben, Zürich 1971, S. 23—38
HdG	F. Kerstiens, Die Hoffnungsstruktur des Glaubens, Mainz 1968
HPM	J. B. Metz, Heidegger und das Problem der Metaphysik, in: Scholastik 28 (1953), S. 1—22
Ill.	F. Gogarten, Illusionen. Eine Auseinandersetzung mit dem Kulturidealismus, Jena 1926
(1.—2.) KV	1.—2. „Kommissionsvorschlag" für die Erstellung der Synodenvorlage „Unsere Hoffnung"
Log.	I. Kant, Vorlesungen über Logik, hrsg. v. G. I. Jäsche, Königsberg 1800
ONNS	E. Bloch, Philosophische Grundfragen I: Zur Ontologie

	des Noch-Nicht-Seins, Frankfurt 1961, in: Gesammelte Werke XIII
PH	E. Bloch, Das Prinzip Hoffnung, Berlin (Ost) 1954—59, in: Gesammelte Werke XIV
PTh	J. B. Metz, Politische Theologie, in: Sacramentum mundi III, Freiburg 1969, Sp. 1232—1240
PThD	J. B. Metz, Politische Theologie in der Diskussion, in: H. Peukert (Hrsg.), Die Diskussion um die politische Theologie, Mainz/München 1969, S. 267—301
pV	I. Kant, Kritik der praktischen Vernunft, Riga [1]1788
Rel.	I. Kant, Die Religion innerhalb der Grenzen der bloßen Vernunft, Königsberg [1]1793
Rel. B	dasselbe [2]1794
rV	I. Kant, Kritik der reinen Vernunft, Riga [1]1781
SChr	J. B. Metz, Die „Stunde“ Christi. Eine geschichtstheologische Erwägung, in: Wort und Wahrheit 12 (1957), S. 5—18
ThdH	J. Moltmann, Theologie der Hoffnung, München 1969
ThdW	J. B. Metz, Zur Theologie der Welt, Mainz 1968
ThuK	K. Barth, Die Kirche und die Kultur, in: Gesammelte Vorträge II (Die Theologie und die Kirche), München 1928, S. 364—391
TmO	J. B. Metz, Theologische und metaphysische Ordnung, in: Zeitschrift für Katholische Theologie 83 (1961), S. 1—14
UH	Unsere Hoffnung; Ein Bekenntnis zum Glauben in dieser Zeit, in: L. Bertsch u. a. (Hrsg.), Gemeinsame Synode der Bistümer in der Bundesrepublik Deutschland, Bd. I, Beschlüsse der Vollversammlung, Freiburg 1976
VHN	F. Gogarten, Verhängnis und Hoffnung der Neuzeit. Säkularisierung als theologisches Problem, Stuttgart 1953, hier zitiert nach [2]1958
zMkG	J. B. Metz, Der zukünftige Mensch und der kommende Gott, in: H. J. Schultz (Hrsg.), Wer ist das eigentlich — Gott?, München 1969

EINLEITUNG

1. Die Situation der katholischen Theologie um die Mitte des 20. Jahrhunderts und die Bemühungen um ein positives Verhältnis zur „neuzeitlichen Denkform“

Die katholische Theologie hat sich um die Mitte des 20. Jahrhunderts in vielfacher Weise darum bemüht, ihr Verhältnis zum öffentlichen Bewußtsein der Gegenwart neu zu bestimmen. Die Pastoralkonstitution des Zweiten Vatikanischen Konzils mit dem Titel ›Die Kirche in der Welt von heute‹ hat die Frage nach einer Ortsbestimmung der *Kirche* im Leben der Gesellschaft von heute aufgeworfen und zu beantworten versucht. Die analoge Frage nach dem Ort der *Theologie* im geistigen Leben der Gegenwart war von den Theologen schon lange Zeit vor dem Konzil erörtert worden, erhielt aber durch diesen Konzilsbeschluß neue Aktualität. Auch die Bemühungen um eine katholische Theologie der Hoffnung müssen in diesem Zusammenhang gesehen werden.

Dabei zeigt eine historische Besinnung: Bis tief ins 18. Jahrhundert hinein war die katholische Theologie mit der zeitgenössischen Philosophie, d. h. mit der Philosophie der Aufklärung, in einem für beide Seiten fruchtbaren Gespräch gestanden. Dafür seien hier nur zwei Beispiele in Erinnerung gerufen. Leibniz, das unbestrittene Schulhaupt der deutschen Aufklärungsphilosophie, hat mit Stolz darauf hingewiesen, daß ihm nicht nur die mittelalterliche Philosophie etwa des Thomas von Aquin, sondern auch die der spanischen Jesuiten wohlbekannt sei; und in seinem religionsphilosophischen Hauptwerk ›Theodicée‹ zeigte er sich mit der speziell katholischen Argumentation zur Verhältnisbestimmung von Glauben und Wissen so sehr vertraut, daß er sich in der Vorrede („Über die Konformität von Glaube und Vernunft“) mit dem Vorwurf auseinandersetzen mußte, er bekenne sich nicht mehr zur Augsburgischen Konfession. Andererseits hat die auf Leibniz fußende aufgeklärte Schulphilosophie des Christian von Wolff gerade in katholischen Ordenshochschulen und Universitätsfakultäten bereitwillige Aufnahme gefunden. Ihr Aufbau (von der formalen und materialen Logik über die allgemeine und spezielle Metaphysik bis zur Ethik und Theodicée) und ihre Darbietungsform (mit „Praelectiones", die auf die Erläuterung und Begründung knapp formulierter Lehrsätze hinausliefen, und „Disputationes", die diese Thesen in Auseinandersetzung mit abweichenden Sentenzen erprobten) bestimmten den akademischen Unterricht in den philosophischen Disziplinen gerade an katholisch-theologischen Hochschulen bis ins 20. Jahrhundert hinein, teilweise über den Zweiten Weltkrieg hinaus. Nicht die Aufklärung, sondern der transzendentale Idealismus, nicht Descartes, sondern Kant markiert den Bruch im Gespräch zwischen katholischer Theologie und zeitgenössischer Philosophie — die Idealismus-Rezeption in der „Katholischen Tübinger Schule" ist demgegenüber die Ausnahme geblieben.

Vollends der „Modernismusstreit" zu Beginn des 20. Jahrhunderts hat zu der Überzeugung geführt, Kants „Phänomenalismus", d. h. die von ihm vertretene Beschränkung unserer Erkenntnis auf bloße Erscheinungen, habe — mit Kants Willen oder gegen ihn — jene Trennung von Glauben und Wissen zur Folge gehabt, die die Religion in eine Sache irrationaler Gefühle verwandelt habe. So habe Kants Ansatz zu einem Subjektivismus der religiösen Erlebnisse geführt, deren reine „Innerlichkeit" alle Fragen des Dogmas, des Gottesdienstes und der kirchlichen Gemeinschaft zu „Äußerlichkeiten" abwertete und den Anspruch auf Wahrheit preisgab zugunsten einer bloß subjektiven Wahrhaftigkeit, d. h. der Angemessenheit des äußeren Ausdruckes an das innere Gefühl.

Die Bemühungen um eine katholische Theologie der Hoffnung, so wurde eingangs soeben gesagt, stehen im Zusammenhang jener Anstrengungen, die die katholische Theologie in der Mitte des 20. Jahrhunderts unternommen hat, um ein positives Verhältnis zur „neuzeitlichen Denkform" wiederzugewinnen. Der Verlust dieses Verhältnisses, so zeigte sich nun, scheint erst dort eingetreten zu sein, wo das Denken der Neuzeit durch Kant und seinen transzendentalen Ansatz bestimmt worden ist. Wiederanknüpfung des Dialoges zwischen katholischer Theologie und zeitgenössischer Philosophie konnte daher zweierlei bedeuten. Entweder wartete man auf philosophiehistorische Entwicklungen, die eine Überwindung des Kantianismus zu versprechen schienen.

So griff man Husserls Phänomenologie, Schelers Wertphilosophie, Heideggers Fundamentalontologie dankbar auf — und erlebte alsbald die Enttäuschung, daß auch bei diesen Denkern ein transzendentalphilosophischer Einschlag wirksam bleibt, der dasjenige verhindert, was die katholischen Theologen als „Überwindung des Subjektivismus" bezeichnet und gerade von diesen Philosophen erhofft hatten. Oder aber man versuchte, Kant neu zu lesen. Hinter der Oberfläche des „Metaphysik-Zertrümmerers" sollte derjenige Autor wiederentdeckt werden, dessen Absicht es war, „Prolegomena zu einer jeden künftigen Metaphysik" zu schreiben, „die als Wissenschaft wird auftreten können" (vgl. das so betitelte Buch von I. Kant, Riga 1783).

Ganz in diesem an zweiter Stelle genannten Sinne hat zwischen den beiden Weltkriegen Joseph Maréchal die transzendentale Reflexion nicht als das Ende, sondern als den „Ausgangspunkt der Metaphysik" verstanden (so der Titel seines mehrbändigen, unvollendet gebliebenen Hauptwerkes). Er versuchte das, was er selbst eine „Transposition des Kantismus" nannte. Er stellte Kants transzendentalen Ansatz in den Kontext einer an Aristoteles orientierten Erkenntnistheorie und Anthropologie. Und er stellte eben dadurch auch umgekehrt diese bei katholischen Theologen bevorzugte Philosophie, den Aristotelismus in thomasischer Interpretation, in den Kontext solcher Fragestellungen hinein, die einen Dialog mit der kantisch geprägten Gegenwartsphilosophie möglich machen sollten. Maréchals so gewonnene transzendentalphilosophische Anthropologie mit ihrem Zentralbegriff „Dynamismus des Geistes" und mit ihrer Zentralthese, wonach der menschliche Geist in jedem seiner Akte implizit über alles Seiende hinaus einen „Vorgriff" auf Gott als das absolute Sein vollziehe, bildete die philosophische Grundlage, auf welcher Rahner seine fundamentaltheologische Anthropologie und transzendentale Theologie errichten wollte: ein katholisch-theologisches Gesprächsangebot an das kantisch geprägte Denken der Neuzeit. (Vgl. dazu meine demnächst erscheinende Untersuchung: Gott als Apriori des menschlichen Geistes? Möglichkeiten und Erfahrungen, Grenzen und Chancen einer transzendentalen Theologie.) Es ist kein Zufall, daß Johann Baptist Metz, der wie kein anderer katholische Theologe in Deutschland um eine Theologie der Hoffnung bemüht gewesen ist, zunächst den Versuch unternommen hat, die „transzendentale Denkform" der Neuzeit theologisch zu legitimieren und als historische Spätfolge einer in der Botschaft des Evangeliums begründeten „christlichen Anthropozentrik“ auszuweisen.

Jeder Versuch katholischer Theologen, neue Wege zu einer Theologie der Hoffnung zu finden, mußte jedoch auch einer anderen Rezeption des kantischen Erbes begegnen. Dieses nämlich lebte in der evangelischen Theologie auf eine Weise fort, die sich von der katholischen Kant-Rezeption spezifisch unterscheidet. Hier hatte gerade die schroffe Unterscheidung zwischen der Hoffnungsgewißheit des Glaubens und der durch Argumente gesicherten theoretischen Gewißheit des Wissens entschiedenen Beifall gefunden. Kant, so stellte man hier mit Zustimmung fest, hat den theoretischen und praktischen Umgang mit der Welt von allen metaphysischen Hypothesen (und Hypotheken!) entlastet und der Religion ein Feld zugeschrieben, das von allem theoretischen Wissen und sittlichen Wollen verschieden war: das Feld des Hoffens. Der metaphysikfreie Umgang mit der Welt, den Kant lehrte, erschien hier als die legitime Folge davon, daß der Glaube, d. h. das Zutrauen auf die rechtfertigende Gnade Gottes, von aller „Weisheit der Griechen“ ebenso verschieden ist wie von aller „Gesetzesgerechtigkeit der Juden“. Nicht so sehr mit Kants transzendentalem Ansatz wußten diese Theologen sich einig als vielmehr mit der geistesgeschichtlichen Folge seines Philosophierens: mit der Entlastung des Weltverhaltens von aller (scheinbar religionsbegründenden) Metaphysik und insofern mit der wachsenden „Verweltlichung der Welt“. Diese „Weltlichkeit“ und nicht eine (ohnedies nur den Philosophen bekannte) „transzendentale Denkform“ schien diesen Theologen das Kennzeichen neuzeitlicher Theorie und Praxis zu sein. Und gerade hier meinten sie die latente Christlichkeit des neuzeitlichen Bewußtseins zu entdecken. Hier suchten sie deshalb jenen Basis-Konsens, der einen Dialog zwischen evangelischer Theologie und neuzeitlichem Bewußtsein möglich macht.

Wenn also die Bemühungen um eine katholische Theologie der Hoffnung der Absicht gewidmet waren, den abgebrochenen Dialog mit dem neuzeitlichen Denken wieder anzuknüpfen, so mußten die katholischen Theologen dabei auch jenem anderem Dialogangebot begegnen, das die evangelischen Theologen dem neuzeitlichen Bewußtsein dadurch gemacht hatten, daß sie die „weltlich gewordene Welt“ theologisch legitimierten. Es ist daher kein Zufall, daß Johann B. Metz nach seiner Bemühung um eine theologische Legitimierung der transzendentalen Denkform in eine Auseinandersetzung mit der evangelischen „Säkularisierungstheologie“ eingetreten ist.

Diesen Hinweisen folgend, wird der *erste Teil* der hier vorgelegten Untersuchung unter dem Titel „Vorbereitende Schritte auf dem Wege zu einer Theologie der Hoffnung“ zwei Versuche beschreiben, die katholische Theologie mit dem nachkantischen Denken zu versöhnen: die theologische Deutung und Legitimierung der „transzendentalen Denkform“ und die Rezeption wesentlicher Impulse aus der evangelischen „Theologie der Säkularisierung“.

2. Konzentration auf das Thema „Hoffnung“ und die Suche nach einem eigenständigen Weg katholischer Hoffnungstheologie

Die Bemühung, den abgebrochenen Dialog mit dem neuzeitlichen Denken wiederanzuknüpfen, steckt das allgemeine Feld ab, innerhalb dessen viele Bemühungen der gegenwärtigen katholischen Theologie sich bewegen, so auch die Bemühungen um eine Theologie der Hoffnung. Aber daß die Anstrengungen, den Dialog mit den Zeitgenossen wiederzugewinnen, sich gerade auf das Thema Hoffnung konzentriert haben, hat einen besonderen Grund. Die „Welt von heute“, mit der dieser Dialog geführt werden soll, ist keine Welt der Glaubenden mehr. Das öffentliche Bewußtsein ist nicht mehr von christlichen Glaubensüberzeugungen geprägt. Ja noch mehr: Nicht erst die *Überzeugungen,* die in der Gesellschaft herrschen, sondern zuvor schon die *Fragen,* auf die in dieser Gesellschaft Antworten gesucht werden, sind von solcher Art, daß die christliche Botschaft ihnen gegenüber eigentümlich fremd erscheint. Es ist nicht ohne weiteres sichtbar, ob und inwiefern die Inhalte dieser Botschaft die „Fragen der Zeit“ beantworten können. Die Christen machen die Erfahrung, daß die „Welt von heute“ durch die Glaubensverkündigung weithin nicht einmal mehr zu Widerspruch gereizt wird, sondern nicht mehr weiß, wovon die Rede ist, weil sie die Fragen, auf die diese Botschaft antworten will, nicht mehr als ihre eigenen Fragen wiedererkennen kann.

Auf der Suche nach einem Anknüpfungspunkt für den Dialog zwischen Glaubenden und Nichtglaubenden hat das Zweite Vatikanische

Konzil sein Solidaritätsangebot an die Welt von heute gemacht. Die Pastoralkonstitution ›Die Kirche in der Welt von heute‹ beginnt deshalb mit dem Satz: „Freude und Hoffnung, Trauer und Angst der Menschen von heute, besonders der Armen und Bedrängten aller Art, sind auch Freude und Hoffnung, Trauer und Angst der Jünger Christi." Wo es schwer geworden ist, für die Rede vom Glauben Verständnis zu finden, da scheint es dennoch möglich, den Nichtglaubenden zu sagen, daß die Botschaft der Christen die Welt in dem angeht, was sie selbst aus eigener Erfahrung kennt: in ihrer Freude und Hoffnung, ihrer Trauer und ihrer Angst. (An dieser Stelle danke ich meinem Assistenten, Herrn Michael Buchmann, der mich auf diesen pastoralen Grund für die Themenwahl der Konzilskonstitution aufmerksam gemacht hat.)

Unter den vier Themen, die die Konzilskonstitution in ihrem ersten Satze nennt, traten „Trauer und Angst" in den folgenden Jahren zunehmend in den Hintergrund. Man wollte offensichtlich den Verdacht vermeiden, als gehe es darum, der „bösen Welt" in der Weise der Bußprediger zunächst die Anlässe dafür vor Augen zu stellen, über ihre Vergangenheit und Gegenwart zu trauern und sich über ihre Zukunft zu ängstigen, um ihr sodann die christliche Botschaft als die Lösung ihrer sonst unlösbaren Probleme anzubieten. Gerade dies, so fürchtete man, erwecke den Anschein einer herablassenden Belehrung und widerspreche der so sehr betonten Solidarität mit der Welt. Aber auch die beiden zuerst genannten Themen „Freude und Hoffnung" (nach ihnen wird die Konstitution gewöhnlich ›Gaudium et spes‹ genannt) haben für das Gespräch mit der Welt von heute nicht das gleiche Gewicht. Denn wo die Gesellschaft von heute ihre Freuden erlebt, da mag sie es zwar mit Zustimmung zur Kenntnis nehmen, daß die Glaubenden sie ihrer Mitfreude versichern — aber sie könnte nötigenfalls auf solche Solidarität auch verzichten. Anders verhält es sich mit der Hoffnung. Diese Hoffnung in ihrem Recht bestätigt, in ihrer Aussicht auf Erfüllung ermutigt zu sehen, ist ein Wunsch der „Welt von heute", der sie dazu motivieren kann, der Botschaft des Glaubens ihre Aufmerksamkeit zu schenken. So ist es nicht so sehr die „Freude, Trauer und Angst der Menschen von heute", als vielmehr ihre „Hoffnung", die den Glaubenden als Anknüpfungspunkt dienen kann, wenn sie das Gespräch mit der Welt von heute suchen.

Ist aber die Hoffnung das Thema, das die Glaubenden mit den Nichtglaubenden in der Welt von heute verbindet und ihren Dialog möglich macht, dann ist eine Theologie der Hoffnung nötig, um die Basis dieses Gespräches theologisch zu beschreiben und zu sichern. Eine solche Theologie der Hoffnung aber begegnet zwei anderen Weisen des Hoffnungsverständnisses, die außerhalb der katholischen Theologie schon entwickelt worden sind: der Philosophie der postulatorischen Hoffnung, wie sie unter dem Einfluß reformatorischer Überlieferung von Immanuel Kant begründet worden ist, und wie sie heute (in einer von dieser christlichen Wurzel abgelösten Form) von Ernst Bloch weiterentwickelt wurde, andererseits aber einer Theologie der Hoffnung auf Gottes gerechtmachende Gnade, wie sie von evangelischen Theologen vertreten wird. Dabei ist aus dem Gesagten deutlich: Es mußte den evangelischen Theologen leichter fallen als den katholischen, in Kants Philosophie der Hoffnung das Erbe des eigenen reformatorischen Glaubensverständnisses wiederzuerkennen und sich darum diese Philosophie theologisch anzueignen; und eben deshalb lag es ihnen auch näher, Blochs Hoffnungsphilosophie, obgleich sie sich von dieser Wurzel gelöst hatte, in eine Theologie der Glaubenshoffnung zurückzuübersetzen. Kurz: Eine katholische Theologie der Hoffnung mußte schon bei ihrem Entstehen nicht nur auf Blochs philosophisches Hoffnungsverständnis stoßen und damit dem kantischen Gedanken der „Postulate“ wiederbegegnen. Sie begegnete dabei zugleich einem schon theologisch interpretierten und rezipierten Bloch im Kontext evangelisch-theologischer Hoffnungstheologie. Der Versuch katholischer Theologen, mit der Philosophie von Ernst Bloch in einen Dialog einzutreten, ist darum stets zugleich der Versuch, die schon geleistete Bloch-Rezeption evangelischer Theologen nachzuvollziehen.

Diesem Hinweise folgend, wird ein *zweiter Teil* der hier vorgelegten Untersuchung darzustellen haben, auf welche Weise Ernst Blochs Philosophie der Hoffnung, als ein spezifisches Verständnis der Religion im allgemeinen und der biblischen Botschaft im besonderen, zunächst die evangelischen Theologen, sodann auch die katholischen, zu einer kritischen Rezeption herausgefordert hat.

Damit wird der *dritte Teil* dieser Untersuchung vorbereitet, der — entsprechend dem Gesamttitel ›Die katholische Theologie zwischen Blochs utopischem Denken und der reformatorischen Rechtfertigungslehre‹ — die Bemühungen schildern wird, einen „eigenen Weg katholischer Hoffnungstheologie" zu finden. Ein *vierter Teil* schließlich wird der Frage gewidmet sein, ob die katholische Theologie der Hoffnung, die aus dieser Bemühung hervorgegangen ist, jene Herausforderung angemessen aufgenommen und beantwortet habe, die Blochs Philosophie der Hoffnung für die Theologie bedeutet.

Die Bemühungen um eine katholische Theologie der Hoffnung werden im folgenden überwiegend am Beispiel von J. B. Metz dargestellt werden. Diese Konzentration auf einen bestimmten Theologen soll nicht als ein Votum für seine und gegen andere Konzeptionen einer Hoffnungstheologie verstanden werden. Für diese Beschränkung waren vielmehr folgende Gesichtspunkte maßgebend:

Soweit ich sehe, hat kein anderer katholischer Theologe sich so sehr darum bemüht, in einer *Theologie* der Hoffnung die Herausforderung anzunehmen, die von der gegenwärtig einflußreichsten *Philosophie* der Hoffnung ausgegangen ist: von der Philosophie Ernst Blochs. Da jedoch diese Philosophie gleichzeitig auch von evangelischen Theologen, vor allem von Jürgen Moltmann, zur Grundlegung einer Theologie der Hoffnung herangezogen wurde, waren Metz und seine theologischen Freunde genötigt, zugleich mit dem philosophisch-theologischen Dialog auch das Gespräch mit evangelischen Theologen zu führen. Nun wird im Untertitel dieser Untersuchung die Vermutung ausgesprochen, die katholische Theologie der Hoffnung müsse ihren Weg „zwischen Blochs utopischem Denken und der reformatorischen Rechtfertigungslehre" finden. Wenn diese Vermutung zutrifft, werden die Bemühungen um solche Weg-Findung am deutlichsten bei demjenigen Theologen zu studieren sein, der den Dialog mit Bloch am intensivsten gesucht hat und dabei am deutlichsten auf jene Versuche einer Hoffnungstheologie aufmerksam geworden ist, die von evangelischen Theologen aus der reformatorischen Rechtfertigungslehre entwickelt worden sind.

Daß es sachgemäß ist, die Bemühungen um eine katholische Theologie der Hoffnung gerade am Beispiel von J. B. Metz darzustellen, läßt sich aber auch noch durch eine schlichte Beobachtung plausibel machen. Die katholische Theologie der Hoffnung hat in einem Beschluß ihren Ausdruck gefunden, den die Gemeinsame Synode der Bistümer in der Bundesrepublik Deutschland gefaßt hat. Dieser Beschluß trägt die Überschrift ›Unsere Hoffnung — ein Bekenntnis zum Glauben in dieser

Zeit‹. Es erschien angezeigt, sich bei einer Darstellung katholischer Hoffnungstheologie an demjenigen Theologen zu orientieren, der wie kein anderer auf Inhalt und Form dieses maßgeblichen Textes Einfluß genommen hat.

Erster Teil

VORBEREITENDE SCHRITTE AUF DEM WEGE ZU EINER KATHOLISCHEN THEOLOGIE DER HOFFNUNG — BEMÜHUNGEN UM EINE VERSÖHNUNG DER KATHOLISCHEN THEOLOGIE MIT DEM KANTISCHEN DENKEN

Die evangelische Theologie, so wurde schon einleitend hervorgehoben, versteht den Glauben in seinem Zentrum als Zutrauen zu jenem Wort des Evangeliums, das dem Sünder die Gnade Gottes zuspricht. Ist aber der Glaube *(fides)* wesentlich ein Zutrauen *(fiducia)*, dann ist jede Glaubenslehre (Theologie) immer schon Lehre von der Hoffnung und von dem Grunde, auf den die Hoffnung sich stellt. Die evangelische Theologie bedarf darum keines Weges, um zu einer Theologie der Hoffnung zu gelangen; sie ist immer schon bei diesem Thema.

Anders steht es mit dem Thema Hoffnung innerhalb der katholischen Theologie. Zwar haben auch katholische Theologen stets von der Hoffnung gesprochen, teils in der Eschatologie, die von der Vollendung des göttlichen Heilswirkens an der Welt und am Menschen handelt, teils in der Moraltheologie, die neben dem Glauben und der Liebe die Hoffnung als eine „göttliche Tugend" beschreibt, d. h. als eine „Haltung" *(habitus)*, die der Mensch nicht aus eigener Kraft einnehmen kann, sondern in die er durch Gottes Gnade versetzt werden muß. Aber der systematische Ort, den dieses Thema im Ganzen der Theologie einzunehmen hat, und der methodische Ansatz, von dem aus es sachgemäß behandelt werden kann, waren hier nicht, wie bei den evangelischen Theologen, durch das Verständnis dessen, was „Evangelium" heißt, von vorneherein klar und sichergestellt. Die katholische Theologie hatte es deshalb in Geschichte und Gegenwart immer wieder nötig, sich auf „Wege zu einer Theologie der Hoffnung" zu begeben und dabei „vorbereitende Schritte" zu tun. Auf diesen Sachverhalt soll die Überschrift dieses ersten Teiles der hier vorgelegten Untersuchung aufmerksam machen. Und unter dieser Überschrift soll dargestellt werden, auf welchem

Wege sich katholische Theologen während der letzten Jahre erneut dem Thema Hoffnung genähert haben.

Das Feld, in dem diese vorbereitenden Schritte sich bewegten, ist durch die Bemühung bestimmt, den weitgehend abgebrochenen Dialog mit der zeitgenössischen Philosophie oder allgemeiner mit dem „Bewußtsein der Menschen von heute" wiederzugewinnen. Gerade diese Bemühung aber mußte einen neuen Zugang zum Thema Hoffnung öffnen, und dies aus zweifachem Grunde.

Der Dialog mit der jeweils *zeitgenössischen Philosophie* war keineswegs in der Aufklärungszeit abgebrochen, sondern erst unter dem Einflusse Kants, dessen Einschränkung unserer Erkenntnis auf bloße Erscheinungen den entschiedenen Protest der katholischen Theologie hervorgerufen hatte. Wiederanknüpfung des Dialogs mit der Gegenwartsphilosophie bedeutete deshalb Wiederanknüpfung des Gesprächs mit einem Denken, das fortwirkend durch Kants transzendentalen Ansatz bestimmt blieb — und damit, wie sogleich zu zeigen sein wird, Begegnung mit einer Philosophie, die in ihrem Zentrum eine Philosophie der Hoffnung gewesen ist.

Der Dialog der katholischen Theologen mit dem *öffentlichen Bewußtsein der Gegenwart* aber wurde dadurch gesucht, daß Kirche und Theologie sich „Freude und Hoffnung, Angst und Trauer der Menschen von heute" zu eigen machten. Dadurch aber war die katholische Theologie ein zweites Mal auf das Thema Hoffnung verwiesen.

Es wird zu zeigen sein, daß zwischen den beiden Bemühungen, der Bemühung um die Wiederanknüpfung des Dialogs mit der kantischen Philosophie und der Bemühung um Solidarität mit der Welt von heute in ihren Hoffnungen und Ängsten, zunächst kaum ein Zusammenhang gesehen wurde. Die „vorbereitenden Schritte" in Richtung auf eine katholische Theologie der Hoffnung bewegten sich insofern auf getrennten Wegen. Ja, in gewissen Phasen der theologischen Entwicklung entstand der Eindruck, man müsse den transzendentalen Ansatz des Denkens, zu dem man soeben gefunden hatte, wieder preisgeben, um der Welt von heute in ihrem Willen zur Hoffnung gerecht zu werden. Es wird sich jedoch herausstellen, daß gerade dadurch Möglichkeiten ungenutzt blieben, mit derjenigen Philosophie in eine ihren Intentionen angemessene Auseinandersetzung einzutreten, in der das öffentliche Bewußtsein der Gegenwart seine eigene „Freude und Hoffnung, Angst und Trauer“ am deutlichsten wiedererkannte: mit der Philosophie von Ernst Bloch. Insofern ist die Entscheidung über Erfolg und Mißerfolg der katholischen Theologie der Hoffnung weitgehend schon im Verlaufe jener „vorbereitenden Schritte“ gefallen, die noch nicht auf dem Themenfelde einer Hoffnungstheologie getan wurden, sondern erst den Zugang zu diesem Themenfeld erschließen sollten.

1. *„Was darf ich hoffen?“ — Kants Religionsverständnis als theologisches Problem*

a) Die religiöse Hoffnung als Vereinigung des theoretischen und praktischen Vernunftzwecks

„Was darf ich hoffen?“, so lautet die dritte der drei Fragen, in denen sich, wie Immanuel Kant sagt, „alles Interesse meiner Vernunft, das spekulative sowohl als das praktische, vereinigt“ (Immanuel Kant, Kritik der reinen Vernunft, Riga ^{1}1781 — rV — 804f.). Das theoretische Vernunftinteresse ist auf die Frage konzentriert: „Was kann ich wissen?“; das praktische Vernunftinteresse zielt auf die Beantwortung der Frage: „Was soll ich tun?“. Die dritte Frage aber „ist praktisch und theoretisch zugleich“; denn sie will (theoretisch) wissen, was sich aus der sittlichen Praxis des Menschen ergeben wird. „Wenn ich nun tue, was ich soll, was darf ich alsdann hoffen?“ (ibid.).

In seinen ›Vorlesungen über Logik‹ (hrsg. v. G. I. Jäsche, Königsberg 1800 — Log —) fügt Kant diesen drei Fragen eine vierte hinzu: „Wer ist der Mensch?“. Diese vier Fragen stecken das ganze „Feld der Philosophie“ ab, sofern unter Philosophie „die Wissenschaft der Beziehung alles Erkenntnisses und Vernunftgebrauchs auf den Endzweck der menschlichen Vernunft“ verstanden wird (Log 125). Jeder dieser vier Fragen aber wird ein besonderes Teilgebiet der Philosophie zugewiesen. „Die erste Frage beantwortet die Metaphysik, die zweite die Moral, die dritte die Religion, und die vierte die Anthropologie. Im Grunde könnte man aber alles dieses zur Anthropologie rechnen, weil sich die drei ersten Fragen auf die letzte beziehen“ (ibid.). „Anthropologisch“ freilich sind diese Fragen nicht im Sinne einer empirischen Anthropologie, als ob die Grenzen der Erkenntnis und die Inhalte des moralischen

Gesetzes aus den empirisch erfaßbaren Eigentümlichkeiten des Menschen im Unterschied zu anderen Vernunftwesen abgeleitet werden könnten. „Anthropologisch" heißen sie deshalb, weil sie gemeinsam die Frage nach dem „Endzweck der menschlichen Vernunft" beantworten und darum das allein legitime „Interesse der Vernunft" erfüllen.

In dieser Weise, das Feld philosophischen Fragens abzustecken, sind zwei Behauptungen enthalten.

Die *erste Behauptung* läßt sich auf die Formel bringen: Das theoretische und das praktische Vernunftinteresse sind weder in einem Wissen noch in einem Wollen, sondern nur in einer dritten Art der Vernunfttätigkeit miteinander zu verknüpfen: im Hoffen. Ihre Verknüpfung fiele in das *Wissen,* wenn sich durch Schlußfolgerungen der theoretischen Vernunft aufzeigen ließe, welche Folgen eintreten werden, wenn der Mensch dem Sittengesetz gehorcht. Das ist nicht möglich, weil der theoretische Vernunftgebrauch auf Erscheinungen eingeschränkt ist, die sittlich freie Tat aber nicht zur Erscheinungswelt gehört und deshalb ungeeignet ist, in die Reihe der Ursachen und Wirkungen theoretisch eingeordnet zu werden. Eine solche Verknüpfung des theoretischen und des praktischen Vernunftinteresses liefe aber auch dem von Kant stets betonten „Primat der praktischen Vernunft" zuwider, weil das Sittengesetz uns verpflichtet, rein „aus Achtung für's Gesetz" zu handeln, ohne uns am Erfolg oder Mißerfolg solchen Tuns zu orientieren. Die Verknüpfung beider Arten des Vernunftinteresses fiele in das *Wollen,* wenn es zur Erreichung des guten Zweckes genügte, den guten Erfolg der guten Tat sich praktisch zur Absicht zu machen. Das ist offensichtlich nicht der Fall. Sittlichkeit der Gesinnung und des Wollens garantiert nicht die Effizienz der Handlung,

> weil alle praktische Verknüpfung der Ursachen mit den Wirkungen in der Welt [...] sich nicht nach dem moralischen Gesetze des Willens, sondern nach der Kenntnis der Naturgesetze und dem physischen Vermögen, sie zu seinen Absichten zu gebrauchen, richtet (Immanuel Kant, Kritik der praktischen Vernunft, Riga ^{1}1788 — pV — 204 f.).

Die Verknüpfung des theoretischen und des praktischen Vernunftinteresses fällt also weder in das Wissen noch in das Wollen, sondern in ein Drittes: das *Hoffen.* Dieses Hoffen ist auf zwei Ziele gerichtet. Einerseits wird auf *Glückseligkeit* gehofft, weil nach dem „Urteil einer unparteiischen Vernunft" (pV 199) dem Menschen das Glück nur solange auf eine sittlich gerechtfertigte Weise vorenthalten werden kann, wie dieser sich noch nicht, durch vollkommene Erfüllung des Sittengesetzes, dieses Glückes würdig gemacht hat. Denn niemand kann im sittlichen Urteil einem Zustand zustimmen, in welchem der Mensch auch bei vollkommener Erfüllung des Sittengesetzes dazu verurteilt bliebe, „der Glückseligkeit bedürftig, ihrer auch würdig, dennoch aber derselben nicht teilhaft zu sein“ (ibid.). Andererseits aber ist auch jene *vollendete Sittlichkeit,* die die „Würdigkeit, glücklich zu sein“ (rV 806) begründen würde, nicht ein Gegenstand des Wissens oder Wollens, sondern ein Gegenstand des Hoffens. Denn „die völlige Angemessenheit des Willens [...] zum moralischen Gesetze ist Heiligkeit, eine Vollkommenheit, deren kein vernünftiges Wesen der Sinnenwelt, in keinem Zeitpunkte seines Daseins, fähig ist“ (pV 220). Was wir durch unser Wollen bewirken können, ist nur die „Annäherung“ an dieses Ziel „in einem ins Unendliche gehenden Progressus“ (ibid.), so daß wir das sittlich gebotene Ziel nur dann erreichen können, wenn wir „einer ins Unendliche fortdauernden Existenz und Persönlichkeit [...], welche man die Unsterblichkeit der Seele nennt“, teilhaftig sind (ibid.). So ergibt sich: Wir müssen zwar wollen, daß unser Dasein unendliche Dauer habe, weil wir nur so das Sittengesetz erfüllen können, und wir müssen wollen, daß wir unter der Bedingung der so erreichten Sittlichkeit auch glücklich werden, weil unverschuldeter Mangel an Glück ein „Skandal“ der sittlichen Vernunft wäre. Aber unser Wollen kann nicht garantieren, daß das so Gewollte auch eintritt, und unser Wissen reicht nicht aus, um darzutun, daß dieser Effekt erreicht werden kann. Beides ist vielmehr der Inhalt einer Hoffnung — freilich einer Hoffnung in der Form der „Forderung“ oder des „Postulates“. Wir dürfen die Erfüllung dieser Hoffnung „postulieren“, weil andernfalls das Sittengesetz selbst in theoretischer Hinsicht widersprüchlich, in praktischer Hinsicht skandalös und so in beiderlei Hinsicht vernunftwidrig erscheinen würde.

Postulatorische Hoffnung allein also vereinigt das theoretische mit dem praktischen Vernunftinteresse. Und so versteht Kant unter einem Postulat „einen theoretischen, als solchen aber nicht erweislichen Satz [...], sofern er einem a priori unbedingt geltenden praktischen Gesetz unzertrennlich anhangt“ (pV 220). Kant ist auf diese Weise durch seine Lehre von den Vernunftzwecken zum Begründer einer Philosophie der Hoffnung geworden, welche diese als ein System von „Postulaten“ begreift, die durch nichts anderes legitimiert sind, als durch die Verpflichtungskraft des Sittengesetzes. Wenn daher in der gegenwärtigen Diskussion um die Deutung und die Rechtfertigung der Hoffnung immer wieder auch von „postulatorischer Hoffnung" gesprochen wird, und dies ist vor allem bei Ernst Bloch der Fall, so steht eine solche Philosophie der Hoffnung offensichtlich in Kants Tradition.

Die *zweite Behauptung* aber, die in Kants Aufteilung des „Feldes" philosophischer Fragen enthalten ist, lautet: Die Hoffnung ist das spezifische Feld der *Religion,* während die Metaphysik es mit dem Wissen, die Moral mit dem Sollen und Wollen zu tun hat. Das scheint befremdlich, solange man sich nur an demjenigen Hoffnungsinhalt orientiert, von dem an jenen beiden Stellen die Rede ist, an denen Kant die drei bzw. vier Fragen der Philosophie formuliert (rV 805 und Log. 25). An diesen Stellen ist die Hoffnung auf „Glückseligkeit" gerichtet, und so entsteht der Anschein, als wolle Kant der Religion keinen anderen Hoffnungsinhalt zutrauen als den, daß die Tugend auch ihren Lohn finden werde. Das Bild ändert sich, wenn beachtet wird, daß wir nach Kants Überzeugung nicht nur die Glückseligkeit, sondern auch die vollendete Sittlichkeit nicht wollend bewirken, erst recht nicht wissend beweisen, sondern nur erhoffen können. Dies gilt zunächst deshalb, weil dazu der „unendliche Progressus" nötig ist, der eine durch kein Wissen und Wollen garantierte „unendliche Dauer unserer Existenz und Persönlichkeit" zur Voraussetzung hat. Daß aber vollendete Sittlichkeit ein Gegenstand der Hoffnung ist, ergibt sich noch weit deutlicher daraus, daß auch der unendliche Progressus einen Widerspruch nicht ausschließen kann. Ein solcher Fortschritt zum Besseren ist nur nötig, weil wir nicht schon so sind, wie wir sein sollten. Aber gerade dann ist es nicht möglich, durch das spätere Fortschreiten zum Guten den Ausgang vom Bösen ungeschehen zu machen.

Wie es auch mit der Annehmung einer guten Gesinnung an ihm zugegangen sein mag und sogar wie beharrlich er auch darin in einem ihr gemäßen Lebenswandel fortfahre, so fing er doch vom Bösen an, und diese Verschuldung ist ihm nie auszulöschen möglich (Immanuel Kant, Die Religion innerhalb der Grenzen der bloßen Vernunft, Königsberg 1793 — Rel. — 87 f.).

Deshalb ist auch die Sittlichkeit, welche allein uns des Glückes würdig machen könnte, ein Gegenstand der Hoffnung.

Denn damit das, was bei uns im Erdenleben, vielleicht auch in allen künftigen Zeiten und allen Welten, immer nur ein bloßes *Werden* ist, nämlich ein Gott wohlgefälliger Mensch zu sein, uns gleich als ob wir schon hier im vollen Besitze desselben wären zugerechnet würde, darauf haben wir doch wohl keinen Rechtsanspruch [...]. Es ist also immer nur ein Urteilsspruch aus Gnade (Rel. 94 f.).

Nur in Gottes gnädigem, wenn auch dadurch nicht weniger gerechten Urteil können wir als diejenigen guten Menschen gelten, für die das „Postulat“ der Unsterblichkeit und der dadurch zu erreichenden Glückseligkeit moralisch begründet ist. Und so ist die Hoffnung als der spezifische Inhalt der Religion die Hoffnung auf *Gottes gerechtmachende Gnade.*

b) Voraussetzungen und Folgerungen von Kants Philosophie der religiösen Hoffnung

Aus dem Gesagten wird deutlich: Wenn Kant der Religion die Frage zuweist „Was dürfen wir hoffen?“, so steht er in der Tradition der reformatorischen Rechtfertigungslehre. Dort wird der Glaube primär als das hoffende Zutrauen auf die Gnade Gottes begriffen, die den Sünder gerechtzumachen vermag. So definiert etwa schon Melanchthon den Glauben in folgender Weise: „Der Glaube ist nichts anderes als das Zutrauen in die göttliche Barmherzigkeit, die uns in Jesus zugesagt ist“ (Loci communes, 1571, Kap. 6 „De iustificatione et fide“ Nr. 9). Alle Hoffnung auf ewige Seligkeit ergibt sich erst sekundär aus diesem primären Hoffnungsinhalt: der Hoffnung auf die gerechtmachende göttliche Gerechtigkeit. Diese aber läßt sich nicht „wissen“ (als habe sie Gründe, aus denen sie schlußfolgernd hergeleitet werden könnte) und nicht „wollen“ (als könnte der Mensch sich die Gnade durch seine Leistung verdienen), sondern nur glauben und hoffen.

Daß also Religion in ihren Zentralaussagen ein Wort der Hoffnung sei, daß diese Hoffnung sich auf Gottes gerechtmachende Gerechtigkeit richte, die uns ohne eigenen Rechtsanspruch „Gott wohlgefällig“ macht, damit wir so der ewigen Seligkeit „würdig“ und auch teilhaftig werden — das sind Überzeugungen Kants, die nur aus dem reformatorischen Erbe verständlich werden. Und um dieses spezifischen Inhaltes willen, d. h. wegen der Zusage der Rechtfertigung des Sünders, kann die Glaubensbotschaft vom Menschen nicht in einem eigenen Wissen vorweggenommen werden; denn Gottes freier Gnaden*wille* kann dem Menschen nur in Gottes freiem Gnaden*wort* kundgemacht werden. Die Unverfügbarkeit der göttlichen Freiheit ist der Grund dafür, daß es hier nach evangelischem Verständnis nichts zu wissen oder gar aus Gründen herzuleiten, wohl aber alles zu hoffen gibt. Die Betonung der qualitativen Differenz zwischen der Hoffnungsgewißheit des Glaubens und der argumentativ gesicherten Gewißheit des Wissens ergibt sich daraus, daß es der Sünder ist, der hier zur Hoffnung gerufen wird, und daß es Gottes Freiheit ist, die ihn zur Hoffnung ruft. Wenn daher Kant den Glauben, der in seinem Zentrum ein Hoffen ist, mit Entschiedenheit von allem Wissen abgrenzt, dann wirkt auch darin das reformatorische Glaubensverständnis nach. „Ich mußte das Wissen aufheben, um zum Glauben Platz zu bekommen" (rV B XXX).

Von hier aus wird es verständlich, daß Kant als „Philosoph des Protestantismus" verstanden wurde — und daß er katholischerseits nach einer kurzen Phase bereitwilliger Aufnahme auf geradezu leidenschaftliche Ablehnung stieß. (Vgl. Julius Kaftan, Kant der Philosoph des Protestantismus, Berlin 1905.) Zugleich wird an diesem Beispiel deutlich, daß es gerade die spezifisch reformatorische Rechtfertigungslehre gewesen ist, von der aus evangelische Theologen und Philosophen den Ansatz gefunden haben, um die Hoffnung zu ihrem Thema zu machen und sie in eine enge Beziehung zum Glauben zu setzen. Dies wiederum macht, hinsichtlich der katholischen Theologie, dreierlei verständlich: Die katholischen Theologen mußten größere Schwierigkeiten überwinden, um einen Ansatz zu finden, von dem aus eine Theologie der Hoffnung entwickelt werden konnte; sie haben deshalb, sobald sie sich diese Aufgabe stellten, gerne auf Vorbilder aus der evangelischen Theologie zurückgegriffen; aber bei dem Versuch, deren Ergebnisse aus dem Kontext der evangelischen Theologie in den der katholischen zu transponieren, sind spezifische Probleme aufgetreten. Von diesen Problemen wird im folgenden mehrfach zu handeln sein.

Nun weist aber Kants Philosophie der religiösen Hoffnung nicht nur auf die reformatorische Rechtfertigungslehre zurück, sondern zugleich auf die weitere Geschichte der Hoffnungs-Philosophie voraus. Die reformatorische Rechtfertigungslehre ist die Voraussetzung, die gegeben sein mußte, damit Kants Religionsverständnis entstehen konnte. Aber ein bestimmtes Verständnis dieser Hoffnung war die Folge, die aus

Kants philosophischen Bemühungen hervorging: das Verständnis der Hoffnung als eines Systems von Postulaten. Denn Kant hat seinerseits die Lehre von der Rechtfertigung des Sünders in einen veränderten Kontext transponiert, so daß er nun die Religion, d. h. die Antwort auf die Frage „Was darf ich hoffen?", „innerhalb der Grenzen der bloßen Vernunft" beschreiben und legitimieren konnte (vgl. den Buchtitel ›Die Religion innerhalb der Grenzen der bloßen Vernunft‹). Eines freilich sollte bei dieser Transposition erhalten bleiben: die Religion sollte ein Wort der Hoffnung bleiben, nicht in Wissen oder Wollen, in Metaphysik oder Moral übersetzt werden. Eben dies zu leisten, ist die Aufgabe der Lehre von den Postulaten, d. h. von jenen theoretischen Sätzen, „die einem a priori unbedingt geltenden praktischen Gesetz unzertrennlich anhangen" (pV 220).

Diese theoretischen Sätze sind Sätze der Vernunft, ebenso wie das praktische Gesetz ein Vernunftgesetz ist. Hier braucht die Vernunft nicht auf fremdes Wort zu hören, sondern kann aus eigener Verantwortung sprechen. Das gilt so sehr, daß Kant das Wort, das die Vernunft sich selber sagt, zum Maßstab für jedes äußere Wort erklärt, das der Mensch von irgendwelchen Vermittlern göttlicher Offenbarungen zu hören bekommen könnte.

> Denn auf welcherlei Art auch ein Wesen als Gott von einem anderen bekanntgemacht und beschrieben worden, ja ein solches auch (wenn das möglich ist) selbst erscheinen möchte, so muß er [der Mensch] diese Vorstellung doch allererst mit seinem Ideal zusammenhalten, um zu urteilen, ob er befugt sei, es für eine Gottheit zu halten und zu verehren (Rel. B. 257 Anm.).

Die Existenz desjenigen Gottes, der diesem „Ideal" entspricht, wird nicht argumentierend bewiesen, aber erst recht nicht auf fremde Botschaft hin gehorsam angenommen, sondern aus sittlicher Absicht *gefordert.* Denn das Sittengesetz gebietet, daß ich ein anderer werde, als der ich bisher bin, und daß ich auf eine Weltordnung hinwirke, in der das Glück eines Menschen seiner Würdigkeit proportional ist. Der Gehorsam gegenüber diesem Gesetz rechtfertigt es deshalb, die Bedingungen, die erfüllt sein müssen, damit das so Gebotene möglich sei, nicht nur hypothetisch anzunehmen, sondern zu fordern. Die Annahme dessen nämlich, was notwendig ist, damit der sittliche Zweck möglich sei, entspricht einem „Bedürfnis in schlechterdings notwendiger Absicht" und

„rechtfertigt seine Voraussetzung nicht bloß als erlaubte Hypothese, sondern als Postulat in praktischer Absicht“ (pV 258). Deshalb

darf der Rechtschaffene wohl sagen: Ich will, daß ein Gott, daß mein Dasein in dieser Welt auch außer der Naturverknüpfung noch ein Dasein in einer reinen Verstandeswelt, endlich auch daß meine Dauer endlos sei; ich beharre darauf und lasse mir diesen Glauben nicht nehmen; denn dieses ist das Einzige, wo mein Interesse, weil ich von demselben nichts nachlassen *darf*, mein Urteil unvermeidlich bestimmt, ohne auf Vernünfteleien zu achten, so wenig ich auch darauf zu antworten oder ihnen scheinbarere entgegenzustellen imstande sein möchte (pV 258 f.).

Das Gottesbild, das auf solche Weise entsteht, ist von der Vernunft selbst hervorgebracht; jedem Wort, das mit dem Anspruch auftritt, Offenbarungswort zu sein, wird dieses selbst hervorgebrachte Ideal als „Probierstein“ entgegengehalten. Ja, Kant scheut sich nicht, von einem Gott zu sprechen, den die Vernunft sich selber „gemacht“ habe.

Es klingt zwar bedenklich, ist aber keineswegs verwerflich, zu sagen, daß ein jeder Mensch sich seinen Gott mache, ja nach moralischen Begriffen [. . .] sich einen solchen selbst machen müsse, um an ihm den, der ihn gemacht hat, zu verehren (Rel. B 257 Anm.).

Der Gott, auf den die Hoffnung in Kants Verständnis sich richtet, ist ein „postulierter Gott“, und das Recht dieses Postulates gründet sich auf ein Vernunftbedürfnis, von dem der Mensch aus sittlichen Gründen nicht ablassen darf. Sollte sich daher, abweichend von Kants Überzeugung, schließlich herausstellen, daß das sittliche Vernunftbedürfnis nicht die Existenz Gottes, sondern gerade dessen Nichtexistenz „erfordert“, dann wäre ein „postulatorischer Atheismus“ ebenso gut begründet, wie zuvor Kants postulatorischer Gottesglaube.

Und die Hoffnung, die sich an den postulierten Gott wendet, ist schon bei Kant postulatorische Hoffnung. Sie ist zwar Hoffnung auf das, worauf der Mensch „keinen Rechtsanspruch“ hat (Rel. 94). Darin besteht Kants reformatorisch-theologisches Erbe. Aber sie ist dennoch eine Hoffnung, von der „der Rechtschaffene“ sagen darf: „Ich beharre darauf und lasse mir diesen Glauben nicht nehmen“ (pV 258). In dem Maße, in welchem ein solches postulatorisches Verständnis der Hoffnung sich von seinem reformatorischen Ursprung ablöst, der bei Kant noch wirksam war, ist zu erwarten, daß aus diesem Postulat eine Forderung wird, die der Mensch, mit Berufung auf seinen Gehorsam gegen das Sittengesetz, als seinen Anspruch anmeldet. Solche Forderung wird zur Anklage gegen eine Welt, die uns die Erfüllung unseres Anspruchs bisher versagt, und zum Versuch, ihr gegenüber unser bisher vorenthaltenes Eigentum einzuklagen. Den Übergang von einem postulatorischen Gottesglauben zu einem postulatorischen Atheismus, von einer postulatorischen Hoffnung auf Gottes ungeschuldete, den Sünder gerechtmachende Gnade zu einer postulatorischen Hoffnung, in welcher der Mensch seinen bisher unerfüllten Anspruch gegen die Welt anklagend und einklagend geltend macht, hat Ernst Bloch vollzogen.

Wenn also, wie im folgenden zu zeigen sein wird, die katholische Theologie der Hoffnung vor der Aufgabe steht, zwischen reformatorischer Rechtfertigungslehre und Blochs utopischem Denken einen dritten Weg zu finden, so begegnet sie, meist ohne dies zu wissen, den Spuren Kants auf zweifache Weise. Denn einerseits hat Kant den evangelischen Theologen das Bewußtsein gegeben, gerade derjenige Verkündigungsinhalt, den sie für die „Mitte der Schrift" halten, ermögliche ihnen ein fruchtbares Gespräch mit der neuzeitlichen Philosophie. Andererseits hat Kant durch den postulatorischen Charakter seines Hoffnungsverständnisses eine Philosophie der Hoffnung vorbereitet, die sich gerade von diesem christlichen Anspruch lösen und zur Anklage gegen diese Welt werden konnte, bei der (und deren Schöpfer!) der Mensch einklagt, was ihm zusteht und bisher vorenthalten worden ist.

Eine evangelische Theologie, die sich mit viel Selbstvertrauen in den Dialog mit der Gegenwartsphilosophie eingelassen hat, und ein Hoffnungsverständnis, das in seinem Zentrum Anklage gegen diese Welt und ihren Schöpfer ist — beide Weisen des Sprechens von der Hoffnung sind durch Kants postulatorischen Glauben vermittelt. Das macht verständlich, daß zwischen diesen beiden Weisen des Sprechens von der Hoffnung, trotz aller Gegensätze, auch mannigfache Verbindungen möglich geworden sind (das ausgezeichnete Beispiel dafür ist die Bloch-Rezeption in der Theologie Jürgen Moltmanns). Dies wiederum konnte bei katholischen Theologen den Eindruck erwecken, der philosophisch-theologische Dialog heute werde gleichsam „an ihnen vorbei" geführt. Viele Bemühungen um eine katholische Theologie der Hoffnung sind daher als Versuche zu begreifen, sich in diesen philosophisch-theologischen Dialog erst mühsam wieder einzuschalten. Insofern ist die gegenwärtige Situation der katholischen Theologie (vor allem dort, wo die Hoffnung ihr Thema ist, aber nicht nur dort) weithin durch das Bewußtsein bestimmt, aus dem Gespräch mit der zeitgenössischen Philosophie herausgefallen zu sein, den Kontakt mit ihr erst wiederfinden zu müssen und dazu der Anregung durch die evangelischen Theologen zu bedürfen.

2. Versuche einer Versöhnung mit Kant — Die „transzendentale Theologie" und die theologische Rechtfertigung der Transzendentalphilosophie

a) Theologie der Hoffnung und transzendentale Reflexion

Wer nach katholischen Theologen Umschau hält, die den Versuch unternommen haben, eine Theologie der Hoffnung neu zu begründen und von diesem Ansatz aus neue Möglichkeiten für das Gespräch mit der Philosophie der Gegenwart zu gewinnen, wird vor allem an J. B. Metz denken müssen. Metz aber hat, wie zu zeigen sein wird, gerade in jener Phase seines theologischen Denkens, in der er sich besonders intensiv des Themas „Hoffnung" angenommen hat, eine schroffe Abgrenzung gegen alles transzendentale Denken vollzogen. Die Tatsache, daß er selber in seinen Frühschriften eine theologische Legitimierung der transzendentalen Denkform versucht hat, erscheint im Lichte dieser späten Äußerungen wie ein Fehltritt, von dem er sich mit Nachdruck distanziert. Dadurch gerät dem Leser (und allem Anschein nach auch dem Verfasser selbst) der Sachzusammenhang aus dem Blick, der zwei Aufgaben miteinander verbindet, vor die die katholische Theologie sich um die Mitte dieses Jahrhunderts gestellt sieht. Die allgemeine Aufgabe, so hat sich gezeigt, besteht darin, den abgebrochenen Dialog mit dem öffentlichen Bewußtsein der Gegenwart wiederanzuknüpfen. Die spezielle Aufgabe aber besteht darin, das vom Zweiten Vatikanischen Konzil formulierte Solidaritätsangebot an die Welt durch eine theologische Theorie der Hoffnung — der christlichen sowohl wie der der „Welt von heute" — zu fundieren. Und durch beide Aufgaben wird die Theologie auf Kant verwiesen.

Denn sofern das Bewußtsein einer Epoche in der Philosophie ihren Ausdruck findet, mußten die Theologen, im Dienste der soeben erwähnten „allgemeinen Aufgabe", darum bemüht sein, den Dialog mit der Philosophie der Zeit zu sichern. In dieser Philosophie aber hat sich, trotz gegenteiliger Hoffnung vieler katholischer Theologen, Kants transzendentaler Ansatz stets in verwandelter Form wieder durchgesetzt. Die Wiederanknüpfung des Dialoges verlangte deshalb ein erneutes Überdenken des Urteils über Kant — nicht als ginge es um eine Person oder Schule, vielmehr so, daß der Ansatz dieser Philosophie, die „transzendentale Frage", erneut zur Diskussion zu stellen war.

Aber auch die soeben erwähnte „spezielle Aufgabe", eine theologische Deutung der Hoffnung zu geben, verwies die Theologen auf Kant. Denn dieser, so hat sich gezeigt, ist in ausgezeichnetem Maße der Philosoph der Hoffnung gewesen. Die Frage „Was darf ich hoffen?" bestimmt sein Verständnis der Religion. Der Inhalt der Hoffnung, wie er sie verstand, die Rechtfertigung des Sünders, ließ die christliche, reformatorisch geprägte Herkunft seines Denkens erkennen. Und die besondere Gestalt, in die er die christliche Hoffnungsgewißheit zu prägen versuchte, die Gestalt „postulatorischer Hoffnung", nahm das Grundthema der Hoffnungsphilosophie des 20. Jahrhunderts vorweg, wie sie vor allem durch Ernst Bloch ihr Gepräge empfangen hat.

So wurde das Thema „Kant" für die Theologen unausweichlich. Doch scheint ein Sachzusammenhang ihrer Aufmerksamkeit zumeist entgangen zu sein: Auch die spezielle Frage nach einem Verständnis der Hoffnung ist von der allgemeinen Frage nicht abzulösen, wie Kants transzendentaler Ansatz zu beurteilen sei. Denn bei ihm selber stehen die transzendentale Denkform und die Hoffnung als zentraler Denkinhalt untereinander in enger Verbindung. Daher soll zunächst versucht werden, diesen Sachzusammenhang nachzuzeichnen und deutlich zu machen, auf welche Weise die verschiedenen Möglichkeiten transzendentalen Denkens für die Theologie im allgemeinen und für eine Theologie der Hoffnung im besonderen Bedeutung gewinnen können. Dabei wird sich zeigen, daß sich für eine *Theologie* der Hoffnung ein breites Spektrum von Möglichkeiten eröffnen würde, wenn der Zusammenhang Beachtung fände, der bei Kant den transzendentalen Ansatz mit einer *Philosophie* der Hoffnung verbindet.

Bei diesem Versuch wird das Wort „transzendental" nicht zur Bezeichnung einer philosophischen Schul*richtung* gebraucht (z. B. der kantianischen), auch nicht zur Bezeichnung einer besonderen Schul-

meinung (z. B. der Meinung, der Verstand schreibe der Natur die Gesetze vor), sondern zur Bezeichnung einer *Frage:* Welches sind die Bedingungen, die es möglich machen, daß der Geist in seinen Akten des Erkennens und Wollens auf Gegenstände trifft, statt nur mit seinen eigenen Erlebnisinhalten (z. B. Träumen und Wünschen) beschäftigt zu sein? Oder in schulmäßiger Form ausgedrückt: Welches sind die Bedingungen der Möglichkeit für Gegenstände überhaupt? Auf diese Frage sind prinzipiell drei Antworten möglich. Alle sind in der Philosophiegeschichte gegeben worden.

Entweder gehört die Eigenschaft, dem Erkennen und Wollen als möglicher Gegenstand zugeordnet zu sein, zu denjenigen Bedingungen, die alles Seiende notwendig erfüllt *(omne ens est verum et bonum).* Dann ist die Zuordnung von Geist und Gegenstand in einem Gesetz des Seins begründet. Die „Transzendentalien" (d. h. die Möglichkeitsbedingungen für das Entgegenstehen von Gegenständen) sind „passiones entis". Oder die Eigenschaft, dem Erkennen und Wollen als möglicher Gegenstand und damit als Maßstab „wahrer" Erkenntnis und „guten" Wollens gegenüberzutreten, kommt den Gegenständen deswegen zu, weil sie vom erkennenden und wollenden Geist aus dem Material bloß subjektiver Bewußtseinsinhalte nach bestimmten Regeln hervorgebracht worden sind. Dann ist die Zuordnung von Geist und Gegenstand in den Gesetzen der geistigen Akte begründet. Das „Transzendentale" schlechthin ist dann das erkennende und wollende Subjekt, oder genauer sein Akt, die „transzendentale Apperzeption". Diese Antwort hat Kant gegeben, der seine „neue" Transzendentalphilosophie ausdrücklich als Neuinterpretation desjenigen einführt, was mit der „Transzendentalphilosophie der Alten" gemeint war, aber nur unzulänglich zum Ausdruck gebracht worden sei.

Oder Geist und Gegenstand sind einander dadurch zugeordnet, daß beide aus einem gemeinsamen Dritten hervorgehen, das weder Geist noch Gegenstand ist (und deshalb weder in der *intentio recta* noch in der *intentio obliqua* intendiert werden kann), sondern nur darin angetroffen wird, daß es die Vermittlung von beiden leistet. Dann wird die Bedingung für das Entgegenstehen von Gegenständen nach der Analogie des Lichtstrahles gedacht, der selber nicht sichtbar *ist,* wohl aber alle Gegenstände des Gesichtssinnes sichtbar *macht*. Diese Antwort hat Platon gegeben, der von einer „dritten Größe" spricht, welche weder Geist noch Gegenstand ist, sondern nur darin angetroffen wird, daß sie beide „zusammenjocht".

Von allen drei Antworten auf die transzendentale Frage läßt sich ein theologischer Gebrauch machen.

Die *erste* der hier skizzierten Antworten auf die transzendentale Frage besagt, die Zuordnung von Geist und Gegenstand sei in einem *Gesetz des Seins* begründet. Dann läßt sich fragen: Warum kann kein Seiendes sein, ohne möglicher Gegenstand des Erkennens und Wollens (ohne ein Verum und Bonum) zu sein? Diese Frage läßt sich *schöpfungstheologisch* beantworten. Alles Seiende ist ursächlich aus einem göttlichen Erkenntnis- und Willensakt hervorgegangen. Der Gott, der sich selber weiß und liebt, ist die *causa efficiens* und *exemplaris* zugleich für alle Kreaturen. Denn sie sind dadurch geschaffen, daß er sie gedacht und gewollt hat. Deshalb sind alle Seienden notwendigerweise so geartet, daß sie auch dem menschlichen Intellekt und Willen als möglicher Gegenstand seines Erkennens und Wollens begegnen können. Die *transzendente* Ursache alles Seienden ist der Grund für die *transzendentale* Eigenschaft des Seienden, *verum* und *bonum* zu sein.

Die *dritte* der oben angedeuteten Antworten auf die transzendentale Frage besagt, die Zuordnung von Geist und Gegenstand sei in einer dritten Größe begründet, die nicht unmittelbar als sie selber, als Subjekt oder als Objekt, vorfindlich ist, sondern nur in ihrer Funktion, Geist und Gegenstand zu vermitteln, angetroffen wird wie das Licht, das nicht selber „sichtbar wird", sondern nur alles „sichtbar macht". Dann läßt sich fragen: Besteht eine Garantie dafür, daß diese „dritte Größe" immer, und darüber hinaus, daß sie stets auf immer gleiche Weise wirksam ist? Auf diese Frage könnte mit einer *Theologie der Offenbarung* geantwortet werden, die sich aus *Heideggers Lehre vom „Ereignis der Wahrheit"* gewinnen ließe.

Jeder menschliche Akt der Theorie und der Praxis setzt voraus, daß wir im Erkennen und Handeln auf Seiendes bezogen sind, das uns begegnen kann. Die „dritte Größe", die den Geist und die Gegenstände „zusammenjocht", ist also immer schon wirksam geworden, wenn der Mensch anfängt, etwas zu erkennen oder zu wollen. Aber sie wird nicht abseits vom menschlichen Erkennen und Wollen wirksam, sondern nur dadurch, daß sie eben diese menschlichen Akte möglich macht.

Insofern erfährt der Mensch von der Wirksamkeit dieser „dritten Größe" immer nur dadurch, daß er sich von ihr zu diesen Akten „hervorrufen" läßt. Aus diesem platonischen Gedanken zieht Heidegger die Folgerung: *Der Mensch hat diesem „Ruf" immer schon entsprochen, wenn er denkt und handelt, und sei es dadurch, daß er ihm widerspricht.*

Aber damit ist kein geschichtsloses und unveränderliches Verhältnis des Menschen zum Seienden und zu jener „dritten Größe" begründet, die alle Beziehung des Menschen auf das Seiende möglich macht. Wir erfahren den Ruf und seine Wirksamkeit immer nur im Schon-Geantwortet-Haben. Darum hängt es von der Weise unserer Antwort ab, wie wir den Anspruch vernehmen. Auf diese Weise besteht nach Heideggers Überzeugung die Verantwortung des Menschen nicht nur darin, daß er innerhalb eines schon bestehenden Bezuges zum Seienden wahre oder falsche Aussagen macht, gute oder böse Taten tut, sondern vor allem darin, daß er zu ver-antworten hat, in welcher Weise der Bezug zu möglichen begegnenden Seienden geöffnet wird und bleibt. *Nicht nur die kategorialen Inhalte der Erkenntnis und des Wollens, sondern auch die transzendentalen Strukturen, innerhalb derer solche Inhalte begegnen können, sind vom Menschen zu ver-antworten.* Darum haben diese Strukturen ihre Geschichte. Ja gerade dies macht die Radikalität geschichtlicher Veränderungen aus. Denn in dieser vom Menschen zu verantwortenden Geschichte wird darüber entschieden, worauf menschliches Erkennen und Wollen sich beziehen kann.

Das gilt auch für die Beziehung unseres Erkennens und Wollens zu Gott. Ob uns ein solcher Bezug zu Gott offensteht oder nicht, „ob der Gott sich naht oder entzieht", hängt davon ab, ob die „Lichtung" so strukturiert ist, daß in ihr ein Gott als eine von unseren bloßen Vorstellungen verschiedene Wirklichkeit begegnen, ja auch nur fehlen kann. *Es wäre zu prüfen, ob von hier aus eine theologische Deutung der Geschichtlichkeit der Offenbarung gewonnen werden könnte, die zugleich die Verantwortung des Menschen innerhalb der Offenbarungsgeschichte begreiflich macht.*

Kants Antwort auf das transzendentale Problem aber entspricht der *zweiten* unter den oben angedeuteten Antworten: Die Zuordnung von Geist und Gegenstand ist in dem *Gesetz des Geistes* begründet. Dann läßt sich fragen: Warum tritt immer dann, aber auch nur dann, dem Geist ein Gegenstand gegenüber, wenn er das Material subjektiver Erlebnisse gesetzmäßig, d. h. nach Regeln der theoretischen bzw. praktischen Logik, bearbeitet hat? Diese Frage läßt sich durch eine *theologische Anthropologie* beantworten: Dieses und nur dieses Verhältnis des menschlichen Geistes zu seinen Gegenständen entspricht dem Heilswillen Gottes. Und dieser Zusammenhang ist es, der Kants Transzendentalphilosophie mit seiner philosophischen Interpretation der christlichen Heilshoffnung verbindet.

Kant hat seine ›Kritik der praktischen Vernunft‹ (vor Eintritt in die nur skizzenhaft ausgeführte „Methodenlehre") mit einem Abschnitt beendet, der die Überschrift trägt: „Von der der praktischen Bestimmung des Menschen weislich angemessenen Proportion seiner Erkenntnisvermögen" (pV 263). In diesem Abschnitt werden freilich nur Ergebnisse zusammengefaßt. Der Argumentationsgang, der zu diesen Ergebnissen führt, läßt sich in folgender Weise gerafft darstellen. Der Mensch sollte nach Gottes Absicht frei sein. Darum sollte er es überall nicht mit einer ihm vorgegebenen Wirklichkeit zu tun haben, sondern mit dem Wirklichen stets nur in der Gestalt, wie er es schon in Freiheit beantwortet hat. „Welt" sollte daher in theoretischer wie in praktischer Hinsicht ihm nicht „gegeben", sondern „aufgegeben" sein. (Der Begriff „Welt" ist eine „regulative Idee".) Und die Gegenstände seiner Theorie und Praxis sollten seiner freien Tätigkeit nicht vorausgehen, sondern aus ihr hervorgehen.

Die Freiheit, für die der Mensch geschaffen werden sollte, sollte freilich nicht beliebige Willkür sein. Darum wird der Geist nur durch Einhaltung gewisser Gesetze fähig, der Idee „Welt" gerecht zu werden und sich für seine Theorie und Praxis Gegenstände entgegenzuhalten. Aber diese Gesetze sind jedesmal solche der „Autonomie", die nichts anderes formulieren als die Bedingungen, die der Geist einhalten muß, um sich nicht selbst zu zerstören. Darum sind diese Gesetze rein formal und „verpflichten" zu nichts als dazu, die formalen Regeln des theoretischen und praktischen Urteils einzuhalten.

Das ist *auf dem Felde der Theorie* möglich, indem der Verstand sein theoretisches Urteil auf die bloßen Erscheinungen beschränkt, weil bei dem Versuch, über „Dinge an sich" Aussagen zu machen, „Antinomien" auftreten würden, in denen die Vernunft sich selber zerstört. Eine solche Beschränkung ist jedoch *auf dem Felde der Praxis* weder möglich noch ausreichend. Sie ist nicht möglich, weil die „Revolution im Gemüte", die der Mensch im praktischen Urteil von sich selber verlangt („Du sollst ein anderer werden, als du bis heute gewesen bist"), sich gerade nicht auf das bloß erscheinende Subjekt, sondern auf den Menschen in seinem Ansichsein bezieht. Eine Beschränkung auf die Erscheinungen wäre aber auch deshalb nicht ausreichend, weil eine solche Beschränkung des praktischen Urteils den Widerspruch nicht aufheben kann, an dem die praktische Vernunft zu zerbrechen droht: den Widerspruch zwischen der „guten Gesinnung" und den niemals auszuschließenden bösen Folgen der gutgemeinten Tat. (Vgl. pV 204f., s. oben S. 14.) Um diesen Widerspruch zu beseitigen, muß der Mensch nicht nur sich selber, sondern auch die „Weltordnung" verändern und eine „moralische Weltordnung" herbeiführen; diese wäre so beschaffen, daß Taten, die aus guten Gesinnungen hervorgehen, stets auch nur gute Folgen haben. Aber bei dem Versuch, die moralische Weltordnung zu bewirken, kehrt der Widerspruch wieder. Gerade aus dem gutgemeinten Versuch, die gute Welt zu schaffen, gehen häufig Folgen hervor, die vor dem moralischen Urteil der Vernunft am allerwenigsten bestehen können (Erfahrung der Französischen Revolution!).

So ist der Dienst an der Verwirklichung einer „moralischen Weltordnung" zwar sittliche Pflicht, um die Selbstgesetzgebung der praktischen Vernunft zu ermöglichen. Aber diese Zielsetzung der moralischen Praxis wird erneut widersprüchlich (und damit für die praktische Vernunft zerstörerisch), wenn der sittliche Zweck (die moralische Weltordnung) als Ergebnis der sittlichen Leistung gedacht wird. Vielmehr ist die moralische Weltordnung nur dann widerspruchsfrei als Ziel unseres Handelns zu denken, wenn sie als der Inhalt einer *Hoffnung* begriffen wird, die nicht durch Menschen, sondern allein durch Gott erfüllt wird. Die moralische Weltordnung „darf nur gehofft werden, wenn eine höchste Vernunft, die nach moralischen Gesetzen gebietet, zugleich als Ursache der Natur zugrunde gelegt wird" (r. V. A 810), — unter der einzigen Bedingung, daß der Mensch dasjenige tut, was er kann: die Reinigung seiner sittlichen Gesinnung und die je einzelne, von ihm konkret geforderte sittliche Tat.

Der Gott der kantischen Philosophie ist dadurch definiert, daß er derjenige ist, auf den eine solche Hoffnung sich richten kann. Die Hoffnung auf diesen Gott ist die einzig denkbare Voraussetzung, die den Widerspruch der praktischen Vernunft aufzuheben vermag.

Ohne also einen Gott und eine für uns jetzt nicht sichtbare, aber gehoffte Welt, sind die herrlichen Ideen der Sittlichkeit zwar Gegenstände des Beifalls und der Bewunderung, aber nicht Triebfedern des Vorsatzes und der Ausübung, weil sie nicht den ganzen Zweck, der einem jeden vernünftigen Wesen natürlich und durch eben dieselbe reine Vernunft a priori bestimmt und notwendig ist, erfüllen (r. V. A 813).

Daß diese Hoffnung keine Illusion sei, wird *moralisch gefordert* oder „postuliert", weil es ein „Skandal der praktischen Vernunft" wäre, wenn sie sich notwendig in Widersprüche verwickeln und also selber zerstören müßte.

So geht Kants Transzendentalphilosophie aus einem Interesse an Freiheit hervor und führt zu einer Theologie der postulatorischen Hoffnung. In diesem Sinne hat Ernst Bloch vom „uneingelösten Kant" gesprochen und seine eigene Philosophie der postulatorischen Hoffnung als die Erfüllung eines Programms verstanden, das Kant sich zwar gestellt, aber nicht zu Ende geführt habe.

Aus dem gleichen Grunde aber — wegen des Freiheits-Interesses, das der Philosophie Kants zugrunde liegt, und wegen der Theologie der postulatorischen Hoffnung, in der allein dieses ihr Vernunft-Interesse sich erfüllt — wird auch keine christliche Theologie der Hoffnung unter den Bedingungen von heute an dieser Philosophie Kants vorübergehen können.

b) Maréchals „Transposition des Kantismus" und die Möglichkeiten einer „transzendentalen Theologie"

Der Versuch einer Versöhnung der katholischen Theologie mit dem Denken Kants und damit mit der in der Philosophie der Gegenwart offen oder verborgen herrschenden Betrachtungsart geht auf Joseph Maréchal zurück. Dieser freilich war weniger an der praktischen als an der theoretischen Philosophie Kants interessiert, weniger an dem „Vernunftinteresse", das diese Philosophie bestimmt und zu einer Philosophie der Hoffnung gemacht hat, als an dem transzendentalen Ansatz, wie Kant ihn gewann. Dennoch kann die katholische Theologie auch dort, wo es ihr speziell um eine Neubegründung des Verständnisses der Hoffnung zu tun war, nicht an dem Versuch Maréchals vorbeigehen, das transzendentale Denken insgesamt für die Erörterung theologischer Fragen fruchtbar zu machen, auch wenn Maréchal seine Ergebnisse nicht auf die Frage nach der christlichen Hoffnung angewandt hat.

Joseph Maréchal hat in seinem Buch ›Le Point de Départ de la Métaphysique‹ eine „transposition du Kantisme" vorgenommen. Er übernahm den kantischen Gedanken, der Geist sei durch die Form seiner Akte fähig, subjektive Erlebnisse so zu gestalten, daß sie dem erkennenden und wollenden Subjekt Gegenstände gegenüberstellen. Aber er wollte diesen Gedanken in den Zusammenhang der aristotelisch-thomistischen Lehre vom „tätigen Geist" zurückstellen. Denn auch nach dieser Lehre gestaltet der „intellectus agens" die subjektiv-sinnlichen Eindrücke *(phantasmata)* so um, daß daraus erst die Gegenstände, die in geistigen Akten erkannt werden sollen (die „intelligibilia actu") hervorgehen. Kants Lehre von der „transzendentalen Apperzeption" und diese aristotelisch-thomistische Lehre vom „tätigen Geist" sollten sich auf diese Weise gegenseitig auslegen und erläutern.

Maréchal war mit Kant der Überzeugung, daß die in Frage stehende Tätigkeit des Geistes *im Urteil* geschehe, so daß die geistige Funktion sich an den Formen des Urteils ablesen lasse. Dieses Urteil ist seiner Form nach *Synthesis* (Zusammenfügung von Subjekt und Prädikat) und eben darin zugleich *Affirmation* (eine Behauptung, die Geltung beansprucht). Beide Funktionen zugleich erfüllt die Urteils-Copula „ist". Differenz und Zusammenhang dieser beiden Funktionen der Urteils-Copula sind das Thema von Maréchals Untersuchung.

In ihrer synthetischen Funktion, Subjekt und Prädikat zu verknüpfen, läßt die Copula völlig offen, von welchem Subjekt welche Prädikate ausgesagt werden sollen. Aber diesen wechselnden Urteilsinhalten greift die Copula durch ihre Form insoweit vor, als sie apriori definiert, daß Subjekt und Prädikat nur durch das „Sein" untereinander verknüpft werden können. Nun bezeichnet das grammatische Subjekt dasjenige Seiende, von dem gesprochen werden soll, das grammatische Prädikat aber bezeichnet das essentielle oder akzidentelle „Was", das diesem Seienden zugesprochen werden soll. Also enthält die Urteilsform durch die Copula „ist" implizit die Behauptung, auch im Gegenstand sei das Ens mit seinem Quid durch dasjenige verknüpft, was die Copula „ist" meint. *Das Wort „ist" benennt die Bedingung der Einheit zwischen jedem Seienden und seinem Wesen bzw. seinen Akzidentien.* Diese Bedingung wird im Urteil nicht „kategorial" bestimmt (d. h. durch Zuweisung von Prädikaten); sie wird „transzendental" (als Möglichkeitsgrund jeder Prädikation und ihres Zutreffens auf Gegenstände) vorausgesetzt und in diesem Sinne „mit-benannt".

In ihrer affirmativen Funktion, den Anspruch auf Geltung zum Ausdruck zu bringen, läßt die Copula „ist" völlig offen, von welchem Gegenstand welche Aussage gelten soll. Dennoch greift sie durch ihre Form jedem Affirmationsinhalt insofern vor, als sie apriori definiert, daß der Urteilsinhalt nur dadurch von irgendeinem Gegenstand gelten kann, daß dieses Urteil sein grammatisches Subjekt mit seinem grammatischen Prädikat durch die Copula „ist" verbindet. Die Bedingung der Einheit zwischen Subjekt und Prädikat, die mit der Copula „ist" benannt wird, ist also zugleich die Bedingung für die Bezogenheit des Urteils auf einen von ihm verschiedenen Gegenstand. Also enthält jede Urteilsaffirmation implizit die Behauptung, *auch im Gegenstande sei der Grund der Einheit des Seienden mit seinem Wesen bzw. seinen Akzidentien zugleich der Grund seiner Eigenständigkeit gegenüber dem erkennenden bzw. wollenden Bewußtsein.* Wiederum ist dieser Grund der Eigenständigkeit des Objekts gegenüber dem Subjekt in der Urteilsfunktion nicht „kategorial" behauptet (durch das Prädikat „er ist"), sondern „transzendental" (als Möglichkeitsgrund jeder Affirmation) vorausgesetzt und insofern „mit-behauptet".

So ist in jedem Urteil über irgendeinen Gegenstand das Sein (dasjenige, was durch die Copula „ist" bezeichnet wird) als der Grund der Einheit des Seienden mit seinem Wesen bzw. mit seinen Akzidentien mitbenannt, als der Grund der Eigenständigkeit des Objekts gegenüber dem Subjekt mitbehauptet. *Jedes Urteil benennt unausdrücklich das transzendentale Unum mit und behauptet unausdrücklich das transzendentale Ens mit.*

Nun ist der Mensch dasjenige Wesen, das nur in der Form der theoretischen und praktischen Urteile zu erkennen und wollen vermag (er hat nicht die Fähigkeit zur „intellektuellen Anschauung"). Also kann der Mensch nichts erkennen oder wollen, ohne das transzendentale Eine und transzendentale Seiende — und diese in Identität miteinander — mit-zuerkennen und mit-zuwollen. *Es ist daher anthropologisch unmöglich, dieses Sein als das transzendental Eine zu bestreiten.* Denn auch diese Bestreitung wäre ein Urteil, das durch seinen Inhalt (die Bestreitung) eben das verneinen würde, was es durch seine Form (als Synthesis und Affirmation) mit-benennt und mit-bejaht. Nennt man nun das transzendentale *Unum et Ens* „Gott", dann ist es anthropologisch unmöglich, Gott zu leugnen, ohne in einen Widerspruch zwischen Urteilsinhalt und Urteilsform zu fallen.

Nun beruht weiterhin alles Argumentieren, auf welche Sätze es immer sich beziehen vermag, auf der Voraussetzung, daß das Denkunmögliche auch sachunmöglich sei. Diese Voraussetzung gehört zu den obersten Gesetzen der Vernunft. Wer also voraussetzen wollte, das anthropologisch Denkunmögliche, daß Gott nicht sei, brauche nicht in jedem Falle sachunmöglich zu sein, der hebt die Voraussetzung allen Argumentierens auf und zerstört die menschliche Vernunft. Nun haben aber, wegen der Autonomie der Vernunft, alle logischen Gesetze ihre Verbindlichkeit ausschließlich daher, daß sie nichts anderes benennen als die Bedingungen, die die menschliche Vernunft vor ihrer Selbstzerstörung bewahren. Also muß, wenn die logischen Gesetze die Selbstzerstörung der Vernunft verhindern wollen, logisch ausgeschlossen werden, daß dieses Denk-Unmögliche dennoch sachlich möglich sei. Die Existenz Gottes wird so zu einem *Postulat der theoretischen Vernunft,* d. h. zu einer Voraussetzung, die gemacht werden muß, wenn die logischen Gesetze ihr Ziel erreichen sollen, die Vernunft an ihrer Selbstzerstörung zu hindern. Dieses Postulat verwandelt sich in einen *Beweis,* wenn darüber hinaus vorausgesetzt wird, daß kein Wesen von Natur aus dysteleologisch organisiert sein kann. Das aber wäre offensichtlich der Fall, wenn das für den Menschen Undenkbare (hier: Gottes Nicht-Existenz) wahr, das für den Menschen Denknotwendige (Gottes Existenz) unwahr wäre.

So geht Maréchals Transzendentalphilosophie aus von einer Funktionsanalyse des „Intellectus agens", der die subjektiven Erlebnisinhalte zu möglichen Gegenständen des Erkennens und Wollens gestaltet, indem er sie in denjenigen Horizont hineinstellt, der durch den Vorgriff auf das transzendentale *Unum et Ens* eröffnet wird. Diese Philosophie aber *führt zu einem transzendentalen Gottespostulat der theoretischen Vernunft* oder (bei Einsetzung einer Zusatzhypothese) zu einem *transzendentalen Gottesbeweis.*

Maréchals Argumentation ist rein philosophischer Natur. Sie konnte aber für die Theologie fruchtbar gemacht werden. Setzt man nämlich weiterhin voraus, daß es keinen Akt der Gotteserkenntnis und Gottesliebe geben kann (auch nicht jene Akte, in denen Gott nur implizit mitbenannt und mitbehauptet wird), ohne daß diese Akte zugleich heilsrelevant wären, und daß alles, was positiv heilsrelevant ist, sich aus dem Heilswillen der göttlichen Gnade ergibt, so kann man aus Maréchals Ergebnissen die Folgerung ziehen: Jeder Mensch hat in jedem theoretischen oder praktischen Urteil (sogar in dem der Gottesleugnung und des Gotteshasses) implizit Gott mitbenannt und mitbehauptet. Er hat damit einen positiv heilsrelevanten Akt gesetzt, der theologisch nur als Folge des Heilswirkens der göttlichen Gnade gedeutet werden kann. Also hat jeder Mensch es in jedem Akt seines Erkennens und Wollens immer schon, ob er es weiß oder nicht, mit Gott und seiner heilswirksamen Gnade zu tun. Zieht man diese Folgerung, dann ergibt sich aus Maréchals Analyse des Urteilsaktes der Schluß auf die Universalität des Heilswillens der göttlichen Gnade. Diese Folgerung hat Karl Rahner in seiner *transzendentalen Gnadenlehre* gezogen, die ihrerseits den Schlüssel zu seiner Christologie und Ekklesiologie enthält.

Eine andere Folgerung zog Johann Baptist Lotz in seiner *transzendentalen Theologie der Spiritualität.* Wenn Gott in jedem theoretischen oder praktischen Urteil mit-benannt und mit-behauptet wird, dann ist es für die Meditation *keine notwendige Bedingung*, bei bestimmten Inhalten der Betrachtung (Kontemplation) anzusetzen, sondern jeder Akt des Erkennens und Liebens, auf welchen Gegenstand er sich auch richten mag, führt, in seinen Grund zurückverfolgt, zu der Erfahrung, nur durch den (impliziten, aber explizierbaren) Vorgriff auf Gott ermöglicht worden zu sein. Die Beziehung auf besondere Betrachtungsgegenstände (z. B. das Leben und Leiden Jesu) ist aber auch nicht die *ausreichende Bedingung* für Meditation, sondern auch diese Gegenstände erschließen die Dimension des Göttlichen nur dann, wenn sie im Lichte der transzendentalen Erfahrung gedeutet werden, die uns lehrt, daß Gott uns nicht als ein besonderer Gegenstand neben anderen begegnet, sondern als diejenige Bedingung, die all unser Erkennen und Lieben jeglichen Gegenstandes möglich macht.

Eine ausführliche Darstellung und Würdigung der transzendentalen Theologie kann im hier gesteckten Rahmen nicht geboten werden. (Sie muß deshalb der schon erwähnten, in Vorbereitung befindlichen Untersuchung ›Gott als Apriori des menschlichen Geistes? — Möglichkeiten und Erfahrungen, Grenzen und offene Chancen einer transzendentalen Theologie‹ vorbehalten bleiben.) Dennoch soll es gewagt werden, die hier sehr skizzenhaft geschilderten Ergebnisse, zu denen die transzendentale Theologie bisher gelangt ist, an den beiden eingangs erwähnten Aufgaben der katholischen Theologie in der Mitte unseres Jahrhunderts zu messen.

Dabei zeigt sich: Die „allgemeine Aufgabe", die Wiederanknüpfung des Dialoges mit der bis in die Gegenwart fortwirkenden Transzendentalphilosophie, ist von diesen Theologen auf eine eindrucksvolle Weise gelöst worden. Die kritische und durchaus eigenständige Aneignung des kantischen Ansatzes, ermöglicht durch Maréchals methodenbewußt vollzogene „Transposition des Kantismus", hat dabei zugleich innerhalb der Theologie neue Fragestellungen und Argumentationen möglich gemacht und so ihre Fruchtbarkeit bewiesen. Aber die Behandlung der „speziellen Aufgabe", die Grundlegung einer Theologie der Hoffnung, ist dabei kaum über Ansätze hinausgekommen, Ansätze, die einer weiteren Entfaltung fähig wären, liegen dort, wo die „Soteriologie", d. h. die Lehre vom Heil, aus dem transzendentalen Ansatz ein Argument für den universalen Heilswillen Gottes gewinnt. Aber der für Kant so wichtige und aus seinem transzendentalen Ansatz entwickelte Gedanke, daß die Hoffnung sich nicht nur auf die Gerechtigkeit und Glückseligkeit aller einzelnen, sondern auf die Ermöglichung einer moralischen Ordnung der Welt im ganzen richtet, und daß die Erfüllung dieser Hoffnung nicht durch die menschliche Natur (auch nicht durch die Geistnatur des Menschen) garantiert sei, sondern gerade eine radikale Veränderung des Menschen und der Welt zur Voraussetzung habe, ist in der transzendentalen Theologie, wie sie bisher vorliegt, mindestens an den Rand der Aufmerksamkeit geraten, vielleicht ganz aus ihrem Horizont herausgefallen. Insofern blieb der transzendentale Ansatz hinsichtlich der „speziellen Aufgabe", eine Theologie der Hoffnung grundzulegen, noch unentfaltet.

Andererseits wird im folgenden zu zeigen sein: Die katholische Theologie hat dort, wo sie sich der eingangs erwähnten „speziellen Aufgabe" zugewandt und eine Theologie der Hoffnung entwickelt hat, die Möglichkeiten ungenutzt gelassen, die Kants transzendentaler Ansatz ihr dazu geboten hätte. Diese Tatsache ist in wissenschaftsgeschichtlicher Hinsicht bedauerlich und erstaunlich zugleich. Bedauerlich ist sie, weil die beiden wichtigsten Gesprächspartner der katholischen Hoffnungstheologie je auf ihre Art dem kantischen Erbe verpflichtet waren. Die neuere evangelische Theologie der Hoffnung greift auf Kants Ansatz bei der reformatorischen Rechtfertigungslehre zurück, Blochs Philosophie der Hoffnung dagegen entwickelt Kants Gedanken der „Postulate" zu neuer Radikalität weiter. Mancherlei Schwierigkeiten, die sich bei dem Versuch ergaben, Lösungsangebote aus der evangelischen Theologie bzw. aus der Philosophie Blochs in den Kontext katholischer Hoffnungstheologie zu transponieren, erklären sich daraus, daß die katholischen Leser auf den kantischen Einschlag dieser Theologie bzw. Philosophie nicht aufmerksam geworden sind. Erstaunlich aber ist diese Vernachlässigung des kantisch-transzendentalen Ansatzes deshalb, weil die „Transposition des Kantismus" in den Kontext katholischer Theologie schon geleistet war, und weil gerade J. B. Metz, der sich um eine katholische Theologie der Hoffnung so sehr bemüht hat, sich zu Beginn seines theologischen Denkweges die Zielsetzungen der transzendentalen Theologie durchaus zu eigen gemacht hatte.

Daher wird im folgenden zu untersuchen sein, warum gerade J. B. Metz auf dem Wege zu einer Theologie der Hoffnung geglaubt hat, jenen transzendentalen Ansatz verlassen, ja sogar verwerfen zu müssen, der ihm dazu hätte verhelfen können, mit Blochs Philosophie der Hoffnung und mit der evangelischen Theologie in ein fruchtbares Gespräch zu kommen.

c) J. B. Metz: Die transzendentale Denkform als wirkungsgeschichtliche Folge der „christlichen Anthropozentrik"

Johann B. Metz hat zu Beginn seiner theologischen Entwicklung die traditionellen Vorbehalte katholischer Theologen gegen die neuzeitliche Transzendentalphilosophie durchaus geteilt. Diese Entscheidung bestimmt auch sein frühes Urteil über Martin Heidegger. (J. B. Metz, Heidegger und das Problem der Metaphysik — HPM —, in: Scholastik 28 [1953], S. 1—22.) Hier beurteilt er „die destruktive wie die konstruktive Position Heideggers als verfehlt" (HPM 16). „Destruktiv" ist Heideggers Position, insofern sie sich kritisch gegen die Metaphysik wendet; und hier widerspricht Metz, weil Heideggers Kritik „in die Richtung einer agnostizistisch-kantischen Transzendentalphilosophie weist" (ibid.). „Konstruktiv" ist Heideggers Position, sofern sie ein neues Seinsverhältnis enthält; aber auch hier widerspricht Metz, weil Heideggers Ontologie „in die Richtung einer idealistisch-hegelschen Identitätsphilosophie" geht (ibid.).

Das Seiende, wie es nach Heidegger in der Lichtung des Seins dem Dasein „entgegensteht", ist abhängig von der Weise, wie das Dasein den Horizont dieser Lichtung entwerfend öffnet oder wenigstens, auf den Anspruch des Seins hörend, geöffnet hält. Dies ist es, was Metz als „kantisch" empfindet; denn in dieser Abhängigkeit vom Dasein ist das Seiende wesentlich „für uns", und die Frage, was es unabhängig von seinem Entgegenstehen gegenüber dem Menschen, unabhängig also auch von der wechselnden Struktur der Lichtung sein könnte, bleibt unstellbar. Und deshalb beurteilt Metz diese Position als „agnostizistisch". Eine solche Auffassung „unterschlägt [...] den intelligiblen Strukturgehalt des menschlichen Erkennens" (HPM 21). Der Begriff des Seins aber wird bei Heidegger nicht (wie bei Thomas) auf dem Wege der „metaphysischen Abstraktion" aus dem zunächst erfahrenen Seienden und seiner sinnenhaft vor Augen stehenden Gestalt gewonnen. Das Sein, dessen Anspruch das Dasein vernimmt, spricht unmittelbar zum Menschen, auch wenn dieser Anspruch erst in der Antwort des Menschen „zur Sprache kommt". Das Hören dieses Anspruches geht allem Entdecken von Seiendem ermöglichend voran. Diese behauptete Unmittelbarkeit des Daseins zum Sein ist es, die Metz als „hegelisch" empfindet. In Heideggers Rede vom „offenstehenden Innestehen in der Unverborgenheit des Seins" (M. Heidegger, Was ist Metaphysik, Frankfurt 1960, S. 15) sieht Metz eine „Überforderung" dessen, was sich dem Menschen unmittelbar zeigen kann, ein Überspringen des spezifisch menschlichen Zugangs zum Sein. Dieser Zugang liegt allein in der „ständigen Verwiesenheit an das hic et nunc einer gegenständlichen Intentionalität" (HPM 20). Und weil die gegenständliche Intentionalität „übersprungen" wird, sieht Metz in Heideggers Ontologie eine „Identitätsphilosophie".

Die Reduktion des Seienden auf das „uns" Entgegenstehende und die Behauptung einer Unmittelbarkeit des menschlichen Daseins zu jenem Sein, das darin aufgeht, „uns" in seinen Anspruch zu nehmen, bilden nur „einen zweifachen Aspekt" (HPM 14) einer einzigen, und zwar „unbegründeten Voraussetzung" der Philosophie Heideggers (HPM

13). Diese unbegründete Voraussetzung besteht in dem „Versuch, das Sein im ganzen rein aus der Ebene des *menschlichen* Seins zu entwikkeln“ (HPM 22). Das Seiende „ist“ nur, indem es *dem Menschen* entgegensteht, und es ist nur dasjenige, als was es dem Menschen gegeben oder aber entzogen ist; das Sein „ist“ nur, indem es jene Lichtung geschehen läßt, in die *der Mensch* immer schon versetzt ist, und es ist nur dasjenige, als was es in der Antwort des Menschen zur Sprache kommt. Benutzt man einen von Metz später bevorzugten Ausdruck, so läßt sich sagen: Das Seiende wie das Sein sind bei Heidegger, wie Metz ihn versteht, „anthropozentrisch“ gedacht. (Daß Heidegger selbst sich von einer solchen Anthropozentrik schon in seinem Brief ›Über den Humanismus‹ eindeutig distanziert hat, kommt bei Metz nicht zur Sprache, obgleich dieser Brief schon erschienen war, als Metz seinen Artikel über Heidegger schrieb.) Und diese Anthropozentrik ist es, die Metz als teils „agnostizistisch-kantisch“, teils als „idealistisch-hegelisch“ kritisiert und verwirft.

Eine solche Position hätte erwarten lassen, daß Metz mit besonderer Aufmerksamkeit die Bemühung des späten Heidegger verfolge, um von ihm zu lernen, auf welche Weise die Transzendentalphilosophie eine solche Anthropozentrik überwinden kann — hat doch Heidegger selbst mit großem Nachdruck darauf hingewiesen, daß es für das „Ereignis der Wahrheit“, ja sogar für die wahre Würde des Menschen „gerade nicht auf den Menschen lediglich als solchen ankommt“ (M. Heidegger, Über den Humanismus, Frankfurt 1949, S. 31). Doch scheint Metz den weiteren Denkweg Martin Heideggers kaum noch beachtet zu haben. Sein Bemühen war in jenen Werken, die seinem frühen Aufsatz über Heidegger folgen, nicht darauf gerichtet, innerhalb der Transzendentalphilosophie die „anthropozentrische“ Einstellung zu überwinden, sondern darauf, eben diese Anthropozentrik als den berechtigten Grundzug der neuzeitlichen Transzendentalphilosophie zu erweisen.

Dabei sind es — und das ist für die Beurteilung von Metz bedeutsam — spezifisch theologische Gründe gewesen, die ihn zu dieser Umkehrung seines Urteiles über die neuzeitliche „Anthropozentrik“ bewogen und damit zugleich zum Abbruch des Dialoges mit Heidegger gebracht haben (eines Dialoges, der gerade in jenen späten fünfziger Jahren sonst noch in vollem Gange gewesen ist). Diese Gründe ergeben sich aus seiner Bemühung um zwei zentrale Themen der Theologie: um eine Theologie des Kreuzes und um eine Theologie des Wortes. Die Theologie des Kreuzes verlangt nach einem Verständnis der Weltgeschichte, das es ermöglicht, dieses bestimmte Ereignis so zu deuten, daß es, als eine „Stunde" inmitten der Zeit, dennoch durch allen weiteren Fortgang der Zeiten nicht mehr überholt werden kann. Den Problemen einer solchen Geschichtsdeutung hat Metz im Jahre 1957 einen Aufsatz gewidmet (J. B. Metz, Die „Stunde" Christi. Eine geschichtstheologische Erwägung — SChr —, in: Wort und Wahrheit 12 [1957], S. 5—18). Die Blickrichtung aber, in welcher Metz nach einer Lösung des Problems Ausschau hält, wird am ehesten aus der These deutlich, alle Geschichte nach der Stunde von Golgatha sei „nur mehr [...] das Weltwerden dieser Stunde — die Transfiguration der Welt selbst in das Kreuzesschicksal Christi" (SChr 12). Wie diese „Transfiguration" zu denken sei, darüber spricht Metz sich in diesem Artikel nicht deutlich aus. Er beschränkt sich auf die Andeutung, daß in jener Stunde des Kreuzes „sich — ecce homo — das Schicksal des Menschen überhaupt erfüllt hat" (SChr 18). Jedenfalls aber ist damit mehr gemeint als ein bloß exemplarisches Durchleiden des allgemeinen Menschenschicksals. Vielmehr ist, so drückt Metz dies einige Jahre später aus, ein „konkretes Apriori" gesetzt worden, d. h. eine neue Bedingung für die Möglichkeit dessen, was fortan „Menschsein" heißt. Nun gehört es zu der Eigenart eines solchen Apriori, daß es sich nur in demjenigen zeigt, was durch diese Möglichkeitsbedingung ermöglicht worden ist, im erwähnten Falle also durch das menschliche Dasein in seiner nun möglich gewordenen Gestalt. „Es ist ein konkretes Apriori, das sich temporal auslegt" (J. B. Metz, Theologische und metaphysische Ordnung — TmO —, in: Zeitschrift für Katholische Theologie 83 [1961], S. 1—14, 5).

Mit der Rede vom „konkreten Apriori" ist der zweite der soeben genannten Themenkreise erreicht: die Thematik einer Theologie des Wortes. Denn es soll sich (bei der „Stunde Christi" und bei der daraus resultierenden „Transfiguration der Welt") um ein *Apriori* handeln, d. h. nicht nur um einen neuen Komplex von Lebensbedingungen innerhalb einer strukturell unverändert bleibenden Welt, sondern auch und vor allem um einen neuen Horizont, der die Begegnung mit allem Seienden auf neue Weise ermöglicht und die spezifische Gestalt alles Begegnenden neu bestimmt. Aber dieses Apriori soll *konkret* sein, d. h. durch ein geschichtliches Ereignis gestiftet werden und deshalb eine Transfiguration der Welt möglich machen. Ein Apriori solcher Art aber ist das (göttliche) Wort, welches nicht nur inhaltlich informiert, sondern strukturell ein neues Sehen und Hören stiftet.

Das Wort begründet ein neues Dasein des Menschen, aber auf paradoxe Weise. Dieses Wort muß nämlich Dasein als „vernehmendes Dasein" immer schon antreffen, um als Wort ankommen zu können; andererseits muß es ein neues Vernehmen erst hervorrufen, um selber offenbar und in diesem Sinne gegenwärtig zu werden. Das neue Ohr nämlich ist Voraussetzung für das Hören des Wortes und damit für seine „Ankunft"; denn das Wort kommt nur dadurch an, daß es gehört wird. Aber das Wort findet diese Voraussetzung seiner Ankunft nicht als gegeben vor, sondern muß sie erst hervorbringen. Dies verlangt ein antizipatives Wirken, in welchem das Wort eben jene Bedingung erst schafft, auf der seine eigene Wirksamkeit beruht. Deshalb spricht Metz davon, daß das Offenbarungswort diese Bedingung seiner Ankunft „*sich* voraussetzt", also sich selber zum voraus bereitstellt. „Daseinsgründende Offenbarung *(fides quae creditur)* setzt sich ständig vernehmendes Dasein *(fides qua creditur)* als konstitutives Medium ihrer eigenen (offenbaren) Ankunft im Dasein voraus" (TmO 8).

Damit aber ist das Verhältnis von theologischer Auslegung des göttlichen Wortes und philosophischer Reflexion auf die transzendentale Gestalt des Bewußtseins neu gedeutet. Wenn nämlich die transzendentale Reflexion die Struktur des menschlichen Bewußtseins (genauer: diejenige seiner Gestalten, die tatsächlich erst „nach der Stunde Christi" vorfindlich ist) analysiert, und wenn die Transzendentalphilosophie deutlich macht, wie alle Inhalte der Erkenntnis von dieser Struktur abhängig sind, dann greift eine solche Philosophie dem Wort der Offenbarung keineswegs vor. Sie legt vielmehr nur dasjenige aus, was durch das Offenbarungswort selber gestiftet worden ist: jene Form des Bewußtseins, die das Wort „sich vorausgesetzt" hat. Freilich wird an dieser Stelle nicht recht deutlich, durch welche Merkmale sich die Gestalt des menschlichen Bewußtseins „post Christum" von seiner vorchristlichen Gestalt unterscheide. Jedenfalls denkt Metz dabei nicht an eine spezifisch „religiöse" Bewußtseinsstruktur, vermöge welcher der Christ spezifisch religiöse Inhalte zu erfassen vermag, sondern an „eine Wandlung im Horizont des metaphysischen Seins- und Selbstverständnisses" (TmO 11). Ebenso wie hinsichtlich der Frage, wie die „Transfiguration" der Welt in das „Kreuzesschicksal Christi" zu denken sei, beschränkt Metz sich auch bezüglich der Frage, wie der neue, durch die Offenbarung gestiftete transzendentale Horizont menschlicher Erkenntnis strukturiert sei, auf eine bloße Andeutung: „In der freien Anrede Gottes entdeckt der Mensch *sich selbst* neu und zugleich in ursprünglichster Weise" (TmO 10).

So wird in der Sicht von Metz die Selbstentdeckung des Menschen zu einem wesentlich durch Kreuzesereignis und Offenbarungswort bedingten Vorgang. Dieses Ereignis erfordert ein Denken, das „nicht kosmozentrisch, sondern anthropozentrisch" ist (TmO 11). Ein solches anthropozentrisches Denken, wie es von Kreuzesereignis und Offenbarungswort gefordert wird, kommt freilich erst spät, nämlich bei Thomas von Aquin, zum Durchbruch. Ja, dieses Denken „entfaltet sich begrifflich-kategorial" erst „im neuzeitlichen Denken" (TmO 12). Gerade wegen der wachsenden Dringlichkeit nämlich, mit der der Mensch in der Neuzeit sich selber entdeckt und deshalb sich selbst in den Mittelpunkt seiner Aufmerksamkeit stellt, wird sein Denken in wachsendem Maße „weltlich" — aber gerade nicht „kosmozentrisch". Diese in der neuzeitlichen Anthropozentrik begründete „Verweltlichung" des Denkens erscheint deshalb nun als „eine vom christlichen Apriori selbst gesteuerte und erzwungene Säkularisierung der menschlichen Vernunft" (TmO 13).

Vielerlei Fragen bleiben an dieser Stelle noch offen. Inwiefern hat der vorchristlich-griechische Mensch „sich selber" noch nicht entdeckt? Ist der Ruf: „Erkenne dich selbst!" nicht das Programm der sokratischen, also der vorchristlichen Philosophie gewesen? Und war es nicht Sokrates, der die Wendung vom Kosmos zum Menschen vollzogen hat, indem er ausdrücklich erklärte, „die Räume und Bäume können mich nichts lehren, sondern nur die Menschen in der Stadt" (Phaidros 230 d)? Auch wer die Meinung vertritt, solche Selbstentdeckung des Menschen setze die freie Anrede des Gottes voraus, kann sich auf den Vater der griechischen Philosophie, auf Sokrates, berufen. Denn dieser hat ausdrücklich betont, der Anruf: „Erkenne dich selbst!" sei kein „kluger Ratschlag", sondern die Anrede des Gottes an den, der den Tempel zu Delphi betritt (Charm. 164 d); denn erst im Angesichte des Gottes werde der Eintretende seiner Unwissenheit ausdrücklich bewußt und gewinne so die Fähigkeit des Fragens; solche Fähigkeit des Fragens aber ist diejenige Kraft, deren gerade der Besucher des Orakels bedarf — und die ihm mit dem Philosophen gemeinsam ist. Aber gerade die Tatsache, daß der Theologe, der die Selbstentdeckung des Menschen auf die freie Anrede des Gottes zurückführt, sich durch Sokrates bestätigt sehen kann, macht die Frage notwendig: Inwiefern ist es gerade das besondere Wort der christlichen Botschaft vom Kreuz, nicht eine beliebige „Anrede des Gottes" in einer beliebigen Religion, welche den Menschen befähigt hat, „sich selbst zu entdecken" und so die Wendung vom Kosmos zum Menschen zu vollziehen? Inwiefern soll die Ausformung eines konsequent anthropologischen Denkens aus diesem einen, unverwechselbaren Wort zu verstehen und als „Transfiguration der Welt in das Kreuzesschicksal Jesu" zu deuten sein?

Die frühen Aufsätze von J. B. Metz, von denen hier die Rede war, beantworten diese Frage nicht. Aber sie schlagen das Thema an, dem seine nächste größere Studie gilt: ›Christliche Anthropozentrik. Über die Denkform des Thomas von Aquin‹ (— CA —, München 1962). Und die erwähnten frühen Aufsätze nehmen auch schon die zentrale These vorweg, zu der diese Untersuchung gelangt: „Neuzeitliches Denken kommt also in der Tat aus einem [...] ‚theologischen' Apriori" (CA 131 f.), und das deshalb, weil „im neuzeitlichen Denken mit seinem transzendentalen Ansatz [!] ein mittelalterlich-thomasisches Apriori wirksam" ist, näherhin „jenes anthropozentrische Seinsverständnis, in dessen Horizont sich das Offenbarungswort der menschlichen Reflexion vermittelt hat" (CA 132). Ja noch schärfer: „‚Neuzeit' ist [...] die philosophische Durchführung des Geistes des Christentums" (CA 125).

In dieser Aussage sind zwei Behauptungen enthalten: daß die Wendung zur Anthropologie nicht durch ein philosophisch-griechisches, sondern durch ein theologisch-christliches Apriori bestimmt sei, und daß die spezifisch neuzeitliche Weise der Anthropozentrik sich nicht aus dem Fortschritt von Naturwissenschaft und Technik ergebe, sondern aus einem „transzendentalen Ansatz", der seinerseits den naturwissenschaftlich-technischen Erfolg des neuzeitlichen Denkens erst möglich gemacht habe.

Um die *erste Behauptung* zu begründen, unterscheidet Metz die Inhalte, zu denen ein Denken gelangt (und die es in Aussagen formuliert), von den Formen (oder den Horizonten), innerhalb derer dieses Denken seine Beziehung zu möglichen Gegenständen gewinnt. Und im Sinne dieser Unterscheidung von Inhalt und Form nennt er das griechische Denken zwar „material anthropozentrisch", weil es seinem Inhalte nach vorwiegend mit dem Menschen befaßt war, aber „formal kosmozentrisch", weil es den Menschen im Horizont der Welt als ein Seiendes unter Seienden begriff. Das christliche Denken aber ist „material theozentrisch", weil Gott sein vorzüglichstes Thema ist; aber, so lautet die zentrale These, christliches Denken ist „formal [...] im Blick auf das waltende Seinsverständnis, [...] anthropozentrisch" (CA 47). Denn dieses Denken gewinnt den Horizont für alles Verständnis von Sein und Seiendem durch den Hinblick auf den Menschen.

Die eigentümliche Seinsweise des Menschen, die Subjektivität [...] ist das Modell, der apriorische Vorstellungsschematismus, innerhalb dessen die Ordnung und Bestimmung der einzelnen Seienden und Seinsbereiche untereinander getroffen und ausgesagt wird (CA 49).

Nach Auffassung des Thomas von Aquin (wie Metz ihn darstellt) steht

ein Seiendes [...] in dem Maße im Sein inne, als es sich unaufhebbar zu sich selbst verhält *(super seipsum reflectitur)* und in diesem Selbstverständnis ‚bei sich' ist *(intellectus)* und sich selbst gehört *(voluntas)* (CA 52).

Ein solches „Seinsverständnis [...], in dem das Sein am Modell der Subjektivität gedacht ist" (CA 54), gibt dem „Menschsein [...] Vorrang als Modell des Seinsverständnisses überhaupt" (CA 50).

Ein Denken aber, das alles Seiende am Modell der „eigentümlich menschlichen Seinsweise" versteht, ein in diesem Sinne „anthropozentrisches Seinsverständnis entfaltet und bewährt sich in einer transzendentalen Methode" (CA 55). Denn diese Methode beruht auf der Überzeugung, daß der Zugang zum Seienden durch Reflexion des Menschen auf sich selbst gewonnen wird. Ist also die Anthropozentrik durch ein christliches Apriori bestimmt, dann gilt dies auch von der transzendentalen Methode. Zwar „hält sich gerade in theologischen Kreisen ein grundsätzliches Mißtrauen gegen diese transzendentale Methode" (CA 57). Aber dieses Mißtrauen „verdunkelt den Blick dafür, daß in dieser Methode [...] jenes Seinsverständnis am Werk ist, das bei Thomas in einem ersten Entwurf aufbricht" (CA 57). Gewiß, anthropozentrisches Seinsverständnis und transzendentale Methode sind bei Thomas „nur in ersten Ansätzen gegeben [...]. Konsequent ausgebildet wurde das transzendentale Seinsverständnis erst in der Neuzeit, vor allem bei Kant" (ibid.). Aber das hindert nicht, daß es der christliche Theologe Thomas gewesen ist, der diesem sich erst in der Neuzeit entfaltenden Denken die Richtung gewiesen hat.

'Mittelalter' erscheint [...] als [...] der schöpferische Ursprung, der in einem ersten, in vielem gewiß noch leeren Entwurf das neuzeitliche Denken anfänglich vorwegnahm und damit jene Fährte aufriß, in der sich der Strom dieses Denkens — bis heute! — bewegt (CA 121 f.).

Neuzeitliches Denken macht das, was bei Thomas die Denk*form* bestimmte, auch zu dessen bevorzugtem *Inhalt*. Es ist, wie Metz in der Überschrift des letzten Kapitels seiner Studie behauptet, die „kategoriale Durchführung der thomanisch-christlichen Denkform" (CA 124).

Die *zweite Behauptung* dagegen, wonach die spezifisch neuzeitliche Art der Anthropozentrik aus dem transzendentalen Ansatz des Denkens zu erklären sei, wird im vorliegenden Werk nicht ausdrücklich begründet. Metz scheint es für selbstverständlich zu halten, daß der herrschende Zug der neuzeitlichen *Philosophie* (und diese ist in der Tat weithin durch transzendentale Reflexion bestimmt) auch als Hauptmerkmal des neuzeitlichen *Denkens im allgemeinen* gelten könne. Diese Ansicht ist (insbesondere seit Hegel) unter Philosophen und Vertretern der Geistesgeschichte weit verbreitet. Dennoch bleibt zu fragen, ob bei solcher Deutung nicht die offenkundigen empiristischen und positivistischen Züge des neuzeitlichen Denkens unterbewertet bleiben, eines Denkens, das zwar ebenfalls „anthropozentrisch" genannt werden kann, das sich aber der transzendentalen Reflexion gerade mit Nachdruck verweigert.

d) Offene Fragen und ein Wechsel des Themas

Aber auch die erste Behauptung (von dem christlichen Apriori, das die neuzeitliche Transzendentalphilosophie bestimme) läßt wichtige Fragen offen. Dazu gehört zunächst die Vorfrage: Hat Metz das Denken des Thomas textgerecht interpretiert? Diese Frage kann an dieser Stelle nicht erörtert werden. Doch sei folgender Hinweis gestattet: Im Gegensatz zu Rahners Darstellung der thomasischen Erkenntnislehre in

›Geist und Welt‹ läßt die Studie von Metz sich nirgendwo auf eine Analyse vorliegender Texte ein, sondern verweist stets nur in sehr lockerer Form auf einzelne Sätze oder sogar nur einzelne Termini, die sich verstreut im Werk des Thomas finden. Der Weg vom Text zur Interpretation ist so für den Leser unkontrollierbar. Aber selbst unter der Voraussetzung, Metz habe das Denken des Thomas in seiner spezifischen „Denkform" angemessen dargestellt, muß gefragt werden: Ist die Tatsache, daß das Denken des Thomas von Aquin gewisse formale Spezifika zeigt (z. B. eine „formale Anthropozentrik"), ein zureichender Beweis dafür, daß es sich hier um ein spezifisch *christliches* Apriori handelt? (Wodurch wird garantiert, daß das spezifisch Thomasische stets zugleich das normativ Christliche sein muß?) Ist die Tatsache, daß Thomas (mit anderen Autoren) den Grad der Reflexionsfähigkeit als Index für die „Seinshöhe" eines Seienden auffaßt, ein zureichender Beweis dafür, daß er die spezifisch *menschliche* Subjektivität zum Modell allen Seinsverständnisses gemacht habe? (Ist es nicht weit wahrscheinlicher, daß er an das *göttliche* Selbstwissen und Selbstwollen gedacht hat, das in der Tat seiner Auffassung nach nicht „aus sich hinaus" gehen muß, um „bei den Dingen" zu sein, sondern in sich selber die Wesenheiten aller möglichen Geschöpfe anschaut? Und wäre dann, wenn Thomas die göttliche und nicht die menschliche Subjektivität zum „Modell" seines Seinsverständnisses gemacht haben sollte, sein Denken nicht weit eher ein „formal theozentrisches" im Sinne der Terminologie von Metz zu nennen?) Weiterhin: Kann zwischen einer „materialen" und einer „formalen" Anthropozentrik überhaupt sinnvoll unterschieden werden angesichts der Tatsache, daß der Mensch stets ein *Inhalt* des Denkens bleibt, auch wenn, wie Metz annimmt, die Orientierung an diesem spezifischen Inhalt die Form eines Denkens bestimmen sollte? (Wenn die Orientierung an diesem bestimmten Inhalt die Form des Denkens *nicht* bestimmt, dann bleibt die Denkform von der Wahl der „Modelle" unbetroffen, und der Begriff einer „formalen Anthropozentrik" verliert seine Bedeutung. Wenn aber die Orientierung an diesem Inhalt die Form des Denkens bestimmt, dann wird jedes „material" anthropozentrische Denken, auch das der Griechen, sich auch „formal" anthropozentrisch ausgestalten müssen.)

Und zuletzt: Setzen wir einmal voraus, der Gebrauch eines bestimmten Modells definiere die Form eines Denkens, Thomas benutze die spezifisch menschliche Weise der Subjektivität als Modell für sein Verständnis eines jeglichen Seienden, und dies geschehe aus spezifisch christlichen Gründen; auch dann noch bliebe zu fragen, ob sich in dieser Hinsicht das theologisch-christliche Denken vom vorchristlich-philosophischen erkennbar unterscheide. Denn auch Platon hat dasjenige Seiende, das er für exemplarisch hält, als die „Selbstbezüglichkeit" der Idee beschrieben („es selbst mit Bezug auf sich selbst"); auch Aristoteles hat den Ersten Beweger als die „sich selber einsehende Einsicht" gedacht; auch Plotin läßt die ganze Welt aus der absoluten Einheit durch Vermittlung des „Nous" hervorgehen, der, als „geistige Einsicht *von etwas*", stets dadurch bei den Sachen ist, daß er bei sich selber bleibt. Und alle diese Denker, welche die Fähigkeit zum „Beisichselbersein" zum Maßstab für die „Seinshöhe" eines Seienden gemacht haben, hätten von diesem „Beisichselbersein" keinen Begriff, wenn sie nicht als Menschen Akte der Reflexion vollzogen hätten. Ein solcher „Modellgebrauch" scheint also nichts spezifisch Christliches zu sein; ein solches Denken bedarf zu seinem Zustandekommen weder der „Stunde Christi" noch der Anrede durch das Wort der Offenbarung.

Von all diesen Fragen behandelt Metz nur die erste, die Frage nach dem Verhältnis des spezifisch Thomasischen zum normativ Christlichen. Zunächst stellt er die Regel auf, an der er die Christlichkeit einer Theologie gemessen sehen will. „‚Christlich' ist eine Theologie erst dann, wenn nicht nur das Objekt der [...] Reflexion, sondern auch deren Horizont selbst christlich bestimmt ist" (CA 105). Dann wendet er diese Regel auf die Denkform des Thomas an, um den „biblisch-christlichen Ursprung der anthropozentrischen Denkform" nachzuweisen (CA 108). Dieser Hinweis bleibt nun freilich darauf beschränkt, an den Zusammenhang von Gottes- und Nächstenliebe zu erinnern. Weil Gott sich in der Gestalt der geringsten Brüder Jesu finden läßt, darum muß, so drückt Metz dies aus, „die Gottesliebe radikal anthropozentrisch gewendet werden" (CA 109). Eben dadurch aber empfängt der Mensch „in der Offenbarung geradezu erst sein volles spezifisches Gewicht" (ibid.), ja, er wird durch „die absolute Nähe Gottes in der Offenbarung — ecce homo! — [...] in einzigartiger Weise auf sich selbst aufmerksam gemacht" (CA 110). Sofern dies die „anthropozentrische Spitze" des Offenbarungswortes ist, läßt sich folgern, dieses Wort fordere „die ihm gemäße ‚anthropozentrische Denkform'" (ibid.), näherhin „die Wende von der Gegenständlichkeit zur Subjektivität, von der Substanz zum Subjekt bzw. genauer von einem objektivistischen zu einem transzendentalen [...] Verständnis des Subjekts, von der Welt zum Menschen, von der Natur zur Geschichte" (CA 111). Und in diesem Sinne ist das spezifisch Thomasische zugleich das normativ Christliche, denn „bei Thomas von Aquin wird dieses anthropozentrische Gewicht der Offenbarung im Denken selbst erstmals greifbar" (CA 110). „Die bei Thomas erstmals wirksame ‚anthropozentrische Denkform' [...] bezeugt sich [...] als jene ‚christliche Denkform', die dieses Offenbarungswort [...] aus sich selbst hervortreibt und epochal erzwingt" (CA 113).

So bleibt an dem Buch von J. B. Metz über die ›Christliche Anthropozentrik‹ vor allem das Argumentations*ziel* bemerkenswert. Anstelle der (stets von einem gewissen Mißtrauen geprägten) Frage der Theologen, inwieweit transzendentales Denken mit der christlichen Botschaft *vereinbar* sei, soll hier gezeigt werden, daß die christliche Botschaft diese Art des Denkens positiv *fordere,* ja *erzwinge* und historisch „aus sich hervorgetrieben" habe. Transzendentales Denken ist, um den gleichen Sachverhalt mit anderen Worten auszudrücken, für eine christliche Theologie nicht nur tolerabel; sondern eine christliche Theologie, die sich dem transzendentalen Denken auf die Dauer verweigert, wäre am Maßstab der Glaubensbotschaft gemessen intolerabel.

Ließe sich dies wirklich zeigen, so würde dadurch in der Tat das Verhältnis zwischen katholischer Theologie und neuzeitlicher Philosophie grundlegend verändert. Sosehr indessen diese Beweis*absicht* hohe Beachtung verdient, sowenig kann doch verborgen bleiben, daß die einzelnen Beweis*schritte,* die zu diesem Ziele führen sollen, in methodischer Hinsicht ungesichert bleiben. Man mag das göttliche Liebes-Angebot an den Menschen und das Liebesgebot mit seiner Einheit von Gottes- und Nächstenliebe „anthropozentrisch" nennen und daraus folgern, ein solcher Verkündigungsinhalt erfordere ein Denken, das auch seiner Form nach „anthropozentrisch" ist; aber ist damit etwas über die transzendentale Reflexion gesagt, die man (in einem *anderen* Wortsinn) ebenfalls „anthropozentrisch" nennen kann? Der Gebrauch der gleichen Vokabel verdeckt den schlichten Sachverhalt, daß der Reflektierende wesentlich „bei sich selber" ist, der Liebende aber gerade *nicht* an sich selber denkt, um ganz „beim Anderen" zu sein. Man mag das Denken des Thomas von Aquin „ansatzweise transzendental" nennen, weil es die ontologische „Höhe" eines Seienden nach dessen Fähigkeit bemißt, reflektierend bei sich selber zu sein; aber ist damit schon erwiesen, daß dieses Denken eben deshalb schon seiner Form nach „christlich" ist, d. h. die „anthropologische Spitze" von Liebes-Zusage und Liebes-Gebot besser erfaßt als eine andere Denkform?

Zu den oben angemeldeten Methodenfragen (ob die Tatsache, daß Thomas das „Beisichselbersein" zum Gradmesser für die „Seinshöhe" des Seienden erhebt, eine „formale Anthropozentrik" seines Denkens beweise, oder ob er dabei vielmehr am göttlichen „Beisichselbersein" orientiert bleibe; ob die Hochschätzung der Reflexionsfähigkeit wirklich ein Unterscheidungsmerkmal zwischen christlichem und vorchristlichem Denken darstelle; ob die „Anthropozentrik" des neuzeitlichen Denkens wirklich auf einer Vorherrschaft der transzendentalen Reflexion beruht und nicht vielmehr auf dem durchaus objektgewandten Denken der Wissenschaft und Technik) kommt nun die weitere Methodenfrage, ob die „Anthropozentrik" von Liebes-Angebot und Liebes-Gebot mit der „Anthropozentrik" der transzendentalen Reflexion (sei es in ihrem thomasischen Ansatz, sei es in ihrer neuzeitlichen Ausgestaltung) wirklich mehr als den Namen gemeinsam habe — abgesehen davon, daß die Transzendentalphilosophie sowohl bei Kant als auch bei Heidegger mit Nachdruck *nicht* Anthropologie sein will und gerade *nicht* „anthropozentrisch" verstanden werden darf.

Bei all diesen Fragen jedoch hält Metz sich nicht auf. Das weist darauf hin, daß seine Argumentationsabsicht im Begriffe steht, sich zu verschieben. In denjenigen Schriften, die auf die ›Christliche Anthropozentrik‹ folgen, wird deutlich: Es kommt ihm nicht mehr darauf an, die transzendentale Denkform als christlich auszuweisen und das neuzeitliche Denken insofern zu rechtfertigen, als es durch diese Denkform geprägt ist; es kommt ihm vielmehr darauf an, die Neuzeit zu legitimieren, und umgekehrt das transzendentale Denken nur insofern zu rechtfertigen, als es die Denkform der Neuzeit ist. In dem Maße, in dem ihm dies zweifelhaft wird, verliert die Transzendentalphilosophie für ihn ihr Interesse; und im gleichen Maße wird die Bemühung, zwischen christlichem Botschaftsinhalt und transzendentaler Reflexion einen Zusammenhang herzustellen, gegenstandslos.

Zusammenfassend ist zu sagen: Die „Transposition des Kantismus" bei Maréchal und ihre theologische Anwendung bei Rahner bleibt auf Kants theoretische Philosophie beschränkt, läßt daher den Konflikt von theoretischem und praktischem Vernunftinteresse, wie Kant ihn beschreibt, unbeachtet und bemerkt deshalb nicht, daß Kants Philosophie insgesamt, um diesen Konflikt der Vernunftinteressen aufzuheben, eine *Philosophie* der Hoffnung sein will. Deshalb bleibt auch die mögliche Bedeutung dieser Philosophie für eine *Theologie* der Hoffnung bei dieser Art der Rezeption verborgen. Metz aber, der das transzendentale Denken als „christliche Denkform" erweisen und so mit der Theologie versöhnen möchte, geht auf die spezifischen Sach- und Methodenprobleme nicht ein, die sich aus seiner Kant-Interpretation ergeben. Ihm ist es nicht um Kants Philosophie als solche zu tun, sondern um die „neuzeitliche Denkform", die er durch Kant repräsentiert sieht. So bricht er den Dialog mit Kant ab, ehe dieser Dialog ihn zum Thema „Hoffnung" geführt hätte, weil ihm der Dialog mit dem öffentlichen Bewußtsein der Gegenwart wichtiger ist als die Fachdiskussion mit einer philosophischen Richtung. Dadurch aber bleiben auch ihm die Möglichkeiten verborgen, die der Dialog mit Kant enthalten hätte, wo es darum geht, eine Theologie der Hoffnung grundzulegen.

Dieser Feststellung muß freilich sogleich eine zweite hinzugefügt werden. Weder Maréchal und Rahner noch Metz waren *primär* von der Absicht geleitet, eine Theologie der Hoffnung zu begründen. Erst die Rückschau auf einen später durchlaufenen Weg läßt ihre Befassung mit Kant als einen „vorbereitenden Schritt" erscheinen, der „auf dem Wege zu einer katholischen Theologie der Hoffnung" getan werden mußte (vgl. die Überschrift dieses ersten Teils der hier vorgelegten Untersuchung, S. 11). Primär ging es vielmehr um die Wiederanknüpfung eines Dialoges, von dem man den Eindruck hatte, daß er abgebrochen sei: teils des Dialoges mit der gegenwärtigen Philosophie, die nachhaltig durch Kants transzendentalen Ansatz bestimmt ist, teils mit dem allgemeinen öffentlichen Bewußtsein der Gegenwart, das in der Philosophie nur eine unter mehreren Formen seines Ausdrucks gefunden hat. Das erstere Interesse überwog bei Maréchal und Rahner; und es war zunächst noch nicht zu sehen, daß die Beschränkung auf Kants theoretische Philosophie und damit freilich auch die Ausklammerung des Themas Hoffnung ein prinzipielles Hindernis darstelle, das einer Begegnung zwischen katholischer Theologie und kantischer Philosophie im

Wege stehe. Die Folgen dieser Themenreduktion bei der theologischen Auseinandersetzung mit Kants transzendentalem Ansatz sollten erst später zutage treten, als die katholische Theologie sich mit einer anderen Form der Wirkungsgeschichte Kants konfrontiert sah: mit der Nachwirkung von Kants postulatorischer Hoffnungsphilosophie im Denken Ernst Blochs.

Das zweite Interesse, das Interesse an der Wiederanknüpfung des Gesprächs mit dem öffentlichen Bewußtsein der Gegenwart innerhalb und außerhalb der Philosophie überwog bei J. B. Metz. Und auch hier war zunächst noch nicht zu sehen, daß es einem solchen Dialog hinderlich sein müsse, wenn die Analyse kantischer Fragestellungen nicht bis zu jenem Punkt vorangetrieben werde, an dem diese Philosophie sich als eine Philosophie der Hoffnung hätte erweisen können. Weit wichtiger erschien es nun, der Eigenart dieses öffentlichen Gegenwartsbewußtseins nachzugehen und das Mißtrauen abzubauen, das viele Theologen diesem Bewußtsein entgegenbrachten. Wichtiger als die Auseinandersetzung mit Kant erschien es deshalb, bei solchen Theologen Orientierungshilfe zu suchen, die der in der Neuzeit herrschend gewordenen Denkweise aus theologischen Gründen ihre Zustimmung gaben, unerachtet der Tatsache, daß dieses neuzeitliche Denken seinerseits sich spezifisch theologischen Fragestellungen in wachsendem Maße verweigert. Nicht Kants Philosophie, sondern die evangelische Theologie schien deshalb für Metz nun den geeigneten Zugang zu eröffnen, um mit dem öffentlichen Bewußtsein der Gegenwart erneut ins Gespräch zu kommen. Längst nämlich hatten evangelische Theologen das Problem der „Legitimität der Neuzeit“ unter ganz anderen Gesichtspunkten diskutiert als unter dem der (vermeintlichen oder wirklichen) Vorherrschaft der transzendentalen Reflexion. Nach Auffassung dieser Theologen ist das herrschende Merkmal neuzeitlichen Denkens nicht seine Transzendentalität, sondern seine „Weltlichkeit“. Aus wachsenden Themenbereichen des Denkens scheiden im Laufe der Neuzeit die spezifisch religiösen Gesichtspunkte aus. Naturwissenschaft und Politik, Geschichtswissenschaft und Kunst können betrieben werden, ohne daß dabei religiöse Prämissen in den Argumentationszusammenhang eingehen müßten. Der Vorgang dieser wachsenden „Verweltlichung“ kann „Säkularisierung“ heißen. (Die Vokabel ist nach Analogie des Wortes „Säkularisation“ gebildet, das die Überführung geistlichen Eigentums in weltlichen Besitz bezeichnet.) Im Vorgang dieser „Säkularisierung" liegt, wie Friedrich Gogarten in seinem 1953 erschienenen Buch zu zeigen versucht, „Verhängnis und Hoffnung der Neuzeit" (F. Gogarten, Verhängnis und Hoffnung der Neuzeit. Säkularisierung als theologisches Problem — VHN —, Stuttgart 1953, hier zitiert nach ^{2}1958). Wer die Neuzeit rechtfertigen will, der muß deshalb diese Säkularisierung rechtfertigen. Dies kann dadurch geschehen, daß die Vorherrschaft religiöser Vorstellungen im mittelalterlichen Denken als „Befangenheit" beurteilt wird, die nun, zugunsten einer aufgeklärten Vernunft, überwunden worden sei. Dies war das Argumentationsverfahren der frühneuzeitlichen Aufklärung. Rechtfertigung der Säkularisierung kann aber auch dadurch geschehen, daß man diesen Vorgang theologisch als eine Spätwirkung der christlichen Botschaft selber versteht. Letzteres ist Gogartens Meinung. Die christliche Botschaft hat die Welt nicht nur entdivinisiert (entgöttert), sondern auch entsakralisiert und sie so einer „weltlichen" Deutung und Gestaltung zugänglich gemacht. Die gleiche Position bezieht Metz in seinen nächstfolgenden Schriften, die zunächst mehrfach veröffentlicht wurden und zuletzt in einem Sammelband ›Zur Theologie der Welt‹ herausgegeben worden sind (J. B. Metz: Zur Theologie der Welt — ThdW — Mainz 1968). Und schon auf einer der ersten Seiten dieses Sammelbandes findet sich (in einem Aufsatz von 1962) der programmatische Satz:

> Die Theologie [...] hat freizulegen, daß und wie in dem geschichtlich unumkehrbaren, epochalen Ansatz der neuzeitlichen Verweltlichung der Welt der christliche Anfang nicht entfallen, sondern erst geschichtlich wirksam ist (ThdW 14, zuerst in: Geist und Leben 35 [1962], S. 165—184, dann in: F. X. Arnold u. a. (Hrsg.), Handbuch der Pastoraltheologie II, 2, Freiburg 1966, S. 239—267).

3. Die evangelische Theologie als Vorbild: Die Theologie der Säkularisierung im Kontext der dialektischen Theologie

Der Gedanke, das neuzeitliche Denken sei gerade hinsichtlich seiner Weltlichkeit durch die christliche Glaubensbotschaft geprägt und eben dadurch theologisch legitimiert, ist keineswegs durch J. B. Metz erstmalig konzipiert worden. Schon 1953 (also 9 Jahre vor dem erwähnten Aufsatz von Metz) erschien Friedrich Gogartens ›Verhängnis und

Hoffnung der Neuzeit. Die Säkularisierung als theologisches Problem‹. Und ein zentraler Progammsatz dieses Buches lautet: „Säkularisierung" [d. h. Verweltlichung] „ist [...] eine legitime und notwendige Folge des christlichen Glaubens" (VHN 214). An dieser Stelle aber enthält die These einen Zusatz, der seine theologische Begründung erkennen läßt: „[...] des christlichen Glaubens, weil dieser der rechtfertigende Glaube ist" (ibid.).

Der zuletzt zitierte Zusatz enthält den Hinweis, daß die These, die Säkularisierung sei die legitime Folge des christlichen Glaubens, theologisch in dem Kontext der Lehre von der „Rechtfertigung allein aus Glauben, abseits von den Werken des Gesetzes" entwickelt worden ist. Es wird im folgenden zu zeigen sein, daß es spezifische Argumentationsgänge der reformatorischen Theologie gewesen sind, die zu dieser These geführt haben, ehe Metz sie vorfand und in den Kontext einer katholischen Theologie zu übertragen versuchte. Bei Übertragungen solcher Art entsteht häufig die Gefahr, daß durch die Ablösung einer These aus dem Argumentationszusammenhang, dem sie entstammt, die logisch zwingende Begründung verlorengeht. Auch ist damit zu rechnen, daß die Bedeutung eines Satzes sich verändert, wenn er aus einem Kontext in einen anderen übertragen wird. Im folgenden wird daher zu prüfen sein, auf welche Weise Metz einer Folgerung, die Gogarten und andere evangelische Theologen aus dem spezifisch reformatorischen Verständnis der Rechtfertigung gezogen haben, eine neue Begründung und ggf. eine neue Bedeutung verliehen hat.

Daß die „Weltlichkeit" des Denkens und der Lebensführung eine Folge der christlichen Botschaft (und genauer: ihres reformatorischen Verständnisses) sei, hat Gogarten nicht erst in ›Verhängnis und Hoffnung der Neuzeit‹ behauptet. Diese These hat er schon Jahrzehnte zuvor in einer Sammlung von Streitreden vorgetragen, die 1926 in Jena unter dem Titel ›Illusionen‹ erschienen ist. Hier findet sich in dem Kapitel „Der protestantische Mensch" der Satz: „Das Auffallendste und Bezeichnendste an der Lebensführung des protestantischen Menschen ist ihre radikale Weltlichkeit" (Ill. 139).

a) Zwei Quellen der Säkularisierungs-Theologie: Die reformatorische Rechtfertigungslehre und die Lehre vom „dreifachen Gebrauch des Gesetzes“

Die Weltlichkeit, durch die die Lebensführung des protestantischen Menschen ausgezeichnet ist, ergibt sich aus dem Hören auf das Wort der Vergebung oder genauer: aus dem reformatorischen Verständnis des Vergebungswortes. Dieses Verständnis wird bei Gogarten in dem Satz zusammengefaßt:

> Wenn einem Menschen die Sünde von Gott vergeben wird [...], so heißt das nicht, daß der Mensch sündlos wird [...]. Nicht er, der Mensch, verändert sich, sondern Gott verändert sein Urteil über ihn (Ill. 122).

Das Wort von der Vergebung bewirkt also nicht, daß der Sünder aufhört, Sünder zu sein; es trifft ihn vielmehr gerade insofern, als er Sünder ist und bleibt. „Gerade um der Gnade willen kann der Mensch sich auf keine Weise dem Schuldverhältnis entziehen wollen, in dem er von neuem mit Gott verbunden wurde“ (Ill. 138), ja noch schärfer: „Der Augenblick des Gerichtes darf [...] nicht verlassen werden“ (Ill. 142f.). Deshalb bleibt der protestantische Mensch „dort stehen, wo das Urteil der Sündenvergebung zu hören ist“ (Ill. 122), nämlich unter Gottes Gericht. Und sein „Protest ist dagegen gerichtet, diesen Ort verlassen zu wollen, die Schuld, die hier erkannt ist, ablegen zu wollen“ (Ill. 136).

Eben deshalb aber, weil der Augenblick des Gerichts nicht verlassen werden darf, hat „kein Tun den Sinn und die Absicht, aus dieser Welt eine irgendwie ideale Welt zu schaffen“ (Ill. 142). Und deshalb kann und muß der protestantische Mensch „die Sorge dafür, was man tun oder lassen soll oder was gut und böse ist, den ‚Juristen‘, das bedeutet rein weltlichen Überlegungen, überlassen“ (Ill. 141). Und deswegen ist ihm „alles Tun, selbst unter dem Aspekt der sittlichen Qualität, eine rein weltliche Angelegenheit“ (ibid.).

Es ist also die spezifisch reformatorische Lehre von der unüberwindlichen, selbst durch Gottes Vergebung nicht aufgehobenen, sondern nur „nicht mehr angerechneten“ Sündhaftigkeit des Menschen, aus der Gogarten folgert, daß die Entscheidung über die sittliche Praxis des Menschen und die daraus resultierende Gestaltung der Welt zu einer rein weltlichen Angelegenheit geworden sei. Das Verständnis dieser

Auffassung Gogartens wird erleichtert, wenn sie in einem zweifachen Zusammenhang gesehen wird: im Zusammenhang der im Luthertum traditionellen Lehre vom „dreifachen Gebrauch des Gesetzes" und im Zusammenhang der Kritik am „Kulturprotestantismus" des 19. und beginnenden 20. Jahrhunderts.

Die Lehre vom „dreifachen Gebrauch des Gesetzes" wird schon in der „Konkordienformel" von 1577 (in: Bekenntnisschriften der evangelisch-lutherischen Kirchen, Göttingen ^{6}1967) als überliefertes Bestandsstück der lutherischen Theologie vorausgesetzt. Daß Gogarten sich an der soeben zitierten Stelle auf diese Lehre bezieht, ist zunächst dadurch angedeutet, daß er die „rein weltlichen Überlegungen" über das Gute und Böse eine Sache der „Juristen" nennt. Der „primus usus legis" nämlich besteht darin, „eine gewisse äußere Disziplin zu wahren und die wilden und ungefügigen Menschen durch gewisse Schranken im Zaum zu halten" (so die „Epitome", d. h. die Kurzfassung der Konkordienformel Art. VI). Der Zweck dieses Gesetzeszwanges aber besteht darin, die Menschen „in gewisser Weise unbeschädigt zu erhalten" (so die „Solida declaratio", d. h. die ausführliche Fassung der Konkordienformel Art. VI). Entsprechend hat das Gesetz bei Gogarten „die Menschen in Zucht und Zaum zu halten" (Ill. 124); dies aber hat „den Sinn, diese vorhandene Welt zu erhalten, sie zu bewahren davor, daß sie sich selbst vernichte" (ibid.). Es geht dabei ausdrücklich nicht darum, „diese Welt so oder so zu verbessern" (Ill. 126), sondern „sie so, wie sie ist, zu erhalten [...], daß sie, die eine arge, vom Bösen immerzu bedrohte Welt ist, sich nicht selbst zerstört" (ibid.). Dies zu besorgen ist die Sache der „Juristen". Was sie in „rein weltlichen Überlegungen" als notwendig erkennen, um die sündhafte Welt und Menschheit an ihrer Selbstvernichtung zu hindern, „darf nie zum Gewissensgebot werden, sondern hat die Grenzen der Legalität" [im Gegensatz zur Moralität], „der äußeren, der bürgerlichen Gerechtigkeit auf das Strengste einzuhalten" (Ill. 123). Dies und nur dies ist das Gebiet, auf dem die „rein weltlichen Überlegungen" ihre Stelle haben. Insoweit ist Gogartens Lehre von der „weltlichen Welt" nichts anderes als die Lehre von der unaufhebbar sündhaften Welt, die kraft der göttlichen „Erhaltungsgnade" sich selbst nicht ganz vernichtet, sondern durch die äußere Zwangsgewalt des Gesetzes, über die die weltliche Vernunft der Juristen zu verfügen hat, am Dasein erhalten wird.

Der „secundus usus legis“ dagegen besteht darin, „daß die Menschen zur Anerkennung ihrer Sünde gebracht werden“ (Epitome und Solida Declaratio, jeweils Art. VI), um so in ihrer Selbstgerechtigkeit zunichte gemacht zu werden und ihre Hoffnung allein auf Gottes ungeschuldete Gnade zu richten. Dieser zweite Gebrauch des Gesetzes ist für Gogarten der Grund des Protestes „dagegen [...], die Schuld, die hier erkannt ist, ablegen zu wollen“ (Ill. 136). Im Sinne dieses Gesetzesgebrauches ist der protestantische Mensch nicht „dieser oder jener Typ Mensch“ (Ill. 128), sondern derjenige, der erkannt hat, wie es um den Menschen als solchen steht. „Der protestantische Mensch [...] ist der menschliche Mensch, dessen Denken und Trachten böse ist von Jugend auf“ (Ill. 142) — selbstverständlich nicht so, als ob er sündhafter wäre als andere Menschen, sondern so, daß er im Gegensatz zu allen anderen Menschen die allgemeine Sündhaftigkeit des Menschen als eines solchen weiß. „Wer dies weiß, macht sich keine Illusionen über Welt und Menschen“ (ibid.) und hat deshalb nicht „die Absicht, aus dieser Welt irgendeine ideale Welt zu schaffen“ (ibid.). Und eben dieser „zweite Gebrauch des Gesetzes“, d. h. die Nötigung, die eigene Sündhaftigkeit anzuerkennen, hindert den protestantischen Menschen daran, die Welt anders als weltlich (d. h. anders als gemäß dem „ersten Gebrauch des Gesetzes“, anders als gemäß den Überlegungen der „Juristen“) zu gestalten. Noch einmal zeigt sich: Gogartens Lehre von der Legitimität eines „radikal weltlichen“ Verhältnisses zur Welt ist nichts anderes als die Konsequenz, die er aus der reformatorischen Lehre von der radikalen Sündhaftigkeit dieser Welt gezogen hat.

Was an dieser Stelle allein offenbleibt, ist die schon im 16. Jahrhundert strittige Frage nach dem „tertius usus legis“, dem Gebrauch des Gesetzes für diejenigen, die „durch Gottes Geist wiedergeboren und zum Herrn bekehrt sind“ (Solida Declaratio Art. VI). Und es ist eben diese offengebliebene Frage nach dem „dritten Gesetzesgebrauch“, zu der Karl Barth in seinem ebenfalls 1926 gehaltenen Vortrag ›Die Kirche und die Kultur‹ eine Antwort versucht hat (in: K. Barth, Gesammelte Vorträge II: Die Theologie und die Kirche — ThuK —, München 1928, S. 364—391).

b) Zwei Ausprägungen der Säkularisations-Theologie: Friedrich Gogarten und Karl Barth

Zum Verständnis des soeben erwähnten Vortrages ist es nötig, sich daran zu erinnern, daß sowohl Gogarten als auch Barth die traditionelle Lehre vom dreifachen Gebrauch des Gesetzes aktualisieren wollten, um in eine Auseinandersetzung des 20. Jahrhunderts einzugreifen. Ihre gemeinsame Absicht ist eine kritische Stellungnahme gegen das, was sie (mit anderen Autoren) den „Kulturprotestantismus" nennen. Die Identifikation des christlichen Glaubens und besonders seines reformatorischen Verständnisses mit der unter seinem Einfluß entstandenen „Kultur" ist das Zentrum jener „Illusionen", die Gogarten in seinem Buche entlarven will. „Kultur und Religion" ist deshalb ein Kapitel dieses Buches überschrieben (Ill. 101—127), dem die oben zitierten Textstellen entnommen wurden, vor allem jene, die den „primus usus legis" erläutern. Ähnlich klingt der Titel eines Vortrags von Karl Barth: ›Die Kirche und die Kultur‹. Dieser Vortrag soll im folgenden behandelt und als Aktualisierung der Lehre vom „tertius usus legis" interpretiert werden.

Die Ähnlichkeit der Titel („Kultur und Religion" bzw. ›Kirche und Kultur‹) darf den Leser nicht dazu verführen, die Differenz beider Positionen zu verkennen. Für Gogarten ist die Kultur „die Erfüllung, die Vollendung des Menschen" (Ill. 104). Eben deswegen übersteigt das, was sie fordert, menschliche Möglichkeit, so daß „die Idee der Kultur eine stetige Warnung ist, hier realisieren zu wollen" (Ill. 114). Ist aber eingesehen, daß Kultur zwar eine notwendige Aufgabe, ihre Realisierung jedoch für den Menschen unmöglich ist, dann „sind [. . .] alle Wege der sogenannten Kulturarbeit versperrt" (Ill. 116). Dann aber „sieht man endlich einmal im Ernst, daß es so nicht weitergeht" (ibid.). Die Idee der Kultur enthält also einen unabweislichen und zugleich unerfüllbaren Auftrag; und so besteht die Funktion dieser Idee darin, den Menschen unter ein Gericht zu stellen. „Der Mensch selbst steht unter ihrem Urteil" (Ill. 117). Dies aber, daß der Mensch immer schon der Verurteilte ist, stellt ihn an jenen „Ort, wo die Botschaft, die Jesus heißt, zu hören ist" (Ill. 118). Darin aber zeigt sich: Die Idee der Kultur dient keinem anderen Ziele als jenem, auf das der „zweite Gebrauch des Gesetzes" ausgerichtet ist. Denn gerade die Erfahrung von der Unmöglichkeit, das Gesetz zu erfüllen, nötigt nach reformatorischem Verständnis den Menschen, seine Selbstgerechtigkeit als verurteilt anzuerkennen und seine Hoffnung allein auf Gottes Gnade zu setzen.

Karl Barth scheint zunächst ähnlich anzusetzen, wenn er in der zweiten These seines Vortrages sagt:

Die Kultur ist die durch das Wort Gottes gestellte Aufgabe der in der Einheit von Seele und Leib zu verwirklichenden Bestimmung des Menschen (ThuK 368).

Auch für ihn also ist, wie für Gogarten, die Kultur eine dem Menschen durch sein Menschsein gestellte Aufgabe. Und wie für Gogarten, so ist auch für Barth die Aufgabe der Kultur identisch mit dem Inhalt des Gesetzes, dessen Unerfüllbarkeit nach reformatorischem Verständnis die Menschen darauf anweist, ihr Heil allein von Gottes Gnade, nicht von den eigenen Werken zu erwarten.

Immer ist der Inhalt des Gesetzes ganz einfach die Kultur. Immer bedeutet also [...] Tun des Willens Gottes inhaltlich Humanisierung. [...] Daß dieses Ziel erreichbar [...] sei [...] — das ist durch das Gesetz nicht gesagt (ThuK 380).

Aber die Aufgabe der Kultur ist nicht nur dasjenige Gesetz, vor dem der Mensch immer schon versagt hat und vor dem er deshalb in seiner unaufhebbaren Sündhaftigkeit immer schon der Verurteilte ist. Kultur ist zugleich (entsprechend dem „tertius usus legis") „das Gesetz, im Blick auf das der von Gott geheiligte Sünder seinen Glauben und seinen Gehorsam zu üben hat" (ThuK 378). Diese fünfte These im Vortrag von Karl Barth weist auf die vorausgehende vierte zurück. Barth zählt zwar das Gesetz (und mit ihm die Aufforderung zur Kulturtätigkeit) zu den „Erhaltungsordnungen", die die sündhafte Welt vor ihrer Selbstvernichtung bewahren wollen. Aber was dabei „erhalten" werden soll, ist eine „durch die Sünde nicht zerstörte Möglichkeit" (ThuK 374), auch wenn diese Möglichkeit nicht durch Werke des Menschen verwirklicht werden kann. Diese Möglichkeit ist dem Menschen durch die Schöpfung eingestiftet. Dadurch verweist diese Schöpfung voraus auf eine Verwirklichung, die allein Gottes Werk sein wird. Und in diesem Sinne „ist die Kultur die dem Menschen ursprünglich gegebene Verheißung dessen, was er werden soll" (ThuK 373).

Wie das Gesetz die Verheißung der allein in Christus geschenkten Gnade ist, so ist die Kultur die dem Menschen durch sein Geschaffensein gegebene Verheißung einer Vollendung, die Gott allein wirken kann. War in der fünften These davon die Rede, daß die Kultur für den Wiedergeborenen und Bekehrten ein Gesetz sei, „im Blick auf das" er „seinen Glauben und seinen Gehorsam zu üben hat" (ThuK 378), so zeigt die vierte, worin allein diese Glaubens- und Gehorsamsübung bestehen kann: im Zeugnisgeben für die Verheißung. Dieses Zeugnis aber wird nicht nur in Worten gegeben, sondern auch und vor allem in Taten, auch und insbesondere in Taten der Kulturtätigkeit. „Kulturarbeit kann also gleichnisfähig, kann Hinweis sein auf das, was der Mensch als Gottes Geschöpf und Ebenbild werden soll" (ThuK 376). Im Gegensatz zur Auffassung Gogartens sind also hier keineswegs „alle Wege der Kulturarbeit versperrt" (Ill. 116). Wohl aber fällt für die Kirche und ihre Glieder

> die Arbeit an der Kultur unter die irdischen Zeichen, in denen sie sich selbst und der Welt die Güte, die Menschenfreundlichkeit Gottes anschaulich zu machen hat [...]. Das Reich Gottes wird sie in keiner menschlichen Kulturarbeit anbrechen sehen. Sie wird sich aber offenhalten für die in vieler Kulturarbeit sich meldenden Anzeichen, daß es nahe herbeigekommen ist (ThuK 377).

Damit aber ist zugleich die Grenze bezeichnet, die aller menschlichen Kulturarbeit gezogen ist. Sache des Menschen ist es, Zeichen zu setzen und darin eine Verheißung zu bezeugen. Die bezeichnete Wirklichkeit heraufzuführen, die Verheißung zu erfüllen: das bleibt Gottes Sache allein. Darum ist nach Barths sechster These „die Kultur die dem Menschen gesetzte Grenze, jenseits derer Gott selbst in Erfüllung seiner Verheißung alles neu macht" (ThuK 381). Kultur, die nicht nur Verheißung, sondern Erfüllung, nicht nur Zeichen, sondern Wirklichkeit wäre, „gestaltete Wirklichkeit und wirkliche Gestalt, das ist nicht da, sondern das kommt, das steht nicht bei uns, sondern bei Gott" (ThuK 384). Es genügt also nicht zu sagen, es sei „durch das Gesetz nicht gesagt", ob das Ziel, auf das das Gesetz uns anweist, „erreichbar sei" (ThuK 380, vgl. oben S. 56). Diese Frage, ob dieses Ziel durch menschliche Leistung erreicht werden könne, bleibt nicht etwa offen; sie wird ausdrücklich verneint. Das Ziel wird allein durch Gottes Gnade erreicht — und das so sehr, daß der Mensch zuerst sterben muß, ehe sich diese Gnade Gottes an ihm in Gestalt der Auferweckung der Toten endgültig wirksam erweist. Was hier „nicht ist, sondern kommt", was „nicht bei uns, sondern bei Gott" steht, das „gibt es nicht diesseits, sondern nur jenseits der Totenauferstehung" (ThuK 384).

Darum steht alle Kulturarbeit, zu der der Mensch und vor allem die Kirche durch das Gesetz Gottes verpflichtet ist, unter einem entscheidenden „Vorbehalt". Diese Tätigkeit kann nur „gleichnisfähig" bleiben und eine Verheißung bezeugen, wenn sie ihr Ziel, die volle Verwirklichung des Menschseins, allein dort erhofft, wo Gottes Gnade die Toten lebendig macht. Und dabei ist die Rede vom Tod und von der Auferstehung nicht in irgendeinem spirituell-übertragenen Sinne zu verstehen, sondern ganz wörtlich — so wie Jesus nicht in einem spirituellen, sondern einem ganz wörtlichen Sinne gestorben ist, ehe er auferweckt wurde. Die Kirche

> nimmt ganz einfach den Tod zu ernst, als daß ihr Humanität etwas anderes sein könnte als Hoffnung der Totenauferstehung [...]. Mit diesem, dem eschatologischen Vorbehalt, tritt sie der Gesellschaft entgegen (ThuK 384).

c) Der „eschatologische Vorbehalt" und seine Funktion bei Karl Barth

An der soeben zitierten Stelle wird ein Begriff gebraucht, der später, vor allem unter dem Einfluß von J. B. Metz, in der katholischen Theologie der Hoffnung eine wichtige Rolle spielen sollte: der Begriff „eschatologischer Vorbehalt". Metz gebraucht, wie zu zeigen sein wird, diesen Terminus, um jede vom Menschen planbare und machbare Zukunft von der absoluten Heilszukunft zu unterscheiden, die „eschatologisch" ist und allein durch Gott heraufgeführt werden kann. So richtet sich dieser „Vorbehalt" im Namen der christlichen Hoffnung gegen alle menschliche Zukunfts-Technologie.

Nun wird innerhalb des hier vorgetragenen Gedankengangs der Blick auf die „dialektische Theologie" von zwei Fragen geleitet. Die erste Frage ist dadurch veranlaßt, daß das Thema „Hoffnung" für die katholische Theologie, vor allem seit dem Zweiten Vatikanischen Konzil, in den Kontext der Bemühungen hineingestellt ist, der „Welt von heute" ein theologisch begründetes Solidaritätsangebot zu machen. Daraus ergibt sich die Frage: Auf welche Weise können evangelische Theologen, die früher als die katholischen zu einer positiven Bewertung des neuzeitlichen Denkens gelangt waren, der katholischen Theologie eine Orientierungshilfe bieten? Nun ist der Versuch, bei der Bemühung um Solidarität mit dem neuzeitlichen Denken von dieser Orientierungshilfe der evangelischen Theologen Gebrauch zu machen, vor allem von J. B. Metz unternommen worden. Darum knüpft sich an die erste Frage die zweite: Aus welchen Bedeutungs- und Begründungszusammenhängen entnimmt Metz seine zentralen Thesen und seine leitenden Begriffe, und so auch den Begriff „eschatologischer Vorbehalt"? Denn nur so kann genauer bestimmt werden, wie er diese Thesen und Begriffe hinsichtlich ihrer Bedeutung abwandelt und ggf. neu begründet. Darum scheint es angezeigt, an dieser Stelle einen Augenblick zu verweilen und zu fragen, was die Rede vom „eschatologischen Vorbehalt" im Kontext der Theologie von Karl Barth leisten sollte. Dazu ist es hilfreich, Barths Argumentation mit der von Gogarten zu vergleichen.

Gogarten kam ohne den Begriff des „eschatologischen Vorbehaltes" aus, weil er die Verwirklichung einer „Idee der Kultur" überhaupt nicht zu den legitimen Aufgaben des Menschen zählte, noch weniger zu den Pflichten des Christen, schon gar nicht zu denen der Kirche. Aufgabe des Menschen war ihm nicht die Verwirklichung der Kultur, der Humanität oder sonst einer Idee, sondern die Erhaltung dieser sündhaften Welt, die sich nicht selbst zerstören darf, wenn Gottes neuschaffende Gnade nicht ihr Objekt verlieren soll. Gogarten bedurfte keines „Vorbehalts", weil seiner Überzeugung nach die Tätigkeit des Menschen in der Welt von vorneherein von allem Dienst am Heil so weit geschieden bleibt wie die Werke des Gesetzes von allem rechtfertigenden Glauben. Bei Karl Barth dagegen wird ein solcher Vorbehalt deswegen nötig, weil die Werke der Kulturarbeit seiner Überzeugung nach nicht nur den „Erhaltungsordnungen" angehören, sondern zugleich, wenn auch nur in ihrer Gleichnisfunktion, der Ordnung des Heils. Sie sind Zeichen der Verheißung, Gleichnisse des göttlichen Gnadenwirkens. Es ist gerade diese Bedeutung der Kulturtätigkeit als Zeichen des erhofften Heiles, die unter Vorbehalt gestellt werden muß, damit das Zeichen nicht mit dem Bezeichneten, das Menschenwerk nicht mit dem im Glauben erhofften Werk Gottes verwechselt werde.

Gegenüber der Kulturtätigkeit muß Karl Barth also diesen Vorbehalt anmelden, weil er auch „Kunst und Wissenschaft, Wirtschaft und Politik, Technik und Erziehung" für ein Tun von solcher Art hält, daß es „seinen Sinn nicht in seinen erreichbaren Zwecken hat, sondern in dem, was es bedeutet" (ThuK 384). In erster Linie aber gilt dieser Vorbehalt dem Handeln der Kirche, die am wenigsten vergessen darf, daß alles, was sie tut, eine Hoffnung bezeugt, die nicht durch kirchlich-menschliches Handeln erfüllt werden kann, sondern allein durch Gottes Wirken. Das Gesetz, sofern es entsprechend seinem „dritten Gebrauch" denen gilt, die „durch Gottes Geist wiedergeboren und zum Herrn bekehrt sind" (Solida Declaratio Art. VI), weist die Kirche zu Handlungen an, die „gleichnisfähig" sind, die aber diese Gleichnisfähigkeit verlieren, wo die Grenze überschritten wird, die das Gleichnis von der bezeichneten Sache trennt. „Am Wissen um die Grenze hängt das Wissen um die Verheißung und um das Gesetz" (ThuK 391).

Gogartens Kritik am „Kulturprotestantismus" wollte die Meinung bekämpfen, die Tätigkeit des Christen in der Welt habe eine andere als „rein weltliche" Bedeutung. Barths Kritik am Kulturprotestantismus richtet sich gegen das Überspringen der Grenze vom Gleichnis zur bezeichneten Sache, die allein „Gottes Sache" bleiben muß. Weil allein das „Wissen um die Grenze" die Gleichnisfähigkeit aller kirchlichen Tätigkeit sichert, fährt Barth an der soeben zitierten Stelle fort: „Dem Nichtwissen an diesem Punkt, d. h. dem ‚liberalen' und ‚positiven' Kulturprotestantismus gegenüber gilt es heute, auf die andere Seite zu treten" (ibid.).

Aber Gleichnisfähigkeit ist gerade nicht reine „Profanität" und „Weltlichkeit". Gleichnisse göttlichen Heilswirkens in dieser Welt zu setzen, ist eine spezifische Aufgabe der Christen und der Kirche. Darum warnt Karl Barth nicht nur vor dem Kulturprotestantismus, sondern ebensosehr vor jener „Zimperlichkeit, die um jeden Preis lieber profan und ‚laienhaft' sein möchte als kirchlich" (ThuK 386). Der „eschatologische Vorbehalt", so läßt sich zusammenfassend sagen, hat seinen systematischen Ort nicht im Kontext einer Lehre von der „reinen Weltlichkeit" als dem Unterscheidungsmerkmal christlicher (bzw. protestantischer) Lebensführung, sondern im Zusammenhang einer Lehre von der zeichenhaften Beziehung zwischen kirchlichem Kulturhandeln und göttlichem Heilswerk.

d) „Säkularisation" und „Säkularismus" — Gogartens Versuch einer wertenden Unterscheidung

Siebenundzwanzig Jahre nach seinem Buch ›Illusionen‹, im Jahre 1953, hat Gogarten seine schon erwähnten Überlegungen ›Verhängnis und Hoffnung der Neuzeit‹ publiziert. In geschichtlich völlig veränderter Situation wird die These erneut aufgegriffen, „Weltlichkeit" der Lebensführung sei ein notwendiges Merkmal des Christlichen. Aber die Zielrichtung der Argumentation ist eine andere geworden. Die Polemik gegen den „Kulturprotestantismus", die im Jahre 1926 noch Barths und Gogartens Denken bestimmt hatte, war inzwischen nahezu gegenstandslos geworden. Andererseits war das Zutrauen darin geschwunden, daß ein konsequent „weltlich" gewordenes Denken die sittliche Orientierung des Handelns ausreichend garantiere. Dem Programm einer konsequenten Verweltlichung des christlichen Weltverhaltens stand in dieser Lage nicht mehr der Optimismus einer „christlichen Kultur" gegenüber, sondern vielmehr die schmerzliche Erfahrung, daß die „rein weltlichen Überlegungen" der „Juristen", denen Gogarten in seiner frühen Veröffentlichung die Entscheidung über das sittlich Gute und Böse anvertraut sehen wollte, die sündhafte Welt keineswegs vor ihrer Selbstvernichtung bewahren konnten. Die Unbefangenheit, mit welcher lutherische Theologen den Staat und seine „äußere Disziplin" zu den „Erhaltungsordnungen" rechnen konnten, die zwar das Heil nicht schaffen, wohl aber die Welt für Gottes Gnade „aufbewahren", war unter den Erfahrungen der nationalsozialistischen Unrechtsgewalt fragwürdig geworden. Und den theologischen Versuchen, den neuzeitlichen Säkularisierungsprozeß zu legitimieren, wurde der naheliegende Gedanke entgegengehalten, eine rein weltlich gewordene Welt entferne sich notwendigerweise zuletzt so weit von Gottes Gebot, daß sie nur „kirchlich", d. h. unter Berufung auf das geoffenbarte Wort, von dem Weg des Todes zurückgehalten werden könne. Jedenfalls war nicht zu bestreiten, daß der Säkularisierungsvorgang nicht nur die „Hoffnung der Neuzeit" enthalte, sondern sich zugleich als ihr „Verhängnis" erwiesen habe.

Erfahrungen dieser Art widerlegen nun keineswegs die historische Behauptung, wonach die „Verweltlichung" des menschlichen Weltverhaltens, d. h. seine Ablösung von allen auf Gott und seine Offenbarung gerichteten Bezügen, eine Folge der christlichen Botschaft sei. Diese These besagt, nur die Unterscheidung von Gesetz und Evangelium habe den Weg freigelegt, um allen „Werken“ die Heilsbedeutung abzusprechen und deshalb die Regel, der diese Werke folgen müssen, allein den „Erhaltungsordnungen“ zuzurechnen, diese aber rein „weltlichen“ Überlegungen anzuvertrauen. Gogarten jedenfalls hält auch nach den Erfahrungen des Nationalsozialismus an der Meinung fest, „daß die Selbständigkeit des Menschen den radikalen Sinn, den sie in der neuzeitlichen Welt hat, nur durch die im christlichen Glauben erschlossenen Erkenntnisse und Erfahrungen gewinnen konnte“ (VHN 8).

Diese These läßt sich in der Tat nicht durch Berufung auf die Unrechtserfahrungen der nationalsozialistischen Ära kritisieren, wohl aber aus anderen, näherhin aus religionshistorischen und philosophiehistorischen Gründen; denn es kann gezeigt werden, daß auch außerhalb des Wirkungsbereiches christlicher Predigt Säkularisierungserscheinungen aufgetreten sind, die diejenigen, von denen Gogarten spricht, an Radikalität sogar teilweise noch übertreffen. Aber auch wer Gogartens historische Auffassung teilt, wird sich die Frage stellen müssen, was aus dieser „Selbständigkeit“ der Menschen wird, wenn zwar der historische Betrachter sie als eine Folge christlicher Verkündigung deuten kann, die Beteiligten selbst aber diese ihre Selbständigkeit keineswegs im Namen der christlichen Unterscheidung von Glauben und Werken fordern, sondern als ihr „natürliches Recht“ für sich in Anspruch nehmen. Dann nämlich ist der Begriff der „Verweltlichung“ selber noch einmal „verweltlicht“ worden. Der Vorgang mag dann historisch verstanden werden als „etwas, was mit dem Glauben als dem allein rechtfertigenden auf das Allerengste zusammenhängt“, ja als „etwas, [...] was ebenso wie der Glaube immer von neuem zu geschehen hat“ (VHN 102). Aber ein konsequent verweltlichtes Bewußtsein wird zuletzt auch seine eigene Weltlichkeit nicht mehr als Folge des Glaubens begreifen, sondern rein weltlich verstehen. Das christliche Verständnis dieses neuzeitlich-weltlichen Bewußtseins scheint insofern nur ein Zeugnis dafür zu sein, daß die Verweltlichung, die die Theologen fordern, nicht bis zu ihrem Ende gelangt ist. Konsequent zu Ende geführt wäre dann die Säkularisierung zwar möglicherweise eine Folge der christlichen Verkündigung, zugleich aber ihre Aufhebung. „Dann wäre die in dieser Säkularisierung vollzogene Verweltlichung des christlichen Glaubens [und seiner Säkularisierungsforderung] sein geschichtliches Ende" (VHN 12).

Der Versuch, die neuzeitliche Säkularisierung theologisch zu legitimieren, führt so in eine für die Theologen außerordentlich prekäre Argumentationslage. Die „Theologie der Säkularisierung" scheint konsequenterweise zu einer „Säkularisierung der Theologie" zu führen; und der Versuch, die erreichte Weltlichkeit theologisch zu deuten, scheint nur die Vorstufe für ein rein weltliches Selbstverständnis dieser Weltlichkeit zu sein. „Es wird dann aus dieser Erkenntnis" [von der Legitimität eines rein weltlichen Verhältnisses zur Welt], „die [...] in dem Glauben an Gott und seine Macht begründet ist, ein aufgeklärtes Wissen, in dem der Mensch die Macht [...] sich selber zuschreibt" (VHN 93). Der Theologe Gogarten sieht darin einen „frevelnden Mißbrauch" (VHN 95) derjenigen Freiheit, die der Glaube dem Menschen geschenkt hat, jenen „Säkularismus", den er „eine Entartung der Säkularisierung" nennt (VHN 143 f.). Und die Erfahrungen des Nationalsozialismus scheinen zu bestätigen, daß der Versuch, die Säkularisation selber zu säkularisieren, d. h. von ihren Wurzeln im Glauben zu lösen, zu den schauerlichsten „Entartungen" führen muß: Leitbegriffe der nationalsozialistischen Propaganda wie „Reich", „Heil", „Erwählung" lassen sich leicht als Ergebnisse der „Verweltlichung" christlicher Verkündigungsinhalte erkennen. Aber die Frage ist, ob der „Säkularismus" etwas anderes ist als die konsequent zu Ende geführte „Säkularisierung", und ob eine Theologie, die die „Säkularisierung" legitimiert und den „Säkularismus" verurteilt, etwas anderes sei als eine auf halbem Wege stehengebliebene Argumentation.

Für eine Theologie, die die Säkularisierung rechtfertigen und dennoch sich selbst als Theologie behaupten will, hängt daher alles von dem Nachweis ab, daß eine „Verweltlichung der Welt" konsequent bleiben kann, ohne in einer „Verweltlichung des Glaubens", d. h. in seiner Überführung in das vom Glauben unabhängige menschliche Selbstbewußtsein, zu enden. Und so formuliert Gogarten das Argumentationsziel seiner Untersuchung in dem Satz: „Säkularisierung", die „ihren Grund im Wesen des christlichen Glaubens hat und seine legitime Folge ist, [...] kann [...] nicht seine" [d. h. des Glaubens] „Verweltlichung bedeuten, sondern [...] Verweltlichung der Welt" (VHN 12).

Gogartens Argumentation, die den „Säkularismus" als Entartung, nicht etwa als notwendige und legitime Konsequenz der „Säkularisierung“ erweisen will, hat ihren Nerv in der Behauptung, ein säkularisiertes Bewußtsein, das sich von seiner Wurzel im christlichen Glauben ablöst, werde unfähig, die Welt konsequent weltlich zu behandeln und falle in eine neue Sakralisierung der Welt zurück. Nur solange die Unterscheidung zwischen dem Heil aus reiner Gnade und dem welthaften Gesetz der Werke festgehalten wird (und diese Unterscheidung ist nur dem Glauben möglich), „hält man es aus, daß die Welt ‚nur‘ Welt ist“ (VHN 142). Nur der Glaube „hütet [...] den irdisch-weltlichen Charakter der vom Menschen fort und fort zu fällenden Entscheidungen“ (VHN 136), weil „die Endgültigkeit der ein für allemal [...] gefällten Entscheidung“ (ibid.) ausschließlich Gottes Sache bleibt. Nur dem Glaubenden ist darum auch die Warnung verständlich, die Gogarten schon in seiner frühen Schrift ausgesprochen hat, und deren Befolgung er als Anzeichen dafür versteht, ob ein Mensch die Welt konsequent weltlich zu behandeln vermag: „Die Welt verdient kein hingebendes, begeistertes Pathos“ (Ill. 127). Eben dies aber ist es, was der Säkularismus „nicht aushält“. Der Säkularismus, der in eine Sakralisierung der Welt zurückfällt, nicht die Theologie, die vor solchem Säkularismus warnt, erweist sich so als eine inkonsequent durchgeführte Säkularisation. Aus dieser Inkonsequenz nun entstehen die „vielen Utopien [...], mit denen der neuzeitliche geschichtliche Mensch sich vor der ihm unzugänglichen und nicht verfügbaren Zukunft [...] in eine ideologisch vorweggenommene Zukunft flüchtet“ (VHN 224).

4. Probleme einer Transposition aus der evangelischen in die katholische Theologie

Die Bemühungen um eine katholische Theologie der Hoffnung, so hat sich gezeigt, stehen im Zusammenhang mit jenem Solidaritätsangebot an die „Welt von heute“, das in dem Konzilsdokument ›Gaudium et spes‹ formuliert ist. Die „Welt von heute“ aber ist in einem betonten Sinne „weltliche Welt“, die sich aus allen religiösen Bindungen gelöst hat oder zu lösen bestrebt ist. Auf ihrem Wege zu einer Theologie der Hoffnung traf deshalb die katholische Theologie auf das Problem, ob und wie es möglich sei, dieser Welt gerade in ihrer „Weltlichkeit“ jene

Solidarität anzubieten, die eine Gemeinsamkeit des Hoffens möglich macht. Zur Lösung dieses Problems, so zeigte sich weiterhin, bot die evangelische Theologie der Säkularisierung Orientierungshilfe. Bei dem Versuch jedoch, von dieser Orientierungshilfe Gebrauch zu machen, entstand das Problem, auf welche Weise Argumente und Begriffe ihre Bedeutung verändern und gegebenenfalls eine neue Rechtfertigung verlangen, wenn sie aus einem Kontext in den anderen transponiert werden. Diese Transpositionsprobleme lassen sich wiederum besonders deutlich an den Versuchen von J. B. Metz studieren.

Für die Hauptgedanken und Leitbegriffe, die J. B. Metz aus der „dialektischen Theologie" entnimmt, um mit ihrer Hilfe seine „Theologie der Welt" zu entwickeln, ergibt sich aus dem Gesagten folgendes Bild.

Die These, wonach die „Verweltlichung" oder „Säkularisierung" des Bewußtseins und der Lebensformen eine notwendige und legitime Folge des christlichen Glaubens sei, resultiert aus dem reformatorischen Verständnis der paulinischen Unterscheidung zwischen dem Glauben, der allein zu rechtfertigen vermag, und dem Gesetz der Werke. Dieses Gesetz soll, im Sinne des „primus usus legis", nicht eine bessere Welt heraufführen, sondern die bestehende sündige Welt „erhalten", d. h. vor Selbstvernichtung bewahren, damit Gottes Gnadenhandeln nicht ohne Gegenstand bleibe. Indem die notwendige und legitime Bemühung um eine solche Erhaltung der Welt scharf unterschieden wird von aller vergeblichen und frevelhaften Absicht auf Heilsverwirklichung, kann sie den „rein weltlichen Überlegungen" derer überlassen bleiben, die sich auf „das Gesetz" verstehen: der „Juristen". „Weltlich" ist deren Gesetzesgebrauch gerade deshalb, weil er sich keine Heilswirksamkeit anmaßt, sondern diese, gemäß der Lehre vom „Heil allein aus Gnade", ausschließlich der Gnade Gottes überläßt. Der Glaube aber legitimiert diese „Weltlichkeit" deshalb, weil er (gemäß dem „secundus usus legis") die Unerfüllbarkeit des Gesetzes eingesehen hat und insofern in der Bemühung der „weltlichen Juristen" um die Erhaltung dieser Welt gerade das Zeugnis ihrer Sündhaftigkeit sehen kann, die nach Gottes Gnade Ausschau halten muß. Insoweit verliert die theologische Legitimierung des Säkularisationsprozesses ihren Sinn, wenn sie nicht als Auslegung der reformatorischen Lehre vom Glauben und den Werken, vom Evangelium und dem Gesetz auftritt.

Die Unterscheidung zwischen dieser „Verweltlichung“ oder „Säkularisierung“ des Weltverhaltens, die theologisch gebilligt, ja gefordert werden muß, und einem „Säkularismus“, vor dem theologisch zu warnen ist, dient nicht etwa dazu, aus dem Prozeß der neuzeitlichen Säkularisierung einen Sonderbereich des Glaubens oder der Theologie auszusparen. Der Sinn dieser Unterscheidung besteht vielmehr darin, die konsequente „Verweltlichung“ des Weltverhältnisses, im Sinne des Verzichts auf alles heilswirksame Wirken des Menschen, zu sichern und gegen eine erneute Sakralisierung der Welt zu schützen. Dadurch wird der Glaube, der alles Heilswirken allein Gott anvertraut, vor der Verwandlung in eine Utopie bewahrt, die die Heilszukunft, statt sie vertrauensvoll Gott anheimzustellen, antizipieren will. (Solche Antizipation mag sich im übrigen als ein Wissen verstehen, das das Entwicklungsgesetz der Welt zu kennen und daraus die Art der Weltvollendung abzulesen meint; sie mag sich als Postulat begreifen, das das zukünftige Heil als eigenes Recht einklagt, statt es als reine Gnade zu erhoffen.) Insoweit verliert die Unterscheidung von „Säkularisierung“ und „Säkularismus“ ihren Sinn, wenn sie sich nicht als erneute Einschärfung des Unterschiedes zwischen der Heilsgnade Gottes und den Gesetzeswerken des Menschen versteht.

Der „eschatologische Vorbehalt“ schließlich ist nicht dem rein weltlichen Umgang mit der Welt entgegenzuhalten, sondern vielmehr jener „Kulturtätigkeit“ der Kirche, aber auch der Gesellschaft, die eine der Welt und dem Menschen eingeschaffene Verheißung bezeugt und ihre Erfüllung durch Gottes Gnade gleichnishaft darstellt. Nicht die Weltlichkeit, sondern der Heilsbezug dieses Wirkens wird hier unter „Vorbehalt“ gestellt, um die Gleichnishaftigkeit allen menschlichen Tuns zu wahren und die „wirkliche Gestalt und gestaltete Wirklichkeit“ des Heils Gott allein vorzubehalten. Dieser Vorbehalt ist „eschatologisch“, weil das vom Menschen (und zwar vom erlösten, wiedergeborenen, bekehrten Menschen) gesetzte Gleichnis so radikal von der gottgewirkten Wirklichkeit des Heils unterschieden ist, daß der Übergang vom Gleichnis zu dem, was das Gleichnis bedeutet, nicht anders vollzogen werden kann als dadurch, daß der Mensch stirbt und von Gott auferweckt wird. Insoweit verliert die Rede vom „eschatologischen Vorbehalt“ ihren Sinn, wenn sie nicht dazu dient, das menschliche Leben und Wirken diesseits des Todes von der Wirklichkeit des göttlichen Heils zu unterscheiden, die erst in der Auferweckung der Toten offenbar werden wird.

Metz, der diese Begriffe übernimmt, ist katholischer Theologe. So ist von vorneherein nicht zu vermuten, daß sein Interesse sich darauf konzentriert, zwischen dem Heilsglauben und den Gesetzeswerken mit reformatorischer Schärfe zu unterscheiden. Und ein Blick in seine Schriften ›Zur Theologie der Welt‹ bestätigt, daß er im Gegenteil Weltdienst und Heilsdienst der Kirche wie der einzelnen Christen aufs engste zusammensehen möchte. Ausgangspunkt seiner Überlegungen ist der Satz, „daß christliche Hoffnung nicht ein Quietiv" [ein Vorwand für tatenlose Ruhe], „sondern ein Stimulans operativer Weltgestaltung sei" (ThdW 141). Daß Metz, wie er ausdrücklich betont, bei diesem Satz nicht stehenbleibt, hindert nicht, daß dieser Satz die Voraussetzung seiner ›Theologie der Welt‹ darstellt. Er will das Gesetz der Welt gerade nicht, wie Gogarten, den „Juristen" überlassen — oder den „Technokraten", die bei ihm als die Fachleute zweckrationaler Handhabung der Weltelemente gelten. Vielmehr soll in die Gestaltung der Welt eine spezifisch christliche „Mitgift" eingebracht werden, durch die der Weltprozeß „allein die Chance hat, mit Recht ‚Fortschritt' genannt zu werden" (ThdW 146).

So wird darauf zu achten sein, welche neue Bedeutung bei ihm jene Lehre von der „Säkularisierung" als einer legitimen Folge der christlichen Heilsbotschaft gewinnt, da diese Lehre ursprünglich keinen anderen Sinn gehabt hatte als den, die reformatorische Unterscheidung von Heilsglauben und Gesetzeswerken auf die historische Situation der Neuzeit anzuwenden.

Auch die Unterscheidung zwischen einer legitimen „Säkularisierung" und einem illegitimen „Säkularismus" verliert zunächst ihre Bedeutung, wenn sie aus dem Kontext evangelisch-theologischer Überlegungen herausgelöst wird; auch sie muß daher, wenn sie nicht zur bedeutungslosen Formel werden soll, einen neuen Sinn hinzugewinnen. Denn eine Theologie, die die Säkularisierung legitimiert, kann nur dann ohne inneren Widerspruch den Säkularismus bekämpfen, wenn sie diesen als verschleierte „Resakralisierung" der Welt entlarvt. Die Kritik an jeder Sakralisierung bzw. Resakralisierung der Welt aber beruht ihrerseits auf der reformatorischen Lehre, daß die Welt auch unter dem göttlichen Vergebungswort sündhafte Welt bleibt (auch wenn die Sünde ihr nun, um des Todes Jesu willen, nicht mehr „angerechnet“ wird), und daß sie deshalb „kein hingebendes, begeistertes Pathos verdient“ (Ill. 127).

Metz dagegen ist, als katholischer Theologe, nicht an der „Imputationstheorie“ der Rechtfertigung orientiert. Sein Interesse in der hier geschilderten Phase seiner theologischen Entwicklung ist überhaupt, katholischer Gewohnheit gemäß, weit mehr auf die Schöpfungs- und Inkarnationslehre gerichtet als auf die Lehre von der Rechtfertigung des Sünders. Eine Zielbestimmung der ›Theologie der Welt‹ lautet demgemäß: „In Jesus Christus wurde der Mensch und seine Welt vom ewigen Wort angenommen, endgültig und unwiderruflich — in hypostatischer Union, wie Kirche und Theologie sagen“ (ThdW 22). Mit dieser Formulierung wird auf das christologische Dogma angespielt, wonach die Menschheit Jesu und die Gottheit des Logos gerade dadurch unvermischt zusammen bestehen, daß ein einziges personales Seiendes (Hypostasis) in diesen beiden „Naturen“ lebt und wirkt. Ja, die auf solche Art „angenommene“ Welt ist, so interpretiert Metz, von Gott „in sein innertrinitarisches Leben hineingenommen“ (ThdW 24).

Die Weltlichkeit dieser Welt beruht nach diesem Verständnis keineswegs in ihrer Sündhaftigkeit, sondern vielmehr in jener „Freisetzung“, die „eben in ihrer Annahme durch Gott in Jesus Christus geschieht“ (ThdW 31). Einer solchen Welt gegenüber kann jedoch das „hingebende begeisterte Pathos“ nicht schlechterdings verboten sein. Und in der Tat ist ein solches Pathos bei Metz durchaus zu spüren. So wird darauf zu achten sein, welche neue Bedeutung bei ihm jene Unterscheidung zwischen „Säkularisierung“ und „Säkularismus“ gewinnt, da diese Unterscheidung ursprünglich keinen anderen Sinn hatte als den, die bleibende Sündhaftigkeit dieser Welt bewußt zu halten und vor ihrer Verwandlung in einen Heilsraum zu warnen.

Der „eschatologische Vorbehalt“, wie Karl Barth ihn gegenüber jeder „Kulturarbeit“ der Gesellschaft, aber auch der Kirche anmeldet, setzt voraus, daß menschliches Handeln im Verhältnis zum göttlichen Heilswirken „gleichnisfähig“ sei. Das scheint die Rezeption dieses Gedankens in den Zusammenhang einer katholischen Theologie zu erleichtern. Doch ist gerade Metz, anders als Barth, keineswegs daran interessiert, dem von Gott gewirkten Heil seine reine Jenseitigkeit zu wahren und den Übergang vom Gleichnis zur Wirklichkeit des Heiles erst vom Tode des Menschen und von seiner Auferweckung durch Gott zu erwarten. Sein Spott gilt einer Vorstellung vom Heil, „für die die Welt und ihre Zeit als eine Art vorgefertigtes Wartezimmer erscheint, in dem man desengagiert und gelangweilt herumsitzt, bis die Tür zum Sprechzimmer Gottes aufgeht" (ThdW 86) — Metz scheint diese Formulierung für einen besonders glücklichen Ausdruck seiner Überzeugung zu halten. Er hat sie 1965 in seinem Beitrag „Gott vor uns" in der Festschrift ›Ernst Bloch zu Ehren‹ [Frankfurt 1965, S. 241] zum ersten Mal in einer gedruckten Publikation benutzt, wiederholte sie in seinem Nachwort zu: K. Rahner, R. Garaudy, J. B. Metz, Der Dialog [Reinbek 1966, S. 128], übernahm sie 1967 in seinen Vortrag: Kirche und Welt im eschatologischen Horizont [abgedruckt in: ThdW 86] und wiederholte sie noch einmal in seinem Beitrag: Der zukünftige Mensch und der kommende Gott [in: H. J. Schultz (Hrsg.), Wer ist das eigentlich — Gott?, München 1969, S. 269]. So wird darauf zu achten sein, welche neue Bedeutung bei ihm jene Lehre vom „eschatologischen Vorbehalt" gewinnt, da dieser Vorbehalt ursprünglich keinen anderen Sinn gehabt hatte als den, den Unterschied zwischen „diesseitigem" Gleichnis und „jenseitiger" Wirklichkeit des Heiles zu betonen.

An dieser Stelle scheint eine methodisch-kritische Bemerkung notwendig. Die Umprägung von Begriffen bei ihrer Übertragung in einen neuen Kontext ist in der Geschichte der Philosophie wie der Theologie ein häufiger Vorgang. Es besteht kein Grund, die Legitimität solcher Formen einer „schöpferischen Aneignung" prinzipiell in Frage zu stellen. Doch ist zu fragen, ob solche Umprägungen bewußt oder naiv vollzogen werden, und ob sie einer für den Leser nachvollziehbaren Methode folgen oder für ihn unkontrollierbar bleiben. Zuletzt wird die Beurteilung solcher Verfahrensweisen davon abhängen müssen, ob das Problembewußtsein, das zur ersten Prägung solcher Begriffe geführt hat, bei ihrer Wiederverwendung im neuen Kontext erhalten blieb oder verlorenging. Problem- und methodenbewußte Umprägung vorgefundener Begriffe kann ein Anzeichen dafür sein, daß ein Autor über die schülerhafte Wiederholung dessen, was andere vor ihm gesagt haben, in weiterführender Reflexion hinausgelangt ist. Problemvergessene Wiederholung von Vokabeln außerhalb der Kontexte, in denen sie ihre Bedeutung erlangt haben, führt dagegen häufig zum epigonenhaften Umgang mit leer gewordenen Worthülsen. J. B. Metz macht den Lesern in dieser Hinsicht die Urteilsfindung nicht leicht. Denn er erwähnt weder die Autoren, deren Begriffe er übernimmt, noch die Sachzusammenhänge, innerhalb derer diese Begriffe geprägt worden sind, noch die Überlegungen, die ihn veranlaßt haben, in verändertem Sachzusammenhang dennoch die vorgefundenen Begriffe (z. B. „Weltliche Welt", „Säkularisierung" und „Säkularismus", „eschatologischer Vorbehalt") weiterzuverwenden. Es mag sein, daß dies bewußt und nach wohlüberlegter Methode geschieht. Doch der Leser erfährt weder die Gründe noch die Regeln des Verfahrens für diese Umprägung vorgefundener Begriffe.

5. Die Theologie der „weltlichen Welt" bei J. B. Metz

J. B. Metz, so hat sich gezeigt, war davon ausgegangen, die transzendentale Denkform als spezifisch christlich zu erweisen. Er hatte daraus den Schluß gezogen, das neuzeitliche Denken sei, da es wesentlich durch die transzendentale Denkform bestimmt werde, unter theologischem Gesichtspunkt legitim; ja es sei nichts anderes als die „kategoriale Durchführung der thomanisch-christlichen Denkform" (CA 124, vgl. oben S. 43). An diesem Ergebnis aber hat er auch dann noch festgehalten, als die beiden Prämissen, die ihn dorthin geführt hatten, ihm nicht mehr so fraglos gewiß erschienen. Die Legitimität der Neuzeit gilt ihm auch dann noch als sicher, als er weder das zentral Christliche noch das spezifisch Neuzeitliche in jener transzendentalen Denkform sucht, die er zuvor als „Anthropozentrik" verstanden hatte.

Dadurch wird deutlich: Die These von der Legitimität der Neuzeit war nicht das Ergebnis, zu dem Metz durch seine Analyse der ›Christlichen Anthropozentrik‹ gelangt wäre; denn ein Ergebnis hängt logisch von seinen Voraussetzungen ab und müßte daher zweifelhaft werden, wenn die Prämissen ihre Überzeugungskraft verlieren. Vielmehr ist die Legitimierung der Neuzeit das zuvor schon feststehende Argumentationsziel, das auf verschiedenen Wegen angestrebt werden kann. Ein solches Argumentationsziel kann auch dann festgehalten werden, wenn die Prämissen sich als zweifelhaft erweisen und deshalb durch andere Prämissen ersetzt werden müssen. Seit daher Metz sich genötigt sah, das charakteristisch Neuzeitliche nicht in der transzendentalen Struktur des Denkens, sondern in dessen „Weltlichkeit" zu suchen, konnte eine theologische Rechtfertigung dieses Denkens nur dann geleistet werden, wenn sich zeigen ließ, daß gerade diese Weltlichkeit (ebenso wie zuvor die „Transzendentalität“ und „Anthropozentrik“) nicht nur mit der christlichen Botschaft vereinbar sei, sondern durch sie positiv gefordert werde.

Metz hat seine Untersuchungen ›Zur Theologie der Welt‹ mit einem Artikel eröffnet, der den Titel trägt: ›Weltverständnis im Glauben. Christliche Orientierung in der Weltlichkeit der Welt heute‹ (zuerst in: Geist und Leben 35 [1962], S. 165—184, dann in: F. X. Arnold u. a. [Hrsg.], Handbuch der Pastoraltheologie II, 2, Freiburg 1966, S. 239—267; hier zitiert nach ThdW 11–45). Darin findet sich der schon zitierte programmatische Satz:

> Die Theologie (...) hat freizulegen, daß und wie in dem geschichtlich unumkehrbaren, epochalen Ansatz der neuzeitlichen Verweltlichung der Welt der christliche Anfang nicht entfallen, sondern echt geschichtlich wirksam ist (ThdW 14).

Dieses Programm, so hat sich gezeigt, ist von Gogarten aus spezifischen Prämissen reformatorischer Theologie abgeleitet worden. Es wird daher zu prüfen sein, auf welche Weise Metz diesem aus der reformatorischen Rechtfertigungslehre hergeleiteten Programm eine neue Begründung und ggf. eine neue Bedeutung gegeben hat.

Dabei wird sich zeigen: Die neue Bedeutung, die Metz der Rede von der „Weltlichkeit der Welt“ verleiht, kommt durch ein Verständnis des Kreuzes Jesu zustande, das sich von dessen Deutung in der evangelischen Theologie charakteristisch unterscheidet. Für die evangelischen Theologen ist in Jesu Kreuz „das Gesetz“ an sein Ende gelangt. Eben dadurch aber sind alle „Werke“, die der Mensch in Erfüllung des Gesetzes und also in Erfüllung seines sittlichen Auftrages an der Welt tun kann, davon entlastet, „das Heil“ schaffen zu müssen. Sie können „rein weltlich“ getan werden, weil das Heil „allein aus Gnade“ empfangen wird. Für die katholische Theologie aber, und so auch für Metz, ist jenes Heil, das Gott aus reiner Gnade im Kreuze Jesu gewirkt hat, die Wiederherstellung, freilich auch die Überbietung der durch die göttliche Schöpfungstat begründeten Natur der Dinge und Menschen — also die überbietende Wiederherstellung der durch die Sünde entstellten Menschlichkeit des Menschen und so auch der Weltlichkeit der Welt.

Damit aber wird die Rede von der Menschlichkeit des Menschen und von der Weltlichkeit der Welt in einen Kontext hineingestellt, in welchem es um das Verhältnis von Schöpfung und Gnade, von Natur und endzeitlicher Vollendung des Menschen und der Welt geht. Anders gewendet: Es geht um jene Zukunft, die dem Menschen und der Welt durch das, was Gott schon getan hat, eröffnet ist. Weil aber diese Zukunft der Gegenstand des Hoffens ist, darum wird eine so verstandene Theologie der weltlichen Welt zur unmittelbaren Vorbereitung für eine Theologie der Hoffnung.

a) Das Heil als Zukunft dieser Welt

Metz selber verweist in seiner Schriftensammlung ›Zur Theologie der Welt‹ auf zwei vorbereitende Studien: auf den schon erwähnten Artikel „Die ‚Stunde' Christi" von 1957, und auf den Artikel „Welt" im Lexikon für Theologie und Kirche (LThK² X, 1021—1026). Der Zentralgedanke des Artikels „Die Stunde Christi" bestand in der These, die Stunde des Kreuzes Jesu sei durch kein weiteres Ereignis in der Geschichte der Welt mehr überholbar; diese Geschichte habe vielmehr die „Transfiguration der Welt in das Kreuzesschicksal Jesu" zu ihrem Inhalt (SChr 12, vgl. S. 38). Das setzt voraus, daß die Welt wesentlich als Geschichte verstanden werden müsse. „Welt als Geschichte" lautet deswegen der Titel jener erweiterten Fassung des Artikels „Welt", die Metz als „Exkurs I" in die Sammlung ›Zur Theologie der Welt‹ aufgenommen hat (ThdW 46—50).

Aber es genügt nicht, daß die Welt in irgendeinem beliebigen Sinne „Geschichte" ist. Die These von ihrer „Transfiguration" als dem zentralen Geschichtsinhalt setzt weiterhin voraus, daß die Welt zwar so, wie wir sie kennen, zugleich „Stätte des Heils und Unheils" ist, aber daß sie dies nicht „immer" ist (ThdW 47). Es muß bestritten werden, daß „die paradoxale Einheit beider Bestimmungen das Wesen der Welt" ausmache (ThdW 47f.). Denn wenn diese Einheit zum Wesen der Welt gehörte, dann wäre die Welt ohne Aussicht auf ein endgültiges Heil. Das Heil könnte von ihr „immer nur dialektisch, als Heil und Unheil, ausgesagt werden" (ThdW 47). Eine solche Auffassung aber würde „das Verständnis einer ‚neuen' Weltzukunft nicht mehr zulassen" (ThdW 48); denn „neu" wäre diese Zukunft nur, wenn sie das Heil der Welt endlich unvermischt, ohne paradoxe Verschlingung mit dem Unheil, enthielte. Eine solche „neue“ Zukunft ist aber der Welt verheißen. Und an der Verwirklichung dieser Verheißung hat der Christ aktiven Anteil zu nehmen.

Der gläubige Mensch handelt darum nicht nur „in“ der Welt, sondern er verändert, verwandelt sie selbst im Horizont dieser göttlichen Verheißung, die ihm als einzelnem nur in der Solidarität des Bundes zuteil geworden und gegenwärtig ist (ThdW 50).

Drei theologische Behauptungen sind in diesen Aussagen impliziert; sie lassen sich auf folgende Weise umschreiben: Das Heil ist nicht ein Zustand jenseits dieser Welt, sondern ihre Zukunft. Darum ist die „alte“ Welt von dem in apokalyptischen Texten angekündigten „neuen Himmel und der neuen Erde“ nicht durch den Hiatus von Untergang und Neuschöpfung getrennt, sondern von der alten zur neuen Welt führt ein Weg der „Veränderung“. Diese Veränderung aber ist nicht ausschließlich Gottes Tat, sondern der Mensch hat an ihr aktiven Anteil. Es ist deutlich, daß damit das genaue Gegenteil dessen behauptet ist, was evangelische Theologen (vor allem Barth und Gogarten) mit ihrer „Theologie der weltlichen Welt“ haben sagen wollen.

In dem schon erwähnten Aufsatz „Weltverständnis im Glauben“ wird nun die These, daß die neue Welt nicht an die Stelle der untergehenden alten treten solle, sondern ihre eigene verheißene Zukunft sei, ausdrücklich formuliert, ja noch durch die weitergehende Behauptung überboten, diese Zukunft sei in verborgener Weise schon Gegenwart. Diese, die alte Welt

muß in einem von ihr selbst her undurchschaubaren geschichtlichen Gang [...] noch werden, was sie durch die Tat Jesu Christi schon ist: der neue Äon, „der neue Himmel und die neue Erde“ (Offenbarung 21, 1), die eine Basileia Gottes und der Menschen (ThdW 21).

Damit greift Metz auf seine alte Behauptung wieder zurück, wonach die Geschichte der Welt die Stunde Christi nicht überholen kann, weil ihr Inhalt in der „Transfiguration der Welt“ in das unüberholbare Christusereignis besteht. „Alle Zukunft der Welt bleibt Herkunft aus der Stunde Christi“ (ThdW 28f.). Aber das zentrale Ereignis, durch das die Welt in verborgener Weise schon ist, was sie in ihrer Geschichte erst werden soll, ist nun nicht mehr die Kreuzigung Jesu, sondern seine Menschwerdung. Und die Transfiguration der Welt in dieses Ereignis geschieht nun nicht mehr durch die Entstehung einer transzendentalen Denkform, sondern durch die „Verweltlichung der Welt".

b) „Verweltlichung der Welt": Zweideutigkeiten und ein Ansatz zu ihrer Überwindung

„Verweltlichung der Welt" bedeutet jedoch im soeben beschriebenen Zusammenhang gerade nicht, daß die „Erhaltungsordnungen" der Welt von aller Heilswirksamkeit der göttlichen Gnade geschieden bleiben und deswegen den „rein weltlichen Überlegungen" der Juristen und Technokraten überlassen werden könnten. „Verweltlichung der Welt" bedeutet im Sprachgebrauch von Metz im Gegenteil die Freisetzung der Welt in ihren Eigenstand als Folge der göttlichen Gnade. „Die Gnade [...] ist Freiheit, sie gewährt den Dingen die kaum ermessene Tiefe ihres Wesens" (ThdW 44). Weil Gnade freisetzende Freiheit ist, und weil sie in dieser Funktion nicht nur den Menschen, sondern auch „den Dingen" zuteil wird, darum bringt sie auch die Dinge in ihren Eigenstand und in diesem Sinne die Welt in ihre Weltlichkeit. „Die Gnade vollendet die echte Weltlichkeit der Welt" (ThdW 45). Diese Gnade aber ist der Welt widerfahren, indem der göttliche Logos die Menschennatur annahm. Darum muß, so lautet die zentrale These dieses Artikels, die „Verweltlichung der Welt als konkret-geschichtliche ‚Repräsentation' des Geschehnisses der Menschwerdung" verstanden werden (so die Überschrift des dritten Abschnitts, ThdW 28—37). Denn

> eben in ihrer Annahme durch Gott in Jesus Christus geschieht die radikale und ursprüngliche Freisetzung der Welt ins Eigene und Eigentliche, ins Unverstellte ihrer nichtgöttlichen Wirklichkeit. Dieses Geschehen ist auf dem Grunde der neuzeitlichen Verweltlichung der Welt geschichtlich am Werk (ThdW 31).

Es ist nicht ganz leicht zu sehen, was der Begriff „weltlich" in solchen Zusammenhängen bedeutet. Er kann einerseits besagen, daß die Welt in ihr eigenes Wesen gelangt sei; diese Bedeutung bevorzugt Metz in seinen positiv-begründenden Gedankengängen. Der Begriff „weltlich" kann andererseits besagen, daß die Welt nicht „geistlich" oder „religiös" verstanden werden darf; und diesen Begriffsgebrauch bevorzugt Metz in seinen negativ-abgrenzenden Gedankengängen. Dabei verdeckt die Gleichheit des Wortes die Verschiedenheit der Begriffsbedeutungen und verführt deshalb den Leser (wenn schon nicht den Autor selbst) dazu, die Frage zu überspringen, ob und wie die beiden Bedeutungen untereinander zusammenhängen.

Bedeutet „Weltlichkeit der Welt“, daß die Welt ihr eigenes Wesen realisiert, dann ist die Welt weltlich, wie der Mensch menschlich, das Tier tierhaft und die Naturgesetze natürlich sind. Alle diese Seienden sind, was sie sind, und können gar nichts anderes sein. Aber sie sind es mehr oder weniger ungestört, entfalten sich daher mehr oder weniger aus ihren eigenen Wesensgesetzen, sind mehr oder weniger „frei“ in dieser Selbstentfaltung. In diesem Sinne kann man auch sagen, sie seien in den Eigenstand ihres Wesens mehr oder weniger „freigesetzt“. Durch einen solchen Gebrauch des Wortes „weltlich“ (bzw. „menschlich“, „tierhaft“ oder „natürlich“) ist jedoch inhaltlich noch gar nichts darüber ausgesagt, worin jenes Wesen der Welt (bzw. des Menschen, des Tieres oder der Natur) bestehe, das sich „frei“ entfalten kann, wenn das entsprechende Seiende „freigesetzt“ worden ist. Es könnte durchaus sein, daß die Welt gerade dann in diesem Sinne ganz „weltlich“ ist (d. h. ihr Wesen als Welt voll realisiert), wenn sie ganz und gar von Gott durchdrungen und umgeben ist. Und bei Metz selber finden sich Gedanken dieser Art. Seine weltliche Welt ist „total christlich umgriffen“ (ThdW 40), zwar nicht in der Weise, wie wir sie erfahren, „nicht in uns und unserer geschichtlichen Glaubenssituation“ (ThdW 41), wohl aber in der verborgenen Weise, wie sie von Gott her ist, „in Gott und seinem Ja zur Welt“ (ibid.).

Von einem solchen Begriffsgebrauch her — und er bestimmt die positiv-begründenden Argumentationsreihen bei Metz — wird nicht recht deutlich, warum Metz ein religiöses Weltverständnis, etwa das der Griechen, die das Wesen der Welt in ihrer Erfüllung durch göttliche Kräfte sahen (so daß die Welt ihrem Wesen um so mehr entspricht, also um so „weltlicher“ ist, je mehr sie die Wirksamkeit dieser göttlichen Kräfte nicht nur leidend erfährt, sondern in ihrer Eigentätigkeit zur Darstellung bringt) nur als „numinose Verbrämung“ gelten lassen will (vgl. ThdW 30). Ebenso bleibt undeutlich, warum er sich so scharf von Alfons Auers Buch ›Der weltoffene Christ‹ (Düsseldorf 1960) abgrenzt, dessen zentrale Absicht er darin sieht, die Welt „neu einzugründen in das Christusmysterium" (ThdW 12), hat doch auch Auer gemeint, daß durch diese Eingründung die Welt ihr eigenes Wesen desto reiner und freier werde realisieren können.

Im Zusammenhang von Abgrenzungen solcher Art (gegen das religiöse Weltverständnis der Griechen oder gegen die Theologie einer „Heimholung der Welt") gewinnt die Vokabel „weltlich" bei Metz jene andere Bedeutung, die durch den Gegensatz zu den Begriffen „geistlich", „religiös" oder „nur aus der Beziehung durch Gott begreifbar" definiert ist. Die bloße Berufung auf die „Freisetzung der Welt in ihren Eigenstand" rechtfertigt diesen zweiten, abgrenzenden Begriffsgebrauch nicht, denn die Kritisierten bestreiten diesen Eigenstand der Welt nicht, sondern behaupten, daß alle Kraft der Welt zur Freiheit und Eigenständigkeit nur aus der „religiösen" Beziehung zu Gott gewonnen werden kann und daher von dort aus verstanden werden muß.

Der abgrenzende Gebrauch der Vokabel „weltlich" ist also durch die positiven Argumente von Metz nicht zureichend begründet. Wohl aber ist zu sehen, wozu dieser abgrenzende Begriffsgebrauch dienen soll: Nur er beschreibt jenen Vorgang der „Verweltlichung", der sich im Denken und Handeln der Neuzeit beobachten läßt. Denn hier handelt es sich in wachsendem Maße um ein methodisches Absehen von allen religiösen Bezügen der Welt, wenn nicht sogar um deren ausdrückliche Bestreitung. Eine theologische Legitimierung dieses Vorganges, wie Metz sie leisten will, verlangt also, daß die „Freisetzung der Welt in ihr eigenes Wesen", von der seine positiv-begründenden Argumente sprechen, zugleich ihr fortschreitendes Heraustreten aus allen (unmittelbaren) religiösen Bezügen zur notwendigen und legitimen Folge hat.

Dies also müßte nachgewiesen werden, wenn die Neuzeit in ihrer Weltlichkeit legitimiert werden soll. Aber in dem Artikel „Weltverständnis im Glauben" wird der Übergang vom positiven Begriff der „Freisetzung" zum abgrenzenden Begriff des „Heraustretens aus religiösen Beziehungen" nicht zum Problem gemacht und daher auch nicht methodisch gerechtfertigt. Einen Hinweis darauf, wie dies versucht werden könnte, enthält der zwei Jahre später erschienene Artikel: Die Zukunft des Glaubens in einer hominisierten Welt (zuerst in: J. B. Metz [Hrsg.], Weltverständnis im Glauben [nicht zu verwechseln mit dem gleich betitelten Aufsatz von 1962], Mainz 1962, ²1966, S. 45—62, sodann in: Hochland 56 [1964], S. 377—391, auszugsweise und unter anderem Titel wieder in: H. J. Schultz [Hrsg.], Kontexte I, Stuttgart 1965, S. 17—25, zuletzt wieder vollständig in: ThdW 51—71). Schon der Titel verdeutlicht die Richtung, in die Metz argumentieren will. Die „weltliche“ Welt ist die „hominisierte“, d. h. die immer mehr dem Menschen unterworfene, seine Gestaltungskraft spiegelnde Welt. „Was uns heute zunächst und unvermittelt aus der Welt entgegenleuchtet, sind nicht die Vestigia Dei, die Spuren Gottes, sondern die Vestigia Hominis“ (ThdW 55). Von da aus wird verständlich, daß eine Theologie der „weltlichen“, d. h. „hominisierten“, also in wachsendem Maße vom Menschen gestalteten Welt, bei einer Theologie der Menschwerdung Gottes in Jesus ansetzen muß. Ist die Inkarnation des göttlichen Wortes das endgültige Ja Gottes zur Welt im Ganzen, so geschah doch dieses Ja nirgendwo anders als im Menschen. „Er und nur Er ist der Ort, an dem Gott die Welt und ihre Geschichte unwiderruflich angenommen hat“ (ThdW 61).

Diese Auszeichnung des Menschen als des einzigen „Ortes“ für die Gottbezogenheit der Welt setzt voraus, daß die Welt ihre unmittelbare, gleichsam des Menschen nicht bedürftige religiöse Bedeutung verliert. Im Verhältnis zu ihrer eigenständigen religiösen Würde im Weltverständnis der Heiden ist sie nun entmächtigt zum bloßen „Material“ für Gottes „huldvolle Zuwendung in Jesus Christus“ (ThdW 60). Was sie „vor“ der Menschwerdung des göttlichen Wortes ist, ist sie als „das den Menschen Zuhandene“ (ibid.), also auch für ihn als „Material“ seiner Verfügung. So erscheint sie schon ansatzweise in der Weltdeutung des Alten Testaments, so erscheint sie radikal im Verständnis der Neuzeit.

> Kann man deshalb jene tatsächlich hominisierte Welt, in deren unwiderstehlichem Aufgang wir heute stehen, nicht *auch* als eine christliche Chance und Aufgabe sehen — statt bloß als ungeheure Gefährdung unseres Glaubens? (ThdW 61).

Hier scheint wenigstens im theologischen Ansatz erreicht, was Metz erstrebt hat: eine theologische Deutung und Legitimierung des neuzeitlichen Säkularisierungsprozesses. Freilich setzt Metz dazu nicht, wie die evangelischen Theologen, bei der Lehre von der Rechtfertigung der Sünder an, sondern bei der Lehre von der Inkarnation. Und eben deshalb endet er nicht dabei, die „weltliche Welt“ den bloßen „Erhaltungsordnungen" zuzurechnen, die den sündigen Menschen für seine Begnadigung durch Gott aufbewahren, sondern damit, die „Weltlichkeit" der Welt als ihre Angewiesenheit darauf zu verstehen, allein durch den Menschen mit Gott vermittelt zu werden, näherhin durch die Verbindung der Menschennatur mit der Natur Gottes in Christus. Welch überraschenden Sinn die so verstandene Rede von der „Weltlichkeit" der Welt gewinnen kann, zeigt sich darin, daß Metz sich nicht scheut, im gleichen Zusammenhang von der „Divinisierung" der Welt zu sprechen. Aber „ihre Divinisierung geschieht über ihre Hominisierung" (ThdW 61).

c) Konsequenzen für die Unterscheidung von „Säkularisierung" und „Säkularismus"

Es ist deutlich, daß unter dieser Voraussetzung die Grenze zwischen legitimer Säkularisierung und illegitimem Säkularismus neu gezogen werden muß. Im Sinne von Barth und Gogarten wäre in jener Säkularisierung, wie Metz sie beschreibt, ein „Säkularismus" am Werk, der die Welt, und sei es vermittelt durch den Menschen, „divinisiert", also gerade nicht konsequent „verweltlicht" und dadurch ein „hingebendes, begeistertes Pathos" (Ill. 127) erzeugt. Für Metz dagegen ist Säkularisierung nur dann, aber auch immer dann legitim, wenn sie in ihrem Zentrum „Hominisierung" bedeutet — Hominisierung der Welt auch dadurch, daß diese an der Würde der Vereinigung von Gottesnatur und Menschennatur in Christus Anteil gewinnt. Illegitimer „Säkularismus" dagegen beginnt bei Metz nicht dort, wo die Welt erneut sakrale Würde gewinnt, sondern erst dort, wo die Mächte der Welt wieder zu Herren über den Menschen werden, also wo die „falschen Götter" wiederkehren. Die heutige Gestalt dieser falschen Götter sind die „Ideologien", die den „Vorgang der Hominisierung [...] ständig gegen seinen geschichtlichen Ursprung verraten" (ThdW 62).

Diese Gefahr einer Wiederkehr der falschen Götter in Gestalt neuer Ideologien hat Metz veranlaßt, die oben zitierte Frage, ob der Prozeß der Neuzeit „bloß" Gefahr für den christlichen Glauben oder „auch" seine Chance sei, als Frage offenzulassen. Weltlichkeit als Ursprungsort neuer Ideologien wäre in der Tat eine ernste Gefahr; Weltlichkeit als Teilhabe der Welt an jener Menschennatur, die mit der Gottesnatur in

Christus vereinigt ist, dies wäre „Chance“. Aus der Tatsache jedoch, daß diese Frage offenbleibt, zieht Metz die Folgerung, der Christ trage Verantwortung dafür, daß die neuzeitliche Säkularisierung wirklich zur Hominisierung der Welt ausschlägt und nicht zur Aufrichtung neuer Götzen in Gestalt der Ideologien. An diese Aufgabe erinnert der letzte Artikel der Aufsatzsammlung schon durch seinen Titel: ›Christliche Weltverantwortung für die Zukunftsplanung einer weltlichen Welt‹ (ThdW 132—146).

d) Christliche Weltverantwortung

Der soeben genannte Artikel beendet eine Reihe von Überlegungen, die das Verhältnis der theologischen Theorie zur gesellschaftlichen Praxis zum Thema haben. Diese Thematik gehört notwendig in den Umkreis einer Theologie der weltlichen Welt, wenn deren „Weltlichkeit“ gerade darin bestehen soll, „hominisierte“, also vom Menschen gestaltete Welt zu sein. Denn diese Weltgestaltung wird niemals aus der bloß individuellen, sondern stets aus der gesellschaftlichen Praxis hervorgehen. Wenn das Heil nicht die Zukunft des Menschen *jenseits* der Welt ist, sondern die Zukunft *dieser* Welt durch Vermittlung des Menschen, dann ist christlicher Heilsdienst notwendig Weltdienst. Die Grundbewegung christlichen Lebens — und deshalb auch der christlichen Askese, der „Einübung“ in das Leben des Glaubens — ist „nicht Flucht aus der Welt, sondern Flucht mit der Welt ‚nach vorne‘“ (ThdW 93, aus J. B. Metz, Die Theologie der Welt und die Askese, in: K. v. Bismarck und W. Dirks (Hrsg.), Neue Grenzen I, Stuttgart/Olten 1966, S. 171—174, dann ThdW 92—95).

Und doch deutet sich in den Artikeln, die das Theorie-Praxis-Verhältnis betreffen, schon eine weitere Wendung im Denken von Johannes Metz an. Sie führt, was den theologischen Ansatz betrifft, von der Theologie der Inkarnation zur Eschatologie. Wenn aber die Eschatologie die theologische Lehre von jener Zukunft des Heiles ist, auf die die christliche Hoffnung sich richtet, dann ist mit dieser Wendung ein weiterer Schritt auf dem Wege zu einer Theologie der Hoffnung getan.

Diese Wendung zur Eschatologie zeigt schon der Titel eines Vortrages an, den Metz 1966 gehalten und dann mehrfach veröffentlicht hat:

›Kirche und Welt im eschatologischen Horizont‹ (zunächst in: T. P. Burke (Hrsg.) The World in History, New York 1966, S. 69—85, sodann in: T. P. Burke (Hrsg.), Künftige Aufgaben der Theologie, München 1967, S. 11—30, geändert bzw. gekürzt in: Stimmen der Zeit 177 [1966], S. 451—462 bzw. in: Orientierung 30 [1966], S. 107—109, zuletzt ThdW 97—91). Aus dem veränderten Ansatz aber folgt ein verändertes Verhältnis zum Prozeß der neuzeitlichen Geschichte. Diese ist nun nicht mehr primär als Explikation der im Christusereignis schon gewirkten Weltgestalt zu begreifen, sondern vielmehr als offene, ungesicherte Zukunft erst noch zu entscheiden. So führt der Weg von einer christologisch zentrierten Theologie der Welt zu einer Theologie, die es mit der Entscheidung offener Zukunftsmöglichkeiten zu tun hat. Diese Entscheidungen aber fallen in der Politik; eine entsprechende Theologie muß daher die Gestalt einer „politischen Theologie“ annehmen. Diese Wendung kommt im Titel eines weiteren Aufsatzes zum Ausdruck: ›Kirche und Welt im Licht einer ‚politischen Theologie‘‹ (Vortrag Toronto 1967, unter Wiederverwendung früherer Studien zuletzt veröffentlicht ThdW 99—110).

6. *Offene Fragen und eine Änderung des Argumentationszieles*

a) Offengebliebene Probleme

Ehe jedoch dieser Wendung im Denken von Johann Baptist Metz nachgegangen wird, seien zunächst die (vorläufig) offengebliebenen Probleme angemerkt, die sich aus dem inkarnationstheologischen Ansatz seiner Theologie der weltlichen Welt ergaben.

Zunächst ist nicht ohne weitere Erläuterung klar, wie sich die Annahme der Menschennatur durch den göttlichen Logos zu jenem Vorgang verhalte, in welchem Gott die ganze Welt in Gnaden „angenommen“ hat. Die Behauptung, die Welt sei von Gott „in hypostatischer Union“ angenommen worden (ThdW 22), kann unmöglich anders als metaphorisch gemeint sein. Denn das Wort „Hypostasis“ bedeutet gerade die eine und unverwechselbare Person (in diesem Falle die Person Jesu), und die „hypostatische Union“ bezeichnet deshalb jenes einmalige Verhältnis zwischen der göttlichen und der menschlichen Natur, das die Person Jesu von jeder anderen Person und erst recht von der außerpersonalen Schöpfung unverwechselbar unterscheidet. Daß in diesem einen Menschen die ganze Menschheit und in der Menschheit die ganze Schöpfung von Gott „angenommen" wurde, ist ein seit der Zeit der Kirchenväter oft ausgesprochener Gedanke. Aber das „Wie" dieser Annahme der ganzen Welt wird nicht klarer, wenn dafür ein Begriff verwendet wird, der gerade das Einmalige und Unwiederholbare zum Ausdruck bringen soll, das die Person Jesu vor jeder anderen auszeichnet.

Weiterhin ist nicht ohne jede nähere Erläuterung deutlich, inwiefern die in Jesu Person vollzogene Annahme der Welt jene „Freisetzung" steigere, vollende oder gar erst ermögliche, die schon mit dem Schöpfungsakt gegeben ist. Das Verhältnis der Kreatur zu ihrem Schöpfer besteht darin, das von Gott angerufene, ins Dasein gerufene „Du" zu sein, und ihn ihrerseits als ihr „Du" anrufen zu können. Dieses kreatürliche Verhältnis trägt den „Eigenstand" der Welt weit deutlicher an sich als das Verhältnis der Menschennatur zum göttlichen Logos, das gerade darin besteht, daß die Menschennatur keine eigene „Hypostasis", also keinen gesonderten Eigenstand besitzt, sondern daß der Logos selber ihre „Hypostasis" ist. Deshalb konnte Jesus wohl zum Vater, nicht aber zum göttlichen Logos „Du" sagen, sich wohl vom Vater, aber nicht von der zweiten göttlichen Person „angenommen" wissen.

Durch diesen Hinweis soll nicht bestritten werden, daß die Lehre von Christus als dem Haupt der Glaubensgemeinde (Kirche) sich zu einer Lehre vom gleichen Christus als dem Haupt des Alls erweitern läßt. Schriftstellen wie Eph. 1, 10 und Col. 1, 26 ff. bezeugen, daß die Theologie schon während der Entstehungszeit neutestamentlicher Schriften diesen Weg gegangen ist. Aber undeutlich bleibt, was diese „kosmologische Christologie" dazu beitragen könne, gerade die Eigenständigkeit der Welt gegenüber Gott und seinem Wort zu verdeutlichen. Der Begriff der „hypostatischen Union" leistet gerade dieses nicht. Und nicht zufällig haben die neutestamentlichen Autoren, die die „kosmische" Bedeutung Christi andeuten wollten, sich dazu des Bildes vom „Haupt" und den „Gliedern" bedient, das für einen „Eigenstand" der Glieder gegenüber dem Haupt keinen Raum läßt. So leuchtet es nicht ohne weiteres ein, wie eine Theologie der Eigenständigkeit der Welt sich gerade an der Christologie orientieren soll und nicht weit eher an der Schöpfungslehre. Freilich würde bei einem Ansatz in der Schöpfungslehre weit größere Vorsicht geboten sein mit der Behauptung, es sei unter allen Ereignissen innerhalb der geschaffenen Welt gerade das Christusereignis, in das hinein die Welt durch ihre Geschichte „transfiguriert" werden muß.

Schließlich sollte nicht vergessen werden (was auch Metz keineswegs bestreitet), daß jene Eigenständigkeit, in die die Welt gerade als die von Gott angenommene „freigestellt" wird (mag dieser Vorgang im übrigen von der Schöpfungslehre her oder von der Inkarnationslehre aus interpretiert werden), stets gerade darin besteht, daß die Welt dem Gott, der sie schuf und in Gnaden annahm, wesentlich zugeordnet wird. Eigenständigkeit ist überall, wo von „Annahme" und „Freisetzung" die Rede ist, stets „oppositio relativa", stets ein Gegenüberstehen, das wesentlich ein Inbeziehungstehen ist. Sobald man sich aber an diesen Sachverhalt erinnert, wird zweifelhaft, ob der neuzeitliche Prozeß der „Hominisierung der Welt" auf diese gottgewirkte „Freisetzung" zurückgeführt werden kann. Denn was sich in der neuzeitlichen Geschichte beobachten läßt, ist nicht eine wachsende Selbständigkeit der Welt im „Gegenüber zu Gott", sondern eine wachsende Gleichgültigkeit gegenüber jeder (auch der feindlichen) Gottesbeziehung. Klingt in der Rede von der „Annahme" und „Freisetzung" der Welt durch Gott noch eine Bedeutung von Würde und Selbstwerthaftigkeit mit, die der Welt gerade als dem Gegenüber Gottes zukomme, so ist jene „Hominisierung" der Welt, die sich alltäglich beobachten läßt, weit eher ihre Depotenzierung zum verfügbaren Material. Sie begegnet, wie Metz sehr wohl weiß, dem Menschen als „Steinbruch, aus dem er überhaupt erst seine eigene ‚neue Welt' baut" (ThdW 78).

Aber auch der Mensch, der auf solche Weise die Welt als einen Steinbruch abbaut, um aus ihren Fragmenten seine eigene, neue Welt aufzubauen, tritt dabei nicht in jenes „Gegenüber zu Gott", das sich aus Gottes freisetzender Gnade herleiten ließe, ja er spielt nicht einmal die Rolle des Rebellen, der die Freisetzung mißbraucht, um sich an Gottes Stelle zu setzen. Er verhält sich vielmehr in der Weise technischer Sachlichkeit. Auch dies weiß Metz sehr wohl.

Der Prozeß des Weltlichwerdens der Welt hat heute weithin nicht nur die Gestalt der Hominisierung im allgemeinen, sondern die besondere Gestalt der technischen Hominisierung und Manipulierung der Welt (ThdW 133 f.).

Es ist nicht deutlich, was Begriffe wie „Annahme in Jesus Christus" oder gar „hypostatische Union" zur Beschreibung und Deutung dieses Phänomens beitragen könnten. Und manches spricht dafür, daß die evangelisch-theologische Lehre von den „Erhaltungsordnungen", die von allem Anspruch auf Heilswirksamkeit frei sind, die charakteristische, nicht einmal gottfeindliche, sondern von aller Gottesbeziehung (scheinbar oder wirklich) unbetroffene Neutralität neuzeitlicher „Weltlichkeit" exakter beschreiben, als jede Inkarnationstheologie dies könnte.

Fragen dieser und ähnlicher Art müßten geklärt sein, ehe entschieden werden kann, ob es Metz gelingt, den Begriffen, die er aus dem Kontext evangelisch-theologischer Argumentationen entnimmt, eine neue Bedeutung und Begründung zu verleihen. Mit diesen und ähnlichen Fragen müßte er sich auseinandersetzen, wenn er an seinem Ansatz festhalten wollte, eine Theologie der Welt aus der Lehre vom menschgewordenen Gotteswort zu entwickeln. Doch nimmt er diese Auseinandersetzung ebensowenig auf wie den Disput mit Hans Blumenberg, der den Begriff der „Säkularisierung" oder „Verweltlichung" für ganz untauglich hält, um die Eigenart neuzeitlicher Geschichte zu beschreiben und auf ihre Legitimität hin zu prüfen. In seinem Buch ›Die Legitimität der Neuzeit‹ (Frankfurt 1966) will Blumenberg den Begriff der Säkularisierung (der einen bleibenden Inhalt annimmt, der säkularisiert wird, und dessen Übergang aus der geistlichen in die weltliche Sphäre nachgezeichnet werden soll) als irreführend entlarven. Sein Ziel ist es, den „Grund des Scheins der Säkularisierung", also den Grund dafür, daß diese irreführende These soviel Zustimmung finden konnte, freizulegen (a. a. O., S. 51). Metz nimmt diese Herausforderung nicht an. Auch auf die höchst differenzierte Begriffsgeschichte von „Säkularisierung", die Hermann Lübbe vorgelegt hat (H. Lübbe, Säkularisierung. Geschichte eines ideenpolitischen Begriffs, Freiburg 1965) und die auch für die Gegenwart anwendbare Kriterien eines verantworteten Begriffsgebrauches ergeben könnte, geht Metz nicht ein.

Wie hinsichtlich der früheren These von Metz, wonach das transzendentale Bewußtsein als spezifisch neuzeitliche Denkform sich, als „christliche Anthropozentrik", aus der unüberholbaren Bedeutung von Jesu Kreuzestod ergebe, so zeigt sich auch hinsichtlich der späteren Behauptung, wonach die neuzeitliche Säkularisierung der Welt, als ihre

„Hominisierung", aus der Einheit von göttlicher und menschlicher Natur in der Person Jesu zu verstehen sei, der gleiche Befund: Metz diskutiert die Schwierigkeiten nicht, die sich aus seinem Ansatz ergeben, wägt sie nicht ab gegen die Möglichkeiten anderer Ansätze, die ihm bekannt sind, fragt nicht nach Kriterien, an denen der eine oder andere Ansatz sich bewähren könnte — und dies alles nicht deshalb, weil sein Ansatz der weiteren Prüfung und ggf. differenzierenden Abwandlung nicht würdig wäre, sondern deshalb, weil sein Argumentationsinteresse sich verschoben hat, ehe er Zeit findet, die jeweils eingenommene Position noch einmal zu überprüfen.

Die „Hominisierung" als technische „Manipulation der Welt" — dieser Zug im neuzeitlichen Säkularisierungsprozeß ist so sehr in den Vordergrund seiner Aufmerksamkeit gerückt, daß ihm nun nicht mehr die Legitimierung, sondern die (freilich solidarische) Kritik der Neuzeit als vordringliche Aufgabe erscheint. Die Frage, ob eine Legitimierung der Neuzeit aus transzendentalphilosophischem oder inkarnationstheologischem Ansatz durchführbar sei, verliert deswegen für ihn an Interesse gegenüber der anderen Frage, auf welche Weise solidarische Kritik in Gang gebracht werden kann. Die Abneigung gegen die „Technokraten", die die technische „Manipulation der Welt" planmäßig betreiben, überwiegt noch die Angst vor den „Ideologen"; eine „Divinisierung" der Welt (vorausgesetzt, sie ist vermittelt durch ihre Hominisierung) scheint nun akzeptabel zu sein, sofern sie sich in die rechten Bahnen lenken läßt; die bloß technisch-zweckrationale Manipulierung der Welt jedoch — also jene Gestalt ihrer Weltlichkeit, die uns heute faktisch überall begegnet — braucht jenen „schöpferisch-befreienden Widerstand", den der Christ ihr entgegensetzen muß, damit der Geschichtsprozeß „die Chance hat, mit Recht ‚Fortschritt' genannt zu werden" (ThdW 146).

b) Eine Änderung des Argumentationszieles und ihr Anlaß

Metz gibt nicht zu erkennen, wodurch er sich veranlaßt sah, nunmehr die primäre Aufgabe des christlichen Weltdienstes in der Abwehr derjenigen Gefahr zu sehen, die von der technokratischen Manipulation der Gesellschaft droht. Aber es gibt eine Gleichzeitigkeit, die wohl kaum auf bloßem Zufall beruhen kann. Die Frage, ob die größere Gefahr für die menschliche Gesellschaft von den „Ideologen“ oder von den „Technokraten“ drohe, verschaffte in den Jahren zwischen 1961 und 1969 einer wissenschaftlichen Kontroverse breite Öffentlichkeitswirkung. Diese Kontroverse ist als „Positivismusstreit in der deutschen Soziologie“ bekanntgeworden. Die beiden Tagungen der Deutschen Soziologischen Gesellschaft in Tübingen 1961 und in Frankfurt 1969 markieren wichtige Phasen in diesem Streit (vgl. dazu Th. W. Adorno, H. Albert u. a., Der Positivismusstreit in der deutschen Soziologie, Neuwied 1969, sowie das Kapitel über die gleiche Kontroverse in: W. Schulz, Philosophie in der veränderten Welt, Pfullingen 1972, S. 159—178). Hier standen auf der einen Seite die „Systemtheoretiker“ (vor allem N. Luhmann), unterstützt von den „Kritischen Rationalisten“ (vor allem K. Popper und H. Albert), die sich darum bemühten, unabhängig von Wertentscheidungen die Bedingungen aufzufinden, von denen die Funktionsfähigkeit gesellschaftlicher Systeme abhängt. Auf der anderen Seite standen die Vertreter der „Kritischen Theorie“ oder „Frankfurter Schule“ (vor allem Th. W. Adorno und J. Habermas), die nicht nur die gesellschaftlichen Prozesse, sondern auch die Art ihrer wissenschaftlichen Beschreibung auf konkurrierende Interessen zurückführen wollten. Sie beurteilten die Systemtheoretiker als „Technokraten“, denen an der formalen Funktionsfähigkeit eines Systems mehr gelegen sei als an dem inhaltlichen Wert oder Unwert der Ziele, auf die dieses System hinwirke; und die „Wertungsfreiheit“ der systemtheoretischen Betrachtung erschien ihnen als Verschleierung eines Interesses an der Erhaltung des bestehenden Systems. Die Systemtheoretiker ihrerseits beurteilten die Anhänger der „Kritischen Theorie“ als „Ideologen“, weil diese ihrer Meinung nach alle wissenschaftlichen Argumente als bloße Spiegelung gesellschaftlicher Interessen begreifen, damit aber den Streit der Argumente in einen Streit politischer Handlungsabsichten verwandeln und so eine sachlich-objektive Auseinandersetzung unmöglich machen.

Dabei richtete sich der Zorn der „Frankfurter“ vor allem gegen eine zentrale Behauptung der Systemtheoretiker, wonach die unterschiedlichsten Systeme (z. B. kapitalistische, kommunistische, aber sogar faschistische) zur Aufrechterhaltung ihrer Funktionstüchtigkeit in weiten Bereichen sehr ähnlichen, wenn nicht gar gleichen Regeln unterworfen seien, so daß der Ermessens-Spielraum politischer Willensentscheidungen fortschreitend abnehme zugunsten von Sachzwängen, denen jedes System unterworfen sei. Es war gerade diese Auffassung, auf die sich in jenen Jahren die Hoffnung gründete, die politischen Systeme würden in wachsendem Maße „konvergieren". Die breite Öffentlichkeit erhoffte sich gerade vom Sieg der „Technokraten" über die „Ideologen" den Abbau der Gegensätze zwischen den politischen Machtblöcken. Die „Frankfurter" sahen dagegen im Anwachsen solcher Sachzwänge und in der Verringerung des Spielraumes für politische Willensentscheidungen eine neue Art der gesellschaftlichen Entfremdung, für die (und für deren theoretische Begründung!) nun ihrerseits das Klasseninteresse der jeweils Herrschenden verantwortlich gemacht werden müsse. Aufgabe einer „Kritischen Theorie" sei es deswegen, den Schein dieser Sachzwänge zu durchbrechen, das hinter ihnen stehende gesellschaftliche Interesse zu entlarven und so den Spielraum für politische, d. h. systemverändernde Entscheidungen wiederzugewinnen.

Metz erwähnt in seinen Aufsätzen zur Theologie der Welt weder die Personen, die an diesem „Positivismusstreit" beteiligt waren, noch diskutiert er die von beiden Seiten vorgetragenen Argumente. Aber es klingt (und das gewiß nicht zufällig) wie eine Parteinahme in diesem Streit, wenn er feststellt: „Zukunftsplanung ist nicht nur ein technologisch-wissenschaftliches, sondern je auch ein politisches Problem" (ThdW 142, wortgleich wiederholt in: Der zukünftige Mensch und der kommende Gott — zMkG —, in: H. J. Schultz (Hrsg.), Wer ist das eigentlich — Gott?, München 1969, S. 263). Jedenfalls sieht er in den folgenden Jahren mancherlei Möglichkeiten zum Dialog mit Vertretern von Ideologien, vor allem der marxistischen (vgl. sein Nachwort zum Sammelband ›Der Dialog‹); den Technokraten aber gilt seine bedingungslose Kampfansage.

Die rein technologisch geplante Produktion der Zukunft des Menschen scheint gerade den Untergang jenes Menschen vorzubereiten, der sich aus der geschichtlichen Substanz seiner Freiheit [...] nährt. [...] Nur wo diese Differenz zwischen Technologie und Politik in der Produktion der menschlichen Zukunft gewahrt ist, bleibt die Möglichkeit von Fortschritt garantiert (zMkG 265).

Metz, so zeigt sich, ergreift im Streit der deutschen Soziologen Partei. Aber er gibt dem Leser die Argumente der Gegenseite nicht zur Kenntnis; und noch weniger legt er ihm seine eigenen Gründe zur Prüfung vor, die ihn bewogen haben, diesen Argumenten der Gegenseite nicht zu folgen. Statt also den Leser an der Abwägung von Gründen und Gegengründen zu beteiligen, verläßt Metz sich darauf, daß der Standpunkt, den er gewählt hat, nur dargestellt zu werden braucht, um zustimmungswürdig zu erscheinen. Und die breite Wirkung in der Öffentlichkeit, die er erzielt hat, bestätigt dies. Eben dadurch aber tritt (gewiß nicht beim Verfasser, aber unvermeidlich beim Leser) die unbefragte Plausibilität einer Meinung an die Stelle problembewußter Argumentation. Und eben dieser Effekt ist es, vor dem die von Metz so wenig geschätzten „Kritischen Rationalisten" (Popper und Albert) haben warnen wollen.

Soviel jedoch ist deutlich. Metz votiert im Streit zwischen „Systemtheorie" und „Kritischer Theorie" für die letztere, und dies deshalb, weil er sich gegen den Zwang der Systeme für die Offenhaltung politischer Willens-Alternativen entscheiden will. Deshalb setzt er gegen die Geschlossenheit funktionaler Systeme die „politische Phantasie", die dort offene Möglichkeiten entdeckt, wo der Systemtheoretiker nichts als Sachzwänge zu sehen vermag. Die „Agonie" dieser politischen Phantasie gilt es zu verhindern (vgl. zMkG 266). Und eben darin, die politische Phantasie lebendig zu erhalten, sieht er nun die Aufgabe der Theologie.

Die politische Phantasie wird sich von den technologischen Zwängen nicht endgültig unterdrücken lassen, wenn sie die Phantasie und Widerstandskraft der — Theologie im Ohr behält (zMkG 266 f.).

Angesichts der Gefahr sich schließender rein funktionaler Systeme soll die Theologie „politische Theologie" werden. Und ihr primärer Auftrag besteht nicht darin, aus theologischen Prämissen politische Folgerungen abzuleiten, sondern darin, die Offenheit von Handlungsalternativen erst herzustellen, innerhalb derer politische Entscheidungen möglich sind. Dazu freilich bedarf die Theologie eines neuen Ansatzes: nicht bei einer vergangenen Heilstat Gottes, durch die die ganze kommende Geschichte der Welt schon vorentschieden ist, schon gar nicht bei jener Christologie, die die Heilsbedeutung des Christusereignisses mit metaphysischen Begriffen wie „Natur" (als allgemeine Wesenheit aller Menschen oder als göttliche Wesenheit) oder „Substanz" (als dem ontologischen Fundament des personalen Eigenstandes) zu beschreiben versucht. Die politische Theologie muß vielmehr bei einer Eschatologie ansetzen, die den Glauben hoffend für eine Zukunft offenhält. Der Artikel „Die Verborgenheit des Zukunftsaspekts in der Seinsmetaphysik" (ThdW 89—91, gekürzte Fassung von: Verantwortung der Hoffnung, in: Stimmen der Zeit 177 [1966], S. 451—462) zeigt an, daß J. B. Metz Abschied nehmen will von allem Denken desjenigen Typs, in welchem „die Anamnese, die andenkende Erinnerung, dominiert" (ThdW 91), vor allem aber von aller „Seinsmetaphysik", gleichgültig, „ob sie objektivistisch entfaltet wird" oder „als transzendentale oder personale oder existentiale Metaphysik" auftritt (ThdW 89). Demgegenüber ist politische Theologie primär Eschatologie, die aller technologisch verplanten Zukunft die göttliche Verheißung und damit die gläubige Hoffnung entgegensetzt.

Die christliche Gemeinde wird im öffentlichen Bewußtsein unserer gesellschaftlich-politischen Wirklichkeit die Differenz zwischen Hoffnung und Planung immer neu zur Geltung bringen (ThdW 145).

c) Die Wendung zur Politik und die Frage nach dem spezifisch theologischen Ansatz

α) Die Wendung zur Politik

Johann B. Metz, so hat sich gezeigt, ist von der Absicht ausgegangen, die geschichtliche Entwicklung der Neuzeit theologisch zu legitimieren. Daß diese Absicht von vorneherein feststand und den theologischen Argumentationsgang bestimmte, zeigt sich darin, daß der theologische Ansatz ausgetauscht werden kann, sobald die Vorstellung von der Neuzeit sich ändert. Solange Metz die „transzendentale Denkform" für das unterscheidende Merkmal neuzeitlichen Denkens hielt, versuchte er, diese Denkform als „anthropozentrisch" zu deuten (ohne Rücksicht darauf, daß Transzendentalphilosophen wie Kant oder Heidegger sich ausdrücklich dagegen verwahren, „anthropozentrisch" verstanden zu werden), diese Anthropozentrik aber als Explikation des Kreuzesereignisses zu begreifen, weil in diesem Ereignis das Schicksal des Menschen als eines solchen offenbar geworden und zu seiner Vollendung gebracht sei. Sobald ihm dagegen nicht mehr die transzendentale Form des Denkens, sondern die „Weltlichkeit" des theoretischen und praktischen Verhaltens zur Welt als das Spezifikum der Neuzeit erscheint, deutet er diese Verweltlichung der Welt als ihre fortschreitende „Hominisierung" und legitimiert diese theologisch durch den Hinweis auf die Person Jesu, in welcher der göttliche Logos menschliche Natur angenommen und damit die ganze Menschheit und durch sie die Welt in Gnaden akzeptiert habe.

Die Absicht, die Neuzeit zu legitimieren, ist also das Beharrende; die theologischen Ansätze sind demgegenüber das Sekundäre und Austauschbare, das danach bewertet wird, inwieweit es dieser Absicht entspricht. Damit aber kehrt das Verhältnis von Maßstab und Gemessenem sich um. Metz geht gar nicht davon aus, daß die Neuzeit es nötig habe, legitimiert zu werden; daß sie als legitim zu gelten habe, ist vielmehr die Prämisse, die seine Bemühungen bestimmt und an der die (eben deswegen austauschbaren) theologischen Ansätze gemessen werden. Was legitimiert werden muß, ist vielmehr die Theologie. Und der Maßstab, an dem ihr Wert oder Unwert sich entscheidet, liegt in der Frage, ob sie ein „positives Verhältnis" zur Neuzeit gewinnen kann. Metz kommt, entgegen dem Anschein, nicht durch die Abwägung theologischer Gründe und Gegengründe zu dem Ergebnis, daß die historische Entwicklung der Neuzeit (in ihrem Grundzug, wenn auch nicht in ihren einzelnen Ausprägungen) eine positive Bewertung verdient; sondern er bemüht sich um eine Legitimierung der Theologie, indem er nachweist, daß diese ihrerseits das Grundgeschehen der Neuzeit positiv zu bewerten vermag.

Dementsprechend entfernt Metz aus der Theologie des „weltlichen Verhältnisses zur Welt", die er bei evangelischen Theologen vorgefunden hat, alle diejenigen Elemente, die eine prinzipielle Kritik an der Welt enthalten. Dort war die Überantwortung der Welt an die „rein weltlichen Überlegungen" der „Juristen" damit begründet worden, daß die Welt als *sündhafte* Welt kein hingebendes Pathos verdient und daß der Mensch als *sündiger* Mensch in seinem Wirken nur „weltlich" den „Erhaltungsordnungen" dienen, aber nicht „geistlich" in Gottes Heilswirken eingreifen könne. Bei Metz dagegen wird die „Weltlichkeit" des Verhaltens zur Welt nicht aus der Lehre von der Sünde, sondern aus der Lehre von der Gnade hergeleitet: als die Weise, wie der Mensch anerkennt, daß die Welt gerade durch Gottes Gnade in ihren Eigenstand freigesetzt ist.

Weil das Ja zur Neuzeit und damit zum „weltlichen“ Umgang mit der Welt die Prämisse dieser Theologie, nicht ihr Ergebnis, darstellt, darum kann eine theologisch begründete Kritik an der Welt und ihrer neuzeitlichen Weltlichkeit nicht aufkommen. Auch und gerade der von Karl Barth geprägte Begriff des „eschatologischen Vorbehalts“ findet in der christologisch zentrierten Theologie der Welt von J. B. Metz zunächst keine Stelle. Die Unterscheidung zwischen diesseitigem „Gleichnis“ und jenseitiger „Wirklichkeit“ des Heiles, die diesem Vorbehalt bei Karl Barth zugrunde lag, wird im Gegenteil ausdrücklich und mit herbem Spott zurückgewiesen. (Hier werde die Welt zum bloßen „Wartezimmer“ Gottes gemacht.) Kritik an der Grundtendenz neuzeitlicher Geschichte (nicht nur an einzelnen Mißbildungen, die dieser Geschichtsverlauf *auch* hervorgebracht hat) konnte bei Metz erst dort laut werden, wo sie sich nicht aus theologischen Gründen, sondern aus innerweltlichen Erfahrungen ergab: aus der Beobachtung nämlich, daß die zunehmende „Hominisierung“ der Welt keineswegs ihre zunehmende „Humanisierung“ garantiert hat.

Die Welt, die in wachsendem Maße die Spuren der Gestaltung durch den Menschen an sich trägt, ist darum noch keineswegs so gestaltet, daß in ihr die Menschlichkeit des Lebens gesichert oder auch nur erleichtert würde. Die Hominisierung der Welt, wie sie tatsächlich geschah und noch weiter geschieht, hat vorwiegend technischen Charakter, sofern die vorgegebene Natur wie ein „Steinbruch“ dient, aus dessen Abbau die neue Welt des Menschen planmäßig aufgebaut werden soll. Im gleichen Maße aber droht auch dem einzelnen Menschen die Gefahr, „nur als Mittel und Material für den Aufbau einer technisch durchrationalisierten Zukunft betrachtet zu werden“ (ThdW 110). Davor muß der Mensch geschützt werden; das lehrt der theologisch noch ganz unvoreingenommene Blick in die Entwicklungstendenzen neuzeitlicher Geschichte. Und wie zuvor die Bewährungsprobe für Theologie und Kirche darin bestand, ob sie aus eigenem Antrieb oder nur von außen genötigt ihr „Ja“ zur weltlichen Welt der Neuzeit spreche, so wird die Bewährungsprobe für Theologie und Kirche jetzt darin gesucht, ob sie zu jenem „Schutz“ vor der wachsenden Macht der Technokraten einen wirksamen Beitrag zu leisten vermag. Kirchliche Praxis hat diesen Schutz zu institutionalisieren. Ja der Rechtsgrund der Institution Kirche innerhalb der modernen Gesellschaft liegt geradezu darin, „Institutionalisierung der kritischen Freiheit" zu sein (ThdW 123 im Exkurs IV „Über Institutionen und Institutionalisierung"). Theologische Theorie aber hat jetzt die Aufgabe, die kirchliche Praxis für diese Leistung zu qualifizieren, indem sie gegen die Verplanung des Menschen im Kontext technokratischer Zukunftsgestaltung den entscheidenden Vorbehalt formuliert.

Dieser Vorbehalt ist es nun, den Metz (unter Verwendung einer Vokabel, die zuvor von Karl Barth in ganz anderem Sinne geprägt worden war) den „eschatologischen Vorbehalt" nennt. Und so lautet der Satz, aus dem soeben nur ein Teil zitiert worden ist, in seinem vollen Wortlaut:

Durch ihren eschatologischen Vorbehalt gegenüber jeder abstrakten Fortschritts- und Humanitätskonzeption schützt sie [die Kirche] den einzelnen, augenblicklich lebenden Menschen davor, nur als Material und Mittel für den Aufbau einer technologisch durchrationalisierten Zukunft betrachtet zu werden (ThdW 110).

Darin besteht der entscheidende Beitrag der Kirche zur Vermenschlichung (Humanisierung) der hominisierten Welt. Die Fähigkeit, diesen Beitrag zu leisten, begründet die politische Bedeutung der Kirche. Diesen Beitrag als Aufgabe der Kirche theologisch zu beschreiben und zu begründen, ist Aufgabe der „politischen Theologie", wie Metz sie versteht. Der Aufsatz, dem die soeben zitierte Stelle entnommen wurde, trägt deshalb nicht zufällig den Titel: ›Kirche und Welt im Lichte einer „politischen Theologie"‹ (ThdW 99—116).

β) Die Frage nach dem spezifisch theologischen Ansatz

Politisch ist diese Theologie wegen ihres Protestes gegen die technologisch verplante Zukunft, gegen eine Hominisierung der Welt ohne Humanisierung des Lebens, gegen eine „Fortschritts- und Humanitätskonzeption", die Metz an der soeben zitierten Stelle „abstrakt" nannte, weil sie die bloße Steigerung der formalen Funktionsfähigkeit schon für einen „Fortschritt" der Gesellschaft hält und die Erweiterung des Machbaren schon mit einer Steigerung der Humanität verwechselt. So hat der Protest sein „Wogegen". Aber *theologisch* ist dieser politische Protest durch sein „Wofür", näherhin dadurch, daß er sich nicht nur auf den Willen des Menschen gründet, der nicht als Mittel und Material verbraucht, vielmehr in seiner Würde geachtet sein will, sondern auf Gottes Verheißung. Daher betont Metz so sehr die „Differenz zwischen Planung und Hoffnung" (ThdW 145); und daher steckt er sich das Ziel, „die eschatologische Botschaft unter den Bedingungen unserer gegenwärtigen Gesellschaft zu formulieren" (ThdW 99).

Dennoch ist es nicht ganz leicht, den spezifisch theologischen Charakter dieser Theologie zu sichern. Denn *daß* gegen die Gefahr der sich schließenden, rein funktionalen Systeme und deshalb gegen die Herrschaft der Technokraten protestiert werden muß, weiß der Theologe nicht deshalb, weil er Theologe ist. (Weder die Schrift noch die Tradition kennt dieses Problem.) Er weiß es, weil er ein wacher und kritischer Zeitgenosse ist, und hat insofern vor anderen wachen und kritischen Zeitgenossen nichts voraus. Die Frage jedoch, *was* an die Stelle der Systemzwänge des bloß technisch-funktionalen Fortschritts zu setzen sei, kann der Theologe nicht als Theologe beantworten. Versuchte er das, dann müßte er aus den Heilstaten Gottes in der Vergangenheit Programme für die politische Gestaltung der Zukunft ableiten; aber gerade dann wäre diese Zukunft nicht „offene Zukunft", sondern die bloße Explikation des schon Gegebenen. Der Theologe hat also nicht Programme vorzuzeichnen, sondern sich mit der Kritik am drohenden Systemzwang zu begnügen.

> Die gesellschaftskritische Attitüde der Kirche kann nicht darin bestehen, [. . .] eine positive Gesellschaftsordnung normativ zu proklamieren; sie kann nur darin bestehen, daß Kirche in der Gesellschaft und ihr gegenüber kritisch-befreiend wirksam wird (ThdW 114 f.).

Aber eben dies, die befreiende Kritik am Zwang der sich schließenden Systeme (seien sie kapitalistisch, sozialistisch oder faschistisch), braucht die Welt nicht von den Theologen zu lernen; dies haben vielmehr umgekehrt die Theologen von der „Welt" (genauer: von gewissen Schulen der Soziologie) gelernt. So bleibt der Theologie nur die Aufgabe, dasjenige, wodurch sie sich vor der Welt legitimiert (ihre Fähigkeit, gegen Systemzwänge zu protestieren), noch einmal auf spezifisch theologische Weise zu deuten und zu begründen: aus Gottes Verheißung, die, weil sie Zukunft eröffnet, den Willen zum Fortschritt legitimiert, dabei jedoch, weil diese Zukunft „eschatologischen" Charakter hat, alles Planbare unter Vorbehalt setzt. *Daß* dieser Vorbehalt geltend gemacht werden muß, weiß die Welt auch ohne alle Theologie. Vorbehaltloses Zutrauen in das Planbare hat ja gerade jene Macht der „Technokraten" begründet, die heute als Quelle neuer Unfreiheit erfahren wird. *Welcher Art* aber der Vorbehalt sein könne und wie er seinerseits zu begründen sei (nämlich „eschatologisch"), das muß theologisch ermittelt werden. Und so bleibt die Argumentationsstruktur die gleiche wie schon zuvor bei der „christlichen Anthropozentrik" und bei der „Theologie der weltlichen Welt": Theologie legitimiert sich vor den Augen der Welt, indem sie das, was die Welt in eigener Einsicht als notwendig erkannt hat (sei es die transzendentale Denkform, sei es der weltliche Umgang mit der Welt oder schließlich der Vorbehalt gegen den bloß technologischen Fortschritt) ihrerseits theologisch legitimiert.

Was nun die Frage betrifft, von welcher Art der Vorbehalt sei, der gegen die Systemzwänge der Gesellschaft angemeldet werden muß, so begnügt Metz sich zunächst mit der Feststellung, durch diesen Vorbehalt werde „jeder geschichtlich erreichte Status der Gesellschaft in seiner Vorläufigkeit" offenkundig gemacht (ThdW 106). Denn alles, was der Mensch planen und machen kann, ist vorläufig; endgültig ist Gottes rettende Heilstat allein. Dies festzustellen und festzuhalten ist keine Institution so sehr befähigt und zugleich verpflichtet wie die Kirche. Denn diese lebt „als Institution gerade von der ständigen Proklamation ihrer eigenen Vorläufigkeit" (ThdW 108). Sie proklamiert nämlich diese ihre eigene Vorläufigkeit jedesmal, wenn sie im Gebet des Herrn das Kommen des Reiches Gottes erbittet. Daraus erwächst ihr die Aufgabe, „daß sie sich als Institution kritischer Freiheit gegenüber dem gesellschaftlichen Prozeß mit seinen Verabsolutierungen und Verschließungen etabliert" (ThdW 108 f.).

Demgegenüber ist festzuhalten: Das Bewußtsein von der Vorläufigkeit all dessen, was Menschen planen und leisten können, reicht nicht aus, um das spezifisch „Eschatologische" desjenigen Vorbehaltes zu bestimmen, der hier angemeldet werden soll. Auch die humanistische Idee vom „unendlichen Fortschritt" hält alles Erreichte für überholbar, für bloße Annäherung an das Ideal. Und falls die Gesellschaft wirklich einer Institution bedarf, in der die kritische Vorläufigkeit institutionalisiert ist, so hat sie dazu die Kirche nicht nötig. Die in Schule und Universität institutionalisierte Wissenschaft lebt nicht weniger als die Kirche von der beständigen Proklamation ihrer Vorläufigkeit — und sie bedarf dazu keiner Berufung auf göttliche Verheißungen, sondern allenfalls der Erinnerung an das Prinzip des „Fallibilismus", d. h. der Widerleglichkeit und deshalb Vorläufigkeit jeder wissenschaftlichen Annahme, das jene Systemtheoretiker so nachdrücklich betonen, von denen Metz so wenig hält. Popper und Albert sehen die „offene Gesellschaft" bei einem „Kritischen Rationalismus" besser aufgehoben als bei einer religiösen Verkündigung, und die Universitäten erscheinen ihnen eher als „Institutionen institutionalisierter Vorläufigkeit" als die Kirchen.

Um also das spezifisch „Eschatologische" des eschatologischen Vorbehaltes zu entdecken, jenen besonderen Widerstand, den allein Theologie und Kirche den Sachzwängen des bloß technischen Fortschritts entgegenzuhalten haben, muß zunächst die Eschatologie ein neues und geschärftes Bewußtsein von ihrer Aufgabe gewinnen. In diese Richtung gehen nun die weiteren Überlegungen von Metz. Dabei ist unter „Eschatologie" nicht ein spezieller Traktat der Theologie zu verstehen, sondern ein leitender Aspekt theologischen Denkens im Ganzen. Die Ansage des Endheiles (unter anderem in der Formulierung: „Herbeigekommen ist das Reich", Mc 1, 15) gehört zur Mitte der Botschaft Jesu, ja ist diese Mitte selbst. Die theologische Besinnung auf diese Heilszusage, die Eschatologie, gehört deshalb zur Mitte der Theologie, wenn sie nicht gar selber diese Mitte ist. Entsprechendes gilt deshalb von der politischen Theologie, sofern diese ihrerseits nichts anderes sein will als christliche Eschatologie unter den Bedingungen der Gesellschaft von heute.

Mit der Rede von politisch-kritischer Theologie soll nicht etwa eine zusätzliche neue theologische Disziplin gefordert werden. Diese Theologie soll vielmehr in erster Linie einen Grundzug im theologischen Bewußtsein überhaupt aufdecken (ThdW 106 f.).

Eschatologie, so wurde an früherer Stelle gesagt, ist die theologische Lehre von jener Zukunft des Heiles, auf die die christliche Hoffnung sich richtet. Politische Theologie ist ihrer eigenen Absicht gemäß Eschatologie unter den Bedingungen der Gesellschaft von heute. Darum wird sie, implizit oder ausdrücklich, stets auch Theologie der Hoffnung sein — auch wenn sich zeigen wird, daß eine Theologie der christlichen

Hoffnung nicht darin aufgehen kann, politische Theologie zu sein. Mit alledem ist freilich noch nichts darüber gesagt, von welchem methodischen Ansatz aus eine solche Neubelebung eschatologischen Denkens unternommen werden soll. Gerade an derjenigen Stelle jedoch, an der Metz das Ungenügen jeden transzendentalen Ansatzes und jeder personalen Metaphysik zum Ausdruck bringt (und das besagt zugleich: das Ungenügen am transzendentalen Ansatz seiner eigenen früheren ›Christlichen Anthropozentrik‹ und an der personalen Metaphysik seiner christologisch ansetzenden ›Thelogie der Welt‹), gibt er zu erkennen, wo er die Grundbegriffe für ein neues eschatologisches Denken zu finden hofft.

Nachdem er von der „Seinsmetaphysik“ gesprochen hat, in deren Kontext die Zukunft als solche „verborgen“ bleibe, und zwar gleichgültig, ob diese Metaphysik „als transzendentale oder personale oder existentiale Metaphysik“ auftrete (ThdW 89), kennzeichnet er den Mangel solcher Metaphysik durch die Formulierung: „Das Problem des Noch-Nicht . . . bleibt verborgen“ (ThdW 91). Nun hat der Begriff des „Noch-Nicht“ seinen festen Platz in der christlichen Eschatologie. Denn hier ist davon die Rede, daß das Heil des Menschen und der Welt in Kreuz und Auferstehung Jesu zwar schon gewirkt, aber in der Erfahrung der Welt, wie sie sich uns zeigt, noch verborgen und also „noch nicht“ offenbar gemacht sei, ja daß die christliche Hoffnung sich nicht nur auf eine verborgen schon gegenwärtige Wirklichkeit richte, sondern auf einen neuen Himmel und eine neue Erde, die „noch nicht“ geschaffen sind. Hält man jedoch nach einer Philosophie Umschau, die im Gegensatz zu der von Metz kritisierten „Seinsmetaphysik“ den Begriff des Noch-Nicht zu einer zentralen Kategorie gemacht hat, so wird man auf die Philosophie von Ernst Bloch verwiesen. Damit ist angedeutet: Es ist Ernst Blochs Philosophie des Noch-Nicht, von der Metz sich die theologisch richtungweisenden Perspektiven öffnen lassen möchte. Und es ist, wie später zu zeigen sein wird, der aus Blochs Werken entnommene, in dieser Form aber auf Gustav Landauer zurückgehende Begriff der „Utopie“, mit dessen Hilfe Metz zwischen Planung und Hoffnung zu unterscheiden versucht.

Zusammenfassend läßt sich sagen: Unter dem Eindruck der Gefahr, die von den „Sachzwängen“ eines rein technologisch verstandenen Fortschritts drohen, hat J. B. Metz eine Wendung seines theologischen

Denkens vollzogen: von der Absicht, die Grundtendenz neuzeitlichen Denkens theologisch zu legitimieren, zu dem Willen, einer drohenden Fehlentwicklung des neuzeitlichen Lebens zu steuern, von dem Zutrauen in ein Heil, das durch die „Natur" des Menschen (und seine Vereinigung mit der göttlichen Natur in der Person Jesu) wesenhaft gesichert ist, zu dem Willen, in eine „offene Zukunft" hineinzuschreiten, die nicht naturhaft durch Schöpfung und Inkarnation, sondern allein durch Gottes Verheißung und also „eschatologisch" garantiert ist, von einer Inkarnationstheologie zu einer Eschatologie, die „politisch" sein muß, wenn sie das Recht der „politischen Phantasie" gegenüber dem technokratischen Planungswillen theologisch begründen will.

Es ist diese Wendung, die ihn veranlaßt hat, den methodischen und sachlichen Problemen nicht weiter nachzugehen, die sich aus seinem früheren Ansatz (der ›Christlichen Anthropozentrik‹ sowohl wie der ›Theologie der Welt‹) ergeben hatten. Nun ging es statt dessen darum, nach Möglichkeiten für die methodische Grundlegung einer „politischen Theologie" Ausschau zu halten. Und es ist diese Ausschau, die Metz zur Begegnung mit dem Denken Ernst Blochs geführt hat.

Zweiter Teil

ERNST BLOCHS UTOPISCHES DENKEN UND DER VERSUCH EINER POLITISCHEN HERMENEUTIK DER RELIGION

Daß eine Theologie der Hoffnung — gleichgültig, ob sie von evangelischen oder katholischen Theologen unternommen wird — sich auf das Gespräch mit Ernst Bloch verwiesen sieht, leuchtet ohne weitere Begründung ein. Kein anderer Philosoph der Gegenwart hat sein gesamtes Denken so deutlich auf das Thema „Hoffnung" konzentriert. Ebenso naheliegend ist es, Chancen und Grenzen eines Dialogs zwischen der katholischen Theologie und der Hoffnungsphilosophie Ernst Blochs am Beispiel von J. B. Metz zu studieren. Kein anderer katholischer Theologe hat sich so ausdrücklich dazu bekannt, dieser Philosophie wesentliche Impulse seines Denkens zu verdanken. So könnte der Anschein entstehen, als sei der Erste Teil der hier vorgelegten Untersuchung entbehrlich gewesen; die Schritte, die Metz zurücklegen mußte, um zur Begegnung mit dem Denken Blochs zu gelangen, seien nur von biographischem Interesse, denn die sachliche Notwendigkeit dieser Begegnung liege auf der Hand.

Und dennoch ist dieser Anschein irreführend. Denn die Weise, wie Metz die Philosophie Blochs rezipiert und damit der katholischen Theologie der Hoffnung neue Impulse gegeben hat, ist wesentlich mitbestimmt durch den Weg, den er bis zur Begegnung mit Bloch durchlaufen hatte. Metz war nicht ausgezogen, um eine Theologie der Hoffnung zuwege zu bringen — und dies ist bezeichnend für die Tradition der katholischen Theologie, der der Zusammenhang des Glaubens mit der Hoffnung weit weniger deutlich vor Augen zu stehen pflegt als den evangelischen Theologen. Er war auf das Thema „Hoffnung" und damit auf die Notwendigkeit einer Erneuerung der Eschatologie erst gestoßen, als er jene Wendung zum Politischen vollzog, von der im letzten Abschnitt dieser Untersuchung die Rede war. Darum war seine Frage nicht die, ob eine christliche Theologie der Hoffnung „auch" politische

Implikate habe. Seine Theologie der Hoffnung stand von Anfang an in einem politischen Kontext. Seine Frage war vielmehr die, ob und wie eine Hermeneutik der christlichen Glaubensüberlieferung zu gewinnen sei, die diese als eine „Ermutigung zum Politischen" verstehbar macht, indem sie dort, wo bloße Sachzwänge zu herrschen scheinen, offene Alternativen gemeinschaftlichen Handelns in den Blick treten läßt. Ernst Bloch ist für Metz deshalb so wichtig geworden, weil er hier eine politische Hermeneutik der Religion vorfand.

1. Ernst Blochs „utopisches Denken" als „Philosophie des Noch-Nicht"

a) Bloch und die Tradition des utopischen Denkens

Ernst Bloch hat in seinem Frühwerk ›Der Geist der Utopie‹ (erstmals 1918) das Thema angeschlagen, das noch seiner Spätphilosophie die breite Öffentlichkeitswirkung verschafft hat: das höhere Recht der menschlichen Sehnsucht gegenüber aller Realität, die ihrer Verwirklichung entgegensteht. Die Titel späterer Veröffentlichungen wie ›Das Prinzip Hoffnung‹ oder ›Zur Ontologie des Noch-Nicht-Seins‹ markieren zwar Stadien einer Entwicklung, die Bloch durchlaufen, ja sogar Veränderungen der Perspektiven, die er gewählt hat. Aber sie bezeugen doch vor allem die Kontinuität einer Fragestellung. Es ist die Frage nach dem, was in der Welt, wie sie ist, „keine Stelle hat", griechisch *ou topon echei,* und daher das „Utopische" heißt, und was doch seiner Natur nach, „essentiell", für den Menschen das Allerrealste ist; es ist mit anderen Worten die Frage nach einer Zukunft, die den „Postulaten", d. h. den in der sittlichen Vernunft des Menschen begründeten Forderungen gemäß ist, die der Mensch kraft seines Menschseins notwendigerweise erhebt.

Daß eine solche aus der Menschennatur des Menschen heraus erhobene Forderung nicht ins Leere gehen kann, daß es kein Argument gegen diese Postulate, sondern ein Argument gegen „diese Welt" bedeutet, wenn das so Geforderte in dieser Welt „ortlos" und also „utopisch" bleibt, daß deshalb die Gewißheit dieser Hoffnung zugleich das Gericht über „diese Welt" enthält, die so, wie sie ist, das Erhoffte nicht Wirklichkeit werden läßt: das sind die Grundüberzeugungen, zu denen Bloch sich in allen Phasen seiner Entwicklung bekannt hat. Was „aus der Natur der Sache" heraus „postuliert" wird, das ist „demnach auch von utopischer [. . .], essentieller Realität" (E. Bloch, Geist der Utopie [Urfassung] München 1918 — GdU — in: Gesammelte Werke XVI, 444).

Von Anfang an hat Bloch diese Gewißheit in der Sprache der Religion ausgesprochen. Was ihm in der geschilderten Weise gewiß ist, apriori gewiß, das ist: „daß wir selig werden, daß es das Himmelreich geben kann" (GdU 443). Aber ebenfalls von Anfang an hat er die Erfüllung der Postulate nicht von der Gnade eines Gottes erwartet, sondern von der Realisationskraft der Hoffnung selbst. Die Gewißheit von Himmelreich und Seligkeit ist deshalb identisch mit der Gewißheit, „daß sich [!] der evident eingesehene Trauminhalt der menschlichen Seele auch setzt" (ibid.). Der Inhalt des utopischen Traums realisiert sich selbst, und zwar aus der Kraft seines Geträumtseins heraus. Blochs Hoffnung ist Forderung, nicht Bitte um eine ungeschuldete Gnade, und sie ist Kraft, die das Geforderte und in dieser Welt Unmögliche selber heraufführt, nicht ein „frommer Wunsch", für dessen Erfüllung der Mensch einem Anderen zu danken hätte.

Utopische Hoffnungsgewißheit, ausgesagt mit Formulierungen der Religion und des Atheismus zugleich — das ist der Grundton dieser Philosophie. Und dieser Grundton ist es, der die Aufmerksamkeit der Theologen beider Konfessionen erregen mußte. Umgekehrt aber ist auch Bloch früh auf die Theologie aufmerksam geworden, und zwar nicht nur auf die Tradition jüdischer Mystik, auf die er sich immer wieder beruft, sondern auch auf die christliche Theologie, wenn auch unter einem besonderen, für ihn charakteristischen Aspekt. Als Zeugnis dafür sei hier nur ein Buchtitel genannt: ›Thomas Müntzer als Theologe der Revolution‹ (München 1921). Es ist der Zusammenhang von christlicher Endzeiterwartung und revolutionärer Praxis, auf den Blochs Aufmerksamkeit sich hier und nicht nur hier konzentriert. Die Reflexion auf diesen Zusammenhang bezeichnet er mit dem Titel „Theologie der Revolution". Erst vier Jahrzehnte später ist dieser Titel zur Selbstbezeichnung einer theologischen Richtung, vor allem in Nordamerika, verwendet worden.

Ernst Bloch hat sein Bekenntnis zur utopischen Hoffnung in den

Rang einer Philosophie erhoben. Die Eigenart dieser Philosophie ist nur im Zusammenhang der Tradition utopischen Denkens zu begreifen. Diese Tradition reicht tief ins Mittelalter zurück (vgl. dazu F. Seibt, Utopica, Düsseldorf 1972); ihre Bezeichnung als „Utopik" ist jedoch erst durch ein Buch des 16. Jahrhunderts geprägt worden: Die ›Utopia‹ des Thomas Morus (zuerst 1515). Dieses Buch bringt in seinem ausführlichen Titel das Programm utopischen Denkens in seinen Elementen und in deren Zusammenhang treffend zum Ausdruck: ›Vom besten Zustand des Gemeinwesens; und von einer neuentdeckten Insel, namens Utopia‹. Den „besten Zustand des Gemeinwesens" zu bestimmen, war das Ziel philosophischer Bemühungen, die in der Tradition Platons eine normativ-politische Idee zu erfassen und in ihrer Normativität zu erweisen versuchten. Von „neuentdeckten Inseln" handeln zu Beginn der Neuzeit zahlreiche wirkliche oder fingierte Reiseberichte, die das „beste Gemeinwesen" nicht in Begriffen entwerfen, sondern anschaulich beschreiben und dadurch zugleich zeigen wollen, daß optimale Verhältnisse, die „bei uns" unrealisierbar sind, anderswo wirklich bestehen und also „an sich" nicht unmöglich sein können. „Utopia" aber, der Name der neuentdeckten Insel bei Thomas Morus, weist in der Tradition christlichen Denkens auf die Tatsache hin, daß das Gute, das sein könnte und sollte, in „dieser Welt", wie sie ist, keine Stelle findet — so wie der Heilbringer Jesus bei seiner Geburt „in der Herberge keine Stelle fand", und wie die Welt ihm durch seinen gewaltsamen Tod endgültig bewies, daß in ihr für ihn „kein Platz" sei.

Drei Traditionen, die platonische, die christliche und die der gesellschaftskritischen Reiseberichte der Renaissancezeit, verbinden sich also in diesem Buch und lassen in dieser Verknüpfung eine literarische Gattung entstehen, für die später, im Blick auf das Werk des Thomas Morus, die Bezeichnung „utopischer Roman" gebräuchlich wurde. Die Funktion dieser Romane war stets dreifach. Man wollte die Bedingungen freilegen, die „bei uns" unmöglich machen, was „an sich" notwendig wäre und „anderswo" (und sei es nur auf fingierten Inseln) wirklich ist und sich dadurch als möglich erweist; die Beschreibung ferner, glücklicher Inseln diente so der Anklage gegen diejenigen Verhältnisse, die das Leben im Land des Verfassers und der Leser des utopischen Romans bestimmen. Man wollte zweitens eine Hoffnung offenhalten; denn was „anderswo" wirklich ist, das kann und muß auch „bei uns", durch eine radikale Veränderung der bestehenden Verhältnisse, möglich gemacht werden können. Und man wollte drittens durch Verbreitung der utopischen Schriften die Leser zu einer Gemeinde sammeln (und sei es zunächst eine unsichtbare Gemeinde), deren Mitglieder sich in „dieser Welt“ als Fremdlinge, aber als Bürger einer „kommenden Welt“ verstanden: eben jener Welt, in welcher wirklich sein wird, was in „dieser Welt“ noch unmöglich erscheint. So wurde die Utopie zum gesellschaftskritischen Trostbuch derer, die sich mit der Welt, wie sie ist, weder abfinden konnten noch wollten.

Solche Trostbücher können ihre Leser zu harmlosen Träumern machen, die dem gegenwärtigen Elend keinen Widerstand entgegensetzen, weil sie ihr Glück darin finden, in Gedanken schon in einer besseren Zukunft zu leben. Den Utopisten dieser Art galt der Spott von Karl Marx. Doch kann utopisches Denken sich auch mit revolutionärer Praxis verbinden. Diese Verbindung ist möglich, weil beide sich zueinander komplementär verhalten. Der utopische Gedanke nämlich ist seiner Form nach positiv-beschreibend. Er beschreibt einen idealen Zustand in fernen Ländern oder in einer erträumten besseren Welt. Seiner Funktion nach aber ist er negativ-destruierend. Er enthält das Verwerfungsurteil über die bestehenden Verhältnisse, die das moralisch Notwendige physisch unmöglich machen. Umgekehrt ist die revolutionäre Praxis ihrer Form nach negativ-destruierend. Sie zerschlägt die vorhandenen staatlichen und gesellschaftlichen Ordnungen. Ihrer Funktion nach aber will sie positiv-befreiend wirken. Indem sie vernichtet, was „das Heil noch aufhält“, will sie diejenigen Kräfte freisetzen, die auch „bei uns“ das Gute möglich machen.

Die Verbindung von utopischem Denken und revolutionärer Praxis wurde in exemplarischer Weise durch Gustav Landauer vollzogen, der zur Zeit der Räterepublik in Bayern revolutionäre Praxis betrieb und sich zugleich durch sein Buch ›Die Revolution‹ als bedeutender Revolutionstheoretiker ausgewiesen hat. Bei ihm jedoch dient der utopische Gedanke dem Nachweis, daß die Postulate der Hoffnung nicht nur gegenüber allen vorrevolutionären Zuständen, sondern auch gegenüber allen Ergebnissen der Revolution einen qualitativen Überschuß aufweisen. Der utopische Gedanke verleiht der Revolution ihre Kraft und wird doch durch ihre Ergebnisse — Landauer nennt sie im Gegensatz zu den Utopien die je „neuen Topien“ — notwendig enttäuscht.

Die Utopie ist also die zu ihrer Reinheit destillierte Gesamtheit von Bestrebungen, die in keinem Fall zu ihrem Ziele führen, sondern immer zu einer neuen Topie (G. Landauer, Die Revolution, Frankfurt 1907, S. 13).

Aber eben damit sind die Utopien das fortwirkende Potential weiterer revolutionärer Veränderungen. „Utopien sind immer nur scheintot, und bei einer Erschütterung ihres Sarges, der Topie, leben sie wieder auf" (a.a.O., S. 15). So verlangt die Treue zum utopischen Gedanken die Unterscheidung zwischen dem, was erhofft und gefordert worden ist, und dem, was erreicht wurde und durch revolutionäre Praxis künftig erreicht werden kann. Hier ist der Gedanke vorgedacht, den Metz in der Formulierung zum Ausdruck bringt, es gehe darum,

die Differenz zwischen Hoffnung und Planung immer neu zur Geltung [zu] bringen: die Differenz, die besteht zwischen dem, was in jedem Zukunftsaufbruch gesucht wird, und dem, was das Erreichte einlöst (ThdW 145).

Aber das sichere Vorherwissen davon, daß die Revolution nicht halten wird, was der utopische Gedanke sich von ihr versprach, darf nicht zum Vorwand werden, um die Unterlassung revolutionärer Praxis zu entschuldigen. Vielmehr ist es, um nun schon eine Formulierung von Bloch zu gebrauchen, die Funktion der utopischen „Zielinvention", daß durch sie „das Erz der sozialen Welt [...] in eine Gärung und einen Prozeß" gerät (GdU 296).

Damit aber ist diejenige Frage aufgeworfen, der die philosophische Bemühung von Ernst Bloch gewidmet ist: die Frage, wie die utopischen Postulate nicht nur zu rechtfertigen, sondern mit der Realität der erfahrbaren Welt zu vermitteln seien. Bloch unternimmt diese Vermittlung in dreifacher Weise: in theoretischer, praktischer und historischer Hinsicht.

b) Die dreifache Vermittlung von utopischer Hoffnung und erfahrener Welt-Realität

Durch *theoretische Philosophie* muß nachgewiesen werden, daß Hoffnung kein bloß subjektiver Denkzwang ist, sondern einen „vom bloßen menschlichen Bewußtsein unabhängigen Halt" gewinnt (E. Bloch, Philosophische Grundfragen I: Zur Ontologie des Noch-

Nicht-Seins — ONNS —, Frankfurt 1961, hier zitiert nach: Gesammelte Werke XIII, 233). Dies leistet der Begriff der Materie, aristotelisch verstanden als Prinzip der reinen Potentialität. Diesen Materiebegriff weiter zu klären, ist die Aufgabe der „Ontologie des Noch-Nicht-Seins“. Und ihr Argumentationsziel besteht in dem Nachweis, daß die Materie ihre Form, die Potenz ihre Verwirklichung nicht „von außen“ empfängt, etwa von einem „Bildner“ *(causa efficiens)*, der dabei ein „Ziel“ *(causa finalis)* im Auge hätte, sondern daß die Materie ihre Gestaltung und Verwirklichung aus sich selber hervorbringt, so wie ein Lebewesen sich selbst ausformt und dadurch die in ihm liegenden Möglichkeiten realisiert und zugleich offenkundig macht. Eine solche Lehre von der Hervorkunft der Formen aus dem Möglichkeitsschatz der Materie *(eductio formarum e potentialitate materiae)* findet Bloch bei Avicenna bezeugt. Dies ist, so nennt es Bloch, „linker“ Aristotelismus im Gegensatz zu jener „aristotelischen Rechten“, die die Gestaltung der Materie und damit die Verwirklichung des Möglichen auf ein geistiges Prinzip, auf den „ersten Beweger“ als das „sich selber denkende Denken“ zurückführen möchte. (Vgl. E. Bloch, Avicenna und die aristotelische Linke, Frankfurt 1952.) Solcher Materialismus ist demnach keine entbehrliche Zutat zu Blochs Philosophie der Hoffnung, die man beiseite lassen könnte, um (etwa in theologischer Absicht) seinen „utopischen Gedanken“ zu übernehmen. Dieser Materiebegriff allein garantiert vielmehr dem utopischen Gedanken seinen Realitätsbezug, indem er „Utopie in der Materie sehen läßt und umgekehrt“ (ONNS 233).

Die *praktische Philosophie* dagegen muß zeigen, auf welche Art das utopische Denken sich in revolutionärer Praxis bewähren kann. Die Schwierigkeit dieser Bewährung liegt darin, daß für den Utopiker andere Realitätskriterien zu gelten scheinen als für den Praktiker. Dem Utopiker sind seine Wunschinhalte realer als „diese ganze weite und scheinbar so reale Welt“ (GdU 444). Der Praktiker dagegen muß sich an die graue Alltagswirklichkeit halten, wenn sein Wirken Erfolg haben soll. Um beide Weisen des Realitätsverständnisses in ein Verhältnis zu bringen, orientiert sich Bloch an einem Gedanken von Kant, wonach alle theoretische Erkenntnis sich innerhalb der Grenzen der Erfahrung bewegt, aus der sittlichen Praxis aber eine Gewißheit hervorgeht, die die Grenze möglicher Erfahrung überschreitet.

So geht auch nach Meinung von Bloch der revolutionären Praxis kein anderes beweisbares theoretisches Wissen voraus als das, das aus Erfahrung zu gewinnen ist. Kritik aller theoretischen Metaphysik ist also verlangt. Nur wird diese Kritik der Metaphysik nicht mit Mitteln von Kant, sondern mit denen von Marx unternommen. All unser Gegenstandswissen spiegelt nicht die „Gesetzgebung des transzendentalen Subjekts", sondern die gesellschaftlichen Bedürfnisse der realen Menschen.

Aber wenn auch der sittlichen Praxis kein theoretisches Wissen außerhalb der Erfahrung vorausgeht, so geht doch aus ihr eine Gewißheit hervor: die Gewißheit, die Wirklichkeit sei von solcher Art, daß die sittliche Tat möglich ist. Kant zählte zu diesen Möglichkeitsbedingungen sittlichen Handelns die Freiheit des Willens, die Unsterblichkeit der Seele und die Existenz eines Gottes, der dafür garantiert, daß aus der sittlichen Gesinnung zuletzt auch die welterneuernde Wirkung, die Aufrichtung einer „moralischen Weltordnung" hervorgehen wird. Die Wahrheit dieser Behauptungen darf der sittlich handelnde Mensch „fordern" oder „postulieren". Nach Blochs Meinung hängt die Möglichkeit weltverändernder sittlicher Tat nicht von der Existenz Gottes ab; auch ein Fortleben nach dem Tode postuliert Bloch nur in seinen Frühschriften. Aber es gibt doch Bedingungen sittlichen Handelns, die den Rahmen theoretischer Erfahrbarkeit überschreiten. Es muß angenommen werden dürfen, daß die schöpferische Kraft des utopischen Gedankens und das Möglichkeitspotential der Materie einander so zugeordnet sind, daß aus ihrer Begegnung die neue Welt hervorgehen kann, auf welche die utopische Hoffnung sich richtet. Darum ist die marxistische Metaphysikkritik (als Ideologiekritik theoretischen Wissens) noch nicht das letzte Wort. Sie gerät „in die Nähe einer Kritik der reinen Vernunft, zu der noch keine Kritik der praktischen Vernunft geschrieben ist" (GdU 407).

Die Postulate aber bewähren ihre Wahrheit bei Bloch (anders als bei Kant) nicht bloß dadurch, daß sie die Bedingungen sittlicher Praxis theoretisch benennen, sondern weit mehr noch dadurch, daß sie diese Praxis verändern. Aus einem Pragmatismus, der sich mit der gegebenen Welt abfindet, um aus ihr das Beste (d. h. das unter ihren Bedingungen gerade noch Mögliche) zu machen, wird unter dem Antrieb des „Geistes der Utopie" die bedingungslos sittliche und darum systemverändernde Praxis. Während bloßer Pragmatismus „der Menschen-Seele nichts als einen mehr oder minder eudaimonistisch eingerichteten ‚Himmel‘ auf Erden“ zu bieten vermag (vgl. GdU 407), wagt sich die vom utopischen Denken in Gang gehaltene sittliche Praxis an die Aufrichtung eines „Reiches der sittlichen Werte“ (GdU Zweitfassung, Ges. W. III, 296).

Bloch will „Utopie in Materie sehen [. . .] und umgekehrt“ (ONNS 233). So richtet sich seine Hoffnung auf die „Utopie in der Materie“, auf ihre über alle Gestalt und Wirklichkeit hinausdrängende, zukunftsträchtige Potentialität, und auf die „Materie in der Utopie“, auf die reale und deshalb realitätsverändernde Kraft des Gedankens, der sich mit der gegebenen Welt nicht abfindet, sondern eine andere, bessere antizipiert.

So entspricht bei Bloch nicht weniger als bei Kant der Kritik aller Metaphysik der theoretischen Vernunft eine postulatorische Metaphysik der praktischen Vernunft. Bei Kant freilich begründen die Postulate der praktischen Vernunft einen Glauben an Gott, der der Schöpfer dieser gegebenen Welt sein muß, wenn der Mensch fähig sein soll, der Heraufführung einer kommenden moralischen Weltordnung zu dienen. Bloch dagegen zieht aus dem postulatorischen Charakter seiner Hoffnung die Konsequenz einer Religion ohne Gott, weil dem Schöpfer „dieser Welt“ die Verehrung versagt werden muß, wenn ein entschiedenes Eintreten für die „kommende Welt“ möglich sein soll.

So sehr indessen der postulatorische Atheismus Blochs dem postulatorischen Gottesglauben Kants widerspricht, so sehr muß er doch aus der Wirkungsgeschichte der kantischen Postulatenlehre verstanden werden. Und noch der Gegensatz gegen Kant erklärt sich aus Aporien, in die Kants postulatorischer Gottesglaube geführt hat.

Zunächst ist festzuhalten: Blochs Glaube an „Utopie in Materie“ und „Materie in Utopie“, an die zukunftsoffene Potentialität des Realen und die zukunftsmächtige Realität des Erträumten, ist in seinem Zentrum Hoffnungsgewißheit. Diese aber ist nicht weniger postulatorisch als die Hoffnung Kants auf ein Fortleben nach dem Tode und auf einen Gott, der die Möglichkeit garantiert, durch sittliches Handeln eine moralische Weltordnung heraufzuführen. Postulatorische Hoffnung im Sinne Blochs wie im Sinne Kants geht der sittlichen Praxis nicht voran, als könnte man rein theoretisch wissen, daß die Bedingungen gegeben sind, die eine sittlich weltverändernde Praxis möglich machen. Diese Hoffnung geht vielmehr aus der sittlichen Praxis hervor, weil wir nur durch diese Praxis das Faktum unserer Freiheit erfahren und zugleich das Faktum der Pflicht, die diese Freiheit in Anspruch nimmt. Und aus der Erfahrung sittlich engagierter Freiheit dürfen wir eine Ordnung der Dinge „fordern", innerhalb derer die sittliche Tat die Kraft hat, zu bewirken, was ihr aufgetragen ist: die Heraufführung der moralischen Welt.

Postulatorische Hoffnung ist bei Kant das Wesen der Religion. Theoretische Philosophie beantwortet die Frage „Was können wir wissen?", praktische Philosophie gilt der Frage „Was sollen wir tun?", die Frage aber „Was dürfen wir hoffen?" ist der Religion vorbehalten. Weil aber diese Hoffnung postulatorischen Charakter hat, entspringt auf diese Weise eine Religion ganz eigener Art. Es ist ein „postulierter" Gott, zu dem die so verstandene Religion sich verhält. Und das bedeutet zugleich: Die praktische Vernunft hat das Bild dieses Gottes nach ihren eigenen Bedürfnissen selbst entworfen und in diesem Sinne sich ihren Gott selber „gemacht". Kant spürt das Problem, das in einem solchen Religionsverständnis eingeschlossen ist, wenn er sagt:

Es klingt zwar bedenklich, ist aber keineswegs verwerflich, zu sagen: daß ein jeder Mensch sich einen Gott mache, ja nach moralischen Begriffen [. . .] sich einen solchen machen müsse, um an ihm den, der ihn gemacht hat, zu verehren (I. Kant, Die Religion innerhalb der Grenzen der bloßen Vernunft, Königsberg ^{2}1794 = B, 257 Anm.).

Postulatorische Hoffnung erweist sich so als der Kern jener Religion, in welcher die praktische Vernunft den von ihr selbst nach notwendigen Regeln entworfenen Grund, auf den sie die Möglichkeit ihrer selbst zurückführt, anbetet. Jede andere Religion, die den Gott, den sie verehrt, abseits des sittlichen Engagements zu kennen meint, ist Illusion, ja nach Kant Götzendienst („Idolatrie") — und nach Bloch die Religion der „Bösen". Denn diese nehmen Gott zum Vorwand, um sich den eigenen sittlichen Einsatz zu ersparen, und wollen die moralische Weltordnung ohne eigene Anstrengung von einem Anderen geschenkt haben.

Nur die Bösen bestehen durch ihren Gott, aber die Gerechten — da besteht Gott durch sie, und in ihre Hand ist die Heiligung des Namens, ist Gottes Ernennung selber gegeben (GdU 445).

Sätze von solcher Art, die all dem, was im überlieferten Sinne „Religion" hieß, Hohn sprechen, sind keine entbehrliche Zutat zu Kants bzw. Blochs praktischer Philosophie, die man auch beiseite lassen könnte, um ihre Philosophie der Hoffnung theologisch auszuwerten. Sie ergeben sich vielmehr daraus, daß ihre Hoffnung postulatorisch ist und daß der utopische Gedanke die Gestalt des Postulates annehmen muß, um mit der sittlich-politischen Praxis vermittelt zu werden (ebenso wie Blochs „Materialismus“ unentbehrlich ist, um zwischen dem utopischen Gedanken und der Erfahrung der tatsächlichen Welt in theoretischer Hinsicht zu vermitteln). Es erscheint bei dieser Sachlage konsequent, wenn Bloch in seinen späteren Schriften zwar an der Religion als einem Schatz postulatorischer Hoffnungen festhält, auf den Gottesgedanken aber verzichtet. Der Mensch kann, so darf man interpretieren, einen Gott nicht auf die Dauer verehren, den er als von ihm selbst „gemacht“ bzw. von ihm selbst „ernannt“ durchschaut hat. Jedenfalls aber trägt der, der mit Bloch am postulatorischen Charakter der religiösen Hoffnung festhalten und dennoch (gegen den späteren Bloch) den Gottesgedanken nicht preisgeben will, die Beweislast dafür, daß und wie dies ohne Inkonsequenz möglich sei. (Einen Hinweis auf eine Möglichkeit, die der Prüfung wert wäre, enthält Blochs eigener oben zitierter Text. Er spielt auf die jüdische Theologie des „göttlichen Namens“ an, d. h. der von Gottes An-sich-Sein verschiedenen Weise, wie Gott in der Welt gegenwärtig ist, „all denen nahe, die ihn anrufen“. Es scheint widerspruchsfrei denkbar, daß die „Gerechten“ für den so verstandenen „Namen Gottes“, für seine anrufbare Gegenwart in der Welt, Verantwortung tragen, ohne daß dadurch, wie Bloch an der zitierten Stelle meint, die „Ernennung Gottes“ in ihre Hand gelegt wäre.)

Der *theoretischen* Vermittlung zwischen utopischer Hoffnung und Erfahrung der bestehenden Welt dient also der Begriff der Materie als der reinen, sich selbst gestaltenden Potentialität. Der *praktischen* Vermittlung zwischen der Unbedingtheit der Hoffnung auf eine kommende Welt und der Bedingtheit der Praxis, die mit den Wirkungsgesetzen der bestehenden Welt in Einklang stehen muß, um effizient zu sein, dient die Erneuerung der kantischen Lehre von den Postulaten: Praktische Vernunft darf, über den Rahmen möglicher Erfahrung hinaus, schon heute „fordern“, was nötig ist, wenn die Erfüllung ihrer Aufgaben im Dienste der Welt von morgen möglich sein soll. Die *historische* Vermittlung schließlich zwischen der absoluten Zukunft einer geforderten neuen Welt und der bisherigen Geschichte der Menschheit wird bei

Bloch dadurch geleistet, daß er die Inhalte der Überlieferung, vor allem der religiösen, als die Erinnerung an uneingelöste Verheißungen begreift.

Die frühesten Anfänge des Menschengeschlechtes und des eigenen Lebens müssen bewußt gehalten werden, wenn das Verlangen nach dem vollendenden Ende lebendig bleiben soll; denn gerade in den Anfängen war dieses Verlangen am deutlichsten ausgebildet. Einnerung an die Kindheit ist immer Erinnerung an die Sehnsucht, die damals noch nicht durch Enttäuschungen getrübt war; deshalb brauchen wir heute den Rückblick, um unsere Hoffnung neu zu entzünden. „Heimat", nach der wir uns sehnen, weil wir in „dieser Welt" Fremdlinge sind, ist „etwas, das allen in die Kindheit scheint und worin noch niemand war" (E. Bloch, Das Prinzip Hoffnung, Berlin [Ost] 1954—1959 — PH — in: Gesammelte Werke V, 1628, letzter Satz des Werkes). Es ist deutlich, daß Bloch dabei an seine eigene jüdische Kindheit denkt, in die hinein ein Licht von jener Heimat leuchtete, in der noch keines der Familienmitglieder gewesen war. „Dieses Jahr hier, nächstes Jahr in Jerusalem, dieses Jahr als Knechte, nächstes Jahr als Freie", so lautet der Abschiedsgruß, der das Osternacht-Mahl *(Seder schel pessah)* in jedem jüdischen Hause beendet. Und dabei steht „Jerusalem" für eine Erinnerung, die überliefert wird, um die Hoffnung auf noch Kommendes, Größeres offenzuhalten. „Wenn ich dein vergäße, Jerusalem, soll meine rechte Hand verdorren, und meine Zunge klebe am Gaumen" (Ps. 137, 6); diesen Psalm zitiert Bloch mehrfach als Beispiel für die Verpflichtung auf eine Erinnerung, deren Aufgabe es ist, Hoffnung lebendig zu halten. Denn:

> Vergessen ist Mangel an Treue, und wiederum nicht einer Treue gegen Erloschenes, sondern gegen Unabgegoltenes (GdU 80).

> So ein Psalmwort [. . .] ist ja auch keineswegs nur erinnernd gemeint, es sei denn an ein ausstehendes Jerusalem erinnernd, das verheißen war und sich so mit dem Vorhandenen nicht abfindet (E. Bloch, Atheismus im Christentum, Ges. Werke XIV, Frankfurt 1968 — AC — 83).

Diese Überlieferung verdient Treue, weil sie gegenüber allen Enttäuschungen der Hoffnung dient. Und sie dient der Hoffnung, indem sie den Leser daran hindert, auf die Absolutheit seiner Postulate zu verzichten und sich mit der gegebenen Welt „abzufinden". Solche Erinnerung hält den Protest gegen die Welt, wie sie ist, wach; sie ist deshalb stets „subversiv" (ein Gedanke, den Metz übernehmen wird). Aber sie kann nur subversive Erinnerung sein, indem sie sich auch gegenüber dem Überlieferungsbestand selbst subversiv verhält, d. h. nicht nur diejenigen Überlieferungsbestände bevorzugt, die ein revolutionäres Hoffnungspotential enthalten, sondern auch der Interpretationsart nach sich gegen diejenige Gestalt zur Wehr setzt, die die religiöse Überlieferung angenommen hat (und annehmen mußte), um in „dieser Welt" zu überleben. Die überlieferte Gestalt der religiösen Zeugnisse wird deshalb beständig als ihre verfälschte Gestalt beurteilt, und in den Zeugnissen dieser Überlieferung wird „eine unterirdische Bibel" gesucht (AC 110), jene „Reste" einer ursprünglichen, revolutionären Utopik,

> die mit priesterlicher Absicht, gegenrevolutionär in der Sprache der Religion, überdeckt worden sind. Es sind das nur mehr wenige erkennbare Inseln, doch sie ragen wie Berggipfel eines untergegangenen Landes aus dem Meer der Korrektheit (AC 108).

So kommt, trotz mancher Anleihen bei der fachgerechten Bibel-Philologie, eine Art von *exégèse sauvage* zustande, die aller philologischen Regeln spottet — und die dennoch all denen zu intensivem Studium empfohlen sei, die meinen, Blochs „subversive Erinnerung" als methodischen Ansatz für eine christliche Theologie nutzen zu können. Denn so willkürlich Bloch auch mit den vorgefundenen Texten verfährt, so eng ist doch der Zusammenhang, durch den dieses Verfahren aus Blochs eigenem Ansatze folgt. Blochs Hoffnung nämlich ist um ihrer Absolutheit willen „utopisch", d. h. auf dasjenige gerichtet, was in dieser Welt keine Stelle findet. Utopische Hoffnung aber kann die Erinnerung an das, was war und geworden ist, nur als „subversive" Erinnerung zulassen, d. h. als eine Erinnerung, die Energien freisetzt, um das Bestehende „von Grund aus umzustürzen" (so der Wortsinn des lateinischen Wortes *subvertere*). Damit aber die Erinnerung subversiv, d. h. umstürzend, bleiben kann, muß sie sich auch zum überlieferten Text subversiv verhalten, d. h. die Gestalt und Bedeutung, die dieser Text unter dem Einfluß der Mächte dieser Welt angenommen hat, zerbrechen, um so seinen wahren, d. h. von den Kräften dieses Äons nicht geduldeten und daher verfälschten Inhalt ans Licht zu bringen.

c) Die „unterirdische Bibel" und der „Atheismus im Christentum"

Zu dem im „Meer der Korrektheit" untergegangenen „Land", zu den „Bergspitzen" der „unterirdischen Bibel" gehören u. a. folgende Elemente. Da ist zunächst und vor allem die Geschichte von der Schlange im Paradies, die „ursprünglich" nicht als Verführerin der Menschen geschildert war, sondern als ihre Erweckerin zur Freiheit, deren kultische Verehrung durch die „Ophiten" sich in der biblischen Ezählung von der „ehernen Schlange in der Wüste" noch spiegelt — welche ihrerseits von den frühen Christen als Symbol für Jesus und sein Werk begriffen wurde.

Die Ophiten interpretierten [. . .] die Schlange der Genesis nicht nur als das lebenerzeugende Prinzip, sondern zugleich als die weltsprengende Vernunft schlechthin [. . .]. Die lichtbringende Schlange, so sehr sie auch in der redigierten [d. h. von Priestern ihrer subversiven Sprengkraft beraubten] Bibel zur satanisch-finsteren Urmuhme des Bösen aufbereitet wurde, ruht nicht, an allen subversiven Bruchstellen der Bibel anwesend zu sein [. . .] von der ehernen Schlange in der Wüste [. . .] bis zu Jesus [. . .] 'wie Moses in der Wüste eine Schlange erhöht hat, also muß der Menschensohn erhöht werden' Joh. 3, 14 (AC 232 f.).

In die gleiche Reihe gehört Kain, „ursprünglich" nicht als Brudermörder geschildert, sondern als friedlicher Bauer, „der nur Feldfrüchte geopfert hat und deshalb den Zorn des lieber Blut trinkenden Jahwe geerntet hatte" (AC 120). Auch die Geschichte vom Turmbau zu Babel beschrieb „ursprünglich" nicht eine Sünde, der die Sprachenverwirrung als Strafe folgte, sondern bezeugte exemplarisch die Auflehnung der Menschen gegen einen Gott, der das „Oben" für sich beanspruchte und die Menschen „unten" halten wollte (AC 119). Und so setzt sich die Kette der Bergspitzen der im Meere versunkenen „ursprünglichen" Bibel fort bis zu Jesus, dem im Elend des Stalles Geborenen, der sich (und das ist der „ursprüngliche" Sinn der Himmelfahrtsgeschichte) auf den Thron Gottes setzte, „mit schlechthin usurpierendem Sinn [. . .] ein Tribun sitzt nun auf dem Thron" [diesen Titel trugen im alten Rom die Interessenvertreter der niederen Plebs] „hebt ihn so auf" (AC 227). Dies aber hat die Wirkung, „daß der Himmel aus einer Privatheit Gottes in eine Menschenstadt verwandelt wurde: das neue Jerusalem" (AC 230). So wird die Geschichte von Jesu Erhöhung auf den Thron des Vaters zum „revolutionärsten Topos" der Religionsgeschichte (AC 231).

Es ist diese, in der „redigierten Bibel“ versunkene, an „Bruchstellen“ dennoch durchscheinende Erinnerung an den himmelstürmenden, den Vater entthronenden Jesus, welche „macht, daß der Christusimpuls leben kann, auch wenn Gott tot ist“ (AC 231). Dies ist es, was Bloch den „Atheismus im Christentum“ nennt. Denn nur so bestätigt die biblische Überlieferung „jenen subversiv radikalen Traum“ (AC 345), nur dadurch ist „präzis in der Hoffnung jenes Erbe an Religion möglich, das nicht mit dem toten Gott vergeht“ (AC 347).

Der Menschensohn als Volkstribun, und dieser als Usurpator auf dem Throne Gott-Vaters: auch dieser Gedanke ist keine entbehrliche Zutat zu Blochs Weise, einer „subversiven Erinnerung“ die Treue zu wahren und dadurch „Religion im Erbe“ zu erhalten. Auch dieser Aspekt von Blochs Religionsverständnis kann nicht einfach beiseite gesetzt werden, um von dem Topos „Treue zur Verheißung“ einen anderen, etwa einen christlich-theologischen Gebrauch zu machen. Hier gehört die Gotteslästerung zur Sache und darf nicht, wie Jürgen Moltmann will, theologisch in einen „Atheismus um Gottes Willen“ umgedeutet und dadurch entschärft werden. Vielmehr ist nach Blochs Absicht die Blasphemie die Bedingung dafür, daß religiöse Überlieferung mit utopischer Hoffnung vermittelt werden kann. Denn diese Hoffnung bleibt postulatorisch: eine Forderung, die eingeklagt wird, nicht eine Gnade, um die man bittet. „Ja selbst die Hoffnung, als der biblisch eigenste Affekt, ist als servile dort nicht unser Wort, wo einer Diener macht, wo sie sich auf Manna von oben richtet“ (AC 340). Und diese Hoffnung bleibt mit ihren Postulaten utopisch: nicht auf den Schöpfer gerichtet, der „diese Welt“ geschaffen hat, sondern auf die Überwindung dieser Welt und ihres Schöpfers zugleich. Darum wird vom wiederkehrenden Menschensohn erwartet, er werde „endlich die ganze verworfene Welt des Demiurgen“ [des Weltschöpfers] „in Trümmer schlagen“ (AC 233).

Konsequenterweise hält Bloch es mit Marcion und seinem Buch ›Antitheseis‹ (›Entgegensetzungen‹). Dieses Buch, wie Bloch es interpretiert,

> richtet sich gegen alles, was das blühende wie das verderbliche Leben in dieser Welt angeht [. . .] Mißwachs alles von seinem geglaubten Schöpfer her, unserem leiblichen „Vater“; und er ist grausam, „gerecht“, gnadenlos (AC 237 f.).

Und Bloch weiß sehr wohl, daß er damit, trotz aller Bemühung um die „unterirdische Bibel", zuletzt weder die jüdische noch die christliche, sondern eine andere im Vorderen Orient entstandene Religion „im Erbe" behält: die Religion der alten Perser. Marcion nämlich nahm,

den bösen Weltschöpfer über dem Weltregierer nicht verfehlen wollend, ganz heftigen Anschluß [. . .] an den alten, zu seiner Zeit erneuerten Dualismus der altpersischen Religion (AC 239).

So scheint es, als habe Zarathustra die Grammatik diktiert, in welcher Bloch von Moses und Jesus zu sprechen versucht. Denn Zarathustra war es, der die göttlichen Mächte der Schöpfung, aus denen „diese Welt" hervorgegangen ist, zu Teufeln erklärte und so zwischen Anfang und Zukunft jenen Gegensatz setzte, der es nicht zuläßt, von dem Gott, der das Alpha ist, auch zu erhoffen, er werde das Omega sein.

d) Blochs hermeneutischer Ansatz: Der Gegensatz zwischen „dieser" und der „kommenden Welt"

Bloch hat jene „unterirdische Bibel", die er freilegen möchte, nicht als ein Relikt vorisraelischer Frömmigkeit verstanden, deren Fragmente in die Religion Israels eingegangen wären (so wie in der Wahl mancher Kultorte, in Wortwahl und Grammatik vieler Psalmen, in technischen und stilistischen Regeln für den Bau von Tempel und Altar vorisraelitische Frömmigkeitsformen „unterirdisch" weiterleben). Die „unterirdische Bibel" soll vielmehr nach Blochs Meinung die wahre, durch spätere (priesterliche) Überarbeitung unkenntlich gemachte Bedeutung der zentralen Verkündigungsgehalte jüdischen wie christlichen Glaubens sichtbar machen. Dazu gehören an vorzüglicher Stelle: die Verkündigung von der Herausführung Israels aus dem Sklavenhaus Ägypten und die vorausliegende Gottesoffenbarung am brennenden Dornbusch; Jesu Ansage des nahe herbeigekommenen Gottesreiches und dessen Auslegung als „himmlisches Jerusalem" in der Johannes-Apokalypse; vor allem aber die Ansage der Neuschaffung von Himmel und Erde, wie sie bei (Trito-) Isaia formuliert wurde und von dort her zum festen Bestandteil der Apokalyptik geworden ist:

Denn siehe, ich werde einen neuen Himmel und eine neue Erde schaffen, daß man des Vorigen nicht mehr gedenken soll (Is 65, 17).

Ich sah einen neuen Himmel und eine neue Erde; denn der erste Himmel und die erste Erde sind vergangen, und das Meer ist nicht mehr (Apoc 21, 1).

Dabei zeigt sich: Die Radikalität der Antithese von alter und neuer Welt ist für Bloch der hermeneutische Schlüssel, der ihm die verborgenen Tiefen auch der übrigen Verkündigungsgehalte aufschließt und ihn veranlaßt, sie im Sinne der himmelstürmenden, götterstürzenden „unterirdischen Bibel“ zu verstehen. In Blochs Interpretation nämlich wird die Herausführung aus Ägypten zur Erinnerung daran, daß „Exodus“ schlechthin verheißen war — nicht nur aus Ägypten, um von dort in ein anderes Land dieser Welt zu kommen, sondern Exodus aus dieser Welt im ganzen. Und der „Exodus-Gott“, der aus Ägypten geführt hat, wird ihm zum Symbol für den Exodus auch aus der Gottesbeziehung selbst, weil diese als solche der „alten Welt“ zugehört.

Im Begriff des Exodus-Gottes selber angelegt [ist der] Exodus aus Jahwe selbst in das unbekannte Kanaan, zu dem er das nicht gehaltene Versprechen war (PH 1456).

Denn solange ein Gott bleibt, der „oben“ ist, und sei es ein gnädiger Gott, dem der Mensch seine Befreiung verdankt, ist der Exodus nicht radikal vollzogen.

Die Selbstbenennung Gottes im brennenden Dornbusch „Ich werde sein, der ich sein werde“ (Ex 3, 14, zitiert PH 1457, AC 85 et alibi) ist nach Blochs Verständnis nicht primär personal zu verstehen (als Zusage immer neuer Zuwendungen Gottes zum Menschen: „Ich werde bei dir da sein“), sondern vielmehr ontologisch als Ausdruck eines „Seinsmodus“ dieses Gottes. Freilich handelt es sich dabei nicht im Sinne der griechischen Ontologie um den Seinsmodus des Immer-Seins, sondern um ein Sein im Sinne von Blochs „Ontologie des Noch-Nicht-Seins“ (AC 96). Bloch spricht vom „Futurum als wahrem Seinsmodus des unter Gott Gedachten“ (AC 123), d. h. als dem Wesensgehalt dessen, was der Begriff „Gott“ bezeichnet. Eben damit aber deutet er schon an, daß dasjenige, was „unter Gott gedacht“ worden war, in Wahrheit die Göttlichkeit einer Zukunft ist, in der für Gott kein Platz mehr ist. Denn jeder Gott, auch der des Moses, schafft „selber nur Ägypten“ [also neue

Herrschaftsverhältnisse und deren göttliche Legitimation], „und nicht Kanaan" [also nicht das erhoffte Land der Verheißung], d. h. „nicht neuen Himmel und neue Erde" (AC 123).

Schließlich aber und vor allem versteht Bloch die Botschaft Jesu vom nahe herbeigekommenen Gottesreich (Mc 1, 15) nur als den vorläufigen Ausdruck für die Göttlichkeit des „Reiches", d. h. der Gestalt menschlich-gesellschaftlichen Lebens in einer Zukunft des Heils. Die Botschaft Jesu enthält, so verstanden, den Impuls zu einer Entwicklung, die Bloch mit der Formel beschreibt:

Gott wird zum Reich Gottes, und das Reich enthält keinen Gott mehr, das ist: die religiöse Heteronomie [die Vorstellung, im „Reich Gottes" sei nicht der Mensch der Gesetzgeber, sondern Gott] und ihre verdinglichte Hypostase [d. h. die Vorstellung, Gott habe ein Sein an sich selbst, nicht nur als die göttliche Tiefe der menschlichen Gesellschaft] lösen sich völlig in die Theologie der Gemeinde auf (PH 1408).

Das Humanum gewinnt nun das Mysterium eines Göttlichen, eines Vergottbaren hinzu, und gewinnt es als Zukunftsbildung des Reichs (PH 1409).

Zu diesem Ziele schreitet die Geschichte der Auslegungen von Jesu Botschaft mit logischer Notwendigkeit fort. Denn, so meint Bloch, „die religiöse Reichsintention als solche involviert Atheismus" (PH 1412), weil das Reich ein Reich des Menschen sein muß, wenn es sich von allen bisherigen Reichen der Gottkönige qualitativ unterscheiden soll.

Die Wahrheit des Gottesideals ist einzig die Utopie des Reichs, zu dieser ist gerade die Voraussetzung, daß kein Gott in der Höhe bleibt, indem ohnehin keiner dort ist oder jemals dort war (PH 1524, wiederholt AC 218).

So führt Jesu zentrale Verkündigung „zur Auflösung Jahwes in diese Herrlichkeit" (PH 1493), die eine Herrlichkeit des Menschen ist, nicht eine Herrlichkeit Gottes.

Dasein Gottes, ja Gott überhaupt als eigene Wesenheit ist Aberglaube; Glaube ist einzig der an ein messianisches Reich Gottes — ohne Gott (PH 1413).

Angesichts solcher Deutungen ist zu fragen: Warum muß Bloch so interpretieren? Warum ist „Exodus", der zentrale Verkündigungsinhalt jüdischen Glaubens, für ihn zuletzt nur möglich als „Exodus aus Jahwe selbst" (PH 1496), d. h. als Auszug aus allem Glauben an einen gnädig befreienden Gott? Warum ist jenes „Futurum", das er in Gottes Namen ausgesprochen findet und als den „Seins-Modus" Gottes versteht, in Wahrheit der Seinsmodus eines Anderen, das nur „unter Gott gedacht", d. h. mit dem Namen Gottes bezeichnet worden war: des Menschen? Warum ist das „Reich", der zentrale Gehalt in der Botschaft Jesu, seiner Auffassung nach nur möglich als „Reich ohne Gott" (PH 1413)?

Die Antwort ist immer die gleiche. Der Gottesgedanke ist stets der Gedanke an die gründenden Anfänge der Welt — dieser Welt. Und durch diese Schöpfung ist der Schöpfer so sehr kompromittiert, daß die Hoffnung auf einen „neuen Himmel und eine neue Erde" an die Entthronung dieses Gottes gebunden ist — oder daran, daß der Gedanke an ihn als eine Fiktion durchschaut wird. „Utopie des Reichs vernichtet die Fiktion eines Schöpfergottes" (PH 1413). So wendet sich das Pathos der Hoffnung gegen das „Genesispathos des Anfangs einer so unzureichenden Welt und gegen den Gott, der sein Werk auch noch sehr gut findet" (AC 144). „Genesispathos", das Pathos des Lobpreises der Schöpfung und ihres Schöpfers, spricht sich in dem Schlußsatz des Schöpfungsberichtes aus: „Und siehe, es war sehr gut" (Gen 1, 31). Utopische Hoffnung dagegen richtet sich darauf aus, „aus dem ganzen angeblich so vortrefflichen Sechstagewerk der Welt auszuziehen" (AC 134). Nun aber kann, so meint Bloch,

> ein Prinzip, welches in die so vorhandene Welt hereinführt [der Gott als Schöpfer] nicht auch das Prinzip sein [. . .], welches aus so vorhandener Welt auch leitend herausführt (AC 61 = AC 290).

Darum steht für ihn die Verkündigung vom zukünftigen Reich antithetisch gegen die von der anfänglichen Schöpfung. Exodus wird zum „Auszug aus dem riesigen Ägypten, dem Machwerk der gewordenen Welt selber" (AC 61). Und die Hoffnung auf eine kommende Welt schließt das Vergessen der alten ein — samt jenem Schöpfer, der auf sie auch noch stolz war.

So versteht Bloch den schon zu Beginn dieses Abschnittes zitierten Satz des (Trito-) Isaia: „Denn siehe, ich werde einen neuen Himmel und eine neue Erde schaffen, daß man des Vorigen nicht mehr gedenken soll"(Is 65, 17). Und weil dieser Satz zu einem Leitmotiv der Apokalyptik geworden sei, nennt er „Schöpfung und Apokalypse" die beiden „konträren Prinzipien in der Bibel" (AC 59) und entscheidet sich gegen die fromme Verehrung des Schöpfers für die atheistische Hoffnung auf das Reich.

So hat auch die Formel, in der Bloch seine Überlegungen zusammenfaßt, eindeutig atheistischen Sinn (auch wenn Theologen sich bemühen, sie theologisch zu „verwerten"): „So hat der Blick nach vorn hin den nach oben abgelöst" (AC 346). Aus dem Futurum als Seinsmodus Gottes (oder wenigstens dessen, was früher mit dem Namen Gottes bezeichnet worden ist) ist die Göttlichkeit der Zukunft des Menschen geworden: „Die Welt für uns ein Traum von einer Sache ohne Gott, doch mit seiner Essenz Hoffnung, diese Welt hat einzig [. . .] Perspektive" (AC 347).

Die schroffe Antithese von „dieser Welt" und der „kommenden Welt" erweist sich so als das hermeneutische Prinzip, von dem her Bloch die Bibel liest — sei es die „offizielle" Bibel mit ihrer Verkündigung vom Auszug, vom Reich und vom Futurum als der Seinsweise Gottes, sei es die „unterirdische" Bibel mit ihrer Verheißung der Schlange („Ihr werdet sein wie Gott"), mit der Erinnerung an den unschuldig verworfenen Kain (der keine Blutopfer bringen wollte), mit der Erzählung vom Turmbau zu Babel (der Gottes „Oben" abschaffen wollte und darum in „subversiver Erinnerung" gehalten werden muß) — und mit der Erfüllung all dessen in Jesus, dem „Usurpator" und „Volkstribun" auf Gottes Thron. Diese Antithese verleiht der Bibel, wie Bloch sie versteht, den revolutionären Exodus-Impuls. Und dieser gilt nach Blochs Auffassung als der ursprüngliche Kern biblischer Verkündigung. Dem gegenüber ist „die ganze [. . .] strafende, auch noch gnädige Hoheitssphäre" des Gottes, von dem in der Bibel *auch* die Rede ist, „heidnisch" (AC 21), d. h. der speziell biblischen Verkündigung ungemäß. Und die Wiederkehr solchen Heidentums ist die Folge einer textkritisch zu entlarvenden „Entstellung [. . .], Redaktion nach Weise der Reaktion" (AC 102).

Diese Auffassung von der Redaktion des biblischen Textes enthält folgende religionsgeschichtliche Behauptung: Die Aufforderung, des Früheren „nicht mehr zu gedenken", ist nach Blochs Überzeugung das spezifisch Jüdische. Aus dieser spezifisch jüdischen Botschaft aber ergibt sich der Impuls, die alte Welt zu vergessen und ihren Gott als Ursprung der alten Schöpfung zu entthronen; „heidnisch" dagegen ist die Verehrung Gottes als die sakrale Gutheißung „dieser Welt". Redaktionsgeschichtlich aber ist damit mitgesagt: Was die Antithese von Ursprung und Zukunft entschärft, Gott als den Ursprung, dem der Mensch sich verdankt (und mit dem er daher nicht „rechten“ kann), mit dem Ziel der Hoffnung identifiziert, das ist nicht „ursprünglich“, sondern priesterlich-verfälschende Überarbeitung, die darauf abzielt, den Leser doch noch mit der bestehenden Welt zu versöhnen. Es ist diese religionsgeschichtlich-redaktionsgeschichtliche Zentralthese, aus der Blochs Auslegungsverfahren sich ergibt. Und es ist eben diese These, die geprüft werden muß, wenn ein Urteil über dieses Verfahren gewonnen werden soll. (Vgl. dazu den 4. Teil der hier vorgelegten Untersuchung.)

Die Bedeutung dieses hermeneutischen Ansatzes zeigt sich besonders deutlich dort, wo Bloch den biblischen Begriff der „Verheißung“ verwendet. Das Wort „Verheißung“ steht bei ihm für die enttäuschte, aber ungebrochene Hoffnung der Väter — und für den Protest der Söhne dagegen, daß die Hoffnung der Väter enttäuscht worden ist. In diesem Sinne spricht Bloch von der „ungewordenen Zukunft in der Vergangenheit“, d. h. von dem, was in der Vergangenheit gerade nicht wirklich geworden und deshalb Zukunft geblieben ist. Diese ungewordene Zukunft aber ist als „gerächte und beerbte“ zur Sache der Hoffenden geworden (AC 7). In diesem Sinne, im Sinne der Aufforderung, das Ungewordene, an der Verwirklichung Gehinderte zu „rächen“ und ebendadurch zu „beerben“, kann der Turmbau zu Babel, der „damals“ gescheiterte, Verheißung sein, auch wenn in aller bisher erfahrenen Geschichte „noch jeder Turm in den Tod, noch keiner in den Himmel gewachsen ist“ (AC 119).

Teilnehmer an Blochs Lehrveranstaltungen während seiner letzten Lebensjahre berichten, daß er, um in diesem Sinne von „Verheißung“ zu sprechen, zuletzt, statt eines Psalmwortes, das Trutzlied des geschlagenen Bauernheeres bevorzugte: „Geschlagen ziehen wir nach Haus’, unsere Enkel fechten’s besser aus.“ Der Begriff „Verheißung“ bezeichnet in solchen Zusammenhängen gerade keine objektive Garantie, an die die Hoffnung sich halten kann, sondern ihr eigenes, durch keinen Mißerfolg und keine Enttäuschung zu entkräftendes Trutzen und Trauen auf ihren dennoch zuletzt eintretenden Erfolg. Doch wird auf solche Art, wenigstens für den Hörer, unkontrollierbar, wo die Grenze überschritten wird zwischen einer „docta spes“, die in der erfahrbaren Wirklichkeit die Zeichen der Hoffnung zu entziffern vermag, und dem bloß trutzigen Festhalten an einer durch keine Erfahrung belehrbaren, immer neu an den Realitäten zerbrechenden Illusion. Eine bloß „rächende" Beerbung der Vergangenheit ist kaum noch zu unterscheiden von der Selbstbefriedigung des Enttäuschten, der sich an der Wirklichkeit dadurch schadlos hält, daß er sich weigert, sie zur Kenntnis zu nehmen. Utopische Hoffnung gerät so in eine gefährliche Nähe zu einer Parole, mit der sie selbst am wenigsten etwas gemein haben will: zur Rede von den „Victi victuri", den „diesmal Geschlagenen, das nächste Mal Siegenden", die eine beliebte Inschrift auf den Denkmälern für die Gefallenen des Ersten Weltkrieges abgab und damit den Wahnsinn des Zweiten Weltkrieges schon im Keime enthielt.

2. *Die evangelische Theologie als Vorbild: Jürgen Moltmanns Theologie der Hoffnung als theologische Antwort auf die philosophische Utopik Ernst Blochs*

Der Versuch, die philosophische Utopik Ernst Blochs theologisch zu rezipieren und für ein Verständnis der christlichen Hoffnungsbotschaft fruchtbar zu machen, ist nicht von katholischen Theologen zuerst unternommen worden. Hier, wie schon zuvor bei den Bemühungen um ein theologisches Verständnis der Säkularisierungstendenz des neuzeitlichen Bewußtseins, sind die evangelischen Theologen den katholischen vorausgegangen. Unter den Versuchen einer theologischen Bloch-Rezeption ist vor allem einer für die katholischen Theologen zum Vorbild geworden, an dem sie sich in kritischer Auseinandersetzung orientierten: Jürgen Moltmanns ›Theologie der Hoffnung‹ (— ThdH — München 1969).

a) Moltmanns Zentralthese: Der Auferstehungsglaube als Hoffnung auf die „Zukunft Christi"

Der Zentralbegriff in Moltmanns Theologie der Hoffnung ist der Begriff der „Zukunft Christi". Dieser Begriff wird schon in der „Meditation" eingeführt, mit der Moltmann sein Buch einleitet. Mit diesem Begriff will Moltmann dasjenige bezeichnen, wovon eine Eschatologie zu sprechen hat, wenn sie Theologie der Hoffnung sein will. „Christliche Eschatologie spricht von Jesus Christus und *seiner* Zukunft" (ThdH 13). Damit ist nicht nur die von Jesus bewirkte Zukunft des Menschen gemeint. Nicht davon soll primär die Rede sein, was der Mensch durch Christus oder auch wie Christus werden soll und sein wird, sondern zunächst davon, was Jesus Christus selber noch werden muß und sein wird. „Alle Christusprädikate sagen nicht nur, wer er war und wer er ist, sondern implizieren Aussagen darüber, wer er sein wird" (ibid.). Und erst in Abhängigkeit davon sagen diese Prädikate auch, „was von ihm zu erwarten sei" (ibid.).

Wie sehr Moltmann primär von der Zukunft Christi und zunächst nicht von der christusförmigen oder durch Christus bewirkten Zukunft des Menschen sprechen will, zeigt sich daran, daß er das ganze Evangelium für grundsätzlich mißverstanden hält, wo nicht bewußt bleibt, daß nicht nur der Mensch, sondern auch und vor allem Jesus selbst noch nicht ist, was er sein wird. Das Evangelium, wie Moltmann es versteht, spricht nicht von dem, was Gott und auch Jesus immer schon ist und was nur dem Menschen erst künftig offenbar werden wird. Eine Aussageabsicht solcher Art kennzeichnet nach Moltmanns Meinung die „gnostische Offenbarungsrede". Das Evangelium spricht aber nach Moltmanns Überzeugung auch nicht von dem, was der Mensch durch Gottes Gnade und durch Jesu Tod und Auferstehung schon ist und nun auch durch das eigene Tun werden soll. Dieses Gebot „werde, der du bist" kennzeichnet nach Moltmanns Auffassung die „Moralpredigt". Im Gegensatz dazu sagt Moltmann vom Evangelium: Es

> würde seine eschatologisch ausrichtende Kraft verlieren und zur gnostischen Offenbarungsrede oder zur Moralpredigt werden, wenn nicht deutlich würde, daß das Evangelium auf Erden und in der Zeit Verheißung der Zukunft Christi ist (ThdH 133).

Von hier aus erklärt sich Moltmanns Abgrenzung gegenüber allen „Epiphanienreligionen", in denen nur offenbar wird, was der Gott immer schon ist, und denen er den biblischen Glauben als „Verheißungsglauben" gegenüberzustellen versucht, für den nicht nur Mensch und Welt, sondern auch Gott selbst noch eine Zukunft hat. (Vgl. die Überschrift Kap. II, § 1 „Epiphanienreligion und Verheißungsglaube" —

ThdH 85—91.) „Gott wird nicht erst am Ende der Geschichte erkannt, sondern [. . .] Gotteserkenntnis ist [. . .] ein antizipierendes Wissen um die Zukunft Gottes" (ThdH 106). Und von hier aus erklärt sich zugleich die Zustimmung Moltmanns zu Blochs Auffassung, durch den Gottesnamen des Alten Testaments sei das „Futurum als Seinsmodus" Gottes ausgesagt (ThdH 127).

Der Grund jedoch für diese befremdlich klingende Rede von einer Zukunft Christi und sogar Gottes ist spezifisch christlich-theologischer Natur. Er liegt in der Frage nach dem Zusammenhang der Auferstehung Jesu mit seiner Wiederkehr und in der damit zusammenhängenden Frage nach der Bedeutung dieser Auferstehung für das Heil der Menschen. „Christliche Eschatologie", so sagt Moltmann schon in der einleitenden Meditation, „erkennt die Wirklichkeit der Auferstehung Jesu und entdeckt die Zukunft des Auferstandenen" (ThdH 13). Denn nicht die Auferstehung als ein Ereignis in der vergangenen Zeit wird in den neutestamentlichen Schriften bezeugt, sondern die Begegnungen der Jünger mit dem Auferstandenen, der „sich als der Herr auf seinem Wege zur kommenden Herrschaft offenbart" (ThdH 77). Er ist zu dieser Herrschaft noch unterwegs und steht insofern noch „in Differenz zu dem, was er sein wird" (ibid.). Eben darin aber, daß Jesus noch eine Zukunft hat, liegt zugleich die Heilsbedeutung seiner Auferstehung für die Menschen. In den Begegnungen mit dem Auferstandenen wird den Jüngern nicht nur kundgemacht, was ihnen — ähnlich wie Jesus, aber unabhängig von ihm — später einmal widerfahren wird: ihre eigene Auferweckung von den Toten. Es wird ihnen vielmehr verbürgt, daß Jesu Leben aus dem Tode ihr Leben sein wird.

Es wird nicht nur ausgesagt, daß Jesus der Erste aus der Auferstehung sei und die Glaubenden wie er Auferstehung finden werden, sondern es wird verkündet, daß er die Auferstehung und das Leben selber sei, und daß folglich die Glaubenden ihre Zukunft *in* ihm finden und nicht nur *wie* er finden. Darum warten sie auf ihre Zukunft, indem sie auf seine Zukunft warten (ThdH 73).

Es ist dieses einmalige Verhältnis zwischen der Zukunft der Glaubenden und der Zukunft des Auferstandenen, von dem aus Moltmann als Theologe auch eine allgemeine Aussage wagen kann, die das Verhältnis der Menschen zu „geschichtlichen Phänomenen" im allgemeinen betrifft.

Wir erkennen geschichtliche Phänomene in der ihnen eigenen Geschichtlichkeit nur, wenn wir ihre Bedeutung für „ihre" Zukunft wahrnehmen. Erst daraufhin ergibt sich dann auch eine Wahrnehmung ihrer Bedeutung für unsere Zukunft. In diesem Sinne ist das Geschehen der Auferweckung Jesu von den Toten [. . .] als „geschichtliches Phänomen" nur in seiner Bezogenheit auf *seine* Zukunft begriffen und vermittelt dann dem Erkennenden eine Zukunft, in die *er* geschichtlich gehen muß (ThdH 172).

Bei alledem ist vorausgesetzt, daß Jesus oder auch Gott selbst nicht die Zukunft des Menschen sein könnte, wenn er im Sinne eines zeitüberlegenen Seins da wäre, also nicht selber Zukunft hätte. Die Rede von der Zukunft Christi und sogar Gottes scheint also, wenn sie aus dem Auferstehungsverständnis hervorgehen soll, in einer besonderen Weise dieses Verständnisses begründet zu sein, die bisher noch nicht exakt genug dargestellt worden ist. Indem der Gekreuzigte sich seinen Jüngern als der Lebendige zeigt, entsteht nämlich das Problem der Identität zwischen beiden. Diese Identität ist es, die (bei Johannes durch die Formel „Ich bin es", bei anderen Evangelisten auf andere Weise) den zentralen Inhalt der „Offenbarung" des Auferstandenen ausmacht.

Das grundlegende Geschehen in den Ostererscheinungen liegt dann offenbar in der Offenbarung der Identität und Kontinuität Jesu im totalen Widerspruch von Kreuz und Auferstehung (ThdH 180 f.).

Dem entspricht der spezifisch theologische Inhalt, der dem Begriff der Offenbarung gegeben werden muß.

Von der „Offenbarung" spricht die christliche Theologie, wenn sie auf Grund der Ostererscheinungen des Auferstandenen die Identität des Auferstandenen mit dem Gekreuzigten erkennt und verkündigt (ThdH 75).

Aber diese Identität liegt nach Moltmanns Überzeugung nicht in dem, was Jesus ist, also etwa in seiner „Person", die im Wechsel der Zustände die gleiche bleibt, oder in seiner „Natur" (bzw. der Verbindung von göttlicher und menschlicher Natur), die diese Identität der Person im Wechsel der Zustände erklärbar machen könnte. Der Identitätsgrund liegt allein in der Treue, die Gott ihm gehalten hat. „Dann liegt der Identitätspunkt nicht in der Person Jesu, sondern extra se in dem Gott, der aus dem Nichts Leben und neues Sein schafft" (ThdH 182). Darum ist diese Identität „als eine eschatologische Identität zu verstehen" (ThdH

184), d. h. als Verbürgung derjenigen Treue, die Gott ihm bis zum Ende halten wird. Und eben deswegen sagen die Christustitel, mit denen die neutestamentlichen Schriften die eine Wirklichkeit dessen aussagen wollen, der tot war und erweckt worden ist, nicht aus, was Jesus von Ewigkeit her war oder wenigstens von seiner Auferstehung an bleibend ist, sondern „greifen in seine Zukunft vor“, indem sie „das, was er sein wird, verheißend ankündigen“ (ThdH 184).

Daß der Auferstandene seinen „Identitätspunkt“ mit dem Gekreuzigten nicht „in se“, sondern „extra se“ hat, das ist es, was nach Moltmanns Überzeugung allen Versuchen im Wege steht, diese Identität aus einem „griechisch“ verstandenen „Sein“ herzuleiten und also „ontologisch“ zu deuten, und es statt dessen nötig macht, sie als „eschatologische Identität“, als Erweis der durch Gott verbürgten Zukunft Jesu, zu begreifen. Die Frontstellung gegen die griechische Lehre vom ewigen Sein ergibt sich so aus einer bestimmten Interpretation des Auferstehungsglaubens.

Spätestens an dieser Stelle wird deutlich, daß den Überlegungen von Moltmann eine Überzeugung zugrunde liegt, durch die sich die evangelische Theologie traditionellerweise von der katholischen unterscheidet. Nur wird dieser Unterschied gewöhnlich weniger bei der Auferstehungslehre als bei der Lehre von der Rechtfertigung des Sünders deutlich. Denn auch der Sünder, der durch Gottes Gnade gerecht gemacht wird, hat nach reformatorischer Überzeugung seinen „Identitätspunkt“ nicht in sich, weder in seiner Natur als Mensch, die dem Sünder wie dem Gerechten gleichermaßen zukäme, noch in einem Personkern, der als bleibender Träger der wechselnden Zustände und insofern als „Substanz“ zu denken wäre. Auch seine Identität ist „extra se“, in der Treue Gottes allein begründet, so daß nicht eigentlich der Mensch es ist, der beim Übergang von der Sünde zur Gnade, vom Tod zum Leben „beharrt“, sondern Gott, der „beharrlich“ zu seiner gegebenen Gnadenzusage steht. Wie das reformatorische Rechtfertigungsverständnis sich gegen die katholische Auffassung von Sünde und Gnade als Zuständen einer bleibenden Person mit bleibender Menschennatur wandte, so wendet sich Moltmanns Auferstehungsverständnis gegen die analoge Lehre von Kreuzesniedrigkeit und Auferstehungshoheit als den wechselnden Zuständen der bleibenden Person Jesu und seiner mit der Menschheit verbundenen Gottnatur.

Von hier aus wird weiterhin deutlich, wohin die polemische Spitze von Moltmanns Theologie der Zukunft Jesu gerichtet ist. Sie richtet sich gegen jenen „Frühkatholizismus", der das Verhältnis von Auferstehung und Wiederkunft Jesu dahingehend interpretiert, daß die ewige, in der Auferstehung offenbar gewordene Hoheit des Gottessohnes nicht für ihn, wohl aber für die Menschen eine „Zukunft" offenhält: jene Zukunft, in der die Menschen zur „participatio divinae naturae" gelangen werden, zur Teilnahme an jener göttlichen Natur, die Jesus als wahrer Sohn Gottes immer schon besitzt. Aus dieser Frontstellung heraus wird schließlich auch verständlich, daß Moltmann die Religion Israels als „Verheißungsreligion" den Religionen der Umweltvölker als „Epiphanienreligionen" antithetisch gegenüberstellen möchte. In historischer Hinsicht nämlich wird diese Antithese den Epiphanien, die in religiösen Texten des mittelmeerischen Raumes bezeugt sind, nicht gerecht. Jedesmal, wenn die Gottheit „sich zeigt", wird die Wirklichkeit in Natur und Gesellschaft für eine Neugestaltung aufgebrochen, die alle aus früheren Erfahrungen gewonnenen Erwartungen immer wieder überbietet. Und alle Erinnerung an die Ursprünge ist vieldeutig und wird durch die Erfahrung der Geschichte, die ihrerseits aus den immer neuen „Epiphanien" der Gottheit entspringt, immer neu ausgelegt. Epiphanie und Verheißung schließen sich also gerade im Verständnis der „Epiphanienreligionen" nicht aus, sondern gehören einander wesentlich zu. Aber die Antithese „Epiphanie oder Verheißung" trifft, auch wenn sie auf die Religionsgeschichte nicht anwendbar ist, sehr wohl den Streitpunkt einer innerkirchlichen Kontroverse: den Streit darum, ob jenes Phänomen in der Geschichte der Kirche normativen Charakter habe oder als eine Verirrung zu kennzeichnen sei, das die evangelische Theologie als „Frühkatholizismus" zu bezeichnen pflegt und dessen charakteristisches Merkmal die Ausgestaltung eines sakramentalen Gottesdienstes ist.

Denn der an vielen Orten und zu vielen Zeiten gefeierte sakramentale Gottesdienst setzt die Identität Jesu als eine bleibende voraus und gibt dem Menschen zeitlichen Anteil an seiner überzeitlichen und die Räume übergreifenden Gegenwart. Damit das Sakrament „geschehen" kann, muß die Wirklichkeit Jesu in solcher überzeitlichen und überräumlichen Weise „sein". Damit der Mensch eine Zukunft habe, nämlich die ihm sakramental vermittelte Teilhabe an Jesu Lebenswirklichkeit, muß diese Wirklichkeit selber ewig und einer Zukunft unbedürftig sein. Diesen Zusammenhang beschreibt Moltmann mit Formulierungen folgender Art: „Die Auferstehung Jesu wird als seine Erhöhung und Inthronisation verstanden [. . .]. Die Geschichte [. . .] wird zum Feld der kirchlichen und sakramentalen Enthüllung der Herrschaft Christi" (ThdH 144). So entsteht die Meinung von einer sakramental zu vermittelnden „Präsenz der Ewigkeit" (ThdH 142), die sich, entgegen der herrschenden Meinung, „weniger auf Grund enttäuschter Naherwartung" herausgebildet hat, sondern vielmehr „auf Grund vermeintlicher Erfüllung aller Erwartungen" (ThdH 143). Das sakramentale Verständnis von der zeitlichen Vergegenwärtigung der ewigen Wirklichkeit Jesu entstand daraus, daß man glaubte, in der „Inthronisation" Jesu seien alle Verheißungen schon erfüllt, und nur „für uns", nicht für Jesus selber, gebe es noch eine Zukunft, die noch aussteht.

Wie Moltmanns Frontstellung gegen die griechische Ontologie, so ist auch seine Abgrenzung gegen die „Epiphanienreligionen" offensichtlich durch spezifisch theologische Gründe veranlaßt, näherhin durch Gründe, die der spezifisch reformatorischen Theologie entstammen. Gegen die griechische Ontologie, so hat sich gezeigt, steht eine Christologie, die nach dem Modell der reformatorischen Lehre von der Rechtfertigung des Sünders konzipiert wurde. Die Kontinuität und Identität des Sünders, der von Gott gerecht gemacht wird, aber auch die Kontinuität und Identität Jesu, den Gott von den Toten auferweckt hat, ist nicht durch eine beharrende „Substanz" und deren bleibende „Natur" gesichert, sondern allein durch die Beharrlichkeit der göttlichen Treue. Entsprechend, so zeigte sich zuletzt, steht gegen die „Epiphanienreligionen" eine Soteriologie, die die Zukunft des Menschen nicht als (sakramental vermittelte) Partizipation an der ewigen Gottnatur Jesu Christi begreifen will, sondern als Partizipation an *seiner* Zukunft. Diese Zukunft Jesu aber ist heute noch in der Kreuzesniedrigkeit Jesu verborgen (latent); und auch in seiner Auferstehung ist diese Zukunft Jesu nur verheißen und verbürgt, noch nicht verwirklicht, und deshalb auch an ihr nur als Zukunftsrichtung (Tendenz) ablesbar. Statt sakramentale Vereinigung mit einem „Kultherrn" zu erstreben, der allenfalls Zukunft *schenkt,* selber aber keine Zukunft *hat*, ist christliche Hoffnung nach Moltmanns Auffassung auf die „Zukunft des Auferstandenen" gerichtet. Deshalb fragt „christliche Eschatologie

[. . .] nach der inneren Tendenz des Auferstehungsgeschehens" (ThdH 176).

Man könnte sagen: Christliche Eschatologie ist Tendenzkunde der Auferstehung und Zukunft Christi (ThdH 177). Das durch Verheißung angeregte Wissen um die Zukunft [. . .] weiß die Zukunft, indem es die Tendenz und Latenzen des Christusgeschehens der Kreuzigung und der Auferstehung zu erheben sich bemüht (ThdH 184), [wobei wir] das absconditum sub cruce als Latenz und das revelatum in resurrectione als Tendenz nehmen, wenn wir nach der Intention Gottes in der Sendung Jesu fragen (ThdH 185).

Auch diese Soteriologie ist aus Ansätzen entwickelt, die für die reformatorische Theologie spezifisch sind. Das ist nicht nur daraus zu ersehen, daß sie auf jener Lehre von der „Zukunft Jesu und Gottes" beruht, die der reformatorischen Rechtfertigungslehre nachgebildet ist. Moltmann weist auf den gleichen Zusammenhang auch dadurch hin, daß er seine Hoffnungstheologie als „eschatologia crucis" der frühkatholischen „eschatologia gloriae" gegenüberstellt — entsprechend der bei reformatorischen Theologen auch sonst geläufigen Antithese von „theologia crucis" und jener „theologia gloriae", die man in der katholischen Theologie zu finden meint.

Freilich: Diese Frontstellung gegen den „Frühkatholizismus" und damit (wie schon dieser Name sagt) zugleich gegen den Katholizismus der Reformationszeit (und der Gegenwart?) eignet sich auch dazu, innerhalb der evangelischen Theologie eine Abgrenzung zu vollziehen, an der Moltmann besonders gelegen ist: die Abgrenzung gegen die existenziale Theologie Bultmanns mit ihrer Betonung der „präsentischen" anstelle der „futurischen" Eschatologie. Denn die für den Frühkatholizismus kennzeichnende Bemühung um „kultische Präsenz der Ewigkeit" ist nach Moltmanns Auffassung zum Vorbild aller „präsentischen Eschatologie" geworden, auch wenn präsentische Eschatologie heute die Präsenz der Ewigkeit zumeist nicht im Kult, sondern in der Innerlichkeit der Existenz zu finden meint. Aber in der einen wie in der anderen Form beruht diese Eschatologie jedesmal darauf, daß die Herrlichkeit des Auferstandenen nicht als Verheißung, sondern ausschließlich als Erfüllung, nicht als Zukunft, sondern als Gegenwart Jesu verstanden wird. Man kann sie deshalb „eschatologia gloriae" nennen und ihr die „eschatologia crucis" gegenüberstellen (ThdH 145 f.). Diese Kreuzes-Eschatologie beruft sich (wie stets die reformatorische theologia crucis in ihrem Protest gegen alle theologia gloriae) auf Paulus und seine „leidenschaftliche Polemik [. . .] gegen den hellenistischen Enthusiasmus in Korinth" und damit „gegen die mysterienhafte Vereinigung der Glaubenden mit dem sterbenden und auferstehenden Kultherrn" (ThdH 145).

b) „Tendenz und Latenzen" — Moltmanns Auseinandersetzung mit Ernst Bloch

An einer oben zitierten Stelle war von der „Tendenz" und den „Latenzen" des Christusgeschehens die Rede. Moltmann begründet diesen Sprachgebrauch theologisch. Denn die Wahl der Worte entspricht seiner doppelten Überzeugung: Die Auferweckung Jesu hat diesem eine Zukunft eröffnet, die „tendentiell" an den Begegnungen des Auferstandenen mit seinen Jüngern abgelesen und deshalb in Christustiteln ausgesprochen werden kann, die sagen, „wer er sein wird"; aber diese Zukunft Jesu ist bis heute in der Niedrigkeitsgestalt des Kreuzes verborgen, also „latent", weshalb christliche Eschatologie „eschatologia crucis" bleiben muß, nicht „eschatologia gloriae" werden darf.

Doch darf die theologische Begründung dieses Sprachgebrauches nicht darüber hinwegtäuschen, daß Moltmann die Begriffe „Tendenz" und „Latenzen", mit denen er die Methode seiner Eschatologie als „Tendenzkunde der Auferstehung und Zukunft Christi" (ThdH 177) beschreibt, aus der Hoffnungsphilosophie Ernst Blochs entlehnt hat. Freilich haben diese Begriffe bei solcher Entlehnung einen Bedeutungswandel erfahren. Und an diesem Bedeutungswandel läßt sich ablesen, auf welche Weise Moltmann sich mit der Philosophie Ernst Blochs auseinandergesetzt hat.

Der Sachzusammenhang, in dem diese Begriffe bei Bloch verwendet werden, ist durch das Bemühen bestimmt, dem utopischen Begriff sein objektives Korrelat zu sichern und ihn so vom bloß illusionären Traumbild zu unterscheiden. Das setzt voraus, daß der Vorgriff auf das, was noch nicht ist, ja was unter den Bedingungen der bestehenden Welt unmöglich und daher in ihrem System ortlos, „utopisch", bleiben muß, nicht bloß im Bewußtsein geschieht, sondern ebenso und vor allem im Seienden selber. Das Noch-Nicht darf keine bloß psychologische Kategorie bleiben; es muß als eine ontologische Kategorie erwiesen werden, die einen Grundzug im Seienden als einem solchen benennt. Diesen Nachweis will Bloch in seinem Buch ›Ontologie des Noch-Nicht-Seins‹ führen, das unter dem Obertitel ›Philosophische Grundfragen I‹ im Jahre 1961 erschienen ist. Um das Programm dieses Buches zu charakterisieren, zitiert Bloch einige Sätze aus dem ›Prinzip Hoffnung‹ (PH 356 ff.). „Prozessuales Noch-Nicht macht so Utopie zum Realzustand der Unfertigkeit, des erst fragmenthaften Wesens in allen Objekten" (ONNS 219). Das Prinzip dieses „prozessualen Noch-Nicht" ist, wie schon an früherer Stelle ausgeführt, die Materie in ihrer reinen Potentialität. Die Kraft dieser Potentialität aber erweist sich darin, daß Materie kein „toter Klotz" ist, sondern allenthalben in Prozessen angetroffen wird. Die Aufgabe des philosophischen Begriffs aber ist es, an diesen Prozessen die „Tendenz" abzulesen. „Das Noch-Nicht charakterisiert die Tendenz im materiellen Prozeß, als des sich herausprozessierenden, zur Manifestation seines Inhalts tendierenden Ursprungs" (ibid.). Daß aber hier ein „Ursprung" dahin „tendiert", sich zu „manifestieren", sagt nicht, daß das Ergebnis von allem Anfang an schon feststünde und nur noch „manifest", d. h. offenkundig zu werden bräuchte. Das Ziel des Prozesses ist vielmehr in dem radikalen Sinn noch verborgen und „latent", daß die Entscheidung noch fallen muß und bis dorthin „alles oder nichts" möglich bleibt. Beides, das Alles und das Nichts, sind in diesem Prozeß „latent". Darum fährt Bloch an der zitierten Stelle fort: „Das Nichts oder aber das Alles charakterisiert die Latenz in dieser Tendenz" (ibid.).

Beide latenten Möglichkeiten des Weltprozesses, das Nichts wie das Alles, melden sich in Erfahrungen an. „Die Latenz des Nichts meldet sich in der Zeit, die die Menschen noch haben, als Vereitelung, Vernichtung an, als die Werksphäre dessen, was man das Böse" nennt (PH 1532). Entsprechend aber meldet sich, in konträren Erfahrungen, „die Latenz des Alles an" (ibid.). Die Entscheidung über das Ziel, das verborgen im Weltprozeß wirksam war, wird dann am Ende den Charakter des Gerichtes haben, das alles Latente offenkundig machen wird — nicht nur, um es der Erkenntnis zugänglich zu machen, sondern um das Böse zu vertilgen und dem Guten zum Siege zu verhelfen. Das Offenbarwerden des Latenten ist sein Offenbarwerden im Gericht. Um diese Bedeutung des Begriffs „Latenz" anzuzeigen, zitiert Bloch die Verszeile „Quidquid *latet* apparebit" (ONNS 230), die dem Hymnus vom Jüngsten Gericht, dem ›Dies irae‹, entnommen ist und sich dort auf eine andere Verszeile reimt, die Bloch nicht zitiert, aber zweifellos mit im Bewußtsein hat: „Judex ergo cum sedebit", während die folgende Zeile lautet: „Nil inultum remanebit"; „sitzt der Richter dann zu richten, wird sich das *Latente* lichten, nichts kann vor der Strafe flüchten". (Vgl. das bis 1970 gültige ›Missale Romanum‹, Totenmesse.) Und auf „jenen Tag" (Dies illa) scheint auch eine andere Stelle hinzuweisen, an der Bloch noch einmal betont, die entdeckte „Tendenz und Latenz in den Dingen" und ihr „Übergewicht [. . .] über Vergangenes und Vorhandenes" garantiere keineswegs, „daß es ein gefahrlos ausgemachtes Übergewicht zum Guten wäre; jeder Tag zeigt für sich das Gegenteil. Doch ein Tag ist und bleibt auch weiter vorn [. . .] ein Eingedenktag, der in der Versuchswerkstatt Welt zu möglichem Heil fortarbeiten läßt" (ONNS 39). Was im Weltprozeß bloßer Versuch ist, der zum Guten wie zum Bösen ausschlagen kann, das wird zur Aufgabe, deren Gelingen oder Mißlingen wir Menschen im Gericht zu verantworten haben; und eben dies erfahren wir im Blick auf jenen Tag, der „vorne" ist und bleibt, im Blick auf den Jüngsten Tag. Denn „es ist die menschliche Arbeit in der Geschichte, welche die Schale des Nichts oder aber des Alles gewichtig beeinflußt" (PH 1532). Dabei darf daran erinnert werden, daß der Tag des Gerichtes im jüdischen Festkalender als *Yom-ha-sikkaron,* als „Eingedenktag", antizipierend gefeiert wird als jener Tag, an welchem, wie die Texte der Festfeier sagen, „aller Geschöpfe gedacht wird zum Tode und zum Leben".

„Tendenz" als die prozeßhaft sich äußernde Dynamik, die aus der Potentialität der Materie hervorgeht; „Latenzen" (in der Mehrzahl!) als die offene Doppelmöglichkeit des Alles oder Nichts, die gleichermaßen in diesem Prozeß angelegt sind; das abschließende Offenbarwerden aber als das abschließende Gericht jenes „Eingedenktages", an welchem „nichts vergessen" sein wird, was im Weltverlauf geschah, und dessen wir Menschen eingedenk bleiben müssen, um das Entscheidungsgewicht unserer Aufgabe in der Welt zu ermessen: Dies ist der Bedeutungszusammenhang, innerhalb dessen jene Begriffe, die Moltmann übernimmt, bei Bloch ihre Stelle haben. Und nur innerhalb dieses Bedeutungszusammenhanges leisten diese Begriffe, was sie in einer „Ontologie des Noch-Nicht-Seins" zu leisten haben: die Vermittlung des utopischen Begriffs mit der Realität des Weltprozesses. Wenn also diese

Begriffe bei Moltmann ihre Bedeutung verändern, so wird darauf zu achten sein, ob und wie es Moltmann auf andere Weise gelingt, die subjektive Kraft der Hoffnung mit der objektiven Realität der erfahrbaren Welt zu vermitteln.

Der entscheidende Unterschied liegt nun darin, daß der Begriff der „Tendenz“ bei Moltmann nicht allgemein ontologisch gemeint ist, sondern auf die eine und unverwechselbare Person Jesu Christi bezogen werden soll. Er bezeichnet bei ihm nicht die allgemeine Prozeßhaftigkeit alles Seienden, in welcher die Materie die Kraft ihrer Potentialität erweist, sondern die „Zukunft Jesu“, in der Gott seine Macht erweist, Tote lebendig zu machen.

Christliche Eschatologie [. . .] ist sachlich bezogen auf die Person Jesu von Nazareth und auf das Ereignis seiner Auferweckung und spricht von der Zukunft, die in dieser Person und in diesem Geschehen angelegt ist (ThdH 174).

Sie ist daher nicht Tendenzkunde der Materie, sondern „Tendenzkunde der Auferstehung und Zukunft Christi“ (ThdH 177).

Mit dieser veränderten Bedeutung des Begriffes „Tendenz“ hat aber auch der Begriff „Latenz“ seine Bedeutung verändert. Denn die Zukunft Christi ist nicht in dem Sinne unbestimmte Möglichkeit, daß sie für „alles oder nichts“ offen wäre. Christus als der Auferstandene, wie Moltmann ihn sieht, ist unwiderruflich „der Herr auf dem Wege zu seiner kommenden Herrschaft“ (ThdH 77). „Latent“ kann diese Herrschaft nicht in dem Sinne genannt werden, daß über ihr Eintreten oder Ausbleiben erst noch entschieden werden müßte, sondern nur in dem Sinne, daß sie noch immer in der Niedrigkeitsgestalt des Kreuzes verborgen bleibt. Insofern hat der Plural „Latenzen“, der bei Bloch die offene Alternative von „alles oder nichts“ bezeichnete, bei seiner Übernahme durch Moltmann (ThdH 184) seine Bedeutung verloren. Denn die kommende Herrschaft Jesu Christi und damit das kommende Heil der Welt ist nicht nur möglich (wie auf Grund der Möglichkeitsfülle der Materie alles oder nichts möglich ist), sondern sie ist gewiß. Weil Gott „Christus von den Toten auferweckt hat, darum ist die Erfüllung seiner Verheißung gewiß“ (ThdH 131).

Damit aber verändert auch das künftige „Offenbarwerden“ des Latenten seinen Charakter. Zunächst ist schon in der Auferweckung Jesu der Grund offenbar geworden, der das Heil möglich macht. Er liegt nicht in der unbestimmten Potenzfülle der Materie, sondern in der höchst bestimmten, nämlich durch den gnädigen Heilswillen bestimmten Machtfülle Gottes. „Weil Gott die Macht hat, Tote zu erwecken und das, was nicht ist, ins Sein zu rufen, darum ist die Erfüllung seiner Verheißungen möglich" (ibid.). Das Offenbarwerden dieser göttlichen Heilsmächtigkeit am endzeitlichen „Eingedenktage" hat dann zwar gewiß den Charakter des Gerichtes. Aber in diesem Gericht wird nicht mehr darüber entschieden, ob der neue Himmel und die neue Erde kommt oder ausbleibt, sondern es wird offenkundig gemacht, daß jeder, der das Heil von seinen eigenen Werken erwartet, schon gerichtet ist, weil die kommende Welt nicht menschen-möglich, sondern allein gott-möglich ist. „Die christliche Hoffnung ist nur dann sinnvoll [. . .], wenn sie alles Gott-Möglichen voll ist und offen für die Auferstehung der Toten" (ThdH 82).

Darum ist Moltmann mit Bloch darin einig, daß der subjektive Akt des Hoffens eines objektiven Korrelates bedarf. Und er stimmt ihm auch darin zu, daß der Mensch für sich nur dann eine Zukunft des Heiles erhoffen kann, wenn er auch für die Welt eine radikale Neugestaltung erhofft, und daß diese Hoffnung ihr „objektives Korrelat" nur dann findet, wenn schon heute in der erfahrbaren Welt die Möglichkeit, radikal neu gestaltet zu werden, sich ankündigt. Darum zitiert Moltmann mit Zustimmung Blochs Satz: „Zur Hoffnung gehört das Wissen, daß draußen das Leben so wenig fertig ist wie im Ich, das an diesem Draußen arbeitet" (PH 285, zitiert ThdH 81). Aber eben diese „Unfertigkeit" dessen, was „draußen" ist, beruht für Moltmann nicht darauf, daß Materie stets voll ist mit Möglichkeiten oder gar, aus ihrer eigenen Möglichkeitsfülle heraus, sich selber gestaltet. Das Welthafte ist nicht „an sich", aus seinem Wesen heraus, veränderlich, sondern „für Gott". Darum ist „die christliche Hoffnung [. . .] nur dann sinnvoll, wenn die Welt für den veränderlich ist, auf den diese Hoffnung hofft" (ThdH 82). Nicht der Begriff der Materie, sondern der der „Schöpfung aus Nichts" leistet hier die theoretische Vermittlung zwischen der absoluten Hoffnung und der erfahrbaren Wirklichkeit der Welt. Und weil diese erfahrbare Weltwirklichkeit allenthalben die Wirklichkeit des Kreuzes ist, so ist das, was der Begriff „Schöpfung aus Nichts" meint, der christlichen Hoffnung bekanntgeworden durch die Auferweckung Jesu von den Toten.

Der Glaube [. . .] kann die in Leid, Schuld und Tod vermauerten Grenzen des Lebens nur dort überschreiten, wo sie real durchbrochen sind. Nur in der Nachfolge des vom Leiden, vom Sterben in der Gottverlassenheit und vom Grab auferweckten Christus gewinnt er Aussicht ins Weite (ThdH 15).

Wenn aber die *theoretische* Vermittlung zwischen der absoluten Hoffnung und der erfahrenen Weltwirklichkeit nicht durch den Begriff der Materie geleistet wird, sondern durch die in der Auferweckung Jesu offenbar gewordene Schöpfermacht Gottes, dann muß sich auch die Weise ändern, wie zwischen Zukunftshoffnung und Vergangenheits-Erinnerung *historisch* vermittelt wird. Diese Verschiedenheit tritt besonders deutlich auf dem Hintergrunde derjenigen Überzeugungen hervor, in denen zwischen Moltmann und Bloch Einigkeit besteht. Einig sind beide darin, daß Erinnerung im Dienste der Erwartung steht. Ausgehend von der Eröffnung der „Zukunft Jesu", die dem Gekreuzigten in seiner Auferstehung widerfahren ist, hatte Moltmann die allgemeine Aussage gewagt, „geschichtliche Phänomene in der ihnen eigenen Geschichtlichkeit" werden dadurch erkannt, daß „wir ihre Bedeutung für ‚ihre' Zukunft wahrnehmen" (ThdH 172, s. oben S. 121). Sieht man einmal davon ab, daß Moltmann an der zitierten Stelle aus theologischen Gründen ausdrücklich auf das Verhältnis von „ihrer" und „unserer" Zukunft reflektierte (was in dieser Form bei Bloch nicht geschieht), so entspricht das Ergebnis, zu dem Moltmann gelangt, durchaus auch Blochs Überzeugung.

Auch in der Rückbeziehung auf den Kern und Anfang ist die Vorwegnahme das Organon jedes überhaupt nur — aussichtsreichen Erinnerns [. . .]. Alpha kommt [. . .] erst durch Treue zum Ziel und als Novum hervor (ONNS 284).

Für Moltmann wie für Bloch ist darum die Geschichte wesentlich Hoffnungsgeschichte, die geschichtliche Überlieferung wesentlich die Weitergabe von Hoffnungsinhalten. Übereinstimmung zwischen beiden besteht auch darin, daß diese Hoffnungsinhalte in den Zeugnissen der Menschheitsgeschichte in „Bildern" ausgesagt worden sind, daß es aber nicht auf diese wechselnden Bilder ankommt, sondern auf den „Goldgrund" der Hoffnung, auf den sie „aufgetragen" sind. (Die Redeweise spielt auf den Goldgrund an, auf den viele Ikonen gemalt sind.) Gerade weil Moltmann von Bloch diese Redeweise übernimmt, läßt der Unterschied zwischen beiden Autoren sich gut an der Weise ablesen, wie jeder von ihnen diesen Goldgrund der Hoffnung beschreibt.

Mit Blick auf alle „Bekundungen" (die Vokabel ist wohl ein Versuch, das Wort „Dokumente" einzudeutschen), die uns aus der Geschichte der Menschheit überliefert sind, sagt Bloch:

So zeigt sich [. . .] jede bedeutende Bekundung, ob Tausende von Jahren alt oder erst im Begriffe seiend, hier zu sein, mit jenem utopischen Goldgrund beschäftigt, auf den große Kunstwerke und nicht nur ideologisch gebundene Religionen, am unerschöpftesten das Christentum, letztlich aufgetragen sind (ONNS 229).

Hier gehört das Christentum, gemeinsam mit allen Religionen, sofern diese nicht schlechthin „ideologisch gebunden" sind, zu den „Bildern", die austauschbar sind. Und das, womit die Zeugnisse aus der Geschichte der Menschheit, auch die Zeugnisse christlichen Glaubens und Hoffens, eigentlich „beschäftigt" sind, der „Goldgrund", der bleibt, wenn die Bilder wechseln, ist die „utopische" Hoffnung. Die „nicht nur ideologisch gebundenen" Religionen nennt Bloch an anderer Stelle die „nicht abgöttischen, sondern menschhaltigen". Dann kann er sagen:

Genau auf diesen utopischen Goldgrund sind alle unsere gutmachenden Taten, ist der Austrag vollendeter Kunstwerke, sind alle nicht abgöttischen, sondern menschhaltigen, heilformenden Religionsbilder aufgetragen (ONNS 221).

Darum wird Religion im Erbe bewahrt, auch wenn die „Religionsbilder" insgesamt vergehen, sofern nur der Goldgrund utopischer Hoffnung erhalten bleibt; und das „Reich ohne Gott" kann durchaus als die Erfüllung all jener Verheißungen gelten, die vom „Reich Gottes" gesprochen hatten. (Dies ist der exakte Sinn der Unterscheidung zwischen dem gestaltlosen „Grund" und allen Gestalten, die auf ihn nur „aufgetragen" sind, die aber nicht um ihrer selbst willen bedeutsam sind, sondern nur deshalb, weil das Leuchten des „Goldgrundes" durch sie hindurchstrahlt.)

Im Gegensatz dazu ist bei Moltmann davon die Rede, alle Gotteserkenntnis sei „aufgetragen auf die Hoffnungen, die durch seine" [Gottes] „Verheißungen ins Leben gerufen wurden" (ThdH 106). Hier werden zwar die Begriffe und Argumente menschlichen Erkennens als „Bilder" verstanden, die nur dann etwas bedeuten, wenn sie die Leuchtkraft eines Grundes durchscheinen lassen. Aber dieser „Grund" ist keineswegs gestaltlos. Denn es ist nicht von „der Hoffnung" die Rede als einer bei wechselnden Inhalten fortwirkenden Kraft der Antizipation, sondern von ganz bestimmten „Hoffnungen", deren Inhalt in Gottes Verheißungen ausgesagt ist. Und darum ist auch das Ziel, auf das diese Hoffnungen sich richten, mit einem Namen zu benennen. In der Predigt Jesu mag die Rede vom „Reich Gottes" noch für vielerlei Interpretationen offen gewesen sein, und im Verlaufe christlicher Glaubensgeschichte mögen deshalb auf den Grund dieser Reich-Gottes-Hoffnung recht unterschiedliche Bilder aufgetragen worden sein. Dennoch hat, seit der Auferweckung Jesu, dieses Reich einen unverwechselbaren Namen: als Reich dessen, der „auf dem Weg zu seiner Herrschaft" ist. „Die von Jesu Reichsbotschaft offengehaltene Zukunft wird [. . .] als Anbruch seiner Parusie gewiß gemacht und benennbar als *seine* Zukunft" (ThdH 201). Moltmann weiß, daß er sich damit schroff gegen Bloch abgegrenzt hat. Darum fährt er fort: „Damit wird es unmöglich [. . .], sich das Reich Gottes ‚ohne Gott' vorzustellen und ‚Gott' selber [. . .] ins Ideal des Reichs aufzulösen" (ibid.).

Weil die „Tendenz", von der Moltmann sprechen will, nicht die Prozeßtendenz der Materie ist, sondern die in der Auferweckung Jesu eröffnete Tendenz der kommenden Herrschaft Jesu, und weil die „Latenz", in der diese Zukunft sich noch verbirgt, nicht die Ambivalenz des „Alles oder Nichts" bedeutet, sondern die Kreuzesniedrigkeit, in die sich die Herrlichkeit des Auferstandenen bis heute verhüllt, darum ist zwischen gläubiger Hoffnung und geschichtlicher Überlieferung nicht dadurch *historisch* zu vermitteln, daß das „Reich ohne Gott" als Erfüllung aller Verheißungen des „Gottesreiches" ausgegeben wird. Aus dem gleichen Grunde, so hat sich an früherer Stelle gezeigt, konnte Moltmann zwischen dieser Hoffnung und der erfahrenen Weltwirklichkeit *theoretisch* nicht durch den Begriff der Materie vermitteln, sondern nur durch den der Schöpferkraft Gottes, die sich in der Auferstehung Jesu kundgetan hat. Angesichts so gegensätzlicher Weisen, wie Bloch einerseits, Moltmann andererseits die absolute Hoffnung theoretisch mit der Erfahrung der gegebenen Welt und historisch mit der menschlichen Geschichte vermitteln wollen, muß es zweifelhaft erscheinen, ob sie sich in derjenigen Aufgabe begegnen können, an der alle ontologische Theorie (z. B. als Theorie der Materie) und alle historische Erinnerung (vor allem die religiöse Erinnerung der Menschheit) ihre Bewährung finden: in der Aufgabe, zwischen Hoffnung und Welterfahrung *praktisch* zu vermitteln. Gleichwohl hat Moltmann gerade bei der Beschreibung der praktischen Aufgaben, die aus der absoluten Hoffnung folgen, die Begegnung mit Bloch besonders ausdrücklich gesucht. Es wird zu prüfen sein, inwieweit ihm diese Begegnung gelang. Ein zentraler Begriff, durch den Moltmann zwischen Hoffnung und Welterfahrung praktisch vermitteln möchte, heißt „Sendung". Von der Bedeutung des Sendungsbegriffs in Moltmanns ›Theologie der Hoffnung‹ ist daher nun zu sprechen.

c) „Sendung" — Möglichkeitsgrund für eine Praxis der Hoffnung

Über jene „geschichtlichen Phänomene", deren allgemeines Gesetz ihm an dem einmaligen „geschichtlichen Phänomen" der Auferwekkung Jesu deutlich geworden ist, hat Moltmann gesagt:

> Nur wenn wir ihre Bedeutung für „ihre" Zukunft wahrnehmen [. . .], ergibt sich dann auch eine Wahrnehmung ihrer Bedeutung für unsere Zukunft und die Wahrnehmung unserer Bedeutung für ihre Zukunft (ThdH 172, s. oben S. 121).

Diese Formel ist dreigliedrig. Es handelt sich nicht nur darum, unsere (absolute) Hoffnung mit unserer gegenwärtigen Praxis in der erfahrbaren Welt zu vermitteln, wie Bloch dies durch Weiterbildung der Lehre Kants von den Postulaten deutlich gemacht hat. Es handelt sich vielmehr um die Vermittlung zwischen unserer Praxis und einer Zukunft, die nicht primär die unsere ist. Nur durch diese Vermittlung wird „unsere Bedeutung für ihre Zukunft" möglich. Und nur als vermittelndes Drittes zwischen der Zukunft, die uns nicht gehört, und unserer Praxis, die nicht primär für uns, sondern für diese fremde Zukunft „Bedeutung" gewinnen soll, wird die Bedeutung des historischen Phänomens auch für „unsere Zukunft" zum Thema gemacht.

Diese Formulierungen könnten rätselhaft klingen, wenn sie nur als Beschreibung eines allgemeinen Gesetzes der „Geschichtlichkeit überhaupt" gelesen werden. Sie erhalten jedoch sogleich einen konkreten und verständlichen Sinn, wenn sie auf den „Fall" angewandt werden, an dem Moltmann dieses Gesetz der Geschichtlichkeit als solcher entdeckt zu haben meint: auf Jesu Auferweckung. Es handelt sich nicht darum, sogleich deren Bedeutung für „unsere" Zukunft zu ermitten, also nicht um das, was Theologen häufig die „Heilsbedeutung" der Auferstehung nennen; es geht auch nicht darum, erst nach Erhebung dieser „Heilsbedeutung" der Auferstehung danach zu fragen, welche Art von Praxis für diese unsere Zukunft unseres Heiles bedeutsam sein könnte. Statt dessen wird die Auferstehung Jesu primär nicht nach ihrer Bedeutung für uns und die Zukunft unseres Heiles, sondern nach ihrer Bedeutung für die Zukunft Jesu befragt. Und ebenso wird nach einer Praxis gefragt, die der „Zukunft Jesu" dient und insofern für diese seine Zukunft „Bedeutung" haben kann. Und wiederum nur als vermittelndes Drittes, als dasjenige, was es möglich macht, daß unser Tun sich an seiner Zukunft orientiert, ist auch davon die Rede, daß das Auferstehungsereignis, in welchem die Zukunft Jesu eröffnet ist, auch für unsere Zukunft bedeutsam ist.

Dies bringt Moltmann an anderen Stellen dadurch zum Ausdruck, daß er die Zukunft Jesu und Gottes als „Zukunft zur Welt" bezeichnet. Die Zukunft, in die Jesus noch hineingeht, ist seine Herbeikunft und Wiederkunft zur Welt. „Die Osterzeugen nehmen den Auferstandenen nicht im Glanz der himmlischen, überirdischen Ewigkeit wahr, sondern im Vorschein und Anbruch seiner eschatologischen Zukunft zur Welt" (ThdH 77). Und weil die Zukunft Jesu seine Zukunft „zur Welt" ist, seine künftige Herrschaft über sie und seine künftige Nähe zu ihr, darum ist in der christlichen Eschatologie nicht *nur* von der Zukunft Jesu, sondern „dann auch" von der Zukunft der Erde die Rede. Christliche Hoffnung „erkennt" deshalb „in der Auferstehung Christi nicht die Ewigkeit des Himmels, sondern die Zukunft der Erde, auf der sein Kreuz stand" (ThdH 16).

Aber die Zukunft Jesu wird, als seine „Zukunft zur Welt", nur in der Weise zu „unserer Zukunft", daß sie uns dazu in Anspruch nimmt, primär gerade nicht „unsere" Zukunft als „unser" Heil zu besorgen, sondern *seiner* Zukunft zu dienen. Darum lautet die zentrale Kategorie, mit der Moltmann den Grund beschreibt, der eine Praxis der Hoffnung möglich macht, nicht „Berufung" (zum Heil), sondern „Sendung" (in die Welt als den Herrschaftsbereich der kommenden Herrschaft Jesu).

Für seine Überzeugung, daß Praxis der Hoffnung sich primär nicht auf unsere Zukunft, sondern auf die Zukunft Jesu auszurichten habe, beruft Moltmann sich auf die biblischen Berichte von den Begegnungen des Auferstandenen.

In den gehörten Reden des Erschienenen liegt, wenn man die Osterberichte summiert, nicht allein das Moment der Selbstidentifikation vor, sondern durchgängig auch ein Sendungs- und Verheißungsmotiv. Seine Erscheinungen waren Berufungserscheinungen (ThdH 183).

Darum sind auch die Hoheitstitel Jesu, die

das, was er sein wird, verheißend ankündigen [. . .], zugleich [. . .] Begriffe der Sendung, die Menschen in ihre Arbeit an der Welt und ihre Hoffnung auf die Zukunft Christi einweisen wollen (ThdH 184).

Durch diese Sendung weist der Auferstandene die Glaubenden primär in seine, nicht in ihre Zukunft ein. Darum läßt sich „die Sendung der Gemeinde [. . .] nur verstehen, wenn der auferstandene Christus selber noch eine Zukunft hat" (ThdH 73). Wie Gott seine Macht, Nichtseiendes ins Sein zu rufen, an Jesus durch dessen Auferweckung erwiesen hat, so erweist er sich als der, der die Welt neu schaffen kann, „in der geschichtlichen und eschatologischen Möglichkeit der Sendung" (ThdH 262).

Diese Sendung nun macht es möglich, die absolute Hoffnung auf die Zukunft Jesu mit der Praxis unter den Bedingungen der Welt von heute zu vermitteln.

Der Gehorsam, der aus Hoffnung und Sendung entspringt, vermittelt das Verheißene und Erhoffte mit den realen Möglichkeiten der Weltwirklichkeit (ThdH 266).

Fragt man weiter, wozu der Auferstandene die Glaubenden sendet, so lautet die erste und offenkundige Antwort der biblischen Texte: zur Verkündigung des Evangeliums. Dies könnte nun den Anschein erwekken, Sendung erschöpfe sich in der bloßen Beauftragung zur Predigt. Moltmann, dem es um Praxis zu tun ist, gibt sich mit dieser Auskunft nicht zufrieden. Und er braucht sich mit ihr nicht zufriedenzugeben. Denn dem Wort des Evangeliums, das in seinem Zentrum ein Vergebungs- und Versöhnungswort ist, entspricht die praktische Aufgabe, „sich rückhaltlos und vorbehaltlos in die Liebe und in die Arbeit der Versöhnung der Welt mit Gott und seiner Zukunft zu entäußern" (ThdH 312).

Doch ist diese Aussage erläuterungsbedürftig. Es muß gezeigt werden, inwiefern der Dienst der Liebe zu den Menschen zugleich Dienst an der Zukunft Jesu ist und nicht doch bloß Dienst der menschlichen Gesellschaft an ihrer eigenen Zukunft. Und es muß andererseits deutlich gemacht werden, inwiefern die Versöhnung mit Gott, die doch offensichtlich nur durch Gott allein gewirkt werden kann, dennoch zum Inhalt menschlicher „Arbeit" werden kann. Moltmann beantwortet diese Fragen durch den Hinweis, daß zum Verständnis christlicher Hoffnung zwei Begriffe von „Heil" zusammengedacht werden müssen. Die christliche Heilshoffnung „zielt auf Versöhnung mit Gott (2 Kor 5, 18 ff.), auf Vergebung der Sünden und Aufhebung der Gottlosigkeit" (ThdH 303). Dieses Verständnis des Heiles wird mit der neutestamentlichen Vokabel *Soteria* bezeichnet.

Aber das Heil, Soteria, muß auch als Schalom im alttestamentlichen Sinne verstanden werden. Das bedeutet nicht Seelenheil, individuelle Rettung aus der bösen Welt, Trost im angefochtenen Gewissen allein, sondern auch Verwirklichung eschatologischer Rechtfertigung, Humanisierung des Menschen, Sozialisierung der Menschheit, Frieden der ganzen Schöpfung (ibid.).

In diesem Hinweis liegt insofern eine Antwort auf die gestellte Frage, als Recht, Humanisierung und Sozialisierung, Friede zweifellos Ziele menschlicher „Arbeit" sind. Und wenn diese Ziele in einem Sachzusammenhang mit der „Versöhnung mit Gott" stehen, dann wird begreiflich, daß diese „Arbeit" zugleich Dienst an der Zukunft Jesu sein kann. Nur ist dieser Sachzusammenhang durch das bloße Wort „auch" nicht zulänglich bestimmt, das angibt, *Soteria* sei „auch" als *Schalom* zu begreifen. Und überdies ist innerhalb dessen, was Moltmann den „alttestamentlichen Sinn" von *Schalom* nennt, der Zusammenhang zwischen den alttestamentlichen Hoffnungsinhalten „Recht" und „Friede" und den dort nicht vorkommenden Begriffen „Humanisierung" und „Sozialisierung" nicht schon dadurch geklärt, daß alle diese Begriffe in eine Reihe gestellt werden. Sowohl im Verhältnis von *Soteria* und *Schalom* als auch im Verhältnis von *Schalom* und Humanisierung bzw. Sozialisierung leisten die soeben zitierten Aussagen Moltmanns nur eine Parataxe, nicht Vermittlung. Die Betonung der Tatsache, *daß* die Bemühung um die Vermenschlichung des individuellen und gesellschaftlichen Lebens und die Hoffnung auf jene Gerechtigkeit, mit der Gott allein die Sünder gerecht macht, zusammengehören, ersetzt nicht die theologische Reflexion darauf, *wie* dieser Zusammenhang theoretisch zu bestimmen sei, um den praktischen Dienst der Menschenliebe zum Dienst an der Zukunft Jesu zu machen.

Sucht man nach einer Antwort auf diese Frage, so zeigen die Aussagen Moltmanns in seiner ›Theologie der Hoffnung‹ kein einheitliches Bild. In weiten Passagen des Textes wird die *Tatsache* des Zusammenhanges zwischen Gottes gerechtmachender Gerechtigkeit und der menschlichen Bemühung um gerechtere und humanere Lebensbedingungen so selbstverständlich vorausgesetzt, daß die Frage nach der *Weise* dieses Zusammenhangs übersprungen wird. Weil das „Daß" gewiß ist, wird nach dem „Wie" nicht gefragt. Das gilt in beiden Richtungen dieses Zusammenhangs. Wenn in den Ausführungen über die Zukunft Jesu Christi (§§ 10—14) von der „Zukunft der Gerechtigkeit" (§ 11), der „Zukunft des Lebens" (§ 12), der „Zukunft des Reiches Gottes und der Freiheit der Menschen" (§ 13) gesprochen wird, dann ist mit „Gerechtigkeit" die Rechtfertigung des Sünders gemeint, mit „Leben" die Auferweckung der Toten, mit „Reich Gottes" der „Zukunftshorizont aller Dinge" in einem neuen Himmel und einer neuen Erde (ThdH 203), also jedesmal ein Ziel, das Gott allein zu wirken vermag. Daß darin menschliche Mühe um Gerechtigkeit, Leben und Freiheit eingeschlossen ist, wird eher vorausgesetzt als ausgeführt. Wenn andererseits gesagt wird, christliche Hoffnung mache „die Gemeinde zum Quellort immer neuer Impulse für die Verwirklichung von Recht, Freiheit und Humanität hier im Lichte der angesagten Zukunft, die kommen soll" (ThdH 17), dann ist dabei eher vorausgesetzt als thematisch ausgeführt, daß jede Art von „Recht, Freiheit und Humanität", die durch Menschen verwirklicht werden kann, bestenfalls ein gleichnishafter Vor-Schein der Gerechtigkeit Gottes und seines Reiches sein kann. Hier wie anderwärts steht, so scheint es, gerade jene Selbstverständlichkeit, mit der das „Daß" des Zusammenhanges zwischen göttlicher und menschlicher Gerechtigkeit vorausgesetzt wird, der Reflexion auf das „Wie" im Wege — und verhindert damit die Reflexion darauf, wie der Dienst an der „Zukunft Jesu Christi" davor bewahrt bleiben soll, in einem Dienst der Menschen an ihrer eigenen Zukunft aufzugehen.

Andere Stellen sprechen etwas deutlicher aus, wie Moltmann den Dienst an der Zukunft Christi mit dem Dienst an der Zukunft der Menschen verknüpft sieht. Aber der Begriff, der dabei die zentrale Rolle spielt, bleibt eigenartig formal. Er heißt „Veränderung". So wird etwa gesagt: Christliche

Hoffnung und Erwartung prägt auch das Leben, Handeln und Leiden in der Gesellschaftsgeschichte. Darum bedeutet Sendung nicht nur Ausbreitung des Glaubens und der Hoffnung, sondern auch geschichtliche Veränderung des Lebens (ThdH 304).

Solche Veränderung ist durch die christliche Hoffnung gefordert, weil diese den Glaubenden an die Vorläufigkeit jeder Weltgestalt erinnert. „Die Verheißung [. . .] verklärt nicht die Wirklichkeit im Geiste, sondern ist auf ihre Veränderung aus" (ThdH 107). So bewährt christliche Hoffnung sich als „schöpferische Erwartung" dadurch, daß sie „zur Kritik und Veränderung der Gegenwart ansetzt, weil sie sich der universalen Zukunft des Reiches öffnet" (ThdH 309). Was nämlich dieser Zukunft im Wege steht, ist die Meinung vieler (und vor allem religiöser) Menschen, die Gestalt dieser Welt sei für alle Zeit (von Gott) so, wie sie ist, festgelegt und in Geltung gesetzt. Gegen diese menschliche Meinung steht die menschliche Mühe um das „Aufbrechen" (Aufsprengen) der Weltgestalt, damit die Zukunft Gottes in sie einbrechen und der Mensch auf den Weg zur göttlichen Zukunft „aufbrechen" (sich aufmachen) könne.

Unter dem Leitstern der Verheißung wird diese Wirklichkeit nicht als göttlich stabilisierter Kosmos erfahren, sondern als Geschichte im Fortschreiten, Hintersichlassen und Aufbrechen zu neuen, noch nicht geschauten Horizonten (ThdH 91).

Soeben wurde gesagt, der Begriff des Veränderns bleibe eigentümlich formal. Denn dieser Begriff sagt nur, daß etwas nicht so bleiben soll, wie es ist; aber er gibt nicht an, in welche Gestalt das, was verändert werden soll, zu bringen sei. Es mag erstaunlich erscheinen, daß Moltmann dort, wo er die christliche Sendung beschreiben und damit die christliche Praxis der Hoffnung begründen und normieren will, sich mit einem so formalen Begriff zufriedengibt. Doch ist, wenigstens andeutungsweise, inzwischen der Sachgrund für dieses Verfahren deutlich geworden. Die Zukunft bleibt Zukunft Jesu und Gottes. Ihr droht, da sie durch Gottes Verheißung verbürgt ist, keine Gefahr. Aber der Widerstand gegen diese Zukunft Gottes stammt aus dem Willen „dieser Welt", sich zu stabilisieren, diese Selbststabilisierung gar noch als Gehorsam gegen Gottes Schöpferwillen auszugeben, sich jedoch dadurch in Wahrheit der göttlichen Neuschaffung zu verschließen. Wenn der Mensch überhaupt etwas beitragen kann zur verheißenen „Zukunft Gottes zur Welt“, dann dadurch, daß er diesen Willen der Welt zur Selbststabilisierung bricht, sie daran hindert, zu bleiben, wie sie ist, sie also verändert. (Vgl. dazu im 3. Teil dieser Untersuchung Abschnitt 2 b: Zwei Leitbegriffe der weltgestaltenden Praxis: „Verändern“ und „Vollenden“.)

Gerade in seiner bloßen Formalität ist der Begriff der Veränderung offen dafür, seinen Inhalt von dem Gott zu empfangen, der Himmel und Erde neu machen wird, wie nur er es weiß. Bis zu dieser Erfüllung durch das „Gott-Mögliche“ mögen dann Begriff und Praxis der Veränderung sich mit dem „Menschen-Möglichen“ füllen: mit der Bemühung um Humanität, Gerechtigkeit, Sozialisation. Hier, so scheint es, liegt der Grund dafür, daß Moltmann, der hinsichtlich der *theoretischen* und *historischen* Vermittlung zwischen absoluter Hoffnung und erfahrbarer Weltrealität sich so deutlich gegen Ernst Bloch abgesetzt hat, sich hinsichtlich ihrer *praktischen* Vermittlung mit Bloch weitgehend einig weiß — so weitgehend, daß er das Programmwort von Karl Marx mit einer sachdienlichen Abwandlung zum Programmwort aller wahrhaft „praktischen“ Theologie erhebt:

> Für die Theologen geht es nicht darum, die Welt, die Geschichte und das Menschsein nur anders zu interpretieren, sondern sie in Erwartung göttlicher Veränderung zu verändern (ThdH 74, vgl. Karl Marx, Thesen über Feuerbach, 11. These, in: Marx-Engels-Werke III, 7).

d) Das theologische Zentralproblem: Die Identität von Alpha und Omega oder die Vermittlung zwischen „dieser“ und der „kommenden Welt“

Das Problem jeder theologischen Bloch-Rezeption, so hat sich gezeigt, beruht darauf, daß Bloch im Interesse revolutionärer Freund-Feind-Verhältnisse an der unvermittelten Antithese von „dieser“ und der „kommenden Welt“ festhalten möchte (s. oben S. 116f.). Eben diese unvermittelte Antithese aber ist, wie noch zu zeigen sein wird, schon durch die jüdische Apokalyptik (und ihr Bekenntnis zur Identität von

Alpha und Omega) und noch mehr durch die christliche Eschatologie (und ihr Bekenntnis zum „Zugleich“ des „Schon“ und des „Noch-Nicht“) dialektisch aufgehoben worden (s. unten S. 271—288). Aller Streit um Blochs Bibelverständnis ist inhaltlich gesehen ein Streit um die Deutung und Beurteilung dieser in biblischen Texten bezeugten dialektischen Vermittlung der Gegensätze. Methodisch gesehen handelt es sich um die Frage: Ist dieser Versuch, den Gegensatz zwischen der „alten“ und der „kommenden Welt“ dialektisch aufzuheben und so die alte Welt wohl zu „verneinen“, aber sie zugleich „emporhebend zu bewahren“, redaktionsgeschichtlich als das Ergebnis priesterlicher Textverfälschung (einer Redaktion im Dienste der Reaktion) zu beurteilen? Oder ist er religionsgeschichtlich als unumkehrbarer dialektischer Schritt in der Geschichte der Religionen zu verstehen, von dem her es kein Zurück zu den unvermittelten Antithesen mehr geben kann? Kurz: Das entscheidende Hindernis aller theologischen Bloch-Rezeption liegt im Problem des Dualismus, wie er in der Geschichte der christlichen Theologie mit dem Namen des Marcion verbunden ist, der den Schöpfer der alten Welt als den überwundenen Feind des Erlösergottes und seiner Zukunft begreifen wollte (s. oben S. 112ff.).

Dieser Befund verleiht einigen Fragen ihr Gewicht, die an Jürgen Moltmann gestellt werden müssen. Dieser hat zu der Festschrift, die aus Anlaß des 75. Geburtstages von Ernst Bloch herausgegeben wurde (S. Unseld [Hrsg.], Ernst Bloch zu Ehren, Frankfurt 1965 — BzE —), einen Artikel beigesteuert: Die Kategorie „Novum“ und die christliche Theologie (BzE 243—263). Dieser Artikel zeigt: Es ist gerade der schroffe Gegensatz des Neuen gegen das Alte, durch den Moltmann sich Bloch verbunden weiß. „Das Neue des Evangeliums beweist sich [. . .] nicht an den Entsprechungen zum guten Alten, sondern am Widerspruch zu dem, was ist und was war“ (BzE 251). Denn das Alte ist tot, und das Neue ist Leben der Auferstehung. Auferstehung aber, so interpretiert Moltmann, hat „kein eigentliches Re“ [kein Moment des „Wieder“, also der Rückkehr des Alten], „wie die Ausdrücke Resurrectio und Anastasis unterstellen [. . .]. Resurrectio ist keine Restauration, sondern Promissio, hat keine Anamnesis, sondern ist Antizipation“ (BzE 251).

Aussagen dieser Art lassen zunächst die Frage entstehen, wie ohne ein solches „Re“ die Identität des Menschen zu sichern sei, der als Teil der alten Welt stirbt und zum Leben der neuen Welt auferweckt wird. Diese Frage hat inzwischen ihre Antwort gefunden.

Nicht „in se“, sondern „extra se“, nicht in dem, was er selber ist und bleibt, in seiner Natur und Person, sondern in dem Gott, der ihm treu bleibt, hat der Mensch nach Moltmanns Überzeugung jene „Kontinuität und Identität“, die nötig ist, damit er, der Sterbende, die verheißene Auferweckung als die seine begreifen und erhoffen kann.

Damit aber ist auch über das Verhältnis „dieser“ zur „kommenden Welt“ das Entscheidende schon mitgesagt. Wie für den Menschen, so wird auch für die Welt im ganzen die Zukunft des Heiles nur dadurch zu „ihrer“ Zukunft, daß sie primär nicht als die ihre, sondern als die „Zukunft Gottes“ verheißen wird, die in der Auferweckung Jesu zur „Zukunft Jesu“ geworden ist. Die Zukunft des Auferstandenen aber ist seine „Zukunft zur Welt“ nur deshalb und insofern, weil und inwiefern diese Welt jene „Erde“ ist, auf der das Kreuz dessen stand, der auferweckt wurde. Nur die Identität des Gekreuzigten und Auferstandenen, die auch dieser nicht „in se“, sondern „extra se“ in der Treue Gottes findet, vermittelt zwischen „dieser“ und der „kommenden Welt“ (vgl. ThdH 16). Es ist also nichts an „dieser Welt“ (etwa als der guten Kreatur des guten Schöpfers), was in die „kommende Welt“ hinein aufgehoben werden könnte. Das „Geschehen, das Tote, Gottlose zum Leben ruft [...], kann [...] als nova creatio ex nihilo bezeichnet werden, deren continuatio allein in der verbürgten Treue Gottes liegt“ (ThdH 278). Und die biblisch bezeugte Identität von Alpha und Omega betrifft ausschließlich die Identität des Schöpfers mit dem Neuschöpfer, nicht irgendeine Kontinuität von alter und neuer Kreatur.

Das A und O sind zwar dasselbe, was die Person angeht: „Ich bin das A und das O“ (Offenbarung 1, 8). Sie sind aber nicht dasselbe, was die Realität des Geschehens angeht (ThdH 209).

Von dieser Welt zu jener Möglichkeit und Zukunft, die nicht ihre, sondern auschließlich Gottes Möglichkeit und Zukunft ist, führt darum keine andere Brücke als Gottes Verheißungswort. Eben dieses Wort aber stiftet nicht Kontinuität, sondern schroffen Gegensatz. Es

macht den Schnitt in das Geschehen und teilt die Wirklichkeit in die eine, die vergeht und gelassen werden kann, und die andere, die erwartet und gesucht wird (ThdH 93).

Diejenige Zukunft, die die Welt ihre eigene nennen könnte, ist nichts anderes als ihr Tod. Eine Zukunft des Lebens hat sie nur, sofern der am Kreuz in den Tod gegangene Jesus eine Zukunft hat. Diese Zukunft Jesu aber wird seine „Zukunft zur Welt“ gerade dann, wenn die Welt daran gehindert wird, nach Kontinuität und darum nach Selbststabilisierung zu verlangen. Dies ist der Grund, warum die „Sendung“ der Glaubenden beständig auf das „Aufbrechen“ der Weltwirklichkeit gerichtet ist, also auf ein „Verändern“, das nicht daran gemessen wird, ob es eine bessere Weltgestalt herstellt, sondern daran, daß es die alte immer wieder zerbricht und damit für ihre Neugestaltung durch Gott offenhält. Widerstand gegen den Willen der Welt zur Selbststabilisierung ist nötig, denn solche Selbststabilisierungsversuche führen stets in den fiktiven Ruhm der Selbstverwirklichung von Möglichkeiten, die als die Möglichkeit der Welt begriffen werden, während sie doch nur Möglichkeiten Gottes sind. Und dieser fiktive Ruhm der Selbstverwirklichung führt unausbleiblich in den Jammer der Selbstentfremdung. Darum schließt Moltmann seine ›Theologie der Hoffnung‹ mit den Sätzen:

> Der Ruhm der Selbstverwirklichung und der Jammer der Selbstentfremdung entspringen gleichermaßen der Hoffnungslosigkeit in einer horizontlos gewordenen Welt. Ihr den Horizont der Zukunft des gekreuzigten Christus zu eröffnen, ist die Aufgabe der christlichen Gemeinde (ThdH 312).

Zusammenfassend ist zunächst festzustellen: Moltmanns theologische Konzeption ist in sich von lückenloser Konsistenz. Die Lehre von der Zukunft Jesu, die nur deshalb die seine ist, weil er seine Kontinuität und Identität nicht „in se“, sondern „extra se“ findet, führt notwendig dazu, das gleiche auch vom Menschen und von der Welt im allgemeinen zu sagen. Auch sie haben ihre Kontinuität und Identität nicht in sich, sondern allein in Gottes Verheißungswort. Daraus aber folgt weiterhin zwingend, daß die Identität von Alpha und Omega zwar „die Person“, nicht aber „die Realität des Geschehens angeht“ (ThdH 209), daß also wohl der Creator der alten wie der neuen Welt der gleiche ist, nicht aber die Creatura in irgendeiner Form ihrer Substanz und ihres Wesens beharrt. Dies wiederum bedeutet, daß alles Bewahrenwollen eine Sünde wider die christliche Hoffnung ist, das Verändern als solches aber ein Erweis des Gehorsams gegen die christliche Sendung. Dies schließlich ist der Grund, warum der Ruf von Karl Marx: „Es kömmt aber darauf an, sie [die Welt] zu verändern" als Programmwort in die Theologie der Hoffnung übernommen werden konnte (ThdH 74).

Im gleichen Zusammenhang ist es bezeichnend, daß Moltmann die Auferstehung (als reine Zukunft) der Menschwerdung (als dem Eintritt des Sohnes in „diese", nicht in die „kommende Welt") antithetisch gegenüberstellt, „Ostern" gegen „Weihnachten" ausspielt und die Betonung der Inkarnation in der Geschichte der Theologie, schon zur Zeit der frühen Konzilien, dafür verantwortlich macht, „daß die christliche Ethik sozialromantisch wird" (BzE 254). Dadurch nämlich verliere sie den Ausgriff nach dem Zukünftigen und werde statt dessen durch die Frage nach den Ursprüngen bewegt.

Fragt man jedoch abschließend, ob eine so geartete Theologie der Hoffnung geeignet sei, der Gefahr eines Dualismus nach Art des Theologen Marcion wirksam zu begegnen, so ergeben sich Zweifel vor allem an der Scheidung von „Person" und „Realität des Geschehens". Wird nicht, trotz Moltmanns anti-metaphysischer Tendenz, die behauptete Person-Identität des Wirkenden zu einer metaphysischen Setzung, wenn sie sich nicht in der Kontinuität des Gewirkten wirksam erweist? Kann der Schöpfer der alten Welt sich selbst und seiner Verheißung treu bleiben, wenn er die Erschaffung des neuen Himmels und der neuen Erde in jenem strengen Sinne als „nova creatio ex nihilo" vollzieht, daß er sich dabei zur alten Kreatur verhält, als sei sie nie gewesen? Fällt ein Vernichtungsurteil über die alte Kreatur, das nicht einmal durch Gottes Gnadenwillen dialektisch aufgehoben werden kann, sondern in unvermittelter Antithese dem neuen Schöpfungsakt gegenüber stehenbleibt, nicht doch zuletzt auf den Creator dieser alten Welt zurück? Und bleibt dann, bei so unvermittelter Antithese der Kreaturen, nicht doch wieder Bloch mit seinem Urteil über den Creator im Recht, wenn er, bei völliger Diskontinuität des Gewirkten, auch die Identität des Wirkenden bestreitet und statt dessen behauptet, daß „ein Prinzip, welches in die so vorhandene Welt hineinführt, nicht auch das Prinzip sein kann, welches aus so vorhandener Welt auch leitend herausführt" (AC 61)? Es scheint, daß Moltmann die Gefahr eines persisch-marcionitischen Dualismus für nicht sehr bedrohlich hält.

Fragen dieser Art mögen allzu theoretisch erscheinen. Aber sie öffnen den Blick für eine Zweideutigkeit des theologischen Ansatzes, die auch für die politische Praxis deutliche Konsequenzen hat. Auf der Scheidung zwischen Creator und Creatura beruhte Moltmanns Verwerfungsurteil über allen Willen zum Bewahren und seine Auffassung von der Sendung als einem Auftrag zum Aufbrechen und Verändern. Es war jedoch die gleiche Scheidung zwischen Creator und Creatura, welche die Theologen der „weltlichen Welt" dazu veranlaßt hat, die bestehende Welt dem profanen Sachverstand der „Juristen" (und damit heute dem Planungswillen der „Technokraten") zu überlassen, weil die Heilsordnung von den „Erhaltungsordnungen" scharf zu trennen sei. Es ist also, und dies ist befremdlich genug, die gleiche Prämisse, die zu der obrigkeitsfreundlichen Theologie des „conservare" wie zu der revolutionären Theologie der Veränderung führen konnte: die Voraussetzung, daß „diese Welt" heillos geworden sei. Denn wenn sie dies ist, dann muß sie entweder, ganz im Sinne des revolutionären Utopismus, zerschlagen werden, um der neuen Welt Platz zu machen — oder sie kann, als „weltliche Welt", denen überlassen werden, für die das „Heil" keine mögliche Kategorie praktischen Handelns bedeutet.

Dieser Befund wirft weitere Fragen auf. Liegt der Grund für die beobachtete Zweideutigkeit am Ende gar in der gemeinsamen Überzeugung evangelischer Theologen von der „total sündhaft gewordenen" und darum „dem Tode verfallenen Welt" und folglich in ihrer gemeinsamen Abneigung gegen eine Schöpfungstheologie, die dem Geschaffenen eine Kontinuität seines Wesens zusprechen möchte, welche über Sündenfall und Gericht hinweg bis in seine gnadenhaft gewährte Errettung fortbesteht? Die Antwort auf diese Frage müßte am ehesten von katholischen Theologen gegeben werden können, die traditionsgemäß der Schöpfungslehre einen anderen Stellenwert im theologischen Kontext zuerkennen.

3. Die Rezeption Blochs in der „politischen Theologie" von J. B. Metz

a) Das Vorstadium: Abtasten möglicher Gemeinsamkeiten

Metz hat sich schon in denjenigen Jahren mit Bloch beschäftigt, in denen sein Argumentationsziel die Legitimierung der Neuzeit, sein zentrales Thema deshalb die „weltliche Welt" gewesen war. Ein frühes Zeugnis ist sein Beitrag zu der schon erwähnten Festschrift ›Ernst Bloch zu Ehren‹, die 1965 zum 75. Geburtstag des Philosophen erschienen ist. An ihr haben sich neben dem katholischen Theologen Metz auch zwei evangelische beteiligt, Paul Tillich mit einem Beitrag ›Das Recht auf Hoffnung‹ (BzE 265—276) und Jürgen Moltmann mit einem Artikel ›Die Kategorie „Novum“ in der christlichen Theologie‹ (BzE 243—263). Der Beitrag von J. B. Metz trägt den Titel: ›Gott vor uns. Statt eines theologischen Arguments‹ (BzE 227—241). Allen drei Theologen ist das Bestreben gemeinsam, den Impuls aufzugreifen, der von Blochs Philosophie der Hoffnung ausgeht, und daran zu erinnern, daß auch für den christlichen Glauben alle Überlieferung in ihrem Kern Verheißung ist, alle Erinnerung deshalb von einer nach vorne blickenden Hoffnung geleitet bleibt. Gleichzeitig aber sind alle drei Theologen bestrebt, das Spezifikum christlicher Hoffnung gegenüber Blochs Utopik herauszustellen und zu legitimieren. Der Vergleich der drei theologischen Beiträge mag dazu dienen, die Position von Metz deutlicher hervortreten zu lassen. Diese Position ihrerseits aber erklärt sich aus dem Bemühen um einen eigenständigen Weg katholischer Hoffnungs-Theologie.

„Nur Narrenhoffnung kann auf letzte Erfüllung in dieser Welt hoffen“, sagt Tillich (BzE 273) und formuliert damit eine Gemeinsamkeit mit Ernst Bloch, der die Erfüllung nur in der kommenden Welt erwartet. Aber das Recht zu dieser Hoffnung will Tillich aus Erfahrungen von der „Gegenwart des Ewigen“ herleiten, die uns geschenkt werden, „wenn immer wir fühlen: Hier ist ein heiliger Ort, ein heiliger Augenblick, ein heiliges Ding, ein heiliger Mensch“ (BzE 275). Die Begriffe des Heiligen und des im Augenblick gegenwärtigen Ewigen (zwei Begriffe also, die Bloch nicht kennt) werden hier dazu benutzt, der Hoffnung ihr „Recht“ zu verschaffen.

Doch fällt es schwer, Blochs Hoffnung durch einen Rechtsgrund zu legitimieren, den er gerade als illusionär entlarven will. Nicht das Ewige, sondern das Künftige, nicht das Immersein, sondern das Noch-Nicht-Sein, nicht das Heilige, sondern das Menschlich-Irdische legitimiert bei ihm alle Hoffnung — und dies auch dort, wo Hoffnung sich auf einen ewigen Gott und seine Heiligkeit gründen will und sich dadurch, nach Blochs Meinung, selber mißversteht. Moltmann und Metz halten es deshalb, im Gegensatz zu Tillich, nicht für notwendig, an der Kategorie des Ewigen und des Heiligen festzuhalten. Die erstere erscheint ihnen zu metaphysisch, die letztere zu sehr des Mythologischen verdächtig. Und speziell für Metz nach seiner Rechtfertigung der „weltlichen Welt" ist die Kategorie des Heiligen vollends entbehrlich. Unentbehrlich aber erscheint Moltmann das Festhalten an der Differenz zwischen dem, was Menschen vermögen, und dem, was Gott allein möglich ist, zwischen dem „Menschen-Möglichen" und dem „Gott-Möglichen", wie er es ausdrückt. Und unannehmbar erscheint Metz das Programm Blochs eines „Transzendierens ohne Transzendenz".

Von hier aus wird Moltmanns Eindruck verständlich, daß „sich die christliche Hoffnungslehre in Blochs Phänomenologie des Hoffens nur in verzerrter Gestalt wiederzuerkennen vermag" (BzE 244). Denn die christliche Hoffnung gründet sich auf die Botschaft von der Auferstehung, und diese „Auferstehungshoffnung [. . .] hat ihren Grund nicht in den offenen Prozeßmöglichkeiten der Welt" [mit Blochs Worten gegen ihn gesprochen: nicht in der „Potentialität der Materie"] „sondern einzig in dem, was in der Auferstehung als gott-möglich zum Vorschein gekommen ist" (BzE 260). Dennoch bleibt Moltmann um die „Versöhnung der Gottlosen mit dem Gott der Auferstehung" bemüht (BzE 262 f.) und will deswegen in seinem Beitrag zur Festschrift statt vom Trennenden vom Gemeinsamen sprechen. Denn auch noch in der „Verzerrung", die die christliche Hoffnungsbotschaft erleidet, wenn sie im Sinne von Bloch interpretiert wird, bleibt Blochs Philosophie für die Theologen wichtig. „Gerade in der Hellsichtigkeit ihres Mißverständnisses" erinnert diese Philosophie die Theologie an ihre Aufgabe, „ihre eigene Sprengkraft und Sprengintention wiederzufinden" (BzE 244). So ist Moltmann mit Bloch darin einig, daß Hoffnung danach zu beurteilen ist, welches Maß an „Sprengkraft und Sprengintention" in ihr wirksam ist. Aber er widerspricht Bloch durch die Behauptung, daß diese Sprengkraft gerade nicht dem Menschen-Möglichen, sondern allein dem Gott-Möglichen eigen ist. Denn nur dadurch tritt, nach Moltmanns Meinung, die eschatologische Möglichkeit aller menschlich-welthaften Möglichkeit in jener scharfen Antithetik gegenüber, die auch nach Bloch die „kommende Welt" von „dieser Welt" unterscheidet.

Metz, der noch in den gleichen Jahren die Inkarnationslehre in den Mittelpunkt seiner Theologie der „weltlichen Welt" stellte, konnte in Moltmanns Ausspielen von Ostern gegen Weihnachten, von Auferstehung gegen Inkarnation, nicht den Anknüpfungspunkt suchen, um

Blochs Philosophie der Hoffnung theologisch zu rezipieren. Antithesen dieser Art sind dem Denken katholischer Theologen fremd. Aber auch er spricht von einer „Verzerrung" der christlichen Hoffnung durch die Weise, wie Bloch sie interpretiert. Und wie Moltmann den Unterschied zwischen dem Menschen-Möglichen und dem Gott-Möglichen hervorhebt, so Metz die Differenz zwischen einer Zukunft, die dem Menschen wie ein Besitz gehört, der ihm zu Unrecht bisher vorenthalten wurde, und einer Zukunft, die nicht sein Eigentum ist, sondern von ihm gerade im Gegenteil verlangt, alles ihm Eigene fahren zu lassen.

Die Zukunft ist nicht unser eigen. Ursprünglicher sind wir in sie hinein enteignet. Wir erfahren diese Enteignung um so bedrängender, je schöpferischer, je operativer und militanter wir uns zur Welt und ihrer Zukunft verhalten (BzE 239).

Es ist deutlich, daß Metz hier Moltmanns Gedanken aufgreift, wonach die Zukunft des Heils nicht „unsere" Zukunft und insofern nicht unser Eigentum ist. Aber Metz gibt den theologischen Grund, der Moltmann zu dieser Aussage genötigt hat, gerade preis, wenn er davon spricht, daß diese Zukunft uns nicht etwa allein in Gottes Wirken, sondern in unserem eigenen „operativen und militanten Verhalten" offenstehe. Es ist also nicht die spezifisch reformatorische Verurteilung aller „Gerechtigkeit der Werke", die den katholischen Theologen Metz veranlaßt, zwischen einer Zukunft, die unser Eigentum wäre, und einer Zukunft, in die hinein wir „enteignet" sind, zu unterscheiden. Dennoch ist diese Unterscheidung für Metz von grundlegender Bedeutung. Denn nur weil die Zukunft nicht unser Eigentum ist, sondern im Gegenteil den Auszug aus allem verlangt, was wir als unser Eigentum beanspruchen, darum gibt es für Metz, im Gegensatz zu Blochs Meinung, kein Transzendieren ohne Transzendenz. Denn jene Zukunft, in die hinein wir Menschen „enteignet" werden sollen, muß einem anderen, muß Gott selbst „zu eigen" sein. Im Anschluß an seine Aussagen über die Zukunft, in die hinein wir „enteignet" sind, fragt Metz deshalb: „Zeigt sich aber so nicht die geschichtlich engagierte Zukunftserfahrung als möglicher Ort konkreter Transzendenzerfahrung?" (BzE 239).

Aber auch noch in der durch Bloch und seine Aufforderung zu einem „Transzendieren ohne Transzendenz" verzerrten Gestalt findet Metz eine Nachwirkung der christlichen Heilsbotschaft, die sich, seiner Meinung nach, von aller Philosophie und Mythologie durch eine „engagierte Zukunftsorientierung" unterscheidet.

Zeichnet sich in der Umlegung des Jenseits in das Später nicht verzerrt jene Transposition einer geschichtslosen Transzendenzorientierung in eine geschichtlich engagierte Zukunftsorientierung ab, die in der biblischen Botschaft selbst angebahnt ist und mit der diese Botschaft gerade alle Philosophien und Mythologien ihrer griechischen Umwelt in Frage stellte? (BzE 231).

„Umlegung des Jenseits in das Später" ist „Verzerrung", weil das „Später", um wirklich Zukunft zu sein, nicht von dieser Welt sein kann, und weil sich deshalb die Wendung zur wahren Zukunft nur als Wendung zur Transzendenz legitimieren kann. Das „Vor uns" ist nur dann keine Wiederholung dessen, was „hinter uns" liegt, wenn Gott es ist, den wir, wie der Titel des Festschriftbeitrages sagt, „vor uns" haben. Aber „geschichtlich engagierte Zukunftsorientierung" ist der christlichen Hoffnung mit der Utopik Blochs gemeinsam. Und christlicher Umgang mit der Welt ist „keine Flucht aus der Welt, sondern Flucht mit der Welt nach vorne" (BzE 232, wortgleich wiederaufgenommen in: Die Theologie der Welt und die Askese, ThdW 93).

b) Ansätze zu einer Theologie mit Mitteln Blochscher Utopik

Die theologischen Beiträge zur Festschrift für Bloch spiegelten den Versuch, innerhalb von Blochs Philosophie zu unterscheiden zwischen Momenten, die dem christlichen Glauben und seiner Hoffnung gemäß sind, und solchen, die im Widerspruch zu ihm stehen, den Versuch deshalb auch, Blochs Philosophie der Hoffnung in die Wirkungsgeschichte christlicher Verkündigung einzuordnen und sie doch zugleich als deren „verzerrte Spiegelung" zu kritisieren. Über diese Art der Befassung mit Bloch führt das Nachwort hinaus, das Metz zu dem Sammelband ›Der Dialog‹ mit Beiträgen von Karl Rahner und Roger Garaudy geschrieben hat (K. Rahner, R. Garaudy, J. B. Metz, Der Dialog, Reinbek 1966, 122—138). Hier wird, als Punkt der Übereinstimmung zwischen christlicher Hoffnung und marxistischer Praxis, erneut die „engagierte Zukunftsorientierung" hervorgehoben, von der schon in dem Beitrag zur Festschrift für Bloch die Rede war. Aber dieses Engagement wird nun mit Vokabeln beschrieben, die die Nähe zur revolutionären Hoffnung der Marxisten betonen sollen.

Darum muß diese Hoffnung wesentlich schöpferisch und kämpferisch sein, sie muß sich also in einer schöpferischen, gewissermaßen produktiven Eschatologie realisieren (Der Dialog 126).

Um diese „produktive Eschatologie“ zu beschreiben, bedient Metz sich der Sprache einer damals in England und den USA unter evangelischen Theologen geläufigen „Theologie der Revolution“ und fährt fort:

Und Jesus ist für das Bewußtsein dieser Gemeinde [. . .] kein Weiser, kein Weltdeuter und Weltinterpret, sondern in der Tat der Revolutionär, der handelnd-leidend im Konflikt mit der bestehenden gesellschaftlichen Welt steht und der deshalb auch keine Bewunderer, sondern Nachfolger braucht — im Dienste seiner weltverwandelnden Sendung (Der Dialog 127).

Bis hierher ist, obgleich von Jesus und seiner Botschaft gesprochen wird, kein eigenständiger theologischer Ansatz spürbar. Die Übernahme angelsächsischer theologischer Terminologie dient vielmehr dem Versuch, diejenigen Momente möglichst stark zu betonen, die die christliche mit der marxistischen Hoffnung verbinden. Dann aber wird, freilich noch ohne Nennung des Namens, Blochs Philosophie benutzt, um die Abgrenzung von dem zu vollziehen, was üblicherweise als Marxismus gilt. Freilich wird die Differenz hier nicht, wie noch in der Festschrift, in der Form eines Gegensatzes benannt, sondern in der Form der Überbietung. In der Festschrift war die Hoffnung des Utopikers als das Einklagen einer Zukunft beschrieben worden, auf die der Mensch einen Eigentumsanspruch hat, die christliche Hoffnung aber als „Enteignung“ des Menschen in eine Zukunft hinein, die allein Gottes Zukunft ist. Jetzt dagegen wird die (vulgär-)marxistische Hoffnung durch die absolute Hoffnung überboten, die den Christen mit den Utopikern gemeinsam ist.

Gibt es denn wirklich nur solche Selbstentfremdungen, die — wie der Marxismus unterstellt — durch soziale Anstrengungen überwunden werden können? (Der Dialog 133).

Der endgültige Rang eines Humanismus entscheidet sich meines Erachtens an der [. . .] Kraft, die er [. . .] für solche „Selbstentfremdungen“, die nicht nur durch soziale Operationen allein beantwortet werden können, entfaltet: für

Schuld, Konkupiszenz, Tod. Finden wir hierfür bei Marx wirklich eine weisendere Antwort als bei Jesus? (Der Dialog 135).

Nicht eine Abgrenzung gegen Bloch durch Beschränkung des menschlichen Eigentumsrechts auf die Zukunft wird hier vollzogen, sondern eine Abgrenzung gegen den Marxismus üblicher Art mit Mitteln von Blochs Philosophie. Denn in dem Kapitel „Marx, der Tod und die Apokalypse", mit dem Bloch sein Frühwerk ›Geist der Utopie‹ abschließt, finden sich folgende Sätze, die das Ziel der utopischen Hoffnung beschreiben. Es ist „kein besonderes philosophisches Verdienst, wenn der Marxismus atheistisch konsequent bleibt, um der Menschenseele nichts anderes als einen mehr oder weniger eudaimonistisch eingerichteten ‚Himmel' auf Erden zu geben" (GdU 407). „Mithin, es ist noch nichts da, wenn nichts verschwunden ist als die Not" (GdU 409). Vielmehr läßt die Beseitigung der Not „dafür das Leid, die Sorge und die ganze sozial unaufhebbare Problematik der Seele stärker als jemals hervortreten" (GdU 410). Die Beseitigung derjenigen Probleme, die „sozial aufhebbar" sind, macht vielmehr erst „endlich alle Menschen zu jenen einzig praktischen Sorgen und Fragen frei, die sonst nur in der Todesstunde warten" (GdU 411). Dies aber sind die Fragen nach dem Sinn des Lebens und nach möglicher Vergebung.

Mit bloßer Beseitigung der Not ist es also nicht getan. Utopische Hoffnung bedarf der „Hoffnungsbilder gegen den Tod [. . .] gegen diesen härtesten Gegenschlag zur Utopie" (PH 15). Darum ist, gegen den Vulgärmarxismus, die christliche Botschaft im Recht. Denn „das Christentum ist nicht nur ein Schrei gegen die Not, es ist ein Schrei gegen den Tod und die Leere" (PH 582). Und noch in seinem Spätwerk ›Atheismus im Christentum‹ betont Bloch, daß utopische Hoffnung, auch bei entschiedenem Atheismus, „den aufsprengenden Mut gegen den Tod am wenigsten abzubauen hat" (AC 338).

Solches Beharren auf einer absoluten Zukunft, die nicht nur diejenigen Entfremdungen überwindet, die „sozial aufhebbar" sind, sondern auch die Schuld und den Tod, macht resistent gegen die Absolutsetzung jeder „relativen", durch bloße Sozialplanung realisierbaren Zukunftsgestalt. Nur für die absolute Zukunft lohnt sich der Einsatz des ganzen Lebens. Andernfalls müßten wir, wie Bloch dies ausdrückt, „jenen müden Übriggebliebenen recht geben, die Artzibaschew nach der ersten verunglückten russischen Revolution geschildert hat" und deren Einsicht darin bestand, „daß es doch den hellsten Wahnsinn bedeute, sich zum Galgen führen zu lassen, damit die Arbeiter des 32. Jahrhunderts keinen Mangel an Nahrung und Geschlechtsgenüssen leiden" (AC 420). Utopische Hoffnung sucht beständig nach dem „Korrektiv gegen allzu planende und verheizende Sozialutopie, die wirklich zum Bau gekommen ist" (AC 267).

Der Gedanke, daß die lebende Generation dagegen geschützt werden muß, zugunsten der kommenden, vielleicht erst im „32. Jahrhundert" kommenden Generation „verheizt" zu werden, kehrt bei Metz wieder und macht eine wichtige praktische Anwendung seines „eschatologischen Vorbehaltes" aus. Die Kirche schützt „durch ihren eschatologischen Vorbehalt [. . .] den einzelnen augenblicklich lebenden Menschen davor, nur als Material und Mittel für den Aufbau einer technologisch durchrationalisierten Zukunft betrachtet zu werden" (ThdW 110). Bloch freilich braucht dafür keine Kirche; er sucht das notwendige Korrektiv in der Vorstellung von „Arkadien", jenem Traumbild, in welchem das Glück nicht geplant wird, sondern als „idyllisch vorhandenes, einfaches Glück" sich von selber einstellt. Der Mensch muß in solcher Weise träumen können, um sich der Gewalt der technischen Planer zu entziehen. Schutz vor dem „Verheiztwerden" in einer allzu planenden Zukunftsgestaltung ist also die Absicht bei Metz wie bei Bloch. Dabei erwartet Bloch diesen Schutz von dem Überschuß der träumenden Phantasie über den Plan, von ihrem „Plus ultra" gegenüber dem bloßen „Umbau", vom „blauen Reiter" als dem „Reiter ins Blaue" (AC 267). Metz dagegen spricht vom „eschatologischen Vorbehalt", der der bloß technologischen Planung entgegenzusetzen sei.

Das könnte einen Unterschied zwischen beiden Autoren andeuten. Doch beharrt Metz nicht darauf, das „Eschatologische" dieses Vorbehalts vom bloß Traumhaft-Utopischen zu unterscheiden. Der Terminus „eschatologischer Vorbehalt", den er (wie oben erwähnt) aus Karl Barth entlehnt, steht bei ihm gleichbedeutend mit der „Phantasie und Widerstandskraft" einer Theologie, die sich darin bewährt, dafür einzustehen, daß „die politische Phantasie [. . .] sich von den technologischen Zwängen nicht endgültig unterdrücken lassen" muß (zMkG 266 f.).

Andererseits liegt es auch Bloch nicht ferne, im Überschuß der Phantasie über die Planung (und darum in der Warnung vor jeder Absolutsetzung von Sozial-Technologien) eine Wirkung des eschatologischen

Bewußtseins zu sehen. Denn gäbe es keine andere Aussicht als die auf das technisch Machbare, gäbe es nicht darüber hinaus das Postulat einer „kommenden Welt", dann wäre „auch das gesamte Prometheische, gar das Reich der Freiheit Suchende bestenfalls ein schöner Zug, aber keiner dorthin, wo ein Sinn vorhanden wäre" (AC 353). Was allen Bemühungen des Rebellen Prometheus Sinn verleiht, ist das höhere Recht der kommenden Welt gegen diese Welt der „bloßen Tatsachen". Dieses utopische Ziel aber wird nicht erreicht durch einen „Prozeß" von der Art evolutiver Naturprozesse, sondern nur durch einen „Prozeß" im Sinne des Rechtsstreites, in welchem das höhere Recht der kommenden Welt gegen das Unrecht der bloßen Tatsachenwelt zur Geltung gebracht wird. Denn es „ist die ganze bisherige Welt bloßer Tatsachen, samt der möglichen Vernichtung dieser Tatsachen, nicht wahr, und wahr ist einzig der in ihr anhängige Prozeß" (AC 353).

Metz, so hat sich gezeigt, betont den Überschuß der absoluten Hoffnung über das Planziel, der Phantasie über die Technologie. Dieser Überschuß aber ist insofern „eschatologisch", als sein Recht erst in jenem „anhängigen Prozeß" festgestellt wird, der zum Gericht über diese Welt und zur Rechtfertigung der kommenden führen wird.

So übernimmt Metz den Gedanken Blochs von dem in der Welt „anhängigen Prozeß", um den Ansatz für eine Theologie zu gewinnen. „Politische Theologie", so sagt er in dem gleichnamigen Lexikonartikel (J. B. Metz, Politische Theologie — PTh — in: Sacramentum Mundi III, Freiburg 1969, Sp. 1232—1240), „reklamiert das Bewußtsein vom anhängigen ‚tödlichen' Prozeß zwischen der eschatologischen Botschaft vom Reiche Gottes und der gegenwärtigen gesellschaftlich-politischen Öffentlichkeit" (PTh 1236). In dieser Theologie „artikuliert sich [. . .] die formale Struktur von christlicher Hoffnung, insofern in dieser die in der Auferweckung Christi verheißene Erfüllung nur über die ‚tödliche' Negation der bestehenden Welt erlangt wird, wie sie in der Botschaft vom Kreuz Jesu sich ausdrückt" (PTh 1238).

Es ist deutlich, daß Metz sich bei seinem Versuch, Blochs Rede vom „anhängigen Prozeß" theologisch zu interpretieren, der Vorstellung Moltmanns nähert, wonach die alte Welt durch das Kreuz „tödlich negiert" sei und die neue Welt als Leben der Auferstehung in unvermittelter Antithetik an ihre Stelle zu treten habe. Eben dieser unvermittelte Gegensatz von „dieser" und der „kommenden Welt" hat sich jedoch als die Quelle von Blochs Atheismus herausgestellt. Der „in dieser Welt anhängige Prozeß" führt, bei solcher Antithetik, zur Totalverurteilung der „alten Welt" — und damit zur Verteufelung ihres Schöpfers, ja jeden Gottes, der das „Apriori", d. h. die allem menschlichen Handeln vorausliegende Möglichkeitsbedingung sein will, zugunsten des „Aposteriori", das aus der Potentialität der Materie und der Wunschkraft menschlichen Hoffens erst hervorgehen soll. Die dualistisch verstandene „religiöse Reichsintention als solche involviert Atheismus" (PH 1411). Der in solcher Religion wirksame „Glaube ist einzig der an ein messianisches Reich Gottes — ohne Gott. Atheismus ist folglich so wenig der Feind religiöser Utopie, daß er deren Voraussetzung bildet" (PH 1413).

Ist der anhängige Prozeß in jenem Sinne „tödlich", daß er die alte Welt nicht dialektisch aufhebt, sondern schlechthin „tötet", um eine andere an ihre Stelle zu setzen, dann erhebt sich für Metz nicht weniger als für Moltmann die Frage, auf welche Weise Blochs atheistische Konsequenz zu vermeiden oder wie sie christlich zu interpretieren sei.

c) Atheistische Folgerung oder christliche Interpretation („Reich ohne Gott" — oder „Utopie ohne Atheismus")?

J. B. Metz, so hat sich gezeigt, hat zu Beginn seiner Befassung mit der Philosophie von Ernst Bloch die christliche Hoffnung von der utopischen abgrenzen wollen. Utopische Hoffnung klagt die Zukunft als das Eigentum des Menschen ein, das ihm bisher zu Unrecht vorenthalten worden ist; christliche Hoffnung dagegen „enteignet" den Menschen in eine Zukunft hinein, die nicht sein Eigentum ist, sondern der er sich, als der Zukunft Gottes, übereignet. Diesen Gedanken hat Metz in seinen späteren Schriften nicht mehr aufgegriffen. Er hat darum auch die Frage nicht diskutiert, auf welche Weise eine Zukunft, die ausschließlich Gott gehört, dennoch zur Zukunft des Menschen werden könne, vor allem aber wie zu vermeiden sei, daß die Rede von der „Enteignung" im Sinne einer neuen Heteronomie und Entfremdung des Menschen verstanden werde. Wie schon mehrmals zuvor, so hat Metz auch dieses Mal die Probleme nicht weiter verfolgt, die sich aus dem von ihm gewählten Ansatz ergaben, weil er seine Argumentationsabsicht geändert hat. Statt auf Abgrenzung gegen Blochs utopisch-postulatorische Hoffnung kam es ihm nun im Gegenteil darauf an, gemeinsam mit Bloch gegen Vulgärformen des Marxismus Front zu machen.

Für diese Absicht boten sich mehrere Ansatzpunkte, von denen aus Metz eine Theologie neuen Stils zu entwickeln hoffte. Dazu gehörte die Unterscheidung der absoluten Zukunft des „Reichs" von jeder nur relativen Zukunft des sozialtechnisch Machbaren, deshalb der Überschuß der Phantasie über alle Planziele und die Aufgabe, den Menschen davor zu schützen, in bloßes Material sozialtechnischer Planung verwandelt und so „verheizt" zu werden. Die Rechtfertigung aber für solche Unterscheidung der absoluten von der relativen Zukunft, für diesen Überschuß der Phantasie über das Planziel, ergab sich bei Bloch und in seinem Gefolge für Metz aus dem eschatologischen Gedanken an die „kommende Welt", deren Recht freilich gegen das Unrecht der bestehenden Welt erst in einem „Prozeß" durchgesetzt werden muß, der noch „anhängig" ist, auch wenn jetzt schon feststeht, daß er mit dem Gerichtsurteil über „diese Welt" enden muß.

An eben dieser Stelle im Argumentationsgang freilich wurde deutlich, daß jene Eschatologie, die der Argumentation Blochs zugrunde liegt und an die Metz anknüpfen möchte, um so dem (von Barth entlehnten) Begriff des „eschatologischen Vorbehalts" einen neuen, den Überschuß der Hoffnung über die Planung schützenden Inhalt zu geben, einem unvermittelten Dualismus entstammt. Dieser stellt „diese Welt" der „kommenden Welt" versöhnungslos gegenüber. Eben dieser Dualismus aber enthielt, so hat sich an früherer Stelle gezeigt, den Keim zu jenem Atheismus, demgemäß Bloch das erhoffte „Reich" nur als „Reich ohne Gott" denken konnte. Jeder Versuch, von Blochs Argumenten einen christlich-theologischen Gebrauch zu machen, wird deshalb vor die Aufgabe gestellt, entweder die Notwendigkeit zu bestreiten, mit der aus Blochs Utopik als Prämisse sein Atheismus als Konsequenz sich ergibt — oder diese Konsequenz ihrerseits christlich zu deuten.

Einen Versuch der zuletzt genannten Art hat Jürgen Moltmann unternommen, indem er zwei Arten des Atheismus unterschied: einen „Atheismus um seiner selbst willen" und einen „Atheismus um Gottes willen".

Der Atheist um seiner selbst willen kennt keinen Gott [. . .], weil er sich selbst für Gott hält. Der Atheist um Gottes willen aber zerstört alle Bilder, Traditionen und religiösen Gefühle, die ihn illusionär mit Gott vereinigen — um der unaussprechlichen Lebendigkeit des ganz-anderen Gottes willen. Sein Atheismus ist negative Theologie (Vorrede zu: Ernst Bloch, Religion im Erbe, hrsg. v. J. Moltmann, München 1967, S. 17).

Einen solchen Atheismus um Gottes willen, „der das alttestamentliche Bilderverbot ernst nimmt" (ibid.), meint Moltmann bei Feuerbach zu finden, weil dieser die „Bilder", die der Mensch sich von Gott macht, als Projektionen des Menschen entlarvt, um so (nach Moltmanns Interpretation) Gott als den ganz Anderen vor der Verwechslung mit solchen menschlichen Gottesbildern zu schützen. Dieser Atheismus ist „negative Theologie", weil er Gottes Sein und Wesen nur dadurch zum Ausdruck bringt, daß er Gott von allen menschlichen Gottesbildern und Gottesbegriffen unterscheidet und deshalb von ihm ausschließlich in Verneinungen spricht.

Die Unterscheidung zwischen einem „Atheismus um seiner selbst willen" und einem „Atheismus um Gottes willen" hat einen Dialog zwischen Moltmann und Bloch ermöglicht, in dessen Verlauf eine Übereinstimmung im Wortgebrauch erreicht wurde. Aber gerade sie hat sich als Schleier eines Mißverständnisses erwiesen. In seiner ›Tübinger Einleitung in die Philosophie‹ hatte Bloch gesagt: „Nur ein Atheist kann ein guter Christ sein" (Tübinger Einleitung in die Philosophie II, Frankfurt 1964, S. 120). Damit war gemeint: Der Kern der christlichen Botschaft kommt erst zutage, wenn sie im Sinne der „unterirdischen Bibel" als die Botschaft von der Entthronung Gottes durch den Menschen Jesus gelesen wird. In seinem Beitrag zur Festschrift für Bloch hat nun Moltmann geantwortet: „Nur ein Christ kann ein guter Atheist sein" (BzE 260). Dabei war mit dem „guten Atheisten" der gemeint, den Moltmann später den „Atheisten um Gottes willen" genannt hat, im Gegensatz zum „Atheisten um seiner selbst willen", der sich selber zu Gott machen will. Aber eben diese Selbstvergottung des Menschen ist es, die Bloch in der christlichen Botschaft als deren Kern gefunden zu haben meint. „Das Humanum gewinnt" [durch die christliche Botschaft] „das Mysterium eines Göttlichen, eines Vergottbaren hinzu" (PH 1409). Nur dies, die Hoffnung auf die Vergottung des Humanum, ist jene „Religion im Erbe", die Bloch nicht preisgeben möchte. Nur diese Einsetzung des Menschen in die Würde Gottes und Absetzung Gottes zugunsten des Menschen ist der wahre Gehalt, „der durch die wechselnden Himmels-Hypostasen hindurch wesentlich gemeint war" (PH 1522). Alles bisherige Reden von Gott hat nur „dieses noch unbekannte Zukünftige in den Menschen", das „menschliche Inkognito" [andeutend] „umkreist. Derart sind alle Benennungen und Ernennungen Gottes [. . .] Deutungsversuche des menschlichen Geheimnisses gewesen" (PH 1522). Auch die „negative Theologie", die von Gott in lauter Verneinungen spricht, weil sie ihn von allen menschlichen Gottesbegriffen unterscheidet, ist Blochs Meinung nach dadurch überholt; denn auch die Verneinung spricht nicht vom „Deus absconditus", von dem hinter allen Bildern und Begriffen verborgenen Gott, sondern vom „homo absconditus und seiner Welt" (ibid.).

Bloch bezieht also die deutlichste Gegenposition zu Moltmanns „Atheismus um Gottes willen". Trotzdem hat er Moltmanns Antwort unter die Vorsprüche zu seinem Buch ›Atheismus im Christentum‹ aufgenommen und seiner eigenen Formulierung, auf die Moltmann hatte antworten wollen, hinzugefügt. „Nur ein Atheist kann ein guter Christ sein. Nur ein Christ kann ein guter Atheist sein" (AC 15). Aber was hier, im Sinne Blochs, den „guten" Atheisten vom „schlechten" unterscheidet, ist nicht, daß er „um Gottes willen" alle Götterbilder zerschlägt, sondern daß er, im Gegensatz zur vulgären Gottlosenbewegung, die absolute Hoffnung im Erbe behält. Denn „eine schlechthin antireligiöse, vorzüglich antichristliche Entzauberung sicherte" [in der Geschichte] „nicht gegen wirklich faulen Zauber" (AC 41), d. h. gegen Unterdrückungsgewalt, die sich ersatzreligiös mystifiziert; ein vulgäres Gottlosentum und eine vorbehaltlose Bekämpfung des Christentums hat deshalb allzu oft nichts anderes bewirkt, als „daß genau die Fackeln Neros desto besser brennen" (AC 14). Der „gute Atheist" Blochs will nicht den „ganz anderen Gott" vor Verwechselung mit den menschlichen Gottesbildern schützen, wie der „gute Atheist" Moltmanns. Er will im Gegenteil an den Tag bringen, „was in Mensch und Welt überhaupt treibt und in Geburt steht" (PH 1534). Das aber ist „Menschwerdung Gottes" in dem Sinne, daß alles, was bisher in Gott gesucht wurde, nun im Menschen gefunden wird. In diesem Sinne ist nach Blochs Interpretation „der Stern" der drei Weisen aus dem Evangelium „bis zur Hütte gewandert, wo Gott aufhört" (ibid.), weil in dieser Hütte der göttliche Mensch geboren wurde.

So kann Moltmann zwar mit Recht darauf hinweisen, Bloch habe seine „Offerte angenommen" (Vorrede zu: Bloch, Religion im Erbe, S. 17), indem er seinem Satz „Nur ein Atheist kann ein guter Christ sein" Moltmanns Antwort „Nur ein Christ kann ein guter Atheist sein" hinzugefügt hat. Aber es ist ein Mißverständnis, wenn Moltmann meint, daraus auch auf inhaltliches Einverständnis schließen zu können.

Metz hat sich nicht auf Moltmanns fragwürdiges Experiment eingelassen, den Atheismus Blochs in einem christlichen Sinne, als „negative Theologie", zu deuten. Der Ausdruck „theologia negativa" tritt bei ihm in einem anderen Zusammenhang auf: gerade als Abgrenzung von Bloch und als Warnung davor, die christliche Hoffnung in eine Divinisierung der Zukunft zu verwandeln. „Die christliche Eschatologie ist keine Ideologie der Zukunft, sondern vielmehr eine theologia negativa der Zukunft" (ThdW 88). „Theologie" ist die christliche Eschatologie, weil sie von einer Zukunft spricht, die ausschließlich eine Möglichkeit Gottes, keine solche des Menschen ist. Und „negativ" ist diese Theologie, weil die Möglichkeit Gottes gerade dort sichtbar wird, wo, wie Moltmann dies früher ausgedrückt hat, das Menschen-Mögliche endet. Nur so bleibt christliche Heilserwartung „Hoffnung — gegen alle Hoffnung" (ThdW 88). Und in diesem Zusammenhang formuliert Metz einen der wenigen Sätze, in denen er Bloch ausdrücklich deshalb nennt, um sich von ihm abzugrenzen. „Die schöpferisch-kritische Hoffnung der Christen ist nicht einfach Ausdruck eines ‚militanten Optimismus' (E. Bloch)" (ibid.).

Statt Blochs Atheismus christlich zu deuten, gilt es für Metz, die atheistische Konsequenz als unnötig zu erweisen, die Bloch aus seinem Ansatz bei der utopischen Hoffnung zieht. Dieser Nachweis geschieht bei Metz kaum durch Kritik an Blochs Argumenten, durch die dieser den zwingenden Zusammenhang zwischen Hoffnung und Atheismus darzulegen versucht. „Ohne Atheismus hat Messianismus keinen Platz" (PH 1413). Er geschieht vielmehr dadurch, daß Metz einen „Messianismus" vorzuführen sucht, der die utopische Hoffnung, wie Bloch sie verkündet, unverkürzt „im Erbe" behält, und der dennoch auch „ohne Atheismus" sehr wohl seinen Platz behaupten kann. Verteidigung des Christentums in einem nicht-atheistischen Sinne wird auf diese Art offensiv geführt: nicht durch Entkräftung der atheistischen Argumente, sondern durch eine „politische Theologie", d. h. durch die theistische Form des Bewußtseins „vom anhängigen ‚tödlichen' Prozeß" (PTh

1236, entnommen aus: Kirche und Welt im Lichte der „Politischen Theologie“, ThdW 105), in welchem „dieser Welt“ das Gerichtsurteil gesprochen wird. Solche „politische Theologie“ ist in dem, was sie verneint, „kritisches Korrektiv einer gewissen Privatisierungstendenz in der gegenwärtigen Theologie (in ihrer transzendentalen, existenzialen und personalistischen Ausprägung)“ (PTh 1233, entnommen aus ThdW 99). Positiv aber ist sie der „Versuch, die eschatologische Botschaft des Christentums“ [eben im Sinne des „tödlichen Prozesses“] „zu formulieren unter den Bedingungen unserer Gesellschaft“ (PTh 1233, entnommen aus ThdW 99). „Entprivatisierung ist die primäre theologiekritische Aufgabe der politischen Theologie“ (ThdW 101) — theologiekritisch deshalb, weil die traditionelle Theologie nach Auffassung von Metz einer „Privatisierungstendenz“ zum Opfer gefallen sei. Das „hermeneutische Grundproblem“ einer solchen Theologie aber ist das Verhältnis „von Glaubensverständnis und gesellschaftlicher Praxis“ (PTh 1235, entnommen aus ThdW 104).

Eine solche Interpretation der Glaubensbotschaft ist sachgerecht, „weil der Anspruch der Glaubensbotschaft nicht privatisiert und idealistisch verkürzt werden darf“ (J. B. Metz, Apologetik, in: Sacramentum mundi I, Freiburg 1967, Sp. 266—276, 275). Und in eben diesem Nachweis liegt die wahre Apologie des Christentums, die darin besteht, „vor allem die kritische Potenz der christlichen Hoffnung für den Gesellschaftsprozeß zu erläutern“ (ibid.). Im Lichte dieser Theologie „erscheint [. . .] der christliche Glaube als Gestalt gesellschaftskritischer Freiheit [. . .], zu der sich der Christ im Angesicht der eschatologischen Botschaft berufen weiß“ (PTh 1239).

d) Politische Theologie als Apologie des Christentums: Aufgabe und Programm

Politische Theologie, so zeigt sich nun, hat eine zweifache Aufgabe. Sie hat, innertheologisch, zu erweisen, daß Theologie „politisch“ sein kann und muß, um der christlichen Heilsbotschaft gemäß zu sein. Und sie hat, nach außen gewendet, darzutun, daß sie als Theorie der befreienden gesellschaftlichen Praxis „Theologie“ bleiben kann und muß, also nicht „atheistisch“ zu werden braucht, um „gut christlich“ zu sein.

Dabei ist zu bedenken: Der Nachweis, daß die christliche Heilsbotschaft eine „kritische Potenz [. . .] für den Gesellschaftsprozeß" (Apologetik 275) enthält, die in einer gesellschaftsverändernden Praxis wirksam werden kann, ist auf zweifache Weise schon erbracht: durch die (freilich damals erfolglose) Praxis Thomas Müntzers und anderer Revolutionäre aus eschatologischem Antrieb, und durch die Theorie dieser Praxis bei Bloch, vor allem in seinem Buch ›Thomas Müntzer als Theologe der Revolution‹. Hinsichtlich der ersten unter den zwei genannten Aufgaben bleibt also aller „politischen Theologie" im Sinne von Metz und aller „Theologie der Revolution" im Sinne angelsächsischer Autoren allenfalls das Geschäft, Vorgedachtes zu modifizieren, Übertreibungen abzubauen und dadurch die Legitimität einer solchen Theologie auch anderen Theologen plausibel zu machen. Auf diesen ersten Teil der Aufgabe hat Metz, wie zu zeigen sein wird, den größeren Teil seiner Mühe verwendet.

Noch nicht durch frühere Theologien erfüllt ist dagegen der zweite Teil der Aufgabe, d. h. der Nachweis, daß Theologie nicht nur politisch werden, sondern dabei auch „theologisch" bleiben kann, statt mit innerer Notwendigkeit zum Atheismus weiterzuschreiten. Die politische Theologie muß also nicht nur nachweisen, daß sie das Bewußtsein vom „anhängigen Prozeß" mit einer expliziten Rede von Gott verbinden, ja psychologisch auf den Gottesglauben gründen kann; sie muß vielmehr zeigen, daß sie auch logisch und implizit nicht „Atheismus involviert". Es wird zu prüfen sein, inwieweit Metz dieser zweiten Aufgabe einer politischen Theologie gerecht geworden ist.

e) Politische Theologie als Apologie des Christentums: Ihre Durchführung bei J. B. Metz

Was nun die Weise betrifft, wie Metz die beiden Aufgaben einer „politischen Theologie" zu erfüllen versucht, so ist zunächst festzustellen: Er hat zwar ihre Notwendigkeit nachdrücklich betont, in seiner Lehr- und Vortragstätigkeit zu ihrer Entwicklung aufgerufen und dadurch eine rege Diskussion ausgelöst; aber er hat die geforderte politische Theologie nicht (wenigstens nicht in gedruckten Veröffentlichungen) in ihrer systematischen Breite entfaltet. Dem steht gegenüber, daß er sich der Notwendigkeit einer solchen Entfaltung durchaus bewußt gewesen ist. Denn politische Theologie, wie er sie versteht, ist „nicht etwa eine zusätzliche, neue theologische Disziplin", etwa gar noch ein schmaler Spezialtraktat. „Diese Theologie soll vielmehr einen Grundzug im theologischen Bewußtsein überhaupt aufdecken" (ThdW 106 f.). Ein solcher „Grundzug" müßte sich aber in den verschiedenen theologischen Teilgebieten nachweisen lassen und dort in neuen Fragestellungen und Methoden wirksam gemacht werden. Wie die Durchführung eines solchen Programmes aussehen könnte, zeigt Metz lediglich an Beispielen.

Den Ansatz dazu sucht er dort, wo auch Bloch die Bedeutung religiöser Überlieferungen gefunden zu haben meint: in der Erinnerung an Hoffnungen der Menschheit, die bisher unerfüllt blieben und in dieser Welt, wie sie ist, auch nicht endgültig erfüllt werden können, sowie in der Erinnerung an die Leiden der Menschheit, die es unmöglich macht, daß wir uns mit der Welt, wie sie ist, abfinden. Solche Erinnerung ist „subversiv", weil sie die Unzulänglichkeit dieser Welt „radikal", d. h. bis in die Wurzeln des vorfindlichen Weltzustandes hinein freilegt und uns dadurch auffordert, die bestehenden Verhältnisse „umzustürzen". Ganz in diesem Sinne überschreibt Metz eine Predigt, die er im Advent 1970 gehalten hat, mit dem Titel: Glaube als gefährliche Erinnerung (— gE — in A. Exeler, J. B. Metz, K. Rahner, Hilfe zum Glauben, Zürich 1971, S. 23—38). Dort spricht er einleitend von den

> gefährlichen Erinnerungen [. . .] an einst widerfahrene, inzwischen verstummte oder verdrängte Hoffnungen und Leiden, die plötzlich inmitten unserer einschichtigen Alltagswelt durchschlagen (gE 24).

Solche Einnerung ist, ganz wie bei Bloch, dazu bestimmt, eine Zukunft offenzuhalten, die erst eintreten kann, wenn „diese Welt" überwunden ist, „eine Zukunft der ‚Hoffnungslosen', der Bedrängten und der ‚Verdammten dieser Erde'" (gE 30). Bewußt gewählt ist dabei die Anspielung auf die ›Internationale‹, deren erste Zeile lautet: „Wacht auf, Verdammte dieser Erde, die man noch stets zum Hungern zwingt." Denn das Christliche dieser Erinnerung ist keineswegs etwas, was nur die Christen für sich in Anspruch nehmen könnten; es fällt zusammen mit der Kraft, die von dieser Erinnerung ausgeht, Hoffnung zu wecken und zur Veränderung der Gesellschaft, ja zur Überwindung dieser Welt im ganzen aufzurufen.

Kriterium ihrer genuinen Christlichkeit ist dabei die kritisch-befreiende, aber auch erlösende Gefährlichkeit, mit der sie [die christlichen Glaubenssätze] die erinnerte Botschaft in die Gegenwart einbringen (gE 32).

Die gleichen Thesen hatte Metz schon mehr als ein Jahr zuvor in einer Rückschau auf die durch ihn ausgelöste öffentliche Diskussion formuliert (J. B. Metz, Politische Theologie in der Diskussion –PThD —, in: H. Peukert [Hrsg.], Die Diskussion zur politischen Theologie, Mainz und München 1969, S. 267—301):

Im Glauben vollziehen die Christen [. . .] gefährliche Erinnerung, die unsere Gegenwart bewegt und in Frage stellt, weil wir uns in ihr an unausgestandene Zukunft erinnern (PThD 286 f.).

Nicht nur die Hoffnungen der Vergangenheit sind bisher uneingelöst, sondern auch die Zukunft ist noch „unausgestanden", weil der Kampf um die Erfüllung dieser Hoffnungen noch gekämpft werden muß. Auch dies liegt ganz im Sinne des Satzes von Bloch: „Die subjektive Hoffnung, mit der gehofft wird, ist ihrer sicher und gewiß"; aber „die objektive Hoffnung, als welche inhaltlich gehofft wird", muß „erst noch entschieden werden, in offener Geschichte" (PH 1623 f.). Auch hier fällt das Kriterium politischer Relevanz nach Ansicht von Metz mit dem Kriterium „genuiner Christlichkeit" zusammen. Für alle christlichen Glaubenssätze gilt: „Kriterium ihrer genuinen Christlichkeit ist die kritisch-befreiende, aber auch erlösende Gefährlichkeit" (PThD 289).

Woher die christliche Erinnerung ihre „Gefährlichkeit" nimmt, wird in einem anderen Artikel deutlicher gesagt. Christliche Erinnerung ist Leidenserinnerung. Und zugleich wird deutlich, wogegen ihre „Gefährlichkeit" sich wendet: gegen die Vorstellung von einer technologisch machbaren und deshalb durch die eindeutige Richtung technischen Fortschritts garantierten Zukunft. Daher wählt J. B. Metz den Titel: Erinnerung des Leidens als Kritik eines teleologisch-technologischen Zukunftsbegriffs (— EdL —, in: Evangelische Theologie 32 [1972], S. 338—352). Dort lautet der Programmsatz:

Die politische Phantasie wird sich von den technologischen Zwängen nicht endgültig aufsaugen lassen, wenn sie jene moralische Phantasie und Widerstandskraft behält, die aus dem Gedächtnis des in der Geschichte akkumulierten Leidens erwächst [. . .] Politisches Bewußtsein ex memoria passionis, politisches Handeln aus dem Gedächtnis der Leidensgeschichte der Menschen (EdL 343).

Es sind also bei Metz weniger die Wunschträume der Menschen als ihre Leiden, die die „moralische Phantasie" wecken und die „Widerstandskraft" gegen das Verplantwerden stärken. Leiden ist es, das die Hoffnung ins Recht setzt. So hatte schon Bloch gesagt:

Es wäre uns nicht möglich, derart am Unzulänglichen zu leiden, wenn nicht etwas in uns weitertriebe und weit über alles Leibliche hinaus treiben wollte (GdU 417).

Daß aber Gedächtnis des Leidens eine spezifisch christliche Aufgabe sei, deutet Metz an, indem er die lateinische Formulierung „memoria passionis" gebraucht. Denn diese Formel ist in der Theologie geläufig, um das Gedenken an Jesu Tod zu bezeichnen, wie es liturgisch in der Eucharistiefeier vollzogen wird.

Das Verhältnis zwischen der Erinnerung an die allgemein-menschliche „Leidensgeschichte" und der Erinnerung an die einmalige Passion Jesu aber sieht Metz in folgender Weise. Zwar „nährt sich jeder Aufstand gegen Unterdrückung aus der subversiven Kraft erinnerten Leidens" (EdL 347), aber die „Verheißung künftiger Freiheit für alle" gründet sich nur auf „das Gedächtnis des gekreuzigten Herrn, eine besondere memoria passionis" (EdL 348). Hier nämlich entsteht ein Hoffnungsbewußtsein, das „keine leere Antizipation bedeutet, sondern aus der Erfahrung der Neuschöpfung des Menschen in Christus sich auf die Suche nach menschlicheren Lebensformen begibt" (EdL 348).

So entsteht die Frage, warum unter all den ungezählten Todesschicksalen in der „Leidensgeschichte der Menschheit" diese eine Passion und „diese bestimmte memoria passionis" eine unverwechselbare Verheißung enthalte. Auf diese Frage hält sowohl die traditionelle christliche Theologie als auch die Philosophie Ernst Blochs eine Antwort bereit. Aber keine dieser Antworten kann Metz übernehmen.

Die traditionelle Theologie hatte die Frage nach der unverwechselbaren Bedeutung des Todes Jesu für die Hoffnung der Menschheit eindeutig beantwortet: Nicht das Leiden als solches, auch nicht alles Leiden der gesamten Menschheit, hat erlösende, heilschaffende Kraft, sondern allein das Leiden Jesu als Opfertod des Gottessohnes. Aber eben diese Opfertod-Theologie ist durch Bloch unter den Verdacht gestellt worden, eben demjenigen Kriterium nicht zu genügen, das Metz von Bloch übernimmt: dem Kriterium, „gefährlich" zu sein, d. h. „subversive", rebellische Aktivität auszulösen. Denn die Theologie des Opfertodes, so argumentiert Bloch, gibt dem Leiden einen „Sinn", motiviert also die Menschen dazu, das Leiden anzunehmen und zu bejahen. Dadurch aber lähmt diese Theologie des Opfertodes Jesu den Protest und die Widerstands-Energie der Leidenden. Auf diese Kritik Blochs an der „Opfertod-Theologie" wird an anderer Stelle im Verlaufe dieser Untersuchung noch einzugehen sein (s. unten S. 281—288). Hier muß es genügen, darauf hinzuweisen, daß Metz unter dem Eindruck von Blochs Kritik es vermeidet, auf die Deutung des Kreuzestodes Jesu als eines Opfers zurückzugreifen, und daher andere Wege suchen muß, die unvergleichliche Bedeutung gerade dieser „bestimmten" Passion im Unterschied zu dem tausendfachen Sterben auf dieser Welt nachzuweisen.

Andererseits hatte die gleiche Frage nach der unverwechselbaren Bedeutung dieser einen Leidenserinnerung auch bei Bloch eine eindeutige Antwort gefunden: Erinnerung an das Leiden Jesu ist Erinnerung an den Gottmenschen (d. h. bei Bloch an den, der die „Vergottbarkeit" des Menschlichen offenbar gemacht hat), der zwar in „dieser Welt" keinen Ort hatte, aber „zum Himmel fuhr" (um Gott zu entthronen) und „wiederkehren wird" (d. h. das Reich des göttlichen Menschen als Reich ohne Gott für die Zukunft garantiert). „Wenn einer, mußte dieser zum Himmel fahren" (PH 1501). Denn „Jesus setzte sich als Menschensohn in dieses Oben ein [. . .]. Nicht den vorhandenen Menschen setzte er ein, sondern die Utopie des Menschenmöglichen" (PH 1487). Und „wenn einer, mußte Jesus zurückkehren, damit er das Menschenreich vollende" (PH 1501). Denn

> der gehängte Jesus selber, außer daß er auferstanden ist, kommt am Ende der Tage als Richter zurück; in dem gleichen Archetyp, der so manche geschlagenen Revolutionen begleitet hat. Mit dem Ruf: Wir kommen wieder; mit der Bedeutung: als Rächer und vollkommener Sieg kommt das ehemalige Martyrium wieder. Es ist das ein erzutopischer Archetyp (PH 1332).

Jesus als Typ des geschlagenen und dennoch himmelstürmenden Revolutionärs, die Hoffnung auf seine Wiederkunft aber als Archetyp für die Zukunft kommender Rache („unsere Enkel führen's besser aus") mit dem Ziel des Menschenreiches anstelle des Gottesreiches: das ist Blochs Antwort auf die Frage nach der Unverwechselbarkeit dieser bestimmten memoria passionis — aber diese Antwort ist für Metz als Theologen nicht akzeptabel.

Da Metz aber weder die Antwort der traditionellen Theologie noch die Blochs übernehmen kann, bleibt es für ihn bei der recht bescheidenen Auskunft, wonach „das christliche Gedächtnis des Leidens neben vielen anderen“ steht, die „zum Ferment werden für jenes neue politische Leben, das wir um unserer Zukunft willen suchen“ (EdL 352). „Neben anderen“ Formen des Leidensgedächtnisses reiht sich die christliche memoria passionis auf solche Weise ein unter ihre „natürlichen Verbündeten“. Und hier nennt Metz die aus Blochs Utopik bekannten Kräfte,

die traumfarbenen Gedanken, die ausgesparten, unterdrückten und angefochtenen Ideen, die unangepaßten und widerspenstigen Erwartungen und die tödlich getroffenen Hoffnungen der Menschen (gE 37).

Politische Theologie als Apologie des Christentums ist auf solche Weise Angebot einer Bundesgenossenschaft mit dem utopischen Denken. Die erste Aufgabe einer solchen Apologetik, der Nachweis der politischen Bedeutung der christlichen Botschaft, ist insoweit erfüllt.

Indessen will Metz „keineswegs im Sinne einer unkritischen oder opportunistischen Anpassung“ an außerchristliche Formen der Gesellschaftskritik verstanden werden, „oder gar im Sinne der völligen Selbstauflösung von Kirche und Christentum in den Gesellschaftsprozeß hinein“ (PThD 298 f.). Wenn die Christen als Bundesgenossen „neben“ den Utopikern stehen, so tun sie dies doch mit einem eigenen, unverwechselbaren Beitrag. Darum muß politische Theologie vermeiden,

daß wir die ausstehende Zukunft der Herrschaft Gottes herabdeuten zum ungebrochenen Resultat unserer eigenen sozialen Anstrengungen [. . .] zur geglückten Erfüllung unserer eigenen Intentionen und Wünsche (gE 31).

Soll aber damit die Bundesgenossenschaft mit dem utopischen Denken nicht doch wieder aufgekündigt werden, dann gilt es nachzuweisen, daß die Rede vom Gottesreich der vom Menschenreich nicht an „Gefährlichkeit“ nachsteht, sondern sie sogar übertrifft. Diesen Nachweis will Metz erbringen, indem er zeigt, daß „die theologische Rede von der Herrschaft Gottes der Beginn der Säkularisierung und Relativierung jeder besonderen politischen Herrschaftsform“ ist (PThD 272). Gerade eine Erwartung, die auf das Reich Gottes, nicht auf das Reich des Menschen gerichtet ist, wird hellsichtig für die „Kontingenz und Wandelbarkeit der freiheitlichen politischen Ordnungen und Verfassungen selbst" (PThD 271), „indem die Herrschaft Gottes unter uns Menschen gerade dadurch anbrach, daß die Herrschaft zwischen den Menschen anfänglich niedergelegt wurde" (gE 28). Weil Gott, nicht der Mensch, das Subjekt des erwarteten Königtums ist, darum entlarvt die christliche Botschaft jeden Versuch, eine „Partei, eine Gruppe, eine Rasse, eine Nation, eine Klasse [. . .] als dieses Subjekt zu bestimmen und einzuführen, [. . .] als politischen Götzendienst" (EdL 352).

Zwar wendet Metz an der zitierten Stelle diese Kritik nicht gegen die revolutionäre Arbeiterklasse und ihre Partei, sondern gegen die „Klasse der Technokraten" (ibid.). Aber es ist deutlich, daß das gleiche Argument sich auch gegen Vorstellungen von einer Diktatur des (in der Partei organisierten) Proletariats wenden läßt, sofern dieses den Anspruch erheben sollte, jenes „Subjekt" zu sein, welches den Sinn der Geschichte vollstreckt. Christliche Hoffnung bewahrt, so betrachtet, ihre „subversive" Kraft dadurch, daß sie gegen *jede* menschliche Herrschaft, die sich absolut setzt, an Gott als den alleinigen Herrn appelliert und dadurch der Gefahr widersteht, daß aus den Befreiungen der Geschichte immer neue Unterdrückungen werden. Denn „es wurde sichtbar, daß Revolutionsgeschichte in neue Gewalt- und Unterdrückungsgeschichte ausartet" (J. B. Metz, Erlösung und Emanzipation — EuE —, in: L. Scheffczyk [Hrsg.], Erlösung und Emanzipation, Freiburg 1973, S. 120—140, 120).

Gerade in der Befürchtung, Befreiung könne in immer neue Unterdrückung umschlagen, weiß Metz sich mit Bloch einig, von dem er den Ausspruch überliefert: „Im Citoyen der Französischen Revolution steckte der Bourgeois; Gnade uns Gott, was im Genossen steckt" (zitiert EuE 121). Gegen diese Gefährdung aller menschlichen Emanzipationsbewegungen, in neue Repressionssysteme umzuschlagen, bringt Metz nun die christliche Hoffnung ins Spiel, die sich auf das Reich Gottes, nicht des Menschen richtet. Gerade deswegen unterscheidet er, wie schon der Titel seines Aufsatzes und der ganzen, von Leo Scheffczyk herausgegebenen Sammlung besagt, „Erlösung und Emanzipation".

f) Der Begriff der Erlösung: Bewährungsprobe oder Grenze einer politischen Theologie?

Die Unterscheidung „Erlösung und Emanzipation" ist im Zusammenhang einer politischen Theologie deshalb von so großer Wichtigkeit, weil sie dazu dient, diejenige Aufgabe zu erfüllen, die oben die „zweite" genannt worden ist. Die politische Theologie muß ihren theologischen Charakter wahren, indem sie zeigt, daß die christliche Hoffnung nicht nur „explizit" gläubig, sondern auch „implizit" keineswegs atheistisch ist.

Metz nämlich kennt sehr wohl den Verdacht, die christliche Botschaft sei zwar von unverwechselbarer Bedeutung in der Freiheitsgeschichte der Menschheit; aber sie sei in dieser Geschichte nur eine zwar notwendige, aber vorläufige Phase. Indem er sagt, diese Botschaft enthalte den „Beginn" der Relativierung aller politischen Herrschaftsverhältnisse (PThD 272, s. oben S. 165), sie habe „anfänglich" [im Sinne von anfangshaft] alle Herrschaft von Menschen über Menschen „niedergelegt" (gE 28), kommt er dieser Auffassung zunächst sogar entgegen. Zieht man nämlich die hier angedeuteten Linien aus, so läßt sich sagen: Bei Betrachtung der Geschichte der Emanzipationsbewegungen kann der Eindruck aufkommen, solche Bewegungen verdankten zwar der christlichen Botschaft ihren „Beginn" und ihre „anfangshafte" Gestalt (weshalb sie in dieser Form nicht außerhalb desjenigen Kulturbereiches entstehen konnten, der historisch von der jüdisch-christlichen Hoffnungsbotschaft geprägt worden ist); aber eben dieser Beginn und Anfang verlange nach einer Vollendung nach-religiöser Art. Die Rede von „Gottes Königtum" habe alle irdischen Könige „relativiert"; die Abschaffung dieser Könige und Herren aber habe zunächst die Rede von „Gott dem Herrn und König" ihrer irdischen Analogie beraubt, sie dadurch unverständlich und folglich gesellschaftlich wirkungslos gemacht. Damit aber sei schließlich die Aussicht eröffnet worden auf ein „Reich ohne König", ohne menschlichen, aber auch ohne göttlichen, und diese Aussicht sei als der „wahre Hoffnungsgehalt" der jüdischen und christlichen Botschaft nun endlich zum Vorschein gekommen. Der Nachweis, daß die neuzeitliche Emanzipationsbewegung ihren Beginn der christlichen Botschaft verdanke und insofern „christlich legitim" sei, entkräftet nicht schon den Verdacht, die christliche Erlösungsbotschaft habe wirkungsgeschichtlich eine Situation mit heraufgeführt, in der sie sich am Ende selbst überflüssig macht und Erlösung nun von Emanzipation erfolgreich beerbt wird (EuE 125).

Dann hätte diese Wirkungsgeschichte „expliziert", was „implizit" in der christlichen Heilsbotschaft immer schon enthalten war: ihren atheistisch-emanzipatorischen Kern.

Gegenüber dieser naheliegenden Ansicht muß nachgewiesen werden, daß politische Theologie auf ihrem eingeschlagenen politischen Wege nicht willkürlich stehenbleibt, nur um Theologie zu bleiben, daß also die christliche Hoffnung nicht nur deshalb gläubige Hoffnung ist, weil sie ihren eigenen „wahren Kern" vorläufig noch mißversteht. Dieser Nachweis verlangt ein Argument, das zeigen kann: Die christliche Hoffnung würde ihr eigenes Befreiungsziel gerade verfehlen, wenn sie aufhörte, gläubige Hoffnung zu sein.

Diesem Argumentationsziel entspricht das Beweismittel, das Metz wählt. Er verweist auf die historische Erfahrung, daß jede andere Hoffnung als die gläubige immer wieder auf eine Ideologie der Sieger hinausläuft. Ihnen ist es nicht genug, sich als die physisch Stärkeren zu erweisen; sie wollen ihren Sieg zugleich als das gerechte Gericht verstanden wissen, das sie an den vorgefundenen Weltverhältnissen vollstrecken, damit die neue Herrschaft, die sie aufrichten, als „Befreiung" derer erscheine, die sie sich unterwerfen. „Emanzipationsgeschichte ohne Erlösungsgeschichte", d. h. die Geschichte aller „Befreiungen", die aus einer anderen als der gläubigen Hoffnung resultieren, „entlarvt sich als abstrakte Siegergeschichte" (EuE 127). Das gilt sowohl für die „liberale" Emanzipationstheorie, die technischen Fortschritt schon für eine Garantie wachsender Freiheit hält und so die neu entstehenden Abhängigkeitsverhältnisse verschleiert und die Durchsetzungskraft des Tüchtigen zum ausreichenden Legitimationsgrund seiner Herrschaft erklärt. Es gilt aber auch für die „revolutionäre Emanzipationstheorie" (EuE 128), die von der Notwendigkeit lebt, den Gegner zu verteufeln, und die deshalb einem „Zwang zur zwischenmenschlichen Verfeindung" unterliegt (ibid.).

Gläubige Hoffnung dagegen widersteht dem Versuch, physischen Erfolg durch moralische Selbstrechtfertigung zu sakralisieren und so unter dem Vorwande der „Befreiung" (Emanzipation) neue Zwangsherrschaften aufzurichten. Denn christliche Hoffnung ist, als Hoffnung des Glaubens, Hoffnung auf die Rechtfertigung der Sünder, nicht auf den Sieg der Gerechten. So enthält sie die „Anleitung" des Menschen zur „Anerkennung seiner Schuldsituation" (EuE 130). Eben dadurch aber wird diese Hoffnung des Glaubens fähig, „dem Entschuldigungsmechanismus einer abstrakt totalen Emanzipation zu widersprechen und den heimlichen Unschuldswahn, der ihn begleitet, [. . .] zu entlarven" (EuE 131).

Die Entlarvung der Sieger-Ideologien, die sich als Theorien der Befreiung verschleiern, und die Brechung des Zwanges zur Selbstrechtfertigung und zur Verteufelung des Gegners — das sind zweifellos Funktionen, die für den Glauben (als Zutrauen in die Rechtfertigung des Sünders) spezifisch sind; zugleich aber haben diese Funktionen unzweifelhaft politische Bedeutung. Eine Theologie dieser gläubigen Hoffnung ist also in der Lage, politische Relevanz zu gewinnen und zugleich Theologie zu bleiben. Eben damit aber, so scheint es, wird sie jener Doppelaufgabe gerecht, die einer politischen Theologie gestellt war, wenn sie als Apologie des Christentums unter den Bedingungen der heutigen Gesellschaft auftreten will. Eine Theologie der Hoffnung als Bekenntnis des Erlösungsglaubens wird insofern zur Bewährungsprobe der politischen Theologie.

Und doch wird gefragt werden müssen, ob die politische Theologie nicht zugleich ihre Grenze erreiche, wenn sie sich als Theologie der gläubigen Hoffnung versteht. An früherer Stelle hat sich gezeigt, politische Theologie, wie Metz sie fordert, sei das Angebot einer Bundesgenossenschaft des gläubigen Denkens mit dem utopischen (s. oben S. 165). Das utopische Denken aber, so zeigte sich weiterhin, beruht auf der unvermittelten Antithese zwischen „dieser" und der „kommenden Welt" (s. oben S. 112 ff.). Diese Antithese aber bildet eine grundsätzliche Schwierigkeit für jeden Versuch, Blochs Philosophie der Hoffnung in eine christliche Theologie hinein zu rezipieren. (Die Art, wie Jürgen Moltmann diese Schwierigkeit zu lösen versucht, ist oben S. 140 ff. dargestellt worden). Auf den Grund dieser Schwierigkeit wird an späterer Stelle noch näher einzugehen sein (s. unten S. 251 ff.). Vorwegnehmend aber, und um die Problematik des Verhältnisses von „Erlösung und Emanzipation" deutlich zu machen, sei an dieser Stelle auf folgenden Sachverhalt aufmerksam gemacht:

Ein Denken, das auf einen unvermittelten Gegensatz zwischen „dieser“ und der „kommenden“ Welt abhebt, ist notwendigerweise „dualistisch“. Seine praxisanleitende Funktion zielt darauf ab, die „alte“ Welt nicht dialektisch in die „kommende“ Welt hinein aufzuheben, sondern darauf, sie zugunsten dieser kommenden Welt zu vernichten bis hin zur Tilgung der Erinnerung an sie („. . . daß man des Vorigen nicht mehr gedenken soll“, so lautet deshalb eine von Ernst Bloch bevorzugt zitierte Stelle aus dem Jesaja-Buch). Blochs Dualismus, so ist an früherer Stelle deutlich geworden, hat die Funktion, klare Freund-Feind-Verhältnisse zu schaffen und die revolutionären Eliten zu Vollstreckern des Gerichts über diese böse Welt (und sogar ihren verteufelten Schöpfer) zu erklären (s. oben S. 116 ff.). Für ein solches Denken aber ist es seiner Struktur nach notwendig, revolutionäre Gewalt als den strafenden Arm der welthistorischen Gerechtigkeit zu legitimieren, die Gegner der revolutionären Eliten aber als „Heerhaufen des Fürsten dieser Welt“ nicht nur physisch zu schlagen, sondern moralisch zu verteufeln. Auch bei Ernst Bloch steht aller Humanismus dieser Absicht nicht im Wege, die Revolution als welthistorisches Strafgericht zu begreifen. Das ist der Grund, warum Bloch sich darauf beruft, daß auch in biblischen Weltgerichtsvisionen „von Feindesliebe wenig mehr die Rede“ sei (PH 581).

Wenn nun, wie Metz betont, gläubige Hoffnung dem Selbstrechtfertigungszwang ebenso widersteht wie dem Zwang zur zwischenmenschlichen Verfeindung, d. h. zur Verteufelung dessen, gegen den die revolutionäre Gewalt sich durchsetzen muß, dann kann offenbar zwischen dieser gläubigen Hoffnung und dem utopischen Denken nur noch in einem sehr eingeschränkten Sinne von „Bundesgenossenschaft“ gesprochen werden. Diese „Bundesgenossenschaft“ ist dann eingeschränkt auf die Gemeinsamkeit des Zieles von Gerechtigkeit, Freiheit und Frieden. Sie schließt jedoch die Gemeinsamkeit der Methoden aus, mit denen dieses Ziel durch revolutionäre Gewalt durchgesetzt und dieser Kampf durch dualistische Ideologien gerechtfertigt wird. Damit aber hört diese „Bundesgenossenschaft“ auf zu sein, was ihr Name besagt: reale Kampfgenossenschaft. Denn der Kampf der revolutionären Eliten hat die Ideologie des hier und jetzt zu vollstreckenden Weltgerichtes zu seiner notwendigen Voraussetzung, so daß in diesen Kampf nicht eintreten kann, wer die ihm entsprechende Ideologie verneint.

Trifft dies aber zu, dann wird einerseits gefragt werden müssen, ob

Metz nicht weit mehr, als er selber zu bemerken scheint, durch seine Theologie der gläubigen Hoffnung an die Grenze dessen geführt worden ist, was er selber zuvor „politische Theologie" genannt hat: an die Grenzen einer Theologie, deren Aufgabe darin hatte bestehen sollen, angesichts wachsender Sachzwänge die „politische Phantasie" zu ermutigen (s. oben S. 84ff.). Im Streit zwischen den „Ideologen" und den „Technokraten" hatte Metz gegen die „Technokraten" votiert und dabei die Bundesgenossenschaft mit den Ideologen in Kauf genommen (s. oben S. 86f.). Eben diese Parteinahme stand am Ursprung seiner politischen Theologie. Die Theologie der gläubigen Hoffnung dagegen richtet — soweit sie auch von aller bloß technokratischen Zukunftserwartung entfernt ist — ihre Spitze gegen jenen Selbstrechtfertigungszwang, der am Ursprung aller Ideologien steht.

Gewiß, auch und gerade eine Theologie der gläubigen Hoffnung ist von hoher politischer Relevanz, und zwar gerade wegen ihres unverwechselbaren Inhaltes: der Heilszusage an die Sünder. Diese ihre politische Bedeutung beruht auf ihrer ideologiekritischen Funktion. Denn zu jeder Ideologie gehört der Versuch, „eine eigene Gerechtigkeit aufzurichten" (Rom 10, 3), die Parteinahme für die eigene Gruppe als Parteinahme im Streit zwischen Licht und Finsternis erscheinen zu lassen, die Gegner aber als Werkzeuge der Ungerechtigkeit zu entlarven und so dem Kampf der Waffen die Weihe eines eschatologisch „letzten Gefechts" zu verschaffen. (Vgl. den Refrain der Internationale: „Völker, hört die Signale! Auf zum letzten Gefecht".) Diesem Versuch widersteht die christliche Lehre von der Erwählung der Sünder (nicht der Gerechten) und vom Heil allein aus Gnade. (Zum Zusammenhang zwischen paulinischer Rechtfertigungslehre und Ideologiekritik vgl. R. Schaeffler, Ideologiekritik als philosophische und theologische Aufgabe, in: Theologische Quartalschrift 155 [1975], S. 97—116.) Aber die politische Bedeutung dieser gläubigen Hoffnung scheint vorwiegend darin zu bestehen, daß sie die Grenze des politisch Möglichen sichtbar macht. Darum wird auch eine Theologie dieser gläubigen Hoffnung weniger den Charakter einer „politischen Theologie" als vielmehr den einer theologischen Grenzbestimmung der Politik an sich tragen.

Soeben war davon die Rede, Metz sei „mehr, als er selber zu bemerken scheint", durch seine Theologie der gläubigen Hoffnung an die Grenze dessen geführt worden, was er selbst „politische Theologie" genannt hat. Dem lag der Eindruck zugrunde, Metz habe die qualitative Differenz zwischen einer theologischen „Ermutigung der politischen Phantasie“ und einer theologischen Grenzziehung politischen Wollens und Wirkens nicht sehr deutlich wahrgenommen. Dieser Eindruck wird durch die jüngste Veröffentlichung von J. B. Metz bestätigt. Unter dem Titel ›Glaube in Geschichte und Gesellschaft‹ (Mainz 1978) sind „Studien zu einer praktischen Fundamentaltheologie“ gesammelt, die nach Aussage der Vorrede als „kritische Fortbildung“ der politischen Theologie verstanden sein wollen und den „Freunden und Schülern der politischen Theologie“ gewidmet sind. In diese Sammlung ist auch der Artikel „Erlösung und Emanzipation“ in leicht überarbeiteter Form aufgenommen worden. Daraus darf geschlossen werden: Auch die Differenz zwischen „Erlösung“ und „Emanzipation“ fällt nach dem Selbstverständnis des Verfassers noch in das Feld der (weiterentwickelten) politischen Theologie.

Dennoch darf gefragt werden, ob Metz sich auf solche Weise nicht darüber hinwegtäuscht, daß sein eigenes Verständnis von Erlösung die Grenze benennt, an der die Möglichkeit politischen Handelns und damit des Appells an die „politische Phantasie“ endet. Es scheint, dies gilt in besonderem Maße dann, wenn die Bedingungen berücksichtigt werden, unter denen Politik heute ins Werk zu setzen ist.

Mit Recht nämlich hat schon Aristoteles die Zentralaufgabe des politischen Arguments darin gesehen, den Konsens über das Gerechte und Ungerechte möglich zu machen. Zu diesem Zwecke sei dem Menschen anstelle des tierischen Naturlauts die Sprache gegeben (Aristoteles, Politik A 1, 1253 a, 9—18). Unter den Bedingungen der Gesellschaft von heute aber, unter denen Macht nur erworben werden kann, indem um Zustimmung geworben wird, bedeutet dies zugleich: Der Kampf um politische Macht muß mit dem Anspruch geführt werden, um das „gerechte Recht“ zu kämpfen, trügerische Legitimierung ungerechter Gewalt zu entlarven und die Maßstäbe des Urteils über Recht und Unrecht, die sich verschoben haben oder den realen Lebensbedingungen nicht mehr entsprechen, zurechtzurücken. Darum gehört zur Politik notwendigerweise die Parteinahme für die „Verdammten dieser Erde“, die man in der bestehenden Gesellschaft nicht nur, wie die ›Internationale‹ sagt, „noch stets zum Hungern zwingt“, sondern die auch in einem ganz wörtlichen Sinne „verdammt“ erscheinen, weil man sie, gemessen an dem Gesetz dieser bestehenden Gesellschaft, als die Verfechter der falschen Sache und damit als die zu Recht Unterdrückten ausgibt. In dieser Parteinahme für jene, die von „dieser Welt" verurteilt werden, kann die politische Theologie sich mit der politischen Ethik einig wissen.

Gläubige Hoffnung dagegen hofft nicht nur für die, die von „dieser Welt" zu Unrecht (und zum Zwecke der Aufrechterhaltung ihrer Unrechtsordnung) „verdammt" werden; sie hofft auch für die, die vor Gott und also zu Recht Sünder heißen. Kreuzesnachfolge verlangt nicht nur, daß der Glaubende mit Jesus für diejenigen eintritt, die von anderen unrechtmäßig als „Sünder" bezeichnet werden, sondern daß er, ebenfalls mit Jesus, sich für diejenigen hingibt, die wirklich Sünder sind. Gerade diese Solidarität mit den Sündern verbietet es den Glaubenden, sich selbstgerecht auf der Seite der „Reinen" zu wissen. Dies aber liegt jenseits der Möglichkeiten einer politisch-kämpferischen Parteinahme — und deshalb nicht weniger jenseits der Möglichkeiten einer Theologie, die in ihrem Kern „politisch" sein will.

Bezeichnenderweise ist auch bei Metz in denjenigen Schriften, die der politischen Theologie gewidmet sind, zwar viel von der Solidarität mit denen die Rede, die von „dieser Welt" verdammt werden, aber nicht von der Solidarität mit denen, die unter Gottes gerechtem Gericht stehen — und die doch gerade die Adressaten für das Gnaden- und Vergebungswort der christlichen Verkündigung sind. Während dieser Gedanke in den Schriften von Metz zur politischen Theologie fehlt, hat er ihn an anderer Stelle durchaus zur Sprache gebracht. Dort ist davon die Rede, daß es die Aufgabe der Kirche sei, das Gericht über „diese Welt" so zu predigen, daß sie sich selbst, als „Kirche der Sünder", unter dieses Gericht stellt. Eben damit aber hat Metz den Übergang von der politischen Theologie zur Theologie der Hoffnung vollzogen, auch wenn er die qualitative Bedeutung dieses Schrittes gelegentlich zu unterschätzen scheint. Vorausblickend seien einige Sätze zitiert, an denen der neue Standort der Theologie von J. B. Metz abgelesen werden kann.

Der Gott unserer Hoffnung ist uns nahe über dem Abgrund unserer redlich erkannten und anerkannten Schuld — als der unsere Entscheidungen Richtende und als der unsere Schuld Vergebende zugleich [. . .]. Unsere christliche Predigt [. . .] muß den Mut haben, das Bewußtsein von Schuld zu wecken und wachzuhalten.

Aber nicht nur anderen predigen die Christen das Gericht. Die Gewißheit des Glaubens macht die Glaubenden selber

dazu frei, daß wir uns [. . .] als eine Kirche der Sünder verstehen [. . .]. Wir Christen hoffen ja nicht auf uns selber [. . .] wie es jene Ideologien tun, die keine andere Hoffnung haben als die auf sich selbst.

Diese Sätze sind demjenigen Dokument entnommen, in welchem die Theologie der gläubigen Hoffnung ihren vorläufigen Abschluß gefunden hat: dem Beschluß der „Gemeinsamen Synode der Bistümer in der Bundesrepublik Deutschland" vom 22. 11. 1975 mit dem Titel ›Unsere Hoffnung. Ein Bekenntnis zum Glauben in dieser Zeit‹ (Teil I, 5: Vergebung der Sünden; Teil II, 3: Gleichförmig mit Christus, s. unten S. 239 f.).

Am Zustandekommen dieses Dokumentes hatte J. B. Metz maßgebenden Anteil. Der Weg, der ihn zu dieser neuen Position führte, soll im folgenden Abschnitt nachgezeichnet werden.

Dritter Teil

AUF DER SUCHE NACH EINEM EIGENEN WEG KATHOLISCHER HOFFNUNGS-THEOLOGIE

Das Thema „Hoffnung", so wurde an früherer Stelle gesagt, hat innerhalb der katholischen Theologie nicht immer den gleich bevorzugten „Stellenwert" gehabt wie innerhalb der evangelischen Theologie, die den Glauben primär als Zutrauen in Gottes Verheißung begreift (s. oben S. 17f.). Es bedarf daher besonderer Anlässe, wenn dieses Thema nicht nur einem Spezialtraktat innerhalb der katholischen Theologie überlassen bleiben (z. B. dem moraltheologischen Traktat von den „drei göttlichen Tugenden"), sondern ins Zentrum der theologischen Aufmerksamkeit rücken soll. Für J. B. Metz war ein solcher Anlaß gegeben, als er seine „Wendung zur Politik" vollzog (s. oben S. 88ff.). Diese Wendung veranlaßte ihn, nicht mehr primär nach einem theologischen Legitimationsgrund für ein „Ja zur Welt" Ausschau zu halten (einem Rechtfertigungsgrund, der vor allem in einer Theologie der Schöpfung und der Inkarnation zu suchen war), sondern nach theologischen Kriterien für die Kritik an herrschenden „Trends" der Gegenwart. Diese Kritik betraf vor allem den Trend zu wachsender Funktionalisierung und technischer Perfektionierung des öffentlichen Lebens, die den Spielraum für gemeinsame Willensentscheidungen über die Ziele gemeinsamen Handelns, also den Spielraum für Politik, zugunsten funktionaler Sachzwänge mehr und mehr einzuengen schien.

Im Zusammenhang dieser Wendung zur Politik gewann das Thema „Hoffnung" erst seine Vordringlichkeit. Hoffnung, wie sie in diesem Kontext verstanden wurde, richtet sich auf eine „offene Zukunft", in die der Mensch dadurch eintreten kann, daß sich ihm Alternativen verantwortlichen gemeinschaftlichen Handelns öffnen. Diese Hoffnung aber wurde für Metz zu einem Thema der Theologie dadurch, daß die Offenhaltung einer solchen Zukunft vom Wort und Werk Gottes erwartet wurde, der dem Menschen seine Verheißung gegeben hat. Indem aber diese Verheißung als „Offenhaltung der Zukunft" verstanden wurde, die dem Menschen den Spielraum praktisch-politischer Entscheidung öffnet, war die Aufgabe gestellt, die Zeugnisse solcher Verheißung „politisch" zu interpretieren und deshalb die Eschatologie (als die Lehre von der verheißenen Heilszukunft) als „politische Theologie" zu konkretisieren. Zu diesem Ziele aber war es erforderlich, eine politische Hermeneutik der Glaubensüberlieferung zu entwickeln.

Die Aufgabe einer solchen politischen Hermeneutik der Glaubensüberlieferung, so hat sich weiterhin gezeigt (s. oben S. 97f.), bestimmte den Sachkontext, innerhalb dessen Blochs Philosophie der utopischen Hoffnung für Metz bedeutsam geworden ist. Das Interesse, Blochs allgemeine Hermeneutik der Religion (d. h. seine Anweisung, religiöse Überlieferung als Zeugnis utopischer Hoffnung auszulegen) auch und gerade für eine spezielle Hermeneutik der christlichen Glaubensüberlieferung fruchtbar zu machen, war darum zunächst stärker als das Interesse, sich von ihm abzugrenzen und einen eigenen Weg katholischer Hoffnungstheologie zu suchen. Die Notwendigkeit, sich eine solche Eigenständigkeit gegenüber Bloch zu sichern, entstand erst in dem Maße, in welchem die Aufgabe sichtbar wurde, jene atheistische Konsequenz zu vermeiden, die Bloch aus seinem Verständnis der religiösen Überlieferung gezogen hatte. Die Frage lautete nun: Wie ist es möglich, der biblisch bezeugten Hoffnung — trotz oder gerade wegen ihres „politischen" Inhalts — den Charakter einer „gläubigen Hoffnung" zu wahren?

Um also die „politische Theologie" gegen die Gefahr abzusichern, sich als Theologie selber aufzugeben und in Politik aufzuheben, mußte gezeigt werden, daß die Zukunft, auf die die gläubige Hoffnung sich richtet, primär nicht die „Zukunft des Menschen" sei (nicht die durch die Menschennatur des Menschen „essentiell" gesicherte Realität seiner Hoffnungsziele), sondern „Zukunft Gottes". Die evangelische Theologie (vor allem in der Form, in der Jürgen Moltmann sie vertrat) konnte diese Differenz der Zukunft Gottes und Jesu gegenüber der Zukunft des Menschen und der Welt aus Prinzipien der reformatorischen Rechtfertigungslehre ableiten (s. oben S. 122ff.). Dieser Weg stand der katholischen Theologie von ihrem Verständnis des göttlichen Heilswirkens her nicht offen. Deshalb entstand für sie die Aufgabe, zugleich mit der Abgrenzung gegen Bloch und sein atheistisches Religionsverständnis auch gegenüber der evangelischen Theologie einen eigenständigen Ansatz für eine Theologie der Hoffnung zu finden. Erst an dieser Stelle im Problemzusammenhang ist also diejenige Aufgabe entstanden, die im Untertitel der hier vorgelegten Untersuchung genannt wird: die Suche nach einem eigenen Weg der katholischen Hoffnungstheologie „zwischen Blochs utopischem Denken und der reformatorischen Rechtfertigungslehre“.

Aber wenn dieser Weg auch insofern gegenüber dem der evangelischen Theologen eigenständig sein mußte, als er nicht von spezifischen Prämissen der reformatorischen Rechtfertigungslehre ausgehen konnte, so war er doch nur zu finden, wenn auch die katholischen Theologen ein Thema ins Zentrum ihrer Aufmerksamkeit rückten, das für die evangelischen Theologen schon immer im Mittelpunkt ihrer Aufmerksamkeit gestanden hatte: die Rechtfertigung des Sünders durch Gottes ungeschuldete Gnade oder, um es in einer in der katholischen Theologie geläufigeren Terminologie zu sagen, das Thema „Erlösung“. Mochten die Konfessionen sich in der *Behandlungsart* diese Themas und in den *Ergebnissen,* zu denen diese Behandlung sie führt, voneinander unterscheiden, das *Thema* als solches gehört unstrittig zu den zentralen Gehalten der christlichen Glaubensverkündigung und zu den Unterscheidungsmerkmalen der christlich-theologischen gegenüber aller rein philosophischen Rede von Gott und dem Menschen. So wurde auch J. B. Metz notwendigerweise auf dieses Thema verwiesen, als er sich bemühte, das Proprium zu bestimmen, durch das die gläubige Hoffnung sich von der utopisch-atheistischen unterscheidet (s. oben S. 167ff.).

Gerade durch die Gegenüberstellung von „Erlösung und Emanzipation“ jedoch, so hat sich gezeigt, wurde Metz an jene Grenze geführt, an welcher die gläubige Hoffnung sich — auf eine für die Politik höchst bedeutsame Art! — von aller politischen Programmatik, ja auch von aller politischen Phantasie unterscheidet. Eben deshalb aber ist damit auch die Grenze in Sicht gekommen, an der eine Theologie der christlichen Hoffnung von aller Theorie der politischen Programme und Entwürfe, auch von aller im strengen Sinne „politischen“ Theologie, unterschieden werden muß. Das Thema „Hoffnung“, so läßt sich zusammenfassend sagen, das nur bei besonderer Veranlassung ins Zentrum der Aufmerksamkeit katholischer Theologen zu rücken pflegt, ist für Metz durch seine „Wendung zur Politik“ bedeutsam geworden. Aber das Proprium christlicher, gläubiger Hoffnung gegenüber der utopisch-atheistischen Hoffnung Blochs ist für Metz erst sichtbar geworden, als er, geleitet durch den Begriff der „Erlösung", der Sache nach an die Grenzen des Politischen stieß, auch wenn er seinem subjektiven Bewußtsein nach sich noch innerhalb der politischen Theologie zu bewegen meinte.

Für die Frage nach einem Ansatz katholischer Hoffnungstheologie ist damit zugleich ein wichtiger Hinweis gewonnen. Christliche Hoffnungstheologie, gleichgültig welcher Konfession, wird stets eine Theologie jener Heilszusage sein, die Gott aus ungeschuldeter Gnade dem Sünder gegeben hat, nicht eine Theologie der Siegesgewißheit derer, die sich selbst als die Gerechten wissen und daher das Richteramt über diese böse Welt (und ihren Schöpfer) für sich in Anspruch nehmen. Da dieser Anspruch den „dualistischen" Zug im Denken Ernst Blochs begründet, wird die theologische Auseinandersetzung mit ihm stets unter dem Gesichtspunkt der „Dualismus-Überwindung" geführt werden müssen.

Damit ist zugleich für das Verhältnis der katholischen zur evangelischen Hoffnungs-Theologie ein Kriterium gesetzt. Da das Proprium der gläubigen gegenüber der utopisch-atheistischen Hoffnung sich aus der Zusage der Erlösung (der ungeschuldeten Gnade, die den Sünder gerecht macht) ergibt, die theologische Lehre von der Rechtfertigung des Sünders aber stets das Zentrum evangelischer Theologie ausgemacht hat, ist damit zu rechnen, daß die katholische Theologie gerade dort, wo sie sich angesichts der Herausforderung Blochs um die Neubegründung einer Hoffnungstheologie bemüht, von den evangelischen Theologen wesentliche Anregungen empfangen kann. Da andererseits die theologische Auseinandersetzung mit Bloch unter dem Gesichtspunkt der Dualismus-Überwindung geführt werden muß, ist damit zu rechnen, daß die konfessionelle Differenz der Theologien dort deutlich hervortreten wird, wo das Verhältnis der „alten" zur „kommenden Welt" zur Diskussion steht.

Die Kritik evangelischer Theologen, speziell auch die Katholizismuskritik Jürgen Moltmanns, betraf ja die Frage nach dem „Identitätspunkt", der es möglich macht, daß der gleiche Mensch es ist, der Sünder war und dem eine Zukunft der Gerechtigkeit zugesprochen wird, der tot war und zum neuen Leben erweckt wurde, der als Teil „dieser" Welt dem Gericht verfallen und doch durch Gottes Verheißung Bürger der „kommenden" Welt ist (s. oben S. 122ff. und 140ff.). Wenn nun, wie

Moltmann vermutet, an dieser Frage die Wege der reformatorischen Theologie sich von denen des Frühkatholizismus (und damit des Katholizismus von heute) trennen, dann wird die katholische Theologie eine andere Auskunft über die „Identität" des Sünders mit dem Gerechtfertigten und damit über die mögliche Kontinuität des Lebens in dieser und in der kommenden Welt geben müssen.

Kurz: Es ist damit zu rechnen, daß die katholischen Theologen bei ihrer Bemühung um eine eigenständige Theologie der Hoffnung zunächst von den evangelischen Theologen zu lernen haben, daß sie aber bei der Bestimmung des Verhältnisses zwischen „dieser" und der „kommenden Welt" — und also bei Behandlung eben jenes Punktes, auf den sich die Auseinandersetzung mit Ernst Bloch immer wieder konzentrierte — sich von der evangelischen Theologie abgrenzen, ja ihr gegenüber die Sorge anmelden werden, der drohende Dualismus sei von ihr nicht zulänglich und daher auch nicht endgültig überwunden worden.

1. ›Die Hoffnungsstruktur des Glaubens‹ — Ferdinand Kerstiens' Versuch einer kritischen Rezeption von Moltmanns Hoffnungs-Theologie

a) Kerstiens' Themenwahl und seine Orientierung an Moltmann

Von Ferdinand Kerstiens muß an dieser Stelle vor allem deshalb gesprochen werden, weil seine Veröffentlichungen für J. B. Metz auf dessen Weg von der politischen Theologie zur Theologie der gläubigen Hoffnung einen wichtigen Schritt zu signalisieren scheinen. Dabei muß die Frage hier völlig außer Betracht bleiben, welche Fragestellungen, Lösungsansätze oder Ergebnisse Kerstiens „früher" als sein Lehrer Metz gefunden habe. Die Entscheidung derartiger „Prioritätsfragen" im Verhältnis von Schüler und Lehrer entzieht sich der Kompetenz des Berichterstatters schon deshalb, weil der Einfluß des Lehrers auf den Schüler — und umgekehrt! — gewöhnlich nicht durch gedruckte Veröffentlichungen ausgeübt wird, sondern weit mehr durch das gesprochene Wort, das höchst selten dokumentiert oder gar datiert wird und so dem historischen Betrachter zugänglich wäre. So bleibt für den Außenstehenden unentscheidbar, ob Kerstiens einen Schritt in der theologischen

Entwicklung von J. B. Metz veranlaßt hat (was mancher wissenschaftliche Lehrer von seinen Schülern sagen kann), oder ob ein solcher von Metz schon vollzogener Schritt sich nur in der Weise spiegelt, wie Metz die Arbeit von Kerstiens angeregt und betreut hat. Wichtiger als diese unentscheidbare „Prioritätsfrage“ sind zwei Feststellungen, die der Dissertation von Ferdinand Kerstiens ihren Ort im Sachzusammenhang zwischen politischer Theologie und Theologie der Hoffnung zuweisen.

(1) Metz hatte seine politische Theologie als Verteidigung des Christentums vor der Gesellschaft von heute verstanden; Kerstiens ordnet die politische Theologie in den Zusammenhang einer Theologie der Hoffnung ein, wobei er die Hoffnung ihrerseits als Strukturmoment des Glaubens begreiflich machen möchte. Schon durch diese Themenstellung ist seine Argumentation nicht primär apologetisch „nach außen“ gewendet, sondern innertheologisch auf das „Zentrum“ von Glaube und Theologie gerichtet. Das schließt nicht aus, sondern ein, daß auch Kerstiens diesen Glauben vor der Gesellschaft von heute verantworten will. Aber nicht, was in der Gesellschaft von heute „gefragt“ ist und als Urteilskriterium feststeht, sondern was aus der Mitte des Glaubens heraus gesagt werden muß, steht für ihn primär zur Debatte. Erst dadurch wurde ein Weg frei, der dahin führen konnte, „unsere Hoffnung“ als ein „Bekenntnis zum Glauben in dieser Zeit“ zu formulieren, wie Metz dies wenige Jahre später in seiner Vorlage für die „Gemeinsame Synode“ getan hat.

(2) Während Metz die entsprechenden Bemühungen evangelischer Theologen zwar gelegentlich nennt, sie aber nirgendwo thematisch behandelt, enthält das Buch von Kerstiens auf weite Strecken hin eine kritische Bestandsaufnahme evangelisch-theologischer Argumentationsversuche. Erst dadurch aber wurde der Weg frei, gerade die Lehre von der „Rechtfertigung des Sünders“, der traditionsgemäß die besondere Aufmerksamkeit evangelischer Theologen gilt, auch in die katholisch-theologische Reflexion auf die christliche Hoffnung in solcher Weise einzubeziehen, daß dadurch die Differenz zwischen „Emanzipation und Erlösung“ sichtbar wurde. Einige Jahre nach der Veröffentlichung der Dissertation von Kerstiens zeigt Metz in seinem schon erwähnten Artikel „Emanzipation und Erlösung“, daß er diesen Weg gegangen ist.

Kerstiens hat in mehreren Publikationen, so in dem Artikel „Hoffnung“ im Lexikon ›Sacramentum mundi‹ (Bd. II, Freiburg 1968,

Sp. 725—735), in der Bibliographie „Die zeitgenössische Theologie der Hoffnung in Deutschland“ (in: Concilium 6 [1970], S. 646a—650b) und vor allem in seiner Dissertation ›Die Hoffnungsstruktur des Glaubens‹ (— HdG —, Mainz 1968) die Bilanz einer theologischen Entwicklung zu ziehen versucht, von der er glaubt, sie habe erst wenige Jahre zuvor eingesetzt. „Erst seit 1960 beginnt die Hoffnung zu einem zentralen Thema der Theologie zu werden“ (Concilium 6, S. 646a). Die vorausgehende (katholische) „Schultheologie“ hat „Glaube, Hoffnung und Liebe [. . .] als Sektoren christlichen Lebens und nicht als Aspekte des einen Grundaktes christlicher Existenz behandelt“ (HdG 58). Diese Unterscheidung und nachträgliche Verknüpfung ist zunächst schon rein *anthropologisch* verfehlt. „Die Unterscheidung und die Reihenfolge der drei göttlichen Tugenden übersehen ihre innere Einheit von der Mitte des Menschen her“ (HdG 62). Vor allem aber sind es *theologische* Gründe, die es nötig machen, diese Einheit von Glaube, Hoffnung und Liebe zu betonen.

Glaube und Liebe sind nicht sie selbst, wenn ihnen [. . . die] Dimension der Hoffnung fehlt (HdG 54).

Nur in der gegenseitigen Integration von Glaube, Hoffnung und Liebe wird eine einheitliche [. . .] Hoffnungstheologie möglich (HdG 71).

Zwar hatte die katholische „Schultheologie“ Ansätze enthalten, von denen aus sich eine Lehre von dem inneren Zusammenhang der drei „göttlichen Tugenden“ hätte entwickeln lassen. Dabei konnte von der traditionellen Beschreibung des Glaubens ausgegangen werden, wonach dieser ein „vom Willen gebotener Verstandesakt“ (actus intellectus a voluntate imperatus) sei. Daraus ließ sich folgern:

Die Hoffnung geht dem Glauben voran, indem sie in ihrer Ausrichtung auf die letzte Vollendung den Verstand zur Zustimmung bewegt. Sie folgt dem Glauben nach, indem sie auf den vollen Besitz des schon im Glauben berührten Lebens zugeht. So durchdringt die Hoffnung den Glaubensakt selbst (HdG 41).

Der Grund jedoch, warum die katholische „Schultheologie“ über bloße Ansätze dieser Art nicht hinausgelangt ist, lag nicht in einer mangelnden Reflexion auf die drei „göttlichen Tugenden“, sondern darin, daß deren Ort im Ganzen der Theologie unzureichend bestimmt war. Die genannten drei Tugenden wurden als „besonderer Pflichtenkreis neben anderen“ (HdG 58) in der Moraltheologie behandelt. Eine angemessene Erörterung des Verhältnisses von Glaube, Hoffnung und Liebe wäre jedoch nur an einer anderen Stelle im theologischen System möglich gewesen: in der Eschatologie. Denn in der Eschatologie wäre deutlich zu machen, daß der Glaube als Zutrauen in die Verheißung mit der Hoffnung, die sich der verheißenden Zukunft öffnet, und der Liebe, die diese Zukunft tätig antizipiert, aufs engste zusammengehört.

Aber eben diese Eschatologie ist innerhalb der „Schultheologie“, wie Kerstiens sie sieht, zu einer Art „Anhang“ geworden, der den übrigen Teilen der Glaubenslehre ohne innere Beziehung hinzugefügt wird. (Die Darstellung scheint hier, zur Erzielung von Schwarz-Weiß-Kontrasten, nicht allzu sehr um historische Gerechtigkeit gegenüber der „Schultheologie“ bemüht zu sein, die durchaus danach trachtete, die Eschatologie in die übrigen „Lehrstücke“ der Dogmatik zu integrieren; so z. B. durch die Lehre vom Glauben als der vorläufigen Antizipationsgestalt der „seligmachenden Schau“ oder durch die Lehre von den Sakramenten als „vorausweisenden Zeichen“, oder in der mittelalterlichen Gestalt dieser Dogmatik durch die Lehre von dem in die Zukunft des Endheiles vorausweisenden „sensus anagogicus“, der allen Schriften innewohnt, auch wenn deren „sensus literalis“ von Geschehnissen der Vergangenheit Kenntnis gibt.) Die Verweisung der Eschatologie in den Anhang der Dogmatik und die relative Isolierung der Hoffnung gegenüber dem Glauben und der Liebe sind nur zwei Seiten des gleichen Mangels der „Schultheologie“. „Mit der Isolierung der Hoffnung hängt die Isolierung der Eschatologie innerhalb der Dogmatik zusammen“ (HdG 11 f.).

Schon an dieser Stelle wird sichtbar, wie eng Kerstiens sich an die Problemstellung von Jürgen Moltmann anschließt. Auch dieser beginnt sein Buch ›Theologie der Hoffnung‹ nach einer einleitenden „Meditation“ mit der Feststellung, der Ort der Eschatologie und damit der Theologie der Hoffnung sei in der traditionellen evangelischen Theologie unzulänglich bestimmt. In der jüngeren evangelischen Theologie sei die Eschatologie zwar „neu entdeckt“ worden, doch sei diese Entdekkung „unwirksam“ geblieben (vgl. die Überschrift: § 1 Die Entdeckung der Eschatologie und ihre Unwirksamkeit, ThdH 31). Die Eschatologie wurde „entdeckt“, insofern ihre Bedeutung für die Predigt Jesu exegetisch hervorgehoben wurde, vor allem durch Albert Schweitzer. Aber diese Entdeckung konnte nicht wirksam werden, weil die „Naherwartung" als der historische Irrtum Jesu und der Urgemeinde gewertet wurde, so daß die Eschatologie, trotz ihrer Wichtigkeit für den historischen Jesus, in der Theologie von heute ein bloßer Anhang zur Dogmatik geblieben ist. Was statt dessen notwendig ist, ist nach Moltmanns Überzeugung eine Eschatologie „nicht nur als Anhang zur Dogmatik, sondern als das Medium theologischen Denkens überhaupt" (ThdH 35). Ganz in diesem Sinne fordert auch Kerstiens „die Auflösung der Eschatologie als eines eigenen Traktats" (HdG 177 = Sacramentum mundi II, 731). Denn „die eschatologische Dimension gehört in alle Deutung der Glaubenswahrheit hinein" (HdG 176); denn nur eine eschatologische Betrachtung gibt allen Glaubenswahrheiten „die Dimension [. . .], in der sie allein in ihrer Wahrheit erkannt werden können" (HdG 177, vgl. Sacramentum mundi II, 731).

Es handelt sich hier nicht um bloße Meinungsgleichheit, sondern um bewußte Anknüpfung. Kerstiens gibt dies in folgender Weise zu erkennen: Jene „Erneuerung der Hoffnungstheologie", die er mit dem Jahre 1960 datieren zu können glaubt, „verdankt ihre Impulse vor allem den Gesprächen mit dem Marxismus, mit der evangelischen Theologie der Hoffnung und mit dem Werk Teilhard de Chardins" (HdG 65). Von diesen drei „Impulsen" scheidet jedoch der dritte bei näherem Zusehen wieder aus. Denn bei Teilhard wird „Geschichte von Evolution verschlungen, Freiheit von Natur, Zukunft vom Ziel, Prophetie von Prognose" (HdG 193 f., formuliert im Anschluß an die Kritik von Schütz). Die beiden anderen Impulse aber, der marxistische und der evangelisch-theologische, sind voneinander nicht unabhängig. Denn die evangelische Theologie in ihrer jüngsten, Kerstiens allein interessierenden Phase ist „inspiriert von der links-hegelianischen, mehr gesellschaftlich-politischen Tradition, insbesondere von der marxistischen Hoffnungsphilosophie Ernst Blochs" (HdG 76).

Die teils schon beobachteten, teils erst für die Zukunft erhofften „Impulse", von denen eine Erneuerung der Theologie im katholischen Raum ausgehen könnte, werden also primär im Gespräch mit solchen evangelischen Theologen erwartet, die sich von Blochs Hoffnungsphilosophie haben „inspirieren" lassen. Es ist dieses Kriterium, von dem her Kerstiens seine Präferenzen bestimmt. Unter den in Betracht gezogenen evangelischen Theologen aber bleiben Pannenberg und Sauter nach dem Urteil von Kerstiens „weitgehend im Bereich der Theorie, während es gerade das Anliegen von Schütz und Moltmann ist, die Praxis des Glaubens zu korrigieren und zu inspirieren" (HdG 147). Dabei freilich begeht Schütz den folgenschweren Fehler, daß er „kein positives Verhältnis zur gesellschaftlichen Verfaßtheit des Menschen finden kann", ja einer „Verteufelung der Welt und der Geschichte" verfällt, die „Jürgen Moltmann [. . .] nicht mitmacht, sondern eine kritische Nähe zu ihr" [der Welt und Geschichte] „sucht" (HdG 148). Es ist deutlich, daß Blochs Hoffnungsphilosophie mit ihrer ausdrücklichen Praxis- und Gesellschaftsbezogenheit von solchen Theologien nicht auf fruchtbare Weise rezipiert werden kann, die „im Bereich der Theorie" verharren oder „kein positives Verhältnis zur gesellschaftlichen Verfaßtheit des Menschen" finden. Nach dem Auswahlkriterium, das Kerstiens verwendet, bleibt also zuletzt nur Moltmann als der Partner jenes Gespräches übrig, von dem Kerstiens sich die „Impulse" für eine erneuerte Theologie der Hoffnung versprechen kann. (Es ist erstaunlich zu sehen, daß Kerstiens den innertheologischen Impulsen so wenig Erneuerungskraft zutraut, daß er — nach Ausscheiden der naturphilosophisch orientierten Versuche von Teilhard — die Theologen, mit denen er ins Gespräch kommen will, ausschließlich nach ihrer Fähigkeit beurteilt, auf die gesellschaftsphilosophischen Argumentationen der „Links-Hegelianer" und insbesondere Blochs einzugehen.) Moltmann kommt den Erwartungen von Kerstiens dadurch entgegen, daß er schon in seiner einleitenden „Meditation über die Hoffnung" drei Themen anschlägt, die das besondere Interesse von Kerstiens erregen mußten:

(1) Moltmann konzipiert weder die Hoffnung als eine besondere christliche „Tugend" neben anderen noch die Eschatologie als einen speziellen, auf die „letzten Dinge" bezogenen Sondertraktat der Dogmatik, etwa gar noch als deren Anhang. Vielmehr versteht er den christlichen Glauben insgesamt als Hoffnung und die Eschatologie als die diese Hoffnung auslegende Theologie.

Man nannte lange Zeit die Eschatologie die „Lehre von den letzten Dingen" [. . .]. In Wahrheit aber heißt Eschatologie die Lehre von der christlichen Hoffnung [. . .]. Das Christentum ist ganz und gar und nicht nur im Anhang Eschatologie, ist Hoffnung und Ausrichtung nach vorne, darum auch Aufbruch und Wandlung der Gegenwart (ThdH 11 f.).

(2) Weil Moltmann den Glauben nicht bloß als den Grund der Hoffnung versteht, sondern die Hoffnung als den Kern des Glaubens, darum ist er für die „Inspiration“ durch die Hoffnungsphilosophie Ernst Blochs in besonderer Weise geöffnet. Denn er kann der Bibelexegese Blochs in *einer* zentralen Hinsicht zustimmen: Weil Gott (paulinisch) als „Gott der Hoffnung“ geglaubt wird, darum kann (philosophisch) das „Futurum als Seinsmodus Gottes“ verstanden werden.

Der Gott, von dem hier geredet wird, ist kein innerweltlicher oder außerweltlicher Gott, sondern der „Gott der Hoffnung“ (Rom 15, 13), ein Gott mit „Futurum als Seinsbeschaffenheit“ (E. Bloch) (ThdH 12).

(3) Weil der Glaube in seinem Kern Hoffnung ist, darum ist Theologie in ihrem Zentrum die Bemühung, Hoffnung auf ihren (nicht nur subjektiven!) Möglichkeitsgrund hin durchsichtig zu machen. Sie ist so im Sinne Blochs „docta spes“. Und die alte Formulierung Anselms von Canterbury, wonach der Glaube in der theologischen Reflexion nach dem Verständnis seiner selbst und dessen, was ihn möglich macht, verlangt („Fides quaerens intellectum“), kann nun sinngleich übersetzt werden in die Rede von einer Hoffnung, die theologisch zum Verständnis ihrer selbst und ihres Möglichkeitsgrundes gebracht werden soll („spes quaerens intellectum“).

Theologische Begriffe fixieren die Wirklichkeit nicht, sondern [. . .] antizipieren zukünftiges Sein [. . .]. Spes quaerens intellectum ist der Ansatz zur Eschatologie, und wo sie gelingt, wird sie zur docta spes (ThdH 30).

b) Thematische Schwerpunkte der Untersuchung von F. Kerstiens

Das *erste Kapitel* seines Buches ›Die Hoffnungsstruktur des Glaubens‹ stellt Ferdinand Kerstiens unter die Überschrift „Das Verständnis von Glauben und Hoffen in der katholischen Theologie seit dem Vaticanum I“ (HdG 26—71). Er stellt hier eine Entwicklung dar, die sowohl für das Verständnis des Glaubens wie für das der Hoffnung von der „Schultheologie“ ausging (HdG 30—41; 57—63) und von dort zu einer „neuen Glaubenstheologie“ (HdG 41—57) bzw. einer „neuen Hoffnungstheologie“ (HdG 63—71) geführt hat. Dabei kommt es ihm darauf an, bereits in der „Schultheologie“ die ersten Ansätze nachzuweisen, die ihre Überwindung schon im Keime enthielten.

Was im Laufe dieser Entwicklung überwunden werden mußte, das war seiner Ansicht nach jedesmal die Überfremdung des Glaubens- bzw. Hoffnungsverständnisses durch Momente, die „von der griechischen Philosophie inspiriert“, aber „dem biblischen Denken fremd“ gewesen sind (HdG 33). Als „griechisch“ in diesem Sinne, und daher als „bibelfremd“, gilt ihm dabei vor allem das Verständnis der Offenbarung als einer „Wissensmitteilung durch das Wort, Belehrung, göttlicher Unterricht“ (ibid.). Denn bei einem solchen Offenbarungsverständnis bleibt die Heilsbedeutung des Mitgeteilten fraglos vorausgesetzt, statt ausdrücklich aufgewiesen zu werden. Eine solche Fraglosigkeit aber beruht auf der spezifisch griechischen „Gleichsetzung von Wahrheitserkenntnis und Heil, von Wissen und Macht, von Einsicht und Heiligkeit“ (ibid.). Wo aber das Heil in der Erkenntnis gesucht wird, da ist es stets als individuelles Heil verstanden, weil ja nur der Einzelne zu Akten des Erkennens fähig ist. Darum wird von einem „griechischen“ Denken auch die Hoffnung stets als individuelle Hoffnung verstanden. Aber „diese Privatisierung und Individualisierung entspricht in keiner Weise dem universalen Heilshorizont der biblischen Verheißungen“ (HdG 61).

Demgegenüber gilt es, Offenbarung primär nicht als Sachmitteilung zu begreifen, sondern vielmehr als Verheißung. Die Wirkung dieser Offenbarung auf das menschliche Bewußtsein besteht darum nicht so sehr in theoretischem Wissen als vielmehr „in dem von Gott ermöglichten Verstehen der von ihm gewirkten Geschichte“ (HdG 44). Das Zentralthema einer Theologie des Glaubens liegt folglich nicht so sehr in der „Frage nach dem Verhältnis von Glauben und [theoretischer] Vernunft“, sondern weit mehr in der „Frage nach dem Verhältnis von Glauben und Geschichte“ (ibid.). Das vertrauensvolle Eintreten in die so eröffnete Geschichte aber ist nicht eine Tugend „neben“ dem Glauben, sondern ein integrales Moment des Glaubens selbst: seine „Hoffnungsstruktur“. Darum ist auch eine Theologie der Hoffnung nicht als gesonderter Traktat „neben“ einer Theologie des Glaubens zu gewinnen, sondern „gerade durch die Rückgewinnung ihrer Beziehung zum Glauben“ (HdG 71).

Obgleich Kerstiens mit diesen Aussagen eine Tendenz beschreiben will, die er innerhalb der katholischen Theologie beobachtet hat, ja die sich auf Impulse zurückführen läßt, die schon in der „Schultheologie“ wirksam gewesen sind, ist doch unverkennbar: Gerade in der Abgrenzung des Verheißungsglaubens gegenüber einem „griechischen“ Zutrauen in die Heilskraft der Theorie folgt er weitgehend der Argumentation Jürgen Moltmanns. Er selber betont ausdrücklich, in der evangelischen Theologie sei „die Entwicklung schon weitergegangen“ als in der katholischen; hier liegen zur Theologie der Hoffnung „nicht nur Aufsätze zu Einzelfragen vor, sondern große systematische Entwürfe“ (HdG 71). Es ist daher konsequent, daß er im *zweiten Kapitel* „Zukunft und Hoffnung in der gegenwärtigen evangelischen Theologie in Deutschland“ behandelt (HdG 73—157). Es wurde schon darauf hingewiesen, daß er unter den evangelischen Theologen, die „große systematische Entwürfe“ zum Thema Zukunft und Hoffnung vorgelegt haben, Jürgen Moltmann den Vorzug gibt (s. oben S. 182f.). Die Bilanz dieser Bestandsaufnahme aber faßt er zu Beginn des *dritten Kapitels* „Die Hoffnungsstruktur des Glaubens“ (HdG 159—232) in dem Satz zusammen:

Die Überlegungen zur Erneuerung der katholischen Theologie und zur neuen evangelischen Hoffnungstheologie haben gezeigt, daß die Offenbarung Gottes nicht als Mitteilung von ewigen Wahrheiten verstanden werden darf, sondern als die geschichtliche Führung und Selbstzusage Gottes an sein Volk und an die Welt (HdG 161).

Denn es ist die Verheißung, die allein die Kraft hat, Zukunft zu eröffnen und damit Geschichte in Gang zu bringen, statt nur das ewig gleiche Wesen der Welt und des Menschen zu reproduzieren und so zu stabilisieren. Darum ist die „Analogia fidei“, d. h. jener innere Zusammenhang aller Glaubenswahrheiten, nach dem schon die Kirchenväter gefragt haben, nicht einfach in dem Verhältnis alttestamentlicher Verheißung und neutestamentlicher Erfüllung zu suchen, sondern in der Beziehung aller Verheißungen des Alten und Neuen Testamentes auf die letzte verheißene Zukunft, die Parusie Jesu. „Die Analogie aller Glaubensaussagen verweist auf den wiederkehrenden Herrn“ (HdG 136). Auch Tod und Auferweckung Jesu sind nicht nur Erfüllung alttestamentlicher Verheißungen, sondern auch und vor allem ihrerseits Verheißung. „Das Christusgeschehen“ ist „als Vorschein und Anfang der endgültigen Herrlichkeit zu deuten“ (HdG 200).

Das Zentralproblem besteht daher für Kerstiens wie für Moltmann darin, die in der Auferstehung Jesu schon geschehene und die in seiner Wiederkunft noch erhoffte Offenbarung der Herrlichkeit Gottes in das rechte Verhältnis zu setzen (vgl. HdG 45). Denn „die Auferstehung Jesu ist nicht ein in der Vergangenheit abgeschlossenes Geschehen" (HdG 181). Vielmehr haben die Christen „die volle Wahrheit des Auferstehungsmysteriums noch vor sich" (HdG 182). Und das gilt nicht nur deshalb, weil jene Auferweckung von den Toten, die an Christus schon geschehen ist, sich an den Glaubenden erst in der Zukunft ereignet, sondern zugleich deshalb, weil auch Christus selbst erst in der Auferweckung der Glaubenden seine Fülle, sein „Pleroma" erreichen wird. Was noch aussteht und verheißen ist, ist „die Vollendung der Königsherrschaft Gottes, das Pleroma Christi, auf das auch er selbst noch hofft" (HdG 201).

c) Probleme einer Transposition aus der evangelischen in die katholische Theologie

Leitend für die soeben geschilderten Überlegungen ist offenbar Moltmanns Zentralbegriff der „Zukunft Christi", auch wenn Kerstiens an der zitierten Stelle den Gedanken, daß auch Christus noch auf eine Zukunft zu hoffen hat, nicht aus Moltmann entnimmt, sondern aus einem Text des katholischen Theologen Ladislaus Boros. „Christus bleibt bis zum Ende der Zeit noch im Werden" (L. Boros, Erlöstes Dasein, Mainz 1965, S. 128, zitiert HdG 201). Freilich wendet Kerstiens den Begriff der „Zukunft Christi" nicht mit der gleichen Genauigkeit an wie Moltmann selbst. Die Differenz zwischen der Zukunft, die Jesus *hat,* und der Zukunft, die er der Welt und dem Menschen *schenkt,* samt der Vermittlung beider durch den Begriff „seiner Zukunft zur Welt" (s. oben S. 120f. und 124, vgl. ThdH 172) kommt bei Kerstiens nicht vor. Das liegt daran, daß auch ein anderes Problem bei ihm keine Rolle spielt: die Frage nach der Identität des Gekreuzigten mit dem Auferstandenen, des „damals" den Jüngern in den Osterereignissen Begegnenden mit dem, den sie als den Wiederkommenden erwarten, vor allem aber die Frage, ob Jesus den „Identitätspunkt" beim Übergang vom Kreuz zur Auferstehung, von den Osterbegegnungen zur Wiederkunft „in se" oder „extra se" finde (s. oben S. 121, vgl. ThdH 182). Es ist begreiflich, daß Kerstiens diese Fragen nicht stellt, weil er nicht wie Moltmann in der Tradition der reformatorischen Rechtfertigungslehre steht, der gemäß auch der begnadete Sünder seine Identität beim Übergang vom Tod des Gerichtes zum Leben der Gnade nicht „in se" findet, also etwa in seinem Wesen als Mensch oder in seiner Person, sondern allein „extra se" in Gottes Treue. (Hier handelt es sich nicht, wie Kerstiens meint, um eine „Treue Gottes zur [!] Identität des Menschen Jesus und damit aller Menschen" [HdG 127], als wäre diese Identität das Gegenüber, auf das Gottes Treue sich bezieht; es handelt sich vielmehr um eine Treue, aus der die Identität Jesu und damit aller Menschen erst hervorgeht.)

Aber indem Kerstiens die Prämisse Moltmanns preisgibt, verliert auch Moltmanns Folgerung, die er übernimmt, ihre zwingende Kraft. Nur weil der Mensch nach Moltmanns Überzeugung beim Übergang von der Sünde zur Gnade, vom Tod zum Leben, seine Identität nicht „in se", sondern ausschließlich „extra se" findet, ist es gegenstandslos, nach seinem „Wesen", etwa seiner „Menschennatur", zu fragen, die sich beim Wandel dieser „Zustände" durchhielte; und nur aus dem gleichen Grunde ist es vergeblich, nach seiner „Person" zu suchen, auf welche die Sünde wie die Gnade als bloße „Zustände" zu beziehen wären. Ja sogar die Rede von der göttlich-menschlichen Doppelnatur Jesu und von deren Einheit in der Person des göttlichen Logos ist gegenstandslos, weil die Identität des Gekreuzigten, Auferstandenen und Wiederkehrenden nicht in ihm selbst, sondern allein in Gottes zugesagter Treue liegt. Dies aber ist in Moltmanns Argumentation der Grund, warum die Frage nach Jesu „Wesen" (als wahrer Gott und wahrer Mensch) und nach seiner „Person" (in ihrer Identität mit der zweiten Person der Gottheit) in die Irre geht und durch die Frage nach der „Zukunft Jesu" ersetzt werden muß, die ihm vom treuen Gott verheißen ist. Wenn daher Kerstiens mit Moltmann gegen die Christologie der frühen Konzilien polemisiert („Die Inkarnation Jesu ist nicht mit der statisch interpretierten Formel von Chalzedon verstanden", HdG 181), so hat er Moltmanns Argumentationsergebnis, die Unzulänglichkeit der „metaphysischen" Christologie, von der Prämisse abgelöst, die allein diese These (im Rahmen einer reformatorisch bestimmten Theologie) gerechtfertigt hatte.

Ja noch mehr: An der soeben in Einnerung gerufenen Lehre von der

Identität „extra se" zerbricht nach Moltmanns Überzeugung nicht nur jede metaphysische Christologie und Anthropologie, sondern ganz allgemein jede „griechische", d. h. auf Wesens-Sachverhalte gerichtete Betrachtungsart. Weil das Verhältnis zwischen Gott und den Menschen nicht (wie z. B. Rahner dies wollte) inkarnationstheologisch an der Vereinigung der göttlichen und menschlichen Natur in der identischen Person Jesu abgelesen werden soll, sondern vielmehr (im Sinne einer radikal gedachten reformatorischen Rechtfertigungslehre) an der Treue Gottes zu dem, dessen „innere" Identität im Tode unwiderruflich zu Ende ging, darum und *nur darum* ist die griechische Wesensmetaphysik grundsätzlich ungeeignet, der christlichen Theologie als Instrumentarium zu dienen. Wenn daher Kerstiens mit Moltmann das „griechische" Denken grundsätzlich dem Verdacht unterstellt, „bibelfremd" zu sein, so hat er erneut ein Argumentationsergebnis Moltmanns von den Prämissen abgelöst, die allein diese These (im Rahmen einer reformatorischen Theologie) rechtfertigen konnten.

d) Transpositionsprobleme schon bei Moltmann

Da Kerstiens Moltmanns christologisch-anthropologisches Zentralargument gegen die Frage nach „ewigen Wesens-Sachverhalten" nicht übernimmt, ist er genötigt, seine Kritik an aller „metaphysisch" ausgerichteten Theologie auf ein Zusatzargument zu stützen, das sich bei Moltmann ebenfalls findet — und das dieser aus Bloch entlehnt hat. Moltmann betont den Überschuß der zukunftsbezogenen Verheißung über alle vermeintlich ewige Gegenwart eines Heiles, das „an sich" schon real ist und nur „für uns", d. h. für die Unzulänglichkeit unseres Erkennens, noch verborgen bleibt. Er führt diesen „Überschuß" darauf zurück, daß im Glauben Israels die Gottesvorstellung der Nomadenzeit auch nach dem Seßhaftwerden im Lande noch wirksam geblieben sei.

> Auch als die Zeiten der nomadischen Wanderungen in Palästina aufhörten, blieb doch diese Weise der Erfahrung, Erinnerung und Erwartung der Wirklichkeit als Geschichte erhalten und prägte sein [Israels] ganz eigentümliches Verhältnis zur Zeit (ThdH 95).

Mit ausdrücklicher Zustimmung faßt auch Kerstiens diesen Befund in dem Satz zusammen: „Jahwe ist der Nomadengott geblieben" (HdG 106). Denn im Gegensatz zu den Fruchtbarkeitsgöttern, die der seßhaften Bauernbevölkerung ein Wohnen im Lande garantieren, führt der Nomadengott „in Neuland, in eine noch unerschlossene Zukunft" (HdG 95).

Weder Kerstiens noch sein Gewährsmann Moltmann prüfen nach, ob die Nomaden in Geschichte und Gegenwart wirklich beständig in unbekanntes Neuland unterwegs sind — oder ob sie nicht vielmehr zwischen wohlbekannten Sommer- und Winterweiden auf vorgezeichneten, seit Generationen bekannten Wegen ziehen. Und keiner von beiden stellt exegetisch die Frage, ob der Akzent der biblischen Berichte über den Wüstenzug Israels auf der „Unerschlossenheit" des verheißenen Landes liege — oder darauf, daß das Land als dasjenige verstanden wird, in welchem der Urvater Abraham schon gewesen ist, und daß die Wanderung zu Oasen führt, deren Brunnen schon Isaak gegraben hat. Die mitgeführten Gebeine Jakobs jedenfalls erscheinen als Unterpfand einer Rückkehr, nicht als Zeichen eines Aufbruchs ins völlig „Unerschlossene", auch wenn der einzelne Israelit das Land der Väter noch nicht mit eigenen Augen gesehen hat.

Das in historischer Hinsicht so wenig tragfähige Argument wird jedoch verständlich, wenn man es bis zu seiner Quelle zurückverfolgt: zur utopischen Hoffnungsphilosophie von Ernst Bloch. Für Bloch ist das Nachwirken nomadischer Gottesvorstellungen im Glauben Israels deswegen so wichtig, weil es nach seinem Verständnis einen Teil der „unterirdischen Bibel" ausmacht, d. h. eines der vielen Zeugnisse des Protestes gegen die „Herren" im Volk und ihren „Herren-Gott". Der bäuerliche Grundbesitz nämlich ist die Urform des Eigentums an Produktionsmitteln und damit des Kapitalismus; das Nomadentum dagegen ist „vorkapitalistisch", ja enthält Restbestände einer „urkommunistischen" Gesellschaftsordnung. Aus diesem Grunde (und nicht etwa deshalb, weil er den Nomaden etwa ein Wandern zu unbekannten Zielen unterstellen wollte) ist Bloch daran interessiert, in der Bibel nomadische, also „vorkapitalistische, urkommunistische Erinnerung" am Werk zu sehen (AC 130). Seiner Auffassung nach rührt die biblische „Gemeinschaftsethik [. . .] aus urkommunistischen Verhältnissen her, die unter Nomaden noch nicht ganz ausgetilgt waren" (PH 1453). Die Erinnerung an den Nomadengott bleibt nun bei gewissen inner-israelitischen Protestbewegungen lebendig, vor allem bei den „Rehabiten". Sie „waren Nomaden geblieben, mit Gemeineigentum, ohne Herr und Knecht" (AC 128). Von ihnen aber meint Bloch eine eigene Genealogie der innerbiblischen Protestbewegungen ableiten zu können, die zuletzt über Johannes den Täufer bis auf Jesus führt. Die Rehabiten „waren die Pflanzschule der Nasiräer [. . .] Simson, Samuel, Elias waren Nasiräer [. . .] aber auch Johannes der Täufer" (ibid.).

Innerhalb dieser Protestbewegungen aber (und nicht etwa schon bei den Nomaden der Zeit vor der Landnahme) entstand nach Blochs Meinung jenes Gottesbild, das Moltmann und mit ihm Kerstiens für nomadisch halten. Nicht im real erfahrenen Zug durch die Wüste, sondern in der bewußt gepflegten, in Antithese zu den erfahrenen Realverhältnissen gestalteten Erinnerung an ihn wird der Gott Israels „zuletzt" [!] zu einem „Gott der Völkerwanderung zu paradiesisch imaginierten Weideplätzen" (AC 127). Die Vorstellung von einer Wanderung in das noch völlig „Unerschlossene" spiegelt also nicht die realen Verhältnisse der nomadischen Frühzeit, sondern die Erinnerung an einen Urkommunismus, der real nicht mehr besteht. Erst jetzt wird die Erinnerung an den Weg zwischen zwei realen und wohlbekannten Ländern zum Vor-Schein des erhofften Auszuges in eine noch nicht real existierende Welt. „Der Auszug aus Ägypten und Einzug in Kanaan wird so auf endgültig apokalyptischer Stufe wiederholt" (AC 134).

Das Beispiel ist charakteristisch für die Gefahren, die sich ergeben, wenn eine These aus ihrem Argumentationszusammenhang gelöst wird. Wie Kerstiens bei seiner Kritik an aller „metaphysisch" ausgerichteten Theologie die Argumentationsergebnisse von Moltmann übernimmt, ohne dessen aus der reformatorischen Rechtfertigungslehre stammenden Prämissen zu teilen, so ist schon vor ihm Moltmann selber verfahren. Er hat bei seiner These vom „Nomadengott" Blochs Argumentationsergebnis übernommen, ohne sich dabei dessen aus der marxistischen Lehre von „Urkommunismus" und „Endkommunismus" stammende Prämisse zu eigen zu machen. Dabei jedoch ging jedesmal die Beweiskraft des Arguments verloren. Aber bei Moltmann hat das „Nomadengott"-Argument nur subsidiäre Bedeutung und kann also notfalls entbehrt werden, weil er seine Kritik an aller Theologie der „ewigen Wesens-Wahrheiten" auf andere, spezifisch theologische Weise begründen kann. Kerstiens jedoch, der weder die marxistische

Geschichtsauffassung noch die reformatorische Rechtfertigungslehre zum unbefragten Ausgangspunkt seiner Beweisführung machen kann, müßte, wenn er die Ergebnisse übernehmen will, nach neuen Begründungen Umschau halten. Der Text seiner Dissertation gibt keine eindeutige Auskunft darüber, ob er sich dieser Aufgabe bewußt gewesen ist.

e) Kerstiens' Kritik an Moltmann und sein leitendes Interesse

Kerstiens hat gewiß nicht die Absicht, den Argumenten von Moltmann unbesehen zu folgen; er will ihn vielmehr von einer eigenen Position aus kritisch rezipieren. Das zeigt sich zunächst darin, daß er Anschauungen, die Moltmann kritisiert, gegen diese Kritik partiell in Schutz nimmt. Moltmanns Abgrenzung des biblischen Denkens gegenüber dem griechischen ist durch die Antithese von „Epiphanie" und „Verheißung" bestimmt. „Nicht im Logos der Epiphanie der ewigen Wahrheit, sondern im hoffnungsbegründenden Wort der Verheißung hat Israel Gottes Wahrheit gefunden" (ThdH 34, zitiert HdG 80). Dieses unvermittelte „nicht . . . sondern" erscheint Kerstiens als unzulässige Vereinfachung. Moltmanns Fehler

> liegt sicher mit [d. h. u. a.] in seiner zu einfachen Handhabung der Unterscheidung zwischen Logos der ewigen Gegenwart, Epiphanie und Erlösungsgeschehen auf der einen und Zukunft, Verheißung und Sendung auf der anderen Seite. Dabei übersieht er nicht nur die Bedeutung der Epiphanien im Alten Bunde [. . .], er verkennt auch die Funktion der Sakramente im Neuen Bund (HdG 142).

Dieser Vorbehalt ist verständlich genug, hat sich doch oben (S. 122f.) gezeigt, daß Moltmanns Kritik vorwiegend deswegen gegen das „griechische" Religionsverständnis gewendet ist, um dadurch das „frühkatholische" Selbstverständnis des Christentums zu treffen; als „frühkatholisch" aber wird jene Verbindung von biblischem und griechischem Denken, die schon in den ersten drei Jahrhunderten der Kirchengeschichte geschah, gerade deshalb bezeichnet, weil aus ihr all das hervorging, was später als „Katholizismus" den Protest derer herausgefordert hat, die das Evangelium „evangelisch", d. h. im Sinne der reformatorischen Rechtfertigungslehre, verstanden. Ohne diesen Zusammenhang ausdrücklich zu bedenken, tritt Kerstiens hier als katholischer Theologe einer spezifisch evangelischen Sicht der Religionsgeschichte entgegen. Daß er dabei, was die Bedeutung der „Epiphanien" betrifft, auch rein religionshistorisch gute Gründe geltend machen könnte, wurde schon oben (S. 123) erwähnt. Aber eben durch diese Milderung der Kritik an den „Epiphanien-Religionen" wird undeutlich, welche theologische Funktion nun noch die Kritik am „griechischen" Wahrheitsverständnis erfüllen könne, d. h. die Kritik an der Vorstellung vom zeitlichen Aufleuchten des Ewigen.

So ist zu fragen: Welches sind die Prämissen, von denen her Kerstiens sein eigenes Urteil gewinnt, teils (und zumeist), um Moltmann zuzustimmen, teils (wenn auch ausnahmsweise), um sich von ihm abzugrenzen? Deutlichere Auskunft hierüber ist von denjenigen Passagen seiner Arbeit zu erwarten, in denen er nicht andere, von Moltmann angegriffene Positionen partiell verteidigt, sondern seinerseits Moltmanns Position kritisiert. Diese Kritik betrifft einerseits die Wertung der Apokalyptik als einer besonderen Form biblischer Geschichtsauslegung, andererseits Moltmanns Urteil über die „Welt".

Was nun die *Apokalyptik* betrifft, so ist Kerstiens mit Moltmann der Meinung, ihr Verdienst liege darin, die Hoffnung vom National-Partikularen ins Universale ausgeweitet zu haben. Dies aber geschah durch die Zusage einer absoluten Zukunft, vor der alle Differenzen der Völker, auch die Differenz zwischen dem auserwählten Volk und den Heiden, belanglos werden. Deshalb „muß die positive Wertung der Apokalyptik das theologische Übergewicht haben. Sie darf aber", so fährt Kerstiens einschränkend fort, „nicht die Gefahren ignorieren, wie es Pannenberg und Moltmann zu tun scheinen" (HdG 118).

Die der Apokalyptik anhaftenden, von Moltmann unterschätzten Gefahren liegen „in ihrer deterministischen Auffassung der Weltgeschichte [...], in der völligen Entgegensetzung des bösen Äons und des kommenden guten", sowie „in der Deutung der Apokalyptik als Geheimlehre der Wissenden über das Ende der Welt" (HdG 117 f.). Zwar weiß Kerstiens, daß die deterministischen, dualistischen und an eine Geheimlehre erinnernden Elemente der Apokalyptik nicht das schlechthin Entscheidende sind, daß sie vielmehr untergeordnete, dienende Funktion haben. „Dieser Determinismus ist schon durchbrochen durch die Aufforderung zur Geduld: Es liegt am Menschen selbst und an der Gemeinde der Treuen, ob sie durchhalten und so am Endheil Anteil gewinnen" (HdG 117); der Dualismus ist in die Apokalyptik zwar in gewissen „Elementen" eingegangen, aber diese dienen einem anderen Ziel, „der eigenen Aussage der Apokalyptik" (ibid.); der Charakter der Geheimlehre schließlich spiegelt „die damalige Situation der politischen Unterdrückung [. . .], die es nur erlaubte, anonym in einer den Unterdrückern nicht unmittelbar verständlichen Sprache vom kommenden Heil zu reden" (HdG 118). Dennoch bleiben diese Momente — so ist Kerstiens' Ansicht — gefährlicher, als Moltmann dies wahrhaben will, weil der „deterministische" Einschlag dem Menschen keinen anderen Heilsweg offenläßt als den der Geduld, ein aktives Eingreifen in den von Gott vorherbestimmten Weltlauf aber als unmöglich erscheinen läßt; der „Dualismus" aber und der Charakter der „Geheimlehre" können sich allzu leicht in den Vordergrund drängen, so daß die Leser apokalyptischer Schriften verführt werden, gerade hier die Mitte der Botschaft zu suchen.

Es ist deutlich, daß diese drei „Gefahren" der Apokalyptik untereinander zusammenhängen. Weil der gegenwärtige Äon total „böse" ist, darum steht das Urteil Gottes über ihn unwiderruflich fest, und sein Ende im Gericht ist „deterministisch" vorhersagbar. Und eben weil dieses Ende der Welt unabwendbar ist, darum kann es von Gott den „Wissenden" bekanntgemacht werden, während es den Unwissenden verborgen und insofern „geheim" bleibt. Der „Determinismus" der Apokalyptik und ihre an ein „Geheimwissen" erinnernde Eigenart resultieren aus dem „Dualismus", der die gegenwärtige böse Welt der kommenden guten unvermittelt entgegensetzt. Gemeinsam aber bilden diese drei Momente ein Ganzes, welches jener offenen Zukunft im Wege steht, an deren Offenhaltung Kerstiens soviel gelegen ist.

Die Kritik, die Kerstiens an der Apokalyptik und damit zugleich an Moltmanns Unterschätzung ihrer Gefahren anmeldet, entspringt also zuletzt dem *Dualismusverdacht.* Damit geht das erste Thema, dem diese Kritik gewidmet ist, in das zweite über: in die Frage, wie *die bestehende Welt* zu beurteilen sei. Zwar macht Moltmann, wie Kerstiens ausdrücklich anerkennt, „die Verteufelung der Welt und Geschichte nicht mit" (HdG 148), die Kerstiens bei Schütz am Werke sieht. Dennoch hat Kerstiens den Eindruck: „Die vorliegende Welt ist für Moltmann die ‚schlechte Wirklichkeit'" (HdG 156). Diesen Ausdruck hat er in Moltmanns eigenem Text an einer Stelle gefunden (vgl. ThdH 206). Eine solche Auffassung aber widerspricht nicht nur dem Interesse an einer offenen Zukunft, sondern vor allem dem praktischen Appell, den Kerstiens den biblischen Schriften entnehmen will, die gläubige Hoffnung durch die weltwirksame Tat zu bewähren. Darum hält er der Rede von der „schlechten Wirklichkeit" die Frage entgegen: „Welchen Sinn und welche Möglichkeit hat dann aber das Tun in dieser Welt?" (HdG 156).

Die zuletzt zitierte Frage macht den Argumentationszusammenhang deutlich, der sowohl Kerstiens' Zustimmung zu Moltmann als auch seine Kritik an ihm bestimmt. Leitend ist das Interesse am „Sinn" und an der „Möglichkeit" für das „Tun in dieser Welt", also *das praktische Interesse an der weltverändernden Tat.* Daß die Welt eine Zukunft habe, daß diese Zukunft „offen", also noch unentschieden und der menschlichen Entscheidung anheimgegeben sei, ist die hier vorausgesetzte Selbstverständlichkeit. Diese Zukunft wird als „Vollendung der Welt" gedacht, menschliches Handeln als „Dienst [. . .] für die Vollendung" (HdG 156). Für Moltmanns Unterscheidung zwischen der „Zukunft Gottes und Jesu" einerseits, der „Zukunft der Welt" andererseits und für sein Problem, auf welche Weise aus der „Zukunft Gottes und Jesu" erst so etwas wie eine „Zukunft der Welt" möglich werde, ist deshalb hier kein Raum. Wenn es selbstverständlich ist, daß die Welt eine Zukunft hat, die der Mensch mit seinen Handlungen noch entscheiden wird (nicht etwa durch seine bisherigen sündhaften Entscheidungen schon entschieden hat), dann muß alle biblische Rede vom Gericht über „diese Welt" als bloße Rede über einen bösen *Zustand* dieser Welt verstanden werden, während die Welt in ihrem Kern und Wesen nicht „schlechte Wirklichkeit" sein kann. Ist aber die Sündhaftigkeit der Welt und des Menschen nur ein Zustand, der das Wesen von Welt und Mensch nicht antastet und zur „schlechten Wirklichkeit" macht, dann erübrigt sich auch die Frage, die Moltmann so sehr bewegt, die Frage nach der „Identität" des Menschen und der Welt im Wechsel der Zustände. Damit aber wird auch Moltmanns Unterscheidung des Identitätspunktes „in se" und „extra se" gegenstandslos. Haben aber Welt und Mensch ihre Identität in sich selber, dann gibt es trotz allem so etwas wie ihr im Wechsel der Zustände sich durchhaltendes Wesen, auch wenn dieses ewige Wesen nur unter besonderen geschichtlichen Bedingungen in der Zeit aufleuchtet. „Epiphanie" als das Aufleuchten des Ewigen in der Zeit ist dann nichts apriori Unmögliches.

So ergeben sich alle Abgrenzungen von Kerstiens gegen Moltmann aus dem praktischen Interesse an einer Welt, deren Zukunft noch offen ist und als Vollendung begriffen werden darf. Alle Abgrenzung des biblischen gegenüber dem „griechischen" Wahrheitsbegriff zielt dann nicht auf den Gegensatz von Epiphanie und Verheißung; das Interesse an Wesens-Sachverhalten ist vielmehr von dieser Kritik nur insofern betroffen, als aus ihm eine mögliche, keineswegs nötige Folge hervorgeht: ein „statisches" Verständnis des Menschen und der Welt, das die Veränderung der Zustände im Vergleich mit der Ewigkeit des Wesens geringschätzt und deshalb auch dem auf Veränderung abzielenden Tun des Menschen keine große Bedeutung zuspricht. (Daß dieser Vorwurf auf die wirklich „griechische", vor allem auf die aristotelische Metaphysik nicht zutrifft, bleibt bei Kerstiens unerwähnt.)

Kurz: Indem Kerstiens Moltmanns spezifisch theologische Prämissen nicht teilt, stellt sich für ihn auch keines derjenigen Probleme, die Moltmann hat lösen wollen. Dies wiederum hat zur Folge, daß Sätze, die bei Moltmann aus theologischen Prämissen gefolgert werden, um theologische Probleme zu lösen, dort, wo Kerstiens sie übernimmt, zu schlichten Behauptungen werden, die als vermeintliche Selbstverständlichkeiten einleuchten. Diese Selbstverständlichkeit aber ergibt sich daraus, daß sie dem praktischen Interesse am Dienst an der „Vollendung der Welt" dienlich sind.

Dieses praktische Interesse selbst erscheint bei Kerstiens als fraglos und daher keineswegs als begründungspflichtig. Darum verliert bei ihm auch Moltmanns Begriff der „Sendung" seine spezifisch theologische Funktion (vgl. oben S. 134 ff.). Bei Moltmann diente dieser Begriff dazu, die Eigenart der österlichen Begegnungen des Auferstandenen auszulegen. Weil die Identität des Auferstandenen mit dem Gekreuzigten den zentralen Inhalt der „Offenbarung" ausmacht („Ich bin es"), weil aber Jesus diese seine Identität nur „extra se" in der Treue Gottes findet, darum ist der zentrale Offenbarungsgehalt eine „eschatologische Identität" Jesu, die sich erst in der zukünftigen Erfüllung von Gottes Verheißungen realisiert. Und nur weil Offenbarung die Eröffnung einer „Zukunft Jesu" ist, nicht primär und unmittelbar die Eröffnung einer Zukunft der Welt, die ihr durch den schon in seine Vollendung eingegangenen Herrn aufgetan würde, darum können Menschen nur kraft einer ausdrücklichen Sendung in diese Zukunft eintreten und in ihrem Dienste handeln. Daß Sendung möglich und nötig ist, läßt sich nur verstehen, „wenn der auferstandene Christus selber noch eine Zukunft hat" (ThdH 73). Weil seine Zukunft noch offen ist, bleibt noch etwas zu tun, ist also Sendung *möglich*; aber weil es sich um eine Zukunft handelt, die primär nicht Zukunft des Menschen, sondern Zukunft Jesu und darin zuletzt Zukunft Gottes ist, darum ist der Mensch zum Dienst an dieser Zukunft nicht in eigener Vollmacht fähig, sondern hat Sendung *nötig*.

Für Kerstiens dagegen ist die Zukunft der Welt nicht erst durch die Zukunft Jesu vermittelt; die Welt hat Zukunft daraus, daß (gut aristotelisch gedacht!) alles Seiende nach seiner „Vollendung" trachtet. Darum wird der Begriff „Sendung" bei ihm zu einer bloßen Bezeichnung für den „Weltauftrag" der Christen — einen Auftrag, der nicht logischnotwendig, sondern nur historisch-faktisch mit der Auferweckung Jesu zusammenhängt. Denn wohl ergibt sich nach Kerstiens' Überzeugung der Überschuß der Möglichkeit über die Wirklichkeit, der Zukunft über die Gegenwart aus der Macht und Treue Gottes, der die Welt und den Menschen neu schaffen wird. Aber dieser unendliche Überschuß göttlicher Möglichkeiten gegenüber der Wirklichkeit der Welt konnte prinzipiell auch auf andere Weise aufleuchten als durch Jesu Auferweckung von den Toten. Die Auferweckung Jesu *bezeugt* zwar den unermeßlichen Horizont der Möglichkeiten und damit der Zukunft, den Gott der Welt eröffnen kann, aber sie *stiftet* nicht erst diesen unendlichen Möglichkeitshorizont — und dies eben deshalb, weil die Zukunft, von der Kerstiens spricht, unmittelbar Zukunft der Welt ist, ohne aus einer „Zukunft Jesu" hergeleitet werden zu müssen, die zunächst von ihr, der Zukunft der Welt, wesentlich verschieden ist.

Kurz: Weil für Kerstiens die „Gerechtigkeit der Werke" nicht zum Problem wird, ist er auch der Berechtigung seines praktischen Interesses fraglos gewiß und kann daher, um den Weltauftrag der Christen zu begründen, auf einen spezifisch christologischen, aus dem Begriff der „Zukunft Jesu" abgeleiteten Sendungsbegriff verzichten. Das hindert ihn nicht, Moltmanns Theologie der Sendung dort mit Zustimmung aufzunehmen, wo diese Theologie in ihren praxisanleitenden Ergebnissen mit seiner eigenen Vorstellung vom christlichen Dienst an der „Vollendung der Welt" übereinstimmt: im Willen zur „Veränderung", die als solche, auch bei weitgehender Unbestimmtheit ihrer Inhalte, den Vorrang vor dem „Bewahren" haben soll, und im Willen zum Abbau der Schranken zwischen den Menschen, die „durch Christus [. . .] anachronistisch geworden sind" (HdG 225).

Ist freilich auf solche Weise das praktische Interesse leitend, dann ist nicht recht einzusehen, warum Kerstiens zur Rechtfertigung dieser plausiblen praktischen Ziele (Weltveränderung, Abbau der zwischenmenschlichen Schranken) weitere Begriffe heranzieht, die in theoretischer Hinsicht so problemgeladen sind wie der Begriff einer „Gottfähigkeit" des Menschen, die durch den christlichen Weltdienst gesteigert werden soll. Die Praxis christlicher Hoffnung dient seiner Auffassung nach dem Ziele, „die Menschen zu sich selbst und zueinander zu führen, um sie dadurch gottfähiger und gottnäher zu machen" (HdG 224). Die theologische Frage, ob es sich hier wirklich um eine „Fähigkeit" des Menschen handle, in Beziehung zu Gott zu treten, oder vielmehr um die „Fähigkeit" Gottes, sich des Menschen anzunehmen, und die weitere Frage, ob eine Steigerung dieser Fähigkeit durch die Leistung von Menschen „gemacht" werden könne, wird hier nicht gelöst, sondern übersprungen. Der Gebrauch von Begriffen dieser Art, die das theologische Proprium der hier vorgetragenen Hoffnungstheologie andeuten sollen, schafft also mehr Probleme, als er lösen kann; und solcher Begriffsgebrauch verstrickt überdies den Gedankengang in theologische Kontroversen, die, wo Praxisanleitung das alleinige Bewertungskriterium ist, ohnedies funktionslos bleiben.

2. *Auf der Suche nach einem neuen Ansatz der katholischen Sozialtheologie*

a) Das Methodenproblem: Katholische Sozialtheologie zwischen klassischem Naturrecht und reformatorischer Rechtfertigungslehre

Mit dem zuletzt Gesagten ist die methodische Schwierigkeit deutlich geworden, mit der nicht allein Ferdinand Kerstiens, sondern die katholische Theologie überhaupt zu ringen hat, wenn sie sich bemüht, die Theologie der Hoffnung aus einem Spezialtraktat der Moraltheologie in ein Zentralstück der Fundamentaltheologie zu verwandeln. Ein Spezialtraktat der Moraltheologie war die Theologie der Hoffnung so lange, wie sie die Hoffnung als eine der drei „göttlichen Tugenden", diese aber als eine Sonderklasse der heilsnotwendigen „Haltungen“ *(habitus)* des christlichen Lebens begriff. Zu einem Zentralstück der Fundamentaltheologie wird die Theologie der Hoffnung dann, wenn es gelingt, die Hoffnung als den Möglichkeitsgrund christlicher Existenz und deshalb zugleich als das hermeneutische Prinzip aller Aussagen des christlichen Glaubens zu erweisen. Mit dieser Bemühung verbindet sich bei vielen Theologen, so auch bei Kerstiens, die Absicht, diese Rückfrage in den Möglichkeitsgrund christlichen Lebens und theologischen Erkennens von jenen „Privatisierungstendenzen“ zu befreien, die man zu Recht oder zu Unrecht in der existentialen wie in der transzendentalen Theologie am Werke sieht. Die Theologie der Hoffnung soll demgegenüber in den Kontext einer auf Universalität abzielenden Praxis hineingestellt werden, die der Universalität des göttlichen Heilsangebotes an alle Menschen, ja an die Menschheit als ganze entspricht.

Die methodische Schwierigkeit, die überwunden werden muß, wenn dieses Programm erfüllt werden soll, beruht vor allem darauf, daß dazu eine Theologie der sozialen Praxis erforderlich ist, daß aber gerade auf diesem Gebiete die überlieferte Argumentationsart der katholischen Theologie neuerdings als fragwürdig erscheint. Die katholische Theologie der Hoffnung wird so von einer Grundlagenkrise der katholischen Sozialtheologie mitbetroffen. Diese hatte sich bisher weniger auf spezifisch theologische Prämissen gestützt als vielmehr auf solche des „Naturrechts“. Heute wird versucht, diese Argumentationsart zu verlassen, ohne daß schon jetzt andere gesicherte Prinzipien zur Verfügung stünden, auf die eine sozialtheologische Methode sich stützen könnte.

Das Programm der naturrechtlichen Argumentation läßt sich in folgender Weise beschreiben. Aus der Natur des Menschen als eines wesentlich sozialen Lebewesens *(zoon politikon)* und aus der Natur der Sachen und Sachverhalte, durch die das Zusammenleben der Menschen bestimmt wird, sollen Gesichtspunkte hergeleitet werden, die sowohl ein theoretisches Verstehen als auch eine praxisanleitende Normierung des menschlichen Soziallebens möglich machen. Dem Versuch, das soziale Verhalten auf ein naturgegebenes Sein theoretisch zurückzuführen und von dort her praxisanleitend zu normieren, liegt die aristotelische Lehre zugrunde, wonach die Wirklichkeitsgestalt *(morphe)* eines Seienden zugleich ein Ziel definiert, auf welches alle Akte dieses Seienden notwendig bezogen sind *(entelecheia)*. Dieses Ziel des Verhaltens ist durch das Sein des Seienden zwar gesteckt, aber noch nicht erreicht; es kann sogar verfehlt werden, weil nicht garantiert ist, daß die Zuständlichkeit, in der ein Seiendes sich befindet (seine Qualitäten, Relationen usw.) seinem Wesen entsprechen und ein wesensgemäßes Verhalten ermöglichen. (Das gilt schon für die unbelebte Natur. Das wesensgemäße Verhalten schwerer Massen ist das Fallen. Das wesensgemäße Verhalten gasförmiger Substanzen ist das Aufsteigen. Aber durch die Korrelation zwischen den Körpern können schwere Massen am Fallen, Gase am Aufsteigen gehindert werden.) In dem Maße, in dem ein Seiendes sich seinem Wesen gemäß verhalten kann, nähert es sich seiner Vollendung *(teleiosis)*.

So vollendet auch der Mensch sich nur in dem Maße, in welchem seine Zuständlichkeit (seine Qualitäten und vor allem die Verhältnisse, unter denen er zu leben hat) ihm ein Verhalten ermöglichen, das seiner Natur als Mensch entspricht, d. h. in dem Maße, in dem Qualitäten und Zustände menschlichen Lebens „menschlich" gestaltet sind. Die Vermenschlichung der Zustände menschlichen Lebens ist also das Ziel, auf das alle menschliche Praxis notwendig ausgerichtet ist, und zugleich das Maß, an dem sie gemessen werden muß. Dabei ist es die Wesenseigentümlichkeit des Menschen, daß er sich nur dann seinem eigenen Wesen gemäß, also „menschlich" verhalten kann, wenn er sich zugleich der Natur der Sachen gemäß und insofern „sachlich" verhält, daß er also sich selber nicht „vollenden" kann, ohne zugleich der Vollendung der Sachen zu dienen. Ziel und Maß menschlicher Praxis, und zwar der individuellen sowohl wie der gesellschaftlichen, ist darum zugleich die „Vermenschlichung" der menschlichen Zustände und Verhältnisse und der Dienst an der „Vollendung" derjenigen Wirklichkeit, die den Menschen umgibt. Ganz in diesem Sinne, der innerhalb der katholischen Sozialtheologie als Naturrechtslehre geläufig gewesen ist, spricht auch Kerstiens davon, daß die „Schöpfung [. . .] auf Vollendung hin angelegt" ist, und daß der Mensch im Dienst an dieser Schöpfungsabsicht Gottes „zur Vollendung gerufen ist" (HdG 172 f., vgl. HdG 156).

Die Praxisrelevanz dieser philosophisch bestimmten Betrachtungsart beruht auf der Grundannahme, daß die Natur einer Sache erhalten bleibt, auch wenn ihr Zustand dieser ihrer Natur widerspricht. Gerade weil kein noch so naturwidriger Zustand die Natur der Sache aufheben kann, weil also die Natur sich naturwidrigen Zuständen nicht anpaßt, bleibt es ebenso unmöglich wie unerlaubt, sich mit naturwidrigen Zuständen abzufinden. Und eben deshalb bleibt die Veränderung naturwidriger Zustände das Ziel aller Akte des Seienden, bleibt der Dienst an solcher Veränderung menschliche Pflicht. Bezogen auf Natur und Zustand des Menschen besagt dies: Auch der in unmenschlichen Zuständen lebende Mensch bleibt seiner Natur nach Mensch; gerade die Unveränderlichkeit seiner Menschennatur begründet die Unveräußerlichkeit seines Menschenrechts, d. h. seines Anspruches darauf, in Zuständen zu leben, die seiner Natur gemäß sind. Dieser Überzeugung verdankt der Naturrechtsgedanke seine praxisanleitende Funktion. Wo die Zustände menschlichen Lebens ein Verhalten unmöglich machen, das der menschlichen Natur gemäß wäre, da ist es ebenso notwendig wie sittlich geboten, durch gesellschaftliche Praxis diese Zustände zu verändern. Dieses naturrechtlich begründete Gebot läßt sich an einem Satz exemplifizieren, der für die Sozialphilosophie der Aufklärungszeit zentrale Bedeutung hatte: „Der Mensch ist von Natur aus frei, aber überall liegt er in Ketten" (J. J. Rousseau, Der Gesellschaftsvertrag, Buch 1, Kap. 1, 1. Satz).

Theologisch ist die Naturrechtslehre deshalb bedeutsam geworden, weil sie sich mit der Schöpfungstheologie verbinden läßt. Die Natur des Menschen und aller Dinge ist diesen durch den Schöpfungsakt Gottes gegeben und kann daher als die Bezeugung seines Willens betrachtet werden. Darum ist der Dienst an der Vollendung der Welt, d. h. die Bemühung um Herstellung solcher Zustände, die den Dingen und Menschen ein ihrem Wesen entsprechendes Verhalten möglich machen, zugleich ein Dienst an der Erfüllung des göttlichen Schöpferwillens. Das Naturgemäße ist das Gottgewollte; alle naturwidrigen Zustände, in denen der Mensch und die Welt sich befinden, sind vom Menschen als seine Schuld zu verantworten. Die Überwindung dieser Zustände ist der Freiheit des Menschen aufgetragen, nicht nur um seiner natürlichen Sittlichkeit willen, sondern auch wegen seines religiösen Auftrages, Vollstrecker des göttlichen Schöpfungswillens an der Welt zu sein. Ganz in diesem Sinne versteht auch Kerstiens den Dienst an der Vollendung der Welt nicht nur als natürliche Menschenpflicht, sondern zugleich als heilsrelevante Christenpflicht. Und die Herstellung von Verhältnissen, in denen der Mensch sich menschlich verhalten kann, gilt ihm zugleich als die Steigerung der menschlichen Fähigkeit, sich zu Gott zu verhalten. Humanisierung des menschlichen Lebens dient deswegen zugleich dem Ziele, die Menschen „gottfähiger [. . .] zu machen" (HdG 225).

Die Praxisrelevanz des Naturrechtsgedankens ist also offenkundig und hat sich jahrhundertelang in Reformen und Revolutionen bewährt. Dies macht es begreiflich, daß die katholische Sozialtheologie sich traditionellerweise am Naturrechtsgedanken orientiert hat und daß selbst Autoren wie Kerstiens, die der aristotelischen Philosophie nicht sehr gewogen sind, immer wieder von dieser Konzeption bestimmt bleiben. Doch ist die Naturrechtslehre in der philosophischen Diskussion der Gegenwart in die Defensive geraten. Das liegt wesentlich daran, daß es in wachsendem Maße schwierig erschien, eine vom Wechsel der Zustände unbetroffene, ihm ermöglichend vorausliegende und ihn zugleich auf ein Ziel hin ordnende „Natur" des Menschen oder der Dinge eindeutig zu erheben. Um nämlich die Natur des Menschen oder irgendeines Dinges zu erfassen, dazu steht uns Menschen der Weg einer unmittelbaren „Wesensschau" nicht offen. (Jedenfalls ist dies die innerhalb und außerhalb philosophischer Fachkreise herrschende Überzeugung.) Vielmehr ist die Differenz zwischen der ewigen Natur und der historisch-faktischen Zuständlichkeit eines jeden Seienden nur durch Analyse der Zustände selbst zu entdecken. Auftretende Widersprüche *innerhalb* der beobachtbaren Zustände gelten dann als ein Anzeichen dafür, daß diese Zustände auch in einem Widerspruch *gegenüber der Natur* des betreffenden Seienden stehen. Aus der Analyse erfahrbarer Widersprüche wird so erst der Begriff der „Natur" einer Sache gewonnen; es ist jeweils derjenige Begriff, der es gestattet, die erfahrbaren Widersprüche theoretisch zu deuten und praktisch zu ihrer Überwindung anzuleiten.

So ruft schon nach Platons Überzeugung nur diejenige Erscheinung die Erinnerung an die Ideen wach, die „zugleich mit ihrem Gegenteil in die Wahrnehmung fällt" (Politeia 524 d). Und in analoger Weise ist es nach marxistischer Überzeugung nötig, die „Widersprüche in der kapitalistischen Gesellschaft" freizulegen, um so erst jenen Begriff des Menschlichen zu gewinnen, an dem gemessen eben diese Gesellschaft sich als „unmenschlich" erweist und nach Überwindung verlangt. Ein Beispiel dafür, daß eine so verstandene Naturrechtslehre durchaus aktuell geblieben ist, bietet Ernst Blochs Buch ›Naturrecht und menschliche Würde‹ (Gesammelte Werke VI, Frankfurt 1961).

Die Notwendigkeit, die Differenz zwischen der Natur des Menschen und eines jeglichen Dinges einerseits, ihrer faktischen Zuständlichkeit andererseits an den inneren Widersprüchen der Zustände selber abzulesen, erzeugt jedoch eine Zweideutigkeit des so gebildeten Naturbegriffs. Denn einerseits kann aus ihm abgeleitet werden, jeder beobachtbare Widerspruch der historischen Zustände bezeuge deren Naturwidrigkeit; dann wird jede Krisenerscheinung historischer Übergangszeiten als widernatürlich beurteilt und die Gesellschaft am Ideal möglichst spannungsfreier Stabilität gemessen. Diesen Schluß zieht die konservative Naturrechtslehre. Andererseits kann die bleibende Differenz zwischen der ewigen Natur und der historischen Zuständlichkeit eines Seienden die Folgerung veranlassen, daß auch der Widerspruch innerhalb der Zustände, der diese bleibende Differenz bezeugt, eben deshalb unaufhebbar sei. Es gehe also nicht darum, ihn zu beseitigen, sondern ihn je neu und auf je neuer Stufe dialektisch „aufzuheben". Dann aber füllt sich der Begriff der Natur (sei es der Natur des Menschen, sei es der Natur der Dinge) je neu mit wechselnden Inhalten, je nach der Weise, wie im historischen Prozeß Widersprüche auftreten und wie diese Widersprüche den Blick des Betrachters auf Möglichkeiten ihrer Aufhebung lenken. „Natürlich" und vor allem „menschlich" ist dann jeweils das, was geeignet ist, die einander widerstreitenden Kräfte der Gegenwart zu Momenten ihrer dialektischen Aufhebung zu machen und damit ihre vorantreibende Kraft zu aktivieren (progressives Naturrecht).

Im ersten Falle schlägt die naturrechtliche Betrachtungsart dazu aus, den geschichtlichen Prozeß und die ihn vorantreibende Dynamik als Symptom eines „Abfalls vom Naturgemäßen" zu diagnostizieren; denn nur die Unmenschlichkeit der Verhältnisse, unter denen der Mensch leben muß, legitimiert dann den Willen zur Veränderung. Im zweiten Falle dagegen wird die naturrechtliche Betrachtungsart dazu benutzt, die Veränderung zur Regel zu erheben (etwa im Sinne des Satzes „Res publica et ecclesia semper reformanda"). Denn die Differenz zwischen Natur und Faktizität ist so unüberwindlich wie die Differenz zwischen dem Ewigen und dem Zeitlichen; sie kann daher nicht endgültig überwunden werden, wohl aber verlangt sie vom Menschen, daß er alles Bestehende als vorläufig und veränderbar durchschaut. So tritt der Begriff der Natur und des natürlichen Rechtes bald in den Dienst konservativer, bald in den Dienst progressiver Praxis, sei diese im übrigen evolutiv oder revolutionär. Und eben diese gegensätzliche Verwendbarkeit läßt den Begriff der Natur und des natürlichen Rechtes unter Ideologieverdacht fallen.

Vor diesem Verdacht bleibt er auch dann nicht bewahrt, wenn er sich theologisch mit dem Gedanken der Schöpfungsordnung verbindet, nach welchem das „Gesetz der Natur" auf Gottes Schöpferwillen zurückgeführt wird. Denn aus den biblischen Texten ist nur in außerordentlich engem Rahmen unmittelbare Auskunft darüber zu gewinnen, welche Ziele und Normen der göttliche Schöpferwille der sittlich-sozialen Praxis der Menschen vorgezeichnet habe. Für die inhaltliche Füllung des Begriffes „naturgemäß" bzw. „schöpfungsgemäß" bleibt der Theologe nicht weniger als der Philosoph auf die Analyse der politisch-sozialen Erfahrungsbefunde verwiesen. Deshalb aber gerät auch der Theologe in die gleichen methodischen Schwierigkeiten wie der Philosoph; und dies mit der Folge, daß sich auch auf theologischem Wege ebenso konservative als auch progressive Programme „naturrechtlich" und „schöpfungstheologisch" rechtfertigen lassen.

In dieser Lage ist sich die katholische Sozialtheologie ihrer traditionellen Methode, der naturrechtlichen Betrachtungsart, längst nicht mehr so sicher wie in früheren Zeiten. Darum blickt sie mit erhöhter Aufmerksamkeit auf die Bemühungen der evangelischen Theologie. Denn diese war dem Naturrechtsgedanken schon immer mit großer Zurückhaltung begegnet und mußte daher stets darum bemüht sein, die Prinzipien für ein theoretisches Verständnis und eine praktische Normierung des menschlichen Soziallebens nicht aus der „Natur" des Menschen und der Welt herzuleiten, sondern aus dem Heilswillen Gottes, der allein den Glaubenden zugänglich ist. Gerade in der Krise des Naturrechtsdenkens schien es möglich, von der evangelischen Theologie Möglichkeiten einer spezifisch theologischen, in Zentralgehalten der christlichen Botschaft begründeten Sozialtheologie zu lernen.

Dazu bieten sich zwei Wege an. Der erste Weg beginnt mit der Lehre von der „Erhaltung" der Welt, sofern diese nicht als die notwendige Konsequenz des göttlichen Schöpfungsaktes oder gar als dessen „Kontinuation durch die Zeit" verstanden wird, sondern vielmehr als Ausdruck der vergebenden Gnade, durch welche die Welt, die um der

Sünde willen den Tod verdient hätte, für die Rechtfertigung durch Gott aufbewahrt wird. Diesen Weg ist die evangelische Theologie mit ihrer Lehre vom „Ersten Gebrauch des Gesetzes" gegangen (s. oben S. 52ff.). Dabei liegt der Akzent auf der „conservatio", der Bewahrung der Welt vor dem selbstverschuldeten Untergang. In diesem Zusammenhang versteht es sich von selbst, daß die Erhaltung einer radikal in Sünde verstrickten, sich selber den Untergang bereitenden Welt nur durch die Strenge des Gesetzes und die Härte seiner Anwendung gesichert werden kann, „damit die wilden und ungefügigen Menschen durch gewisse Schranken im Zaum gehalten werden" („Epitome" Art. VI).

Der zweite Weg beginnt mit der Lehre von der „Totenerweckung", wonach die Herrlichkeit Gottes sich nicht darin erweist, Bestehendes vor dem Untergang zu bewahren, sondern gerade darin, im Untergang neues Leben zu stiften. Diesen Weg geht eine jüngere Richtung evangelischer Sozialtheologie, die den Untergang der bestehenden Sozialverhältnisse (auch die revolutionäre Form dieses Untergangs eingeschlossen) als jenen „Tod" begreift, der allein der Weg dorthin ist, wo Gott sich als der Erwecker der Toten mächtig erweist.

Eine so geartete Theologie der sozialen Praxis läßt sich von verschiedenen Ansätzen aus entwickeln. Einer von diesen Ansätzen liegt in Moltmanns Verständnis der „Zukunft Christi", sofern sich die Identität des Gekreuzigten und Auferstandenen allein im Lichte der ihm verheißenen Zukunft als „eschatologische Identität" begreifen läßt. Wie im Kreuzestode Jesu kein Wesens- oder Personenkern „erhalten" geblieben ist, der die Identität des Auferstandenen mit dem Gekreuzigten begründen könnte, so bleibt auch kein Wesensbestand der sündigen Welt und kein Personkern des sündigen Menschen vor dem Gerichte bewahrt. Wie aber die Treue Gottes zum Gekreuzigten diesem eine Zukunft eröffnet hat, von der die Auferstehung nur der Vor-Schein ist, so ist in Christus auch der Welt und dem Menschen durch Gottes Verheißung eine Zukunft eröffnet, die im Glauben an Gottes Treue allein zum Vor-Schein kommt (vgl. oben S. 118ff.).

Es ist deutlich, daß beide Arten der evangelischen Sozialtheologie (die Theologie der „Erhaltungsordnungen" und die Theologie der „Totenerweckung") nicht aus einem philosophischen Begriff der „Natur", sondern nur aus spezifisch theologischen Prämissen entwickelt werden konnten. Diese Tatsache, die spezifisch theologische Begründung einer solchen Sozialtheologie, erregte das Interesse der katholischen Theologen in jener theologiegeschichtlichen Situation, in welcher diese an ihrer bisherigen naturrechtlichen Betrachtungsart irre geworden waren. Es ist aber ebensosehr deutlich, daß die Prämissen dieser Sozialtheologie nicht nur spezifisch theologischer Art sind, sondern noch spezieller aus der reformatorischen Lehre von der Rechtfertigung des Sünders gewonnen wurden. Nur so ergibt sich ein Verständnis der Welt, die durch die Sünde dem Tode verfallen ist und deren Erhaltung schon den Charakter der Begnadigung hat; und nur so ergibt sich ein Verständnis Jesu, wonach dieser seine Identität nicht „in se", sondern „extra se" in Gottes Treue findet, und ein Verständnis der Welt, die keine Zukunft hat als die „Zukunft Jesu", wobei die Zukunft Jesu nur dadurch zur „Zukunft der Welt" werden kann, daß der Auferweckte auf sie, die tote Welt, eschatologisch zu-kommt. Diese Tatsache, d. h. die Fundierung der evangelischen Sozialtheologie beider Richtungen in speziellen Prämissen der reformatorischen Rechtfertigungslehre, machte es begreiflicherweise den katholischen Theologen schwer, bei ihren evangelischen Kollegen in die Schule zu gehen.

Dies gilt nun um so mehr, als eine ausdrückliche Auseinandersetzung mit den spezifisch reformatorischen Prämissen dieser Sozialtheologie nicht versucht worden ist. Man vermied dies einerseits, um dem Vorwurf konfessioneller Polemik zu entgehen, andererseits, um angesichts der drängenden Probleme der Praxis sich nicht in die (notwendigerweise zeitraubende) Diskussion traditioneller „Unterscheidungslehren" verstricken zu lassen. Der „Geist ökumenischer Verständigungsbereitschaft" einerseits, andererseits aber die Unmöglichkeit, die „Forderungen der Stunde" zugunsten theologischer Grundsatzdebatten zurückzustellen, ließen es untunlich erscheinen, die Frage nach einer Neuorientierung der katholischen Sozialtheologie mit kontroverstheologischen Themen zu belasten.

So ist die gegenwärtige Situation der katholischen Sozialtheologie durch zwei Momente gekennzeichnet: durch das Interesse katholischer Theologen an einer nicht-naturrechtlichen, auf spezifisch theologische Prämissen gegründeten Auslegung und Normierung menschlichen Sozialverhaltens, andererseits aber durch die geringe Neigung, sich auf die Diskussion evangelisch-katholischer Kontroversthemen einzulassen.

Beide Momente gemeinsam machen es verständlich, daß die katholischen Theologen versuchen, bei der Aneignung evangelisch-theologischer Aussagen selektiv zu verfahren. Man eignet sich die Argumentationsergebnisse evangelischer Sozialtheologie an, ohne ihre Prämissen mit zu übernehmen, aber auch ohne sie ausdrücklich zu kritisieren. Die Aufgabe, die so übernommenen Ergebnisse auf eine veränderte Argumentationsbasis zu stellen und von dort her ggf. zu modifizieren, wird zwar gesehen, aber nur sehr fragmentarisch in Angriff genommen. Kerstiens' Versuch, Moltmanns Theologie der Hoffnung für eine katholische Fundamentaltheologie fruchtbar zu machen, ist dafür nur ein besonders deutliches Beispiel. Die Stärken und Schwächen dieses Versuches spiegeln die Schwierigkeiten einer Situation, in die nicht Kerstiens als Person und Autor, sondern die katholische Sozialtheologie insgesamt geraten ist. Gerade darum aber ist der Versuch von Kerstiens so aufschlußreich; und gerade darum ist er, in seinen Schwächen nicht weniger als in seinen Stärken, für die Weiterentwicklung der katholischen Hoffnungstheologie fruchtbar geworden. Denn ohne die Bemühung um eine kritische Rezeption der evangelischen Sozialtheologie — und ohne die Erfahrung der Schwierigkeiten, die einer solchen Rezeption im Wege stehen — wäre es gewiß nicht zu dem Versuch gekommen, aus einer Theologie der Hoffnung die Elemente für ein „Bekenntnis zum Glauben in dieser Zeit“ zu entnehmen, wie dies auf der „Gemeinsamen Synode“ geschehen ist.

b) Zwei Leitbegriffe weltgestaltender Praxis: „Verändern“ und „Vollenden“

Kerstiens unternahm den Versuch, eine von spezifisch reformatorischen Prämissen unabhängige, dennoch aber nicht naturrechtlich, sondern spezifisch theologisch ansetzende Sozialtheologie (und sozialtheologisch zentrierte Fundamentaltheologie) zu begründen. Auch wenn die Ergebnisse des Versuches in mehrfacher Hinsicht nicht befriedigen können (was aus der Situation der katholischen Sozialtheologie sehr wohl zu begreifen ist), so hat Kerstiens' Versuch doch für die weitere Bearbeitung seines Problems wichtige Hinweise erbracht. Alle diejenigen Punkte, in denen er Moltmann nicht folgen konnte, betrafen die

Beurteilung „dieser Welt" als des Feldes möglicher Praxis. Um dieser Praxis nicht den Sinn und die Möglichkeit zu entziehen, darf eine Theologie nach Kerstiens' Meinung die Welt nicht zur „schlechten Wirklichkeit" erklären. Und eben deshalb darf über diese Welt nicht „deterministisch" das Urteil schon gesprochen sein, darf sie nicht „dualistisch" der guten Zukunft Gottes gegenübergestellt werden, darf ihr Ende nicht im Verborgenen schon feststehen und dadurch den Wissenden als ein „Geheimwissen" zugänglich gemacht werden können (vgl. Kerstiens' Urteil über die „Gefahren" der Apokalyptik, die Moltmann unterschätzt habe; s. oben S. 194f.). Und um das Ziel dieser Praxis als „Vollendung der Welt" bestimmen zu können, muß Kerstiens trotz allem daran festhalten, daß der Mensch und die Welt zwar in ihrer historisch-faktischen Gestalt entstellt, nicht aber in ihrem Wesen verdorben sind, auch wenn dieses ihr Wesen nur durch besondere Ereignisse in der Zeit zum „Aufleuchten" gebracht werden kann (vgl. Kerstiens' partielle Rechtfertigung des Gedankens der „Epiphanie" in ihrer Kraft, Zukunft zu eröffnen und Praxis auf ihren Weg zu leiten; s. oben S. 193f.). Um jedoch diese Praxis in den offenen Horizont freier Entscheidung zu stellen, statt sie auf die bloße Bewahrung des schon Gegebenen, in seinem Wesen schon Definierten festzulegen, betont Kerstiens den Vorrang der Geschichte vor den ewigen Wahrheiten, der Zukunft vor dem, was je schon war (vgl. seine Kritik an der griechischen Wesens-Metaphysik und an ihrem Einfluß auf die Theologie; s. oben S. 186f.). Im Sinne einer Unterscheidung, die J. B. Metz getroffen hat, ist deshalb der „Gott vor uns", nicht der „Gott über uns" gleichsam der Brennpunkt, in den alle Linien einer Theologie zusammenlaufen, welche die Hoffnung nicht als eine zweite Tugend neben den Glauben stellen, sondern als die bestimmende „Struktur" des Glaubens selber aufweisen will.

Wenn aber diese Theologie ihre Urteilsmaßstäbe aus einem Interesse an weltgestaltender Praxis gewinnt, dann ist es ihre zentrale Aufgabe, das Ziel dieser Praxis zu bestimmen. Das Problem, das bei einem solchen Versuch einer Zielbestimmung sittlicher Praxis entsteht, läßt sich mit zwei Begriffen benennen: dem Begriff der „Veränderung" und dem der „Vollendung". „Ver-Änderung" schafft das „Andere", von allem Bestehenden Verschiedene und also Neue. „Voll-Endung" bringt zur „Fülle", was schon im Bestehenden angelegt ist, gewiß nicht als vorfindlicher Befund, aber doch als wirksame „Tendenz", auch wenn diese Tendenz bisher nur verborgen („latent") wirksam ist und erst am „Ende" voll-endet in die Realität treten wird. Das Problem für eine Zielbestimmung sittlicher Praxis kann insoweit durch die Formel beschrieben werden: Wie verhält sich das Ziel der „Weltveränderung" zum Ziel der „Weltvollendung", die Stiftung des noch nicht dagewesenen Neuen zur Vollstreckung einer im Wesensgrunde der Welt „latenten Tendenz"?

Nun ist deutlich, daß die Begriffe „Veränderung" und „neu" nur eine Abgrenzung gegen das enthalten, was bisher war. Denn „verändern" heißt „anders machen", und „anders" ist alles, was nicht so ist wie das Alte. Solche rein „limitativen", d. h. abgrenzenden Begriffe werden in der Logik „Unendlichkeitsbegriffe" genannt, weil sie aus der unendlichen Menge des Denkbaren nur eine endliche Teilmenge durch Verneinung herausschneiden und deshalb immer noch unendliche Möglichkeiten ihrer positiven Inhaltsfüllung offenlassen. Das gilt auch für die Begriffe „verändern" und „neu". So wird z. B. der Zustand eines Kranken „verändert" sowohl durch seinen Tod wie durch seine Genesung, aber auch dadurch, daß eine Therapie ihn von dieser bestimmten Krankheit befreit, aber eine andere Störung seiner Organfunktionen verursacht. Und wenn der Kranke seit Geburt an seiner Krankheit gelitten haben sollte, ist sowohl die Gesundheit als auch der Tod, aber auch die durch die Therapie erzeugte andersartige Krankheit „neu" gegenüber allem, was er bisher erlebt hat. Die Begriffe des „Anderen" und „Neuen" geben also nur an, was künftig nicht mehr sein wird oder sein soll (das Bestehende und Alte); aber sie lassen eine unendliche Vielfalt von Möglichkeiten dessen offen, was an die Stelle des Verneinten treten wird. Und eben deswegen enthalten diese Begriffe kein Kriterium dafür, *welche* unter diesen unendlichen Möglichkeiten vor anderen den Vorzug verdient; sie enthalten also keine Entscheidungshilfe bei der Wahl zwischen Handlungszielen.

Gerade diese Tatsache jedoch, daß der Begriff des „Neuen" ein rein limitativer Begriff ist und sich deshalb gegenüber der unendlichen Menge positiver Möglichkeiten seiner inhaltlichen Füllung neutral verhält, hat diesen Begriff geeignet gemacht, in bestimmten biblischen Kontexten Verwendung zu finden. Die Rede vom „neuen Himmel und der neuen Erde" zeigt an, daß die bestehende Welt bestimmt ist, zu Ende zu gehen; aber diese Rede greift der göttlichen Entscheidung über die Gestalt dessen, was kommen wird, nicht inhaltlich vor. Denn eben dies, was Gott an die Stelle der alten Welt setzen wird, „hat kein Auge gesehen, kein Ohr gehört; in keines Menschen Herz ist es gedrungen" (1 Kor 2. 9). Darum ist die praxisanleitende Funktion dieses Begriffes, gerade wegen seines Mangels an positiver Inhaltsfüllung, darauf beschränkt, daß er uns zum „Ausharren in Geduld" ermahnt, zu einer Geduld, welche die Bedrängnisse dieser Weltzeit erträgt, den Untergang dieser Weltgestalt mitzuerleiden bereit ist, die Neuschöpfung aber vertrauensvoll von Gottes allmächtiger Güte erwartet, die keines menschlichen Ratgebers bedarf.

Ähnliches gilt von dem Begriff der „Veränderung". Gerade die Tatsache, daß er ein rein limitativer Begriff ist und sich deshalb gegenüber der unendlichen Menge positiver Möglichkeiten seiner inhaltlichen Füllung neutral verhält, hat diesen Begriff geeignet gemacht, in bestimmten Kontexten evangelischer Theologie Verwendung zu finden. Die Aufforderung zur beständigen Veränderung und Umgestaltung („perpetua reformatio") von Staat, Kirche und Gesellschaft wird dann verstanden als die Aufforderung zum Kampf gegen jenen Willen zur Selbstbehauptung, durch den diese Welt sich ihrem „Tod", d. h. der Aufhebung der Gestalt, auf der ihre Existenzmöglichkeit beruht, entziehen möchte. Durch diesen Willen zur Selbstbehauptung aber entzieht sich die Welt, nach Auffassung dieser Theologie, gerade der göttlichen Gnade, weil diese stets in der Gestalt der Totenerweckung wirksam ist. Gerade weil die Aufforderung zur Veränderung zwar sagt, was nicht bleiben darf (das Bestehende), aber nicht angibt, was werden soll, ist die Praxis, zu der sie anleitet, stets eine Praxis „diesseits des göttlichen Gerichtes". Sie dient der Bekämpfung des Selbstbehauptungswillens dieser Welt, damit diese Welt nicht in sich, sondern allein in Gottes Gnade den „Identitätspunkt" finde für den Weg vom Tode des Gerichtes zum Leben der Auferstehung. Solche Praxis maßt sich nicht an, das „Andere", in dessen Dienst alle „Veränderung" steht, d. h. das Leben der von den Toten erweckten Welt, zu kennen oder gar herzustellen. Der rein limitative, alle positiven Inhalte offenlassende (weil diese Gott und seiner Gnade allein überlassende) Begriff der „Veränderung" bezeugt so den Verzicht auf alle „Gerechtigkeit der Werke", die das Heil durch eigene Bemühung zu schaffen meint. Dieser Verzicht aber steht im Dienste der todesbereiten (weil die Auferweckung erhoffenden) Bereitschaft, alle Existenzsicherung durch die bestehenden Ordnungen von Staat, Kirche und Gesellschaft immer neu fahren zu lassen, um allein in Gottes Gnade Sicherheit zu finden (vgl. oben S. 138ff.).

Es ist also eine spezifisch theologische Vorentscheidung, und zwar näherhin eine solche der reformatorischen Rechtfertigungslehre, die es angemessen erscheinen läßt, sich mit jener rein limitativen Normierung der menschlichen Praxis zufriedenzugeben, die durch die Begriffe „Veränderung" und „neu" benannt werden kann. In diesem Verstehensrahmen erfährt der Handelnde zwar, wogegen sein Tun sich zu wenden habe: gegen das Bestehende zugunsten eines inhaltlich unbestimmten „Anderen", gegen das Alte zugunsten eines inhaltlich unbestimmten „Neuen", aber seinem Handeln wird kein positives Ziel gesetzt — und dies deshalb, weil die positive Inhaltsfüllung der erhofften Zukunft der freien Entscheidung Gottes allein anheimgestellt bleiben soll.

Wer diese bestimmte theologische Vorentscheidung nicht teilt, wird sich auch mit einer rein abgrenzenden Normierung der Praxis nicht zufriedengeben; und wem es um eine positive Inhaltsbestimmung der Praxis zu tun ist, wird seine Kritik gegen eben jene theologischen Prämissen richten, aus denen sich der bewußte Verzicht auf eine positive Beschreibung der Heilszukunft ergab. Zur Behebung dieses Mangels bietet sich dann der Begriff der „Vollendung" an, der, wie oben gezeigt, aus der Tradition der aristotelischen Philosophie und der darin fundierten Naturrechtslehre stammt. Denn dieser Begriff enthält die Anweisung, aus der Natur des Menschen und der Dinge die Erfordernisse abzulesen, die erfüllt werden müssen, damit Menschen und Dinge sich so verhalten können, wie es ihrer Natur entspricht.

Auf welche Weise diese Herleitung von Handlungszielen aus einer Einsicht in die „Natur der Dinge" geschieht, dafür ist der Begriff der „Vermenschlichung der menschlichen Lebensverhältnisse" und das daraus entwickelte Handlungsziel von „Freiheit, Gerechtigkeit und Frieden" exemplarisch. Da nämlich zur Natur des Menschen Freiheit gehört, sind alle Lebensverhältnisse unmenschlich, die es dem Menschen nicht gestatten, sein Verhalten frei zu bestimmen. Weil aber die Freiheit jedes Einzelnen mit der Freiheit aller anderen Menschen nur dann zusammen bestehen kann, wenn ihr Verhältnis untereinander nach Normen der Gerechtigkeit geordnet ist, ist jede Ungerechtigkeit der Lebensverhältnisse ein Angriff auch auf die Freiheit und damit auf die Menschlichkeit. Nur eine durch Gerechtigkeit garantierte Freiheit aller Menschen in ihren gegenseitigen Wechselbeziehungen scheint aber anstelle bloßer „Nichtkriegsführung" einen Frieden zu garantieren, der diesen Namen verdient.

Die so gewonnenen Zielbestimmungen menschlicher Praxis sind gewiß noch vieldeutig genug; der Streit darüber, was mit „Freiheit", „Gerechtigkeit" und „Friede" gemeint sei, beweist es. Aber die Möglichkeiten, den Inhalt dieser Begriffe näher zu bestimmen, sind nicht mehr „unendlich" wie bei den Limitationsbegriffen, unter die „alles" fällt außer dem einen, was sie verneinen, also alles außer dem „Bestehenden und Alten".

Dieser Zuwachs an inhaltlicher Bestimmung wird freilich dadurch erkauft, daß nach naturrechtlicher Auffassung das Ziel unserer Praxis durch die Natur des Menschen und der Dinge schon „festgelegt" ist, auch wenn unsere Erkenntnis stets noch auf dem Wege ist, diese Natur klarer zu erfassen, und auch wenn unsere Praxis immer neu vor der Aufgabe steht, naturgemäße Zustände erst herbeizuführen. Der menschlichen Praxis ist hier nichts anderes zur Wahl gestellt als die Erfüllung oder Nichterfüllung einer Norm, über die dadurch schon entschieden ist, daß wir Menschen sind.

So kann, wo es um Praxisanleitung zu tun ist, der Eindruck entstehen, weder der Begriff der „Veränderung" noch der der „Vollendung" reiche dazu aus, die soziale Praxis zu normieren. Der rein limitative Begriff der „*Veränderung*" nämlich schreibt uns vor, uns jeder Vorentscheidung darüber zu enthalten, wie Gott in seinem unvorhersehbaren Gnadenwillen jene „andere" Welt gestalten wolle, auf die die Hoffnung sich richtet. Von jener Welt, die aus Gottes künftiger Entscheidung hervorgehen wird, wissen wir nicht mehr, als daß sie anders sein wird als „diese" Welt. „Für uns" ist das Künftige noch verborgen, weil die „uns zugewandte Seite" der göttlichen Neuschöpfung das Gericht ist, das wir noch vor uns haben, und der uns zugängliche Aspekt der kommenden Welt allein darin besteht, daß sie aus dem Untergang der alten hervorgehen wird. Dagegen besteht die praxisanleitende Funktion des positiven Begriffes „*Vollendung*" darin, daß er uns vorschreibt, alle unsere Entscheidungen über die künftige Gestaltung der Welt und der menschlichen Lebensverhältnisse daran zu messen, ob sie jener Vorentscheidung entsprechen, die damit schon gefallen ist, daß wir Menschen sind. Von der kommenden Welt des Heiles können wir nach dieser Auffassung eines wissen: Sie wird die Vollendung dessen sein, was der gleiche Gott in der Erschaffung „dieser Welt“ schon gewirkt hat. Darum ist „für uns“ das Kommende zwar noch nicht offenbar; aber an dem „Streben“, das durch die Schöpfung in die Natur der Dinge und des Menschen gelegt ist, läßt sich diese Zukunft schon heute als das intendierte Ziel aller „natürlichen Tendenz“ bestimmen. Die „Sehnsucht der Schöpfung“ ist die uns zugewandte Seite der kommenden Welt.

Aus dem Ungenügen daran, daß die Begriffe „Veränderung“ und „neu“ keine positiven Aussagen über das gesteckte Handlungsziel enthalten, der Begriff der „Vollendung“ aber das Handeln auf ein vorgegebenes Ziel „festlegt“, wird der Versuch mancher Theologen (und so auch der Versuch von Kerstiens) begreiflich, die Begriffe der „Veränderung“ und der „Vollendung“ miteinander zu verknüpfen, um einerseits die „Offenheit“ der Zukunft, andererseits die Inhaltsfüllung der praxisanleitenden Normbegriffe zu garantieren. Doch ist so lange nichts gewonnen, wie diese Begriffe nur unvermittelt nebeneinandergestellt werden; ein Fortschritt der Erkenntnis würde erst dann erreicht, wenn sie, trotz ihrer entgegengesetzten praxisanleitenden Funktion, dialektisch miteinander verknüpft werden könnten.

Die Frage, ob eine solche dialektische Vermittlung möglich sei, ist die Frage, wie diese Welt und ihr natürliches „Streben“ (ihre „Tendenz“) sich zu der „kommenden Welt“ verhält. Führt die „natürliche Tendenz“ dieser Welt in das tödliche Gericht als den einzigen „Ort“, an der ihr Gottes ungeschuldete Gnade in Gestalt der Totenerweckung begegnen kann? Oder weist das „natürliche Streben“ die alte Welt in jene Richtung, aus der zugleich ihre rettende Zukunft auf sie zukommt? Ist der „Ort“, an dem die bestehende Welt ihrer Zukunft begegnen wird, statt des Todes im Gericht die Befreiung von ihrer selbstverschuldeten Knechtschaft, die Befreiung also von einer Übermacht, welche die Vollendung ihres natürlichen Strebens verhindert?

Im ersten Falle ist allem Wirken in und an dieser Welt kein positives Ziel gesteckt, sondern nur die Aufgabe gestellt, ihren natürlichen Selbstbehauptungswillen zu brechen. Veränderung als solche, d. h. Verhinderung gesicherten Bestandes, nicht schon die Stiftung einer besseren Weltgestalt, ist dann der Dienst des Menschen an der Welt. Und der Wille zu solcher Veränderung ist dann nicht geleitet von einem Wissen um jene Wirklichkeitsgestalt, die werden soll, sondern von einem Blick für das Bestehende, welches so, wie es ist, nicht bleiben darf. Aufdeckung der verborgenen und sich immer neu verbergenden Bosheit dieser Welt wird so zur Antizipation des Gerichtes, in welchem „quidquid latet apparebit" (vgl. oben S. 127f.).

Im zweiten Falle aber, wenn die Tendenz dieser Welt nicht auf ihren Tod, sondern auf ihre Befreiung gerichtet ist, ist auch dem menschlichen Wirken ein positives Ziel gesetzt: die Aufgabe, alle jene Kräfte in der Welt zu stärken, in denen die „Natur" des Menschen und der Dinge über jenen naturwidrigen Zustand hinausdrängt, in welchen beide geraten sind, und so die Hoffnung auf Befreiung lebendig zu halten. Der Wille zu solchem Dienst an der Vollendung ist dann geleitet nicht so sehr vom Blick für die verborgene Bosheit dieser Welt, sondern weit mehr von dem Blick für das, was im Grunde der Welt unzerstört und unzerstörbar geblieben ist und nach Vollendung verlangt. Jede wohlgeratene Tat, die den Dingen und Menschen aus ihrer Verstrickung heraus zu sich selber verhilft, wird so zur Antizipation jener Befreiung, in welcher der Schöpfer selbst seine Schöpfung aus jener „Vergeblichkeit" befreien wird, der sie unfreiwillig unterworfen wurde, zur Antizipation einer Befreiung also, der das „Harren" der Schöpfung gilt, auch wenn dieses Harren bisher unerfüllt geblieben ist (vgl. Rom 8, 19 f.).

c) Das weiterführende Sachproblem: Die Weltgeschichte als Feld der sittlichen Praxis

Zwei entgegengesetzte Auffassungen davon, welches Ziel der menschlichen Praxis gestellt sei, ergeben sich so aus zwei unterschiedlichen Versuchen, das Verhältnis der alten Welt zur kommenden zu bestimmen. Ob sich zwischen den beiden Leitbegriffen „Veränderung" und „Vollendung" vermitteln lasse, hängt deshalb davon ab, ob diese beiden Bestimmungen des Verhältnisses zwischen der alten und der neuen Schöpfung untereinander vereinbar sind. Durch die Schöpfung ist die „Natur" des Menschen und der Dinge definiert worden in einer Weise, die sich menschlicher Willkür entzieht und gerade darum alle Lebensverhältnisse, die durch menschliche Schuld entstellt worden sind, als „naturwidrig" erkennbar macht. Die neue Schöpfung dagegen ist der göttlichen Gnade anheimgegeben, die gerade dadurch eine offene Zukunft schafft, daß sie sich nicht darauf beschränkt, diejenigen „Tendenzen“ zu vollstrecken, die in dieser Welt schon wirksam sind — sei es die natürliche Tendenz, die auf Vollendung zielt, sei es die sündhafte Tendenz, die keine andere Vollendung finden kann als das Gericht. Wenn aber die Natur durch die „erste Schöpfung“ definiert ist, die „neue Schöpfung“ dagegen aus der Gnade hervorgeht, dann verhalten sich alte und neue Welt wie Natur und Gnade.

Kerstiens versucht nun, zwischen *Natur* und *Gnade* durch den Begriff der *Geschichte* zu vermitteln. Nach seinem Verständnis erscheint „die Geschichte [. . .] als Vermittlung zwischen Natur und Gnade“, dies freilich nur deshalb, weil in diese Geschichte „Christus eingegangen ist“ (HdG 181). Es ist also ein spezifisch theologischer Begriff von Geschichte nötig, um diese als Vermittlung zwischen Natur und Gnade (und damit zwischen alter und neuer Schöpfung) erscheinen zu lassen, auch wenn Kerstiens meint, nur dieser Begriff beschreibe „Geschichte im eigentlichen Sinn“ (HdG 191).

Geschichte im Vollsinn des Wortes geschieht nur dadurch, daß dem Menschen ein „neuer Zukunftshorizont eröffnet“ wird, der ihm eine „neue Reichweite seiner Freiheit schenkt“ (ibid.). Solche Geschichte „geschieht zwischen der Grundfreiheit Gottes und der gerufenen, antwortenden Freiheit des Menschen“ (ibid.). Weil es die „Grundfreiheit Gottes“ ist, aus der diese Geschichte hervorgeht, beschränkt sie sich nicht darauf, dem schon bestehenden Alten seine Vollendung zu geben, sondern stiftet „die Zukunft eines Neuwerdens“ (HdG 192). Und weil es die „antwortende Freiheit des Menschen“ ist, die den zweiten Pol dieses geschichtsbegründenden Geschehens bildet, darum ist diese Zukunft von solcher Art, daß sie „durch eigene Schuld verfehlt werden kann“ (ibid.). Ja die Bedeutung der antwortenden Freiheit des Menschen geht so weit, daß sie auch positiv auf die Gestaltung dieser Zukunft Einfluß gewinnt. „Gott schenkt dem Menschen die Erlösung so, daß sie von ihm mitvollzogen werden kann und soll“ (HdG 200).

Die Differenz zwischen Kerstiens' und Moltmanns theologischen Positionen tritt dort besonders deutlich hervor, wo beide versuchen, das Unterscheidungsmerkmal des Geschichtlichen zu bestimmen. Für Moltmann besteht das Spezifikum „geschichtlicher Phänomene“ darin, daß „ihre Zukunft“ nicht mit ihrer „Bedeutung für unsere Zukunft“ zusammenfällt, sondern mit dieser erst sekundär, wenn auch notwendig, vermittelt werden muß (s. oben S. 120f. u. 134f., vgl. ThdH 172). Für Kerstiens dagegen gehört es gerade zur Geschichte, daß wir die Angerufenen sind, die zu antworten haben, und daß in diesem Verhältnis von Ruf und Antwort „unsere" Zukunft entschieden wird. Geschichtlich, so darf man wohl folgern, ist dann ein Phänomen nur in dem Maße, in welchem es eine Funktion in diesem Ruf-Antwort-Geschehen zu erfüllen hat, in das wir mit unserer Freiheit immer schon einbezogen sind. Für Moltmann ist „unsere" Zukunft, sofern sie unmittelbar und ausschließlich die unsere ist, unser Tod im Gericht und nichts als dies. Und nur sofern eine Zukunft, die nicht die unsere ist, nämlich die Zukunft Jesu, als dessen „Zukunft zur Welt" auch uns betrifft, wird „unsere" Zukunft, d. h. der Tod, zur Zukunft der Auferweckung der Toten. Für Kerstiens dagegen ist die Zukunft des Heils immer schon „unsere" Zukunft, weil sie nicht im Ruf allein, sondern in „Ruf und Antwort" eröffnet wird, weil Geschichte nicht in Gottes Freiheit mit Ausschluß der menschlichen gegründet ist, sondern in jenem „Zwischen", das die „Grundfreiheit Gottes" mit der „antwortenden Freiheit der Menschen" verbindet.

Nun kann auch ein Geschichtsverständnis, welches die Geschichte insgesamt in einem dialogischen Verhältnis von Ruf und Antwort begründet sieht, nicht davon absehen, daß wir als die Angerufenen immer schon Glieder der „alten" Welt sind, die vergehen muß, wenn Gott die „neue" Welt schaffen will. An der Frage, auf welche Weise wir den Ruf, der uns in die Zukunft der neuen Welt einweisen will, als Glieder der alten Welt dennoch zu hören und sogar zu beantworten vermögen, entscheidet sich deshalb zugleich die Frage nach dem Verhältnis von alter und neuer Schöpfung. Für Moltmann sind wir die Adressaten des göttlichen Rufs nur insofern, als Gottes Schöpferwort das Nichtseiende ins Sein, das Tote ins Leben ruft; ja die ganze Theologie der „Schöpfung aus Nichts" als der „Schöpfung durch das Wort" hat bei ihm keine andere Funktion als eben die, auf die Neuschöpfung als eine Schöpfung aus Nichts und durch das Wort hinzuweisen. Für Kerstiens dagegen ist der Ruf, den wir zu hören und als die Hörenden zu beantworten haben, nicht das Wort der „creatio ex nihilo", sondern der Anruf, der diejenigen, die in die verkehrte Richtung gegangen sind, zur Richtungsänderung, d. h. zur Umkehr, ruft. Die Eröffnung der Zukunft aus dem Wechselverhältnis von göttlicher Grundfreiheit und menschlicher antwortender Freiheit geschieht durch das *Angebot der Möglichkeit zur Umkehr.* Nun wird Gottes geschichtsmächtiges Wirken traditionell als seine „Vorsehung" beschrieben. Diese aber darf, wenn Anruf zur Umkehr das Wort ist, das Geschichte eröffnet, nicht als „ein eindeutig festgelegter Plan" mißverstanden werden. Vielmehr müssen wir Vorsehung als den „Erfindungsreichtum seiner Liebe" verstehen, „in der er immer neue Möglichkeiten der Umkehr und der antwortenden Liebe ‚vorsieht'" (HdG 192).

Die Geschichte der Welt ist nach diesem Verständnis nicht derjenige Weg, den jedes Geschöpf und so auch der Mensch dadurch durchläuft, daß seine Natur nach einem ihr gemäßen Verhalten verlangt und an diesem Verhalten nur durch äußere Umstände gelegentlich gehindert wird. (So verlangt der Stein kraft seiner Natur danach, zu fallen, wenn nicht andere Körper ihm dabei im Wege sind.) Die Weltgeschichte ist vielmehr ein Gefüge von Wegen und Irrwegen, die die Menschen gegangen sind, und von göttlich eröffneten Möglichkeiten der Umkehr — einer Umkehr freilich, die nicht zum „früheren Zustand" zurückführt, sondern, entsprechend dem „Erfindungsreichtum" der göttlichen Liebe, anstelle der schuldhaft verlorenen Paradiese in immer neue Länder der Verheißung geführt wird (vom „gelobten Lande" des alttestamentlichen Exodus bis zum himmlischen Jerusalem). Deshalb geht es, im Gegensatz zu den Vorstellungen der Naturrechtslehre, nicht um die Wiederherstellung eines Zustandes, der der ewigen Natur des Menschen und der Dinge entspricht, sondern um die Neuheit eines Weges, der dem Sünder und der sündigen Welt durch Gottes Gnade eröffnet wurde.

Entscheidend für die Bestimmung des Verhältnisses zwischen alter und neuer Schöpfung ist nun die Frage, worauf die Kontinuität der so verstandenen Geschichte beruht. Dualistische Weltinterpretationen sehen zwischen der „alten" Welt, die zum Tode bestimmt ist, und der „neuen" Welt, die kommen soll, keinerlei Kontinuität, sondern nur den unvermittelten Bruch. Dualistische Geschichtsauffassungen sehen auch innerhalb der Geschichte zwischen dem „Alten", das überwunden werden soll, und dem „Neuen", das heraufzuführen ist, in entsprechender Weise keine Kontinuität, sondern nur den unvermittelten Gegensatz. Es kann nicht verkannt werden, daß Moltmanns Theologie, nach welcher zwischen Tod und Auferstehung Jesu, aber auch der Glaubenden, kein „Identitätspunkt" zu finden ist, den diese „in se" finden könnten, in die Richtung solcher dualistischer Auffassungen von Welt und Geschichte drängt.

Nimmt man nun Kerstiens' Rede von den „immer neuen Möglichkeiten der Umkehr" ernst, so wird man daraus folgern können: Die Kontinuität der Weltgeschichte beruht nicht (oder wenigstens nicht in der hier entscheidenden Hinsicht) auf der Unveränderlichkeit der Natur des Menschen und der Dinge; diese erklärt allenfalls die Denkmöglichkeit von Irrweg und Umkehr, nicht das Angebot der Umkehr nach erfolgter Verirrung und schon gar nicht die Neuheit der Ziele, die dem Menschen durch den Ruf zur Umkehr eröffnet werden und die die „verlorenen Paradiese" stets überbieten. Die Kontinuität der Geschichte beruht aber auch nicht (oder wenigstens nicht ausschließlich) darauf, daß alles Leben dort, wo seine Kontinuität im Tode abbricht, „extra se", in Gottes Gnadenwillen, eine Auferweckung von den Toten erhoffen darf. Schon jetzt, „diesseits des Todes", ereignet sich jenes Wechselverhältnis zwischen der Grundfreiheit Gottes und der antwortenden Freiheit des Menschen, das Geschichte möglich macht. So beruht die Kontinuität dieser Geschichte darauf, daß die Treue Gottes, die durch alle Untreue der Menschen nicht aufgehoben werden kann, dieser Welt von allem Anfang an den Charakter aufgeprägt hat. Ihre „Natur", d. h. die ihr durch Gottes Schöpfungsakt verliehene Wesensgestalt, besteht darin, daß jede ihrer Gegenwarten die Verheißung einer Zukunft in sich trägt, eine Verheißung freilich, die sich nicht durch das natürliche Streben der Geschöpfe erfüllen kann, sondern allein durch Gottes Gnade. So muß schon die Schöpfung (als göttliche Tat der Creatio und als daraus hervorgehende Creatura) „eschatologisch" verstanden werden, d. h. im Hinblick auf eine in sie eingeschaffene Verheißung. Und nur dieses „eschatologische Verständnis der Schöpfung" macht es möglich, „die Geschichte [. . .] als Vermittlung zwischen Natur und Gnade" zu verstehen (HdG 181).

Das bedeutet für die Praxis: Es geht nicht (oder doch nicht nur) um die Vollstreckung einer natürlichen Tendenz, die dem Wesen der Dinge und des Menschen von ihrem Ursprung her eingeschaffen ist und das Ziel aller Praxis apriori definiert (also nicht um „Vollendung" im Sinne des Ausziehens von Entwicklungslinien, die aller menschlichen Praxis schon vorgegeben wären). Es geht aber auch nicht um die bloße Brechung des Selbstbehauptungswillens der Welt, damit im Tode des Geschöpfs die Alleinursächlichkeit des Schöpfers das neue Leben stifte (also auch nicht um ein „Verändern“ ohne positiven Zielgehalt, das sich, soweit menschliches Wirken in Betracht kommt, in der Verneinung des Bestehenden erschöpft und die Herstellung des inhaltlich Neuen der Gnade Gottes überläßt). Es geht vielmehr um die je neu von Gott gewährte, von Menschen zu ergreifende Möglichkeit, den Wegen der Welt, die zu Irrwegen geworden sind, eine neue Richtung zu neuen Zielen zu geben. Handlungsziel ist also nicht die bloße Explikation der schon verborgen wirksamen Naturtendenz der Dinge und Menschen, aber auch nicht die bloße Antizipation des Endes, an das Mensch und Welt durch ihre eigene Schuld gelangen, damit Gottes Schöpferkraft einen neuen Anfang setze; Handlungsziel ist vielmehr das Ergreifen einer von Gott gewährten Chance: der Chance eines „Neuwerdens“, die dem Menschen durch die vergebende und dadurch Umkehr ermöglichende Gnade Gottes eröffnet wird. Darum ist nach diesem Verständnis „Geschichte im eigentlichen Sinn“ (HdG 191) diejenige Geschichte, „in die Christus eingegangen ist“ (HdG 181).

d) „Umkehr“ als geschichtstheologische Grundkategorie

Betrachtet man Ferdinand Kerstiens' Versuch im Zusammenhang der geschilderten Problemlage, in der die katholische Sozialtheologie sich heute befindet, dann zeigt sich: Die Fruchtbarkeit dieses Versuches besteht darin, daß er den Gegensatz der beiden Leitbegriffe „Vollenden“ und „Verändern“ durch eine dritte Kategorie überwunden hat, die sich von diesen beiden Begriffen dadurch unterscheidet, daß sie unmittelbar biblischem Sprachgebrauch entnommen ist, die Kategorie der „Umkehr“. Was dieser Wechsel der Leitbegriffe bedeutet, läßt sich in folgender Weise zusammenfassen:

Die Möglichkeit der Umkehr ist nicht durch die Natur des Menschen garantiert, sondern wird ihm durch Gottes Freiheit eingeräumt. Eine Praxis, die sich am Begriff der Umkehr orientiert, überschreitet damit den Rahmen bloß naturrechtlichen Denkens. Die Wege der Umkehr führen nicht zur verlorenen Unschuld zurück, sondern über die erfahrene Schuld hinaus. Daß nun die Umkehr nicht durch die Natur des Menschen, sondern durch Gottes Freiheit ermöglicht wird, und daß sie

„zukunftsoffen“ ist, hat sie mit dem neuen „Leben aus der Totenauferweckung“, an dem Moltmann sich orientiert, und mit der zukunftsoffenen, aber inhaltlich unbestimmten Aufgabe der „Veränderung“ gemeinsam. Andererseits aber wird dem Menschen, der zur Umkehr gerufen wird, ein Weg gewiesen, den er gehen kann, und ein Ziel gesteckt, auf das seine Werke in der Welt ausgerichtet sein sollen. Daß der Ruf zur Umkehr die menschliche Freiheit in Anspruch nimmt und dabei „inhaltsbestimmt“ ist, hat er mit der Aufgabe der „Weltvollendung“ gemeinsam, an der das Naturrechtsdenken sich orientiert hatte. So scheint der Gedanke der „Umkehr“ geeignet, den Gegensatz zweier Leitvorstellungen zu versöhnen: der naturrechtlichen, die es auf die Beanspruchung der menschlichen Freiheit für inhaltlich bestimmbare Ziele abgesehen hat, und der reformatorischen, der es auf die Freiheit Gottes und die offene Zukunft ankam.

Und doch handelt es sich hier nicht um eine bloße Addition disparater Elemente, sondern um einen eigenständigen Ansatz der theologischen Ethik. Das zeigt sich daran, daß von hier aus ein Verständnis der Welt und ihrer Geschichte entwickelt werden kann, das sich sowohl von der aristotelischen Philosophie, die dem Naturrechtsdenken zugrunde liegt, als auch von jenem Welt- und Geschichtsverständnis unterscheidet, das der reformatorischen Rechtfertigungslehre entstammt. Kerstiens hat dieses Welt- und Geschichtsverständnis nicht explizit ausgeführt. Es läßt sich jedoch, durch Analyse des von ihm gebrauchten Begriffes der „Umkehr“, in folgender Weise umreißen.

Der Mensch, der zur Umkehr gerufen wird, ist nicht nur durch die Verhältnisse, unter denen er leben muß, an der Realisierung seiner „natürlichen Tendenz“ gehindert; er ist „in die falsche Richtung“ gelaufen und muß das Ziel ändern, nach dem er strebt. Die Ver-kehrtheit, aus der er umkehren muß, betrifft ihn also im Kern und im Ganzen. Und Gleiches gilt von der Welt, wenn es wahr ist, daß in ihr nicht nur einzelne böse Taten geschehen, sondern daß sie insgesamt einen Verstrickungszusammenhang darstellt, innerhalb dessen allzuoft auch und gerade die guten Taten zum bösen Ausgang der Entwicklungen beitragen. Die naturrechtliche Rede vom unverletzlichen guten Wesenskern des Menschen und der Welt scheint nicht genügend deutlich zu machen, in welcher Radikalität Mensch und Welt sich in der Verkehrung befinden und der Umkehr bedürfen.

Aber der Mensch, der zur Umkehr gerufen wird, wird nicht nur in das Gericht des Todes gerufen, um dort die Gnade Gottes zu erfahren, der Tote lebendig macht (sosehr es zum Eingeständnis der Schuld gehört, daß der Mensch gegen Gott keinen Anspruch auf Verschonung vom Gericht anmelden kann!). Unter dem Anruf zur Umkehr erfährt der Mensch nicht nur, was Gott in Gericht und neuschaffendem Gnadenwirken an ihm tun wird, sondern auch, was er selbst tun soll und in der Kraft göttlichen Anrufes auch tun kann. Und wiederum gilt Entsprechendes von der Welt, wenn es wahr ist, daß die Umkehr des Menschen stets die Aufgabe enthält, die Welt so umzugestalten, daß sie wenigstens ansatzweise aus einem Verstrickungszusammenhang des Bösen zu einem Interaktionsfeld des Guten werden kann. Die Theologie der „Totenauferweckung" und die aus ihr entspringende Aufforderung, dem Selbstbehauptungswillen der Welt entgegenzuwirken, scheint nicht genügend deutlich zu machen, daß der Ruf zur Umkehr nicht nur Gottes Weg zum Menschen und zur Welt ansagt, sondern auch dem Menschen und der Welt einen Weg, den sie selber gehen können, anweist. Denn gewiß ist nach gemeinsamer Überzeugung aller christlichen Theologen die Vergebung der Sünden Gottes alleinige Tat, der der Mensch weder durch seine „Bekehrung" zuvorkommen noch durch nachfolgende „gute Werke" etwas hinzufügen kann. Aber die Macht dieser göttlichen Vergebung zeigt sich gerade darin, daß sie dem Menschen, der sich auf Irrwege verlaufen hat, im Ruf zur Umkehr neue Wege öffnet. Theologie der Umkehr ist darum stets Theologie der schöpferischen Macht göttlicher Vergebung. Darum ist die Geschichte der Welt, in die hinein der Ruf zur Umkehr ergeht, nicht der Weg zur bloßen Restitution der verlorenen Naturgemäßheit. (In Vergebung aufgehobene Schuld ist nicht restituierte Unschuld.) Die Geschichte der Welt ist aber auch nicht der Weg in den Tod, in dem ihr Selbstbehauptungswille zerbricht und sie sich so in Gottes gnädige Hand fallen läßt. (Vergebung nimmt dem Menschen nicht seine Identität, um sie ihm, als „extra se" begründete, wiederzugeben; sie gestattet ihm vielmehr, als der, der er durch eigene Schuld geworden ist, einen neuen Weg zu finden.) Geschichte ist, im Lichte des Rufes zur Umkehr verstanden, Weg in Neuland, nicht Rückkehr in die verlorene Heimat; aber dieser Weg öffnet sich gerade dadurch, daß der Mensch sich weder in der vermeintlichen Unschuld seines Wesens „behauptet" noch auch im Bewußtsein seiner substantiellen Verderbtheit auf die Bewahrung seiner Identität verzichtet, sondern vielmehr dadurch, daß er als der Verirrte, der er ist, eine positiv benennbare Aufgabe gestellt, ein positiv bestimmbares Ziel gesteckt erhält.

Daß der göttliche Anruf zur Umkehr dem Menschen und mit ihm der Welt einen solchen Weg in eine neue Zukunft öffne, ist der Inhalt einer Hoffnung, von der nur der Glaube weiß — ist der Inhalt eines Glaubens, der seiner „Struktur" nach Hoffnung ist.

3. *›Unsere Hoffnung — Ein Bekenntnis zum Glauben in dieser Zeit‹. Die Erklärung der Gemeinsamen Synode als theologisches Dokument*

a) Vorbemerkungen zur Eigenart des Textes

Die Erklärung ›Unsere Hoffnung — Ein Bekenntnis zum Glauben in dieser Zeit‹ ist von der „Gemeinsamen Synode der Bistümer in der Bundesrepublik Deutschland" auf ihrer 8. Vollversammlung am 22. November 1975 mit großer Mehrheit (225 : 26 Stimmen bei 15 Enthaltungen) verabschiedet worden. Sie stellt also hinsichtlich ihrer Funktion und abschließenden Gestalt nicht die Meinungsäußerung eines Theologen dar, sondern den Beschluß eines kirchlichen Organs. Nun ist die hier vorgelegte Untersuchung nicht der Geschichte der Kirche gewidmet, sondern der Geschichte der katholischen Theologie, und auch dies nur hinsichtlich der Beziehungen, durch die sie einerseits mit der Philosophie, andererseits mit der evangelischen Theologie verbunden ist. Daß dennoch im folgenden von einem Synodenbeschluß die Rede sein soll, hat zwei Gründe.

Einerseits hatte die Synode die Absicht, gerade in dieser Erklärung (im Gegensatz zu den übrigen, die vorwiegend eine Neuordnung der kirchlichen Praxis betrafen) eine „theologische" Aussage zu machen. Das Wort „theologisch" bezeichnet freilich in diesem Zusammenhang nicht einen Beitrag zur wissenschaftlichen Forschung (was nicht Aufgabe eines kirchlichen Organs sein kann), auch nicht die Formulierung einer wissenschaftlich begründeten Lehrmeinung (die als solche keine Materie von Mehrheitsentscheidungen sein könnte), aber auch nicht die amtliche Feststellung, daß eine solche Lehrmeinung sich in Übereinstimmung mit der kirchlichen Verkündigung befinde (wozu ein allgemeines Konzil, nicht aber eine regionale Synode zuständig wäre). „Theologisch" sollte diese Aussage in dem Sinne sein, daß sie eine verantwortliche Reflexion auf das Glaubensbewußtsein der Katholiken in Deutschland zum Ausdruck bringen sollte.

Andererseits aber entsprang die Erklärung ›Unsere Hoffnung‹ nicht nur der Absicht der Synode, im genannten Sinne „theologisch" zu sprechen, sondern auch der Bereitschaft von Theologen, „kirchlich" zu sprechen. Wenn an dieser Stelle der Ausdruck „kirchlich" verwendet wird, so soll damit nicht gesagt sein, daß Vertreter der theologischen Disziplinen sich durch Beschluß eines kirchlichen Organs Weisungen für ihre Forschung und Lehre hätten geben lassen. Wohl aber soll dadurch zum Ausdruck gebracht werden, daß Theologen es nicht nur für ihre „Christenpflicht", sondern auch und gerade für ihre Amtspflicht als Theologen gehalten haben, am Zustandekommen einer solchen kirchlichen Erklärung mitzuwirken. Denn die Theologie als Wissenschaft versteht sich als die methodisch verantwortete Reflexion auf den Glauben, sowohl nach seinen Inhalt *(fides quae creditur)* als auch hinsichtlich seiner Vollzugsart *(fides qua creditur)*. Darum haben die Vertreter der theologischen Disziplinen den übrigen Mitgliedern der Glaubensgemeinde gegenüber zwar einen Vorsprung an Fülle inhaltlichen Wissens und an Einübung in Methoden der Reflexion; aber die Aufgabe verantwortlicher Reflexion auf den Glauben haben sie mit allen gemeinsam. An diese Gemeinsamkeit und dadurch an den wesentlichen Bezug ihres Forschens und Lehrens zur Glaubensgemeinde, zur Kirche, haben sich die Theologen durch ihren Auftrag, an der Arbeit der Synode mitzuwirken, ausdrücklich erinnern lassen. So ist der hier vorliegende Synodentext ein Zeugnis für den „theologischen" Charakter kirchlicher Aussagen und für den „kirchlichen" Charakter theologischer Bemühungen zugleich.

Nun ist das Thema der hier vorgelegten Untersuchung nicht die Theologiegeschichte im allgemeinen, sondern die Geschichte der Bemühungen um eine katholische Theologie der Hoffnung im Spannungsfeld von Blochs utopischem Denken und reformatorischer Rechtfertigungslehre. Darum muß berücksichtigt werden: Die Erklärung ›Unsere Hoffnung‹ hatte ein anderes Ziel, als die Auseinandersetzung mit einer bestimmten zeitgenössischen Philosophie, und an ihrem Zustandekommen haben auch andere Theologen als Metz und seine Schüler mitgewirkt. Aber Metz hat auf die Formulierung des Textes maßgeblichen Einfluß genommen, und dieser sein Beitrag spiegelt die Bemühung, als katholischer Theologe die Herausforderung Blochs zu beantworten. Nur unter diesem eingeschränkten Gesichtspunkt kann und soll die Synodenerklärung ›Unsere Hoffnung‹ hier behandelt werden.

Dankenswerterweise hat J. B. Metz mir die Einsichtnahme in die *verschiedenen Fassungen* gestattet, die der Text bei seiner Entstehung durchlaufen hat.

Die Sachkommission I der Synode [„Glaubenssituation und Verkündigung"] hatte zunächst durch die Vollversammlung den sehr umfassenden Auftrag erhalten, eine Situationsanalyse der Glaubenssituation der Katholiken in Deutschland vorzulegen und auf dieser Grundlage Beschlußvorlagen zur Neuorientierung der Verkündigung zu erarbeiten. Im Zuge einer notwendigen „Themenkonzentration" erhielt sie von der Zentralkommission der Synode im September 1973 u. a. den Auftrag, eine Beschlußvorlage zu erarbeiten, die den Titel tragen sollte: ›Unsere Hoffnung – Vom Versuch, heute Kirche zu sein‹. Die Sachkommission beauftragte ihrerseits eine Arbeitsgruppe mit der Ausarbeitung des entsprechenden Textes. Für diese Arbeitsgruppe hatte J. B. Metz schon im April 1973 [also vor der erfolgten „Themenkonzentration"] eine „erste Arbeitsvorlage" formuliert und diese im Laufe der Beratungen in eine zweite und dritte Fassung gebracht, die er der Arbeitsgruppe im September bzw. Oktober 1973 vorlegte. Beratungsergebnis der Arbeitsgruppe war eine „erste Vorlage für die Gesamtkommission" [gemeint ist die Sachkommission I der Synode] vom Juni 1974, aus der, nach nochmaliger Rückverweisung an die Arbeitsgruppe, eine „vierte Arbeitsvorlage" vom August 1974 und eine „Zweite Vorlage für die Gesamtkommission" vom Oktober 1974 hervorging. Daraus entwickelte sich der Text, der von der Sachkommission I im Oktober 1974 verabschiedet und der Vollversammlung der Synode zur ersten Lesung im Mai 1975 sowie, nach erneuter Überarbeitung, zur abschließenden zweiten Lesung im November 1975 zugeleitet wurde.

Im folgenden werden unter der Bezeichnung „Arbeitsvorlagen" (abgekürzt „1.—4. AV") diejenigen Formulierungsvorschläge zitiert werden, die Metz jeweils der Arbeitsgruppe als Diskussionsgrundlage zugeleitet hat; unter „Kommissionsvorschläge" (abgekürzt „1.—2. KV") die Vorschläge der Arbeitsgruppe an die Sachkommission I, während der zuletzt von der Synode verabschiedete Text ›Unsere Hoffnung‹ mit der Abkürzung „UH" zitiert werden wird.

b) Der Stellenwert der Rede von der Hoffnung — Der Weg von der „Ersten Arbeitsvorlage“ bis zum verabschiedeten Text

Im April 1973 hat J. B. Metz der Arbeitsgruppe (Unterkommission), die mit der Erarbeitung einer Beschlußvorlage ›Unsere Hoffnung‹ beauftragt worden war, eine „Erste Arbeitsvorlage“ unterbreitet. Diese bildete, trotz tiefgreifender Überarbeitungen, die Grundlage für alle weiteren Beratungen. Sie umriß die Absicht des zu erarbeitenden Textes in folgender Weise:

> Versucht wird eine kurze Selbstdarstellung der Christen und des christlichen Lebens [. . .] im Blick auf jene Fragepunkte, an denen sich viele „Glaubensschwierigkeiten heute“ kristallisieren.

Diese Glaubensschwierigkeiten sollten durch Benennung typischer „gesellschaftlicher Kontrasterfahrungen“ verständlich gemacht werden, d. h. solcher Erfahrungen, die das Leben der Gesellschaft von heute bestimmen, die aber (wirklich oder scheinbar) im Gegensatz zu „jenen Inhalten und Haltungen“ stehen, welche „zur Substanz des Christentums“ gehören (1. AV, Abs. I).

Diese Zielbestimmung zeigt: Das Thema „Hoffnung“ wird in engem Zusammenhang mit dem Thema „Glaube“ gesehen (wie dies Jürgen Moltmann und Ferdinand Kerstiens gefordert hatten). Aber die Darstellung dieses Zusammenhanges sollte nach Absicht von Metz durch einen apologetischen Gesichtspunkt geleitet sein. Der Glaube kommt bei dieser Darstellung dadurch in den Blick, daß von „Glaubensschwierigkeiten“ die Rede ist. Diese ihrerseits ergeben sich aus Erfahrungen der Gesellschaft von heute, führen aber nicht nur zu Angriffen, die von außen, seitens der Nichtglaubenden, gegen die christliche Verkündigung gerichtet werden; sie führen vielmehr, wie Metz ausdrücklich hervorhebt, „unter Christen selbst“ zu dem „Verdacht“ (der freilich als ein „Vorurteil“ erwiesen werden soll),

> daß der christliche Glaube den Fragen und Ängsten, den Konflikten und Hoffnungen unserer Lebenswelt, der faktischen Sinnlosigkeit unseres sterblichen Lebens und unserer öffentlichen und individuellen Leidensgeschichte mit „verbrauchten Geheimnissen“ antwortet (1. AV, Abs. II).

Metz versucht also hier eine Verteidigung des Glaubens gegen einen Verdacht, der als Folge eines Vorurteils erwiesen und dadurch entkräftet werden soll. Insofern treibt er Apologetik. Aber diese Apologetik wendet sich primär nicht nach außen, um Angriffe der Nichtglaubenden zurückzuweisen, sondern nach innen, um den Glaubenden selber eine Hilfe zur Überwindung ihrer Schwierigkeiten zu geben. „Die Gesellschaft" kommt in diesem Zusammenhange nur dadurch in den Blick, daß sie den Glaubenden jene Erfahrungen vermittelt, die die Ursache seiner Glaubensschwierigkeiten sind. Geplant ist deshalb eine

Aufzählung der Schwerpunkte der Glaubensschwierigkeiten unter ausdrücklicher Berücksichtigung der sie auslösenden gesellschaftlichen Kontrasterfahrungen (1. AV, Überschrift von Abs. III).

Die Verteidigung des Christentums wird also nicht darin gesucht, daß die Christen den herrschenden „Trends" der modernen Gesellschaft zustimmen können. Auf diese Weise hatte Metz selbst früher eine Apologie des Christentums versucht, etwa durch seine theologische Verteidigung der „transzendentalen Form" neuzeitlichen Denkens oder der „Verweltlichung der Welt" als der herrschenden Bewegung neuzeitlicher Praxis. Indem Metz sich vielmehr jetzt an „Kontrasterfahrungen" orientieren will, fordert er gegenüber den herrschenden Strömungen der gegenwärtigen Gesellschaft jene kritische Distanz, die er seit seiner Wendung von der „Theologie der weltlichen Welt" zur „politischen Theologie" für notwendig gehalten hat. Inhaltlich jedoch sucht er diejenige Tendenz, der mit Berufung auf den christlichen Glauben zu widerstehen sei, nicht nur im „Evolutions-Fatalismus" (1. AV, Abs. III, 1), sondern auch und vor allem in dem „heimlichen Unschuldswahn" unserer „emanzipatorischen Gesellschaft" (1. AV, Abs. III, 2). Gegen den Evolutions-Fatalismus, der dem Menschen nicht die freie Bestimmung der Ziele, auf die die gesellschaftliche Entwicklung zusteuert, sondern nur die Wahl der Mittel anheimstellt, und der deshalb die „Technokraten" begünstigt, hatte Metz schon in seinen Schriften zur politischen Theologie Stellung bezogen, um der „politischen Phantasie" ihr Recht zurückzugeben (vgl. oben S. 87f.). Die Abgrenzung gegen den „Unschuldswahn" (genauer wohl: gegen den Zwang zur ideologischen Selbstrechtfertigung als ein notwendiges Mittel des politischen Kampfes) und damit die Betonung des Unterschiedes zwischen „Erlösung und Emanzipation" spiegelt jedoch jene Wendung auf dem Wege von Johann Baptist Metz wider, durch die er, wie oben gezeigt worden ist, objektiv, wenn auch nicht seinem subjektiven Bewußtsein nach, an die Grenzen der politischen Theologie und an die Schwelle einer Theologie der Hoffnung geführt worden ist (vgl. oben S. 167ff.). Die Redaktionsgeschichte des Textes ›Unsere Hoffnung‹ zeigt dagegen, daß die Mitglieder der Arbeitsgruppe bzw. der Sachkommission Metz auf diesem Wege nicht oder nur zögernd und halbherzig gefolgt sind. Dies freilich wird man ihnen nicht verübeln können, da Metz selber die sachliche Differenz zwischen der politischen Theologie und der Theologie der Hoffnung nicht so sehr betont, als vielmehr in nachträglichen Erläuterungen wieder eingeebnet hat (so auch in seiner jüngsten Publikation ›Glaube in Geschichte und Gesellschaft‹). Im Laufe der weiteren Beratungen trat die apologetische Absicht, der der Text nach den Vorstellungen von Metz dienen sollte, mehr und mehr zurück. Die schließlich verabschiedete Erklärung enthält den Begriff der „Kontrasterfahrung", der für die „Erste Arbeitsvorlage" zentral gewesen war, nicht mehr. Zwar wird in der Einleitung noch der „Verdacht" erwähnt, das Christentum antworte auf die Fragen der Zeit „nur noch mit verbrauchten Worten und Formen" (UH, Einleitung), aber einerseits ist nicht mehr davon die Rede, daß dieser Verdacht sich auch und gerade „unter Christen selbst" rege, andererseits aber, und dies ist noch wichtiger, wird vorausgesetzt, daß wenigstens hinsichtlich der „Fragen und Ängste, Konflikte und Hoffnungen" (ibid.) Gemeinsamkeit zwischen den Christen und den Nichtchristen besteht. Die Hoffnung, die „im Glauben gegründet" ist, ist identisch mit jener, die in der Gesellschaft von heute „unter vielerlei Namen unbewußt gesucht" wird (ibid.). Die Differenz besteht nur darin, daß die Nichtglaubenden nach dieser Hoffnung nur „unbewußt" suchen und sie darum mit „vielerlei Namen" benennen, nicht mit dem, der die gesuchte Hoffnung angemessen benennen könnte: mit dem Namen Christi. Diese Bestimmung des Verhältnisses zwischen der gläubigen Hoffnung und der Hoffnung der Welt steht nicht mehr unter dem Zeichen des Kontrastes. Sie ist offensichtlich in Analogie zur Rede Rahners von den „anonymen Christen" konzipiert. Denn auch diese sind sich ihrer eigenen Christlichkeit „nicht reflex bewußt" und kennen deshalb den „Namen" nicht, mit dem auch sie das Ziel ihrer unbewußten Gottbezogenheit benennen könnten.

Aber nicht nur das Verhältnis der gläubigen Hoffnung zu den gesellschaftlichen Erfahrungen der Gegenwart wird im verabschiedeten Text anders gesehen als in der „Ersten Arbeitsvorlage“, sondern auch das Verhältnis des Glaubens zur Hoffnung. Die soeben zitierte Textstelle setzt als selbstverständlich voraus, daß die Glaubensbotschaft stets zugleich von unserer Hoffnung spricht und daß die Hoffnung, von der dabei die Rede ist, „im Glauben gegründet“ sei. Das entspricht der traditionellen Auffassung, wonach der Glaube der vorausliegende „Grund“ ist, auf den die Hoffnung als etwas Zweites „gegründet“ werden kann, während Kerstiens, im Gegensatz zu dieser traditionellen Verhältnisbestimmung, hatte zeigen wollen, daß die Hoffnung ein inneres „Strukturmoment“ des Glaubens selber sei. Metz in seiner „Ersten Arbeitsvorlage“ versucht das Verhältnis von Glauben und Hoffnung auf eine andere Weise zu bestimmen. Er beschreibt die Glaubensgemeinde als eine „Erinnerungs- und Erzählgemeinschaft“ (1. AV, Abs. II). Konstitutiv für den Lebensvollzug dieser Gemeinde ist das Gedächtnis des Leidens und der Auferstehung Jesu im Angesicht der Leiden dieser Welt. Nun ist es ein bekannter Gedanke aus Blochs Hoffnungs-Philosophie, dem auch Metz an vielerlei Stellen ausdrücklich zugestimmt hat, daß Erinnerung nur um einer Hoffnung willen wachgehalten wird. Aber, und damit geht die „Erste Arbeitsvorlage“ über die Position Blochs, aber auch über die der politischen Theologie hinaus, diese „Erinnerungs- und Erzählgemeinschaft“ ist wesentlich „Danksagungsgemeinschaft“ (ibid.). Bloch hatte die Bedeutung der Erinnerung für die Hoffnung darin gesehen, die Forderung (das „Postulat“) nach einer besseren Welt inmitten derjenigen Enttäuschungen wachzuhalten, die „diese Welt“ uns bereitet. („Unsere Enkel fechten's besser aus“; vgl. oben S. 117). Treue zur Erinnerung trutzt und pocht auf das, was verheißen war und bisher unerfüllt geblieben ist. Aber auch für die politische Theologie war Erinnerung primär „subversiv“, Anleitung zum Protest gegen das Bestehende und zum „Umsturz“ (subversio) seiner Fundamente (vgl. J. B. Metz, Glaube als gefährliche Erinnerung). Wenn dagegen, wie nun gesagt wird, die Erinnerungsgemeinschaft wesentlich Danksagungsgemeinschaft ist, so ist sie nicht primär an einem bestehenden Unheilszusammenhang orientiert, sondern an dem schon gewirkten Heil, und das Bewußtsein der Freiheit, mit dem sie der bestehenden Welt kritisch gegenübertritt, ist das „Bewußtsein verdankter Freiheit“ (1. AV, Abs. II).

Hier liegt, ohne daß Blochs Name erwähnt würde, die deutlichste Abgrenzung gegenüber seiner Philosophie der „postulatorischen Hoffnung". Denn nach dieser Auffassung „fordert" der Mensch ein Recht ein, das ihm bisher vorenthalten wurde, und macht dieses Recht gegen „diese Welt" und ihren göttlichen Ursprung geltend. Utopische Hoffnung ist deshalb in ihrem Kern Postulat. Christliche Hoffnung dagegen ist in ihrem Zentrum Danksagung, weil sogar die Freiheit, mit der sie sich gegen „diese Welt" und ihr Unheil zu stellen vermag, ihr nicht aus einer in der Menschennatur gegründeten und durch sie gesicherten Weltdistanz zugewachsen ist, sondern aus der „zuvorkommenden Liebe" des weltüberlegenen Gottes (1. AV, Abs. II). Hoffnung als Eucharistie gegen Hoffnung als Postulat, darin läge, wenn dieser Gedanke weiter ausgeführt worden wäre, ein Hinweis auf den strukturellen Unterschied der christlichen gegenüber der utopischen Hoffnung (vgl. R. Schaeffler, Der utopische Gedanke und die christliche Heilserwartung, in: L. Hödl u. a., Das Heil und die Utopien, Paderborn 1977, S. 65 f.).

In der schließlich verabschiedeten Erklärung der Synode, der es nicht um den Kontrast gegenüber den herrschenden Trends der Gesellschaft von heute, sondern um die Betonung der Solidarität mit ihr zu tun war, ist deshalb auch von dieser Differenz zwischen postulatorischer und danksagender Hoffnung nicht mehr die Rede, und der Gedanke, daß christliche Hoffnung in ihrem Wesen Danksagung sei, rückt folglich aus dem Zentrum an die Peripherie. Zwar ist auch jetzt noch von der „Freude und Dankbarkeit" die Rede, zu welcher „das Gute der Schöpfung" die Christen veranlasse (UH Abs. I, 7). Zwar klingt auch der Gedanke der „Erzählgemeinschaft" noch an, wenn vom „pilgernden Gottesvolk" gesagt wird, daß es „sich dadurch identifiziert und ausweist, daß es seine Geschichte als Heilsgeschichte Gottes mit den Menschen erzählt" (UH, Abs. I, 8). Im übrigen aber klingt wohl der Terminus „gefährliche Erinnerung" wieder auf (ibid.), der aus der politischen Theologie von J. B. Metz bekannt ist; aber die zentrale Bedeutung der Danksagung für jede christliche Hoffnung ist aus der „Ersten Arbeitsvorlage" nicht in den schließlich verabschiedeten Text der Synodenerklärung übernommen worden.

Eine andere Differenz zwischen der „Ersten Arbeitsvorlage" und der abschließenden Textgestalt betrifft scheinbar nur eine sprachliche Eigentümlichkeit, die jedoch, wie zu zeigen sein wird, eine theologische

Reflexion zum Ausdruck bringt. Dort nämlich, wo Metz die „Wege" kennzeichnen will, auf die die Christen durch ihre Hoffnung gewiesen werden, spricht er in der „Ersten Arbeitsvorlage" von „Wegen in der Nachfolge". Das entspricht geläufiger Redeweise und bringt zum Ausdruck: Jeder Schritt in *die* Zukunft des Heils ist ein Schritt in *der* Nachfolge Jesu, weil der Christ auf den Wegen der Hoffnung nur gehen kann, sofern Jesus ihm auf diesen Wegen schon vorausgegangen ist. Nachfolge Jesu ist die Bedingung, nicht das Ziel aller Wege der Hoffnung. Schon die „zweite Arbeitsvorlage", in der Metz die ersten Beratungsergebnisse der Arbeitsgruppe zusammenfaßt, spricht dagegen von „Wegen in *die* Nachfolge" (2. AV, Abs. IV). Und dieser Sprachgebrauch ist auch noch in der endgültigen Textgestalt der Synodenerklärung erhalten geblieben. Erläuterungen für diese ungewöhnliche Redeweise werden nirgendwo gegeben. Doch wird sie verständlich, wenn sie im Zusammenhang jener Theologie der Umkehr interpretiert wird, die Ferdinand Kerstiens ansatzweise entwickelt hat. Wir sind nicht schon auf den Wegen, die Jesus uns vorausgegangen ist, so daß wir auf *den* Wegen seiner Nachfolge gehen könnten; wir sind vielmehr aus unseren Irrwegen und durch die uns angebotene Möglichkeit der Umkehr erst auf *die* Wege der Nachfolge gerufen.

Eine Theologie der Umkehr, so hat sich gezeigt, vermeidet zweierlei Gefahren. Sie verwechselt die Hoffnung, die der Christ auf Gottes Verheißungswort setzt, nicht mit dem Zutrauen in die eigene „gute Natur" des Menschen und der Welt. Im gleichen Sinne unterscheidet die Synodenerklärung die christliche Hoffnung und die aus ihr entspringende Freude „von naturwüchsigem Daseinsoptimismus" (UH, Abs. I, 4). Eine Theologie der Umkehr vermeidet aber auch die Gefahr, das Bekenntnis menschlicher Schuld in ein Bekenntnis menschlicher Zukunftslosigkeit ausschlagen zu lassen, damit dort, wo der Mensch und die Welt am Ende sind, Gott allein neues Leben aus dem Tode schaffe. Der Ruf zur Umkehr, so sagt die Synodenerklärung, „schenkt die Kraft, unserer Schuld und unserem Versagen ins Auge zu sehen und unser schuldiggewordenes Leben auf eine größere heilige Zukunft hin anzunehmen" (UH, Abs. 1, 5).

Doch ist das Gleichgewicht dieser beiden Abgrenzungen in dem schließlich verabschiedeten Text gestört. Indem der Ruf zur Umkehr uns dort antrifft, wo wir nicht schon in *der* Nachfolge Jesu stehen, sondern uns noch auf den Irrwegen befinden, aus denen wir in *die* Nachfolge gerufen sind, widerspricht diese Rede dem, was Metz schon früher den „Unschuldswahn" der modernen Gesellschaft genannt hat. Diesen Terminus hat die Synode dort übernommen, wo sie von der Vergebung der Sünden spricht (UH, Abs. 1, 5). Zugleich aber öffnet der Ruf zur Umkehr uns Wege, die wir gehen können und die nicht notwendig in den Tod des Gerichtes führen, sondern in eine Zukunft, die (um mit Kerstiens zu sprechen) der „Erfindungsreichtum" der göttlichen Liebe uns geöffnet hat. Darum widerspricht dieser Ruf auch dem, was Metz nun den „fast schon neurotischen Selbstbezichtigungswahn" nennt, der sich heute in der Kirche bemerkbar mache (1. AV, Abs. I). Die Warnung vor dieser zweiten Gefahr ist in den verabschiedeten Text der Synodenerklärung nicht übernommen worden — vermutlich deshalb nicht, weil die Synodalen die *theologische* Bedeutung dessen nicht gesehen haben, was Metz mit dem scheinbar nur psychiatrischen Ausdruck „neurotisch" hat andeuten wollen: die drohende Unfähigkeit, den Ruf zur Umkehr in seiner befreienden Kraft zu erfahren. Die theologische Bedeutung dieser Gefahr wäre erst auf dem Hintergrunde der oben beschriebenen Auseinandersetzung zwischen Kerstiens und Moltmann deutlicher zu sehen gewesen, einer Auseinandersetzung, die den meisten Synodalen unbekannt geblieben war. Die Theologie der Umkehr, die den Menschen einen neuen Weg in seine ihm von Gott eröffnete Zukunft gehen läßt, gewinnt ihr Profil nur in Abgrenzung gegen eine Theologie der Totenerweckung, für die es keinen Weg des Menschen zum Heil gibt, sondern nur den Weg Gottes zur Welt, keine Zukunft des Menschen außer dem Tod, sondern nur eine Zukunft Gottes, der Tote erwecken kann.

Nur in dieser doppelten Abgrenzung gegen den „Unschuldswahn" der Welt und den „Selbstbezichtigungswahn" der Kirche erhält die Theologie der Umkehr, wie sie nun auch von Metz vertreten wird, ihre volle Schärfe. Nur im Kontext einer solchen Theologie der Umkehr hat die Rede von „Wegen in *die* Nachfolge" ihre eindeutige Funktion. Indem die Synode zwar diesen Sprachgebrauch, nicht aber seine theologischen Prämissen übernahm, enthält der Text nicht mehr als einen Nachklang derjenigen theologischen Aussageabsicht, die in der „Ersten" bzw. „Zweiten Arbeitsvorlage" zum Ausdruck gebracht worden war.

Der „Stellenwert", der ursprünglich (d. h. nach der Intention der ersten beiden Arbeitsvorlagen) der Rede von der Hoffnung im Kontext einer Reflexion auf den christlichen Glauben zukommen sollte, läßt sich also in folgender Weise bestimmen: Zum christlichen Glauben gehört konstitutiv die danksagende Erinnerung an das Leiden und die Auferstehung Jesu, weil der Glaubende sich in seiner Freiheit diesen Heilsereignissen verdankt. Denn erst durch sie ist der Glaubende aus seiner selbstverschuldeten Unfreiheit und Verirrung heraus in diejenigen offenen Möglichkeiten hineinversetzt worden, die der Erfindungsreichtum der göttlichen Liebe dem Menschen durch Jesu Tod und Auferweckung geöffnet hat. Jenseits von Unschuldswahn und Selbstbezichtigungswahn, die die gesellschaftliche Erfahrung der Welt einerseits, der Kirche andererseits heute bestimmen und dadurch die zentralen „Glaubensschwierigkeiten heute" begründen, hat christliche Hoffnung jene offenen Wege zu neuen Zielen vor sich, die ihr durch den Ruf zur Umkehr eröffnet wurden. Christliche Hoffnung ist die Fähigkeit, im Vertrauen auf das göttliche Wort die so geöffneten Wege in eine Zukunft des Heils zu beschreiten. Der Weg in diese Zukunft ist darum nicht der Weg, auf *dem* der Mensch kraft seiner Natur immer schon geht, sondern derjenige, auf *den* er sich durch Gottes Gnade gerufen weiß: der Weg in die Nachfolge Jesu.

Der Zusammenhang zwischen der danksagenden Erinnerung an Jesu Tod und Auferstehung und den dadurch neu eröffneten Wegen und Zielen der Umkehr hatte die „Erste" und noch die „Zweite Arbeitsvorlage" durchgehend bestimmt. Dieser Zusammenhang scheint jedoch bei den nachfolgenden Beratungen aus dem Blick geraten zu sein. Deshalb trat der Gedanke der „Konfliktserfahrungen", die notwendig sind, wenn der Ruf der göttlichen Gnade als Ruf zur Umkehr verstanden werden soll, mehr und mehr zurück; deshalb rückte auch die Differenz zwischen danksagender und postulatorisch-subversiver Hoffnung aus dem Zentrum der Betrachtung an die Peripherie; aus dem gleichen Grunde schließlich schien es unnötig, sich von der Gefahr des „Selbstbezichtigungswahnes" ausdrücklich abzugrenzen. Denn diese Gefahr entsteht nur dann, wenn das Schuldbekenntnis als das letzte und einzige Wort des Menschen gilt, das diesem im Angesicht des gerechten Gerichts zu sprechen bleibt. Dagegen scheint eine ausdrückliche Abgrenzung gegen den „Selbstbezichtigungswahn" überflüssig, wenn als selbstverständlich vorausgesetzt werden darf, das Eingeständnis der eigenen Schuld sei nicht das letzte, sondern vielmehr das erste Wort dessen, dem durch Gottes Ruf zur Umkehr neue Wege eröffnet worden sind. Den Synodalen scheint diese ganze Art der Fragestellung fremd geblieben zu sein. Daraus wird es verständlich, daß sowohl die Sachkommission als auch die Vollversammlung der Synode, nachdem die Konzeption der ersten beiden Arbeitsvorlagen einmal verlassen worden war, gewisse Schwierigkeiten hatte, den Zusammenhang zwischen den Themen „Hoffnung" und „Glaube" zu bestimmen.

Diese Schwierigkeiten, in die die Synode geriet, spiegeln sich in den Bemühungen, den Titel der Erklärung ›Unsere Hoffnung‹ durch einen Untertitel zu erläutern. Die Auseinandersetzungen um diesen Untertitel betrafen zum Teil nur Feinheiten des Sprachgebrauches und könnten insofern kleinlich erscheinen. Sie sollen dennoch hier dargestellt werden, weil sie in ihrem Kern das Sachproblem betreffen, wie die Hoffnung sich zum Glauben verhalte — und wie deshalb die „gläubige" Hoffnung der Christen von jeder anderen, auch der utopisch-postulatorischen Hoffnung der Philosophen, unterschieden sei.

Die Zentralkommission der Synode hatte, als sie am 8. September 1973 im Zuge einer „Themenkonzentration" die Aufgaben, die den einzelnen Sachkommissionen gestellt waren, neu formulierte, einen Untertitel vorgeschlagen, in welchem der Terminus „Glaube" nicht vorkam. Die Erklärung sollte überschrieben werden: ›Unsere Hoffnung — Vom Versuch, heute Kirche zu sein‹. Die Sachkommission ist diesem Vorschlag nicht gefolgt, ohne daß es ihr jedoch zunächst gelungen wäre, einen Gegenvorschlag zu formulieren. J. B. Metz hat das Desiderat eines erläuternden Untertitels bei der Vorbereitung auf die abschließende Sitzung der Sachkommission im Oktober 1974 erneut angemeldet, aber seinerseits bei dieser Gelegenheit noch keine Formulierung vorgeschlagen. Die Sachkommission entschied sich dann für den Untertitel „Ein Glaubensbekenntnis in dieser Zeit" und hob damit, abweichend von der Formulierung der Zentralkommission, die primäre Beziehung der Hoffnung zum Glauben, nicht zur Kirche als Institution, hervor. Die Art dieses Zusammenhanges freilich blieb auch weiterhin unbestimmt. Und überdies entstand eine Zweideutigkeit, weil der Terminus „Glaubensbekenntnis" im kirchlichen Sprachgebrauch als Übersetzung von „Symbolum" geläufig ist (etwa in der Rede vom „Apostolischen Glaubensbekenntnis"). In dieser Verwendung dient der Terminus zur Bezeichnung eines Bekenntnistextes, der in liturgischen Zusammenhängen verwendet und dort z. B. dem Taufbewerber als Bedingung für seine Taufzulassung abverlangt oder von der Gemeinde vor Eintritt in den eucharistischen Opfergottesdienst rezitiert wird. So konnte der Eindruck entstehen, als wolle die Sachkommission der Synode vorschlagen, ein neues Symbolum an die Stelle der alten oder wenigstens an ihre Seite zu setzen.

In diesem Sinne befürchtete die Deutsche Bischofskonferenz eine „Verwechselung mit dem offiziellen Glaubensbekenntnis der Kirche" (Stellungnahme der Deutschen Bischofskonferenz zur Vorlage ›Unsere Hoffnung‹ vor der Ersten Lesung in der Vollversammlung). Andererseits wollten die Bischöfe vermieden sehen, daß auch alle Folgerungen, die die Erklärung aus der christlichen Hoffnungsbotschaft zieht, „als verbindliche Aussagen unseres Glaubens" verstanden werden (Stellungnahme der Deutschen Bischofskonferenz zur Vorlage ›Unsere Hoffnung‹ vor der Zweiten Lesung in der Vollversammlung). Denn die Anwendung der kirchlich verbindlichen Glaubenslehre auf die wechselnden Lebenssituationen der Christen, so darf man wohl interpretieren, fällt stets in die Verantwortung der Gläubigen; und auch ein kirchliches Organ wie die Synode kann sich bei dem Versuch, dieser Verantwortung gerecht zu werden, nicht auf jene Irrtumslosigkeit berufen, die die Kirche für ihre „offizielle Glaubenslehre" in Anspruch nimmt.

Während die Bischofskonferenz nun in beiden Lesungen der Vorlage die Formulierung beantragte: „Ein Bekenntnis *aus dem* Glauben in unserer Zeit", die Sachkommission aber nur bereit war, den Terminus „Glaubensbekenntnis" durch den weniger anspruchsvollen „Ein Bekenntnis *des* Glaubens" zu ersetzen, hat die Vollversammlung der Synode zuletzt die Erklärung mit dem Untertitel verabschiedet: „Ein Bekenntnis zum Glauben in dieser Zeit." Nach dem Formulierungsvorschlag der Bischöfe erschien der Glaube als die vorausliegende Quelle, „aus" der sich das Bekenntnis der Hoffnung ergibt. Nach der zuletzt gewählten Formulierung ist die Glaubensbotschaft der Inhalt und Gegenstand, „zu" dem sich die christliche Hoffnung bekennt. Der innere Zusammenhang von Glaube und Hoffnung, um den es allen Antragstellern zu tun war, hätte wohl deutlicher zum Ausdruck gebracht werden können, wenn man weiterhin bei jener Theologie der Umkehr angesetzt hätte, die der „Ersten Arbeitsvorlage" von J. B. Metz zugrunde gelegen hatte. Danach wäre der Glaube weder als vorausliegende Quelle noch als vorgegebener Gegenstand der Hoffnung zu begreifen, sondern vielmehr als das „strukturell“ hoffnungserfüllte Hören auf das Wort, das dem sündigen Menschen eine neue Zukunft erschließt.

c) Die Form von ›Unsere Hoffnung‹ — Das Ringen um den Aufbau des Textes und die Form seiner theologischen Aussagen

J. B. Metz hatte der geplanten Synodenerklärung in seiner „Ersten Arbeitsvorlage“ das Ziel setzen wollen, typische „Glaubensschwierigkeiten“ der Christen von heute aus „gesellschaftlichen Kontrasterfahrungen“ begreiflich zu machen, sodann aber durch eine Neuinterpretation der christlichen Hoffnung zur Überwindung dieser Schwierigkeiten beizutragen. Daraus ergab sich der Aufbau des Textes, wie Metz ihn in der „Zweiten Arbeitsvorlage“ vorschlug. Nach einer Einleitung, die darlegt, warum das Thema „Hoffnung“ zum Inhalt einer synodalen Erklärung gemacht werden soll, sollte ein Erster Teil die christliche Heilsbotschaft in ein Verhältnis zu den Erfahrungen der Gesellschaft von heute setzen (2. AV, Abs. II). Der Titel dieses Ersten Teils („Zeugnis der Hoffnung in unserer Gesellschaft“) blieb von der „Zweiten Arbeitsvorlage“ an bis zum endgültigen Beschluß beibehalten, obgleich der vorgesehene Inhalt, die Darstellung der „Kontrasterfahrungen“, bald fallengelassen worden ist. Schon in der „Zweiten Arbeitsvorlage“ wird die Benennung der Kontraste durch ein Bekenntnis der Solidarität ersetzt.

> Aufrichtig versichern wir, daß wir uns mit den großen Hoffnungszielen in unserer Gesellschaft [. . .] einig wissen, und daß es der Geist der christlichen Hoffnung ist, der uns diese Solidarität unnachgiebig gebietet (2. AV, Abs. II, so auch noch 1. KV, Abs. II).

Und wenn auch diese Formulierung von der Sachkommission nicht in ihre Vorlage für die Vollversammlung aufgenommen worden ist, so ist doch das Interesse an der Bekundung einer Solidarität mit der Welt größer geblieben als das an der Betonung von „Kontrasten“. Und wenn im folgenden dennoch von „Kontrasterfahrungen“ die Rede ist, dann wird dieser Terminus durch die Hinzufügung eines zweiten, komplementären ergänzt. Die „Dritte Arbeitsvorlage“ schlägt die Überschrift vor:

„Gesellschaftliche Kontrast- und Korrespondenzerfahrungen" (3. AV, Abs. II B). Im Verlauf der weiteren Beratungen hat Metz dann auf den Titel „Kontrasterfahrung" ganz verzichtet, und auch die Rede von „kritischer Zeitgenossenschaft" (1. KV, Einleitung) ist in die Endfassung nicht mehr eingegangen. Entsprechend ist dort, wo von den „Wegen in die Nachfolge" gesprochen wird, nicht mehr davon die Rede, daß der Christ darauf gefaßt sein muß, auf den „Weg in die Minderheit" gerufen zu werden, obgleich Metz in seiner 1. und 2. AV gerade darauf mit besonderem Nachdruck hingewiesen hatte.

Weil aber nach Auffassung der „Ersten Arbeitsvorlage" die christliche Hoffnung, die sich im Kontrast zu den Erfahrungen der Gesellschaft befindet, sich nicht von selbst einstellt, sondern von den Glaubenden und der Glaubensgemeinschaft eine Umkehr fordert, ist die Hoffnungsbotschaft für die, die sich dem Ruf zur Umkehr verschließen, stets zugleich ein Wort des Gerichtes. Der folgende Teil sollte daher nach der „Zweiten Arbeitsvorlage" die Überschrift tragen: „Kirchliches Leben im Zeichen und unter dem Gericht der Hoffnung" (2. AV, Abs. III). In dem Maße, in welchem in den folgenden Beratungen die Theologie der Umkehr aus dem Zentrum an die Peripherie rückte, mußte die Rede vom „Gericht der Hoffnung" unverständlich erscheinen. Konsequenterweise findet sich diese Überschrift schon in der Gliederung der „Dritten Arbeitsvorlage" nicht mehr. In der „Vierten Arbeitsvorlage" ist dann zwar wieder in einem eigenen Abschnitt von der Kirche die Rede, nun aber nicht mehr unter dem Gesichtspunkt von Gericht und Umkehr, sondern unter dem Gesichtspunkt der Einheit und Vielfalt kirchlichen Dienstes an der Hoffnungsbotschaft. Der Titel lautet nun: „Das eine Zeugnis und die vielen Träger der Hoffnung" (4. AV, Abs. III). In dieser Fassung ist er in die Erklärung der Synode eingegangen (UH, Abs. II).

Nur unter der Voraussetzung jedoch, daß das Wort des Glaubens inhaltlich Ruf zur Umkehr sei, war es sinnvoll, nicht von „Wegen in der Nachfolge" zu sprechen, als ob der Christ sicher sein könnte, sich immer schon auf dem rechten Weg zu befinden, sondern von „Wegen in die Nachfolge", um anzudeuten, daß der Christ sich von seinen Irrwegen erst unter dem Anruf Gottes auf den rechten Weg gerufen weiß. Dennoch ist die Überschrift „Wege in die Nachfolge", die in der „Zweiten Arbeitsvorlage" systematisch gerechtfertigt gewesen war (2. AV,

Abs. IV), zwar in der „Vierten Arbeitsvorlage“ fallengelassen worden, in den schließlich verabschiedeten Text jedoch wieder aufgenommen worden (UH, Abs. IV).

Der Bezug der christlichen Hoffnung zur Gesellschaft, dessen Darstellung in der Überschrift des Ersten Teils der Erklärung angekündigt wird, kommt an dieser Stelle in der Endfassung des Textes kaum noch zur Sprache, weil die Benennung von „Kontrasterfahrungen“, die ursprünglich beabsichtigt war, unterblieb. Dieser Gesellschaftsbezug wird nun in einem eigenen Teil gleichsam nachgetragen. Dieser neue Teil trägt die Überschrift: „Sendung für Gesamtkirche und Gesamtgesellschaft“ (4. AV, Abs. III, IV). Ein solcher Teil war in den ersten drei Arbeitsvorlagen und noch in der Ersten Beschlußvorlage nicht vorgesehen. In der „Vierten Arbeitsvorlage“ sollte er den Teil „Wege in die Nachfolge“ ersetzen. Im verabschiedeten Text schließlich wurde er dem wieder aufgenommenen Teil „Wege in die Nachfolge“ als Vierter Teil angefügt.

Der Gesamtaufbau der Vorlage ist also im Verlauf ihrer mehrfachen redaktionellen Überarbeitung empfindlich gestört worden, und die Beibehaltung von Titeln für die einzelnen Teile, die nur im Kontext der „Ersten“ und „Zweiten Arbeitsvorlage“ eine klar umrissene Bedeutung hatten, ist in der Endfassung kaum mehr als ein entfernter Nachklang jenes theologischen Konzeptes, das Metz zunächst vertreten hatte, das jedoch von der Sachkommission alsbald fallengelassen worden war.

Sofern dennoch die Form, in der die schließlich verabschiedete Erklärung von der Hoffnung spricht, eine theologische Reflexion zum Ausdruck bringt, geschieht dies weniger in der Gliederung des Ganzen als vielmehr in der spezifischen Gestalt der einzelnen Teile, vor allem des Ersten, der sich (trotz des beibehaltenen Titels „Zeugnis der Hoffnung in unserer Gesellschaft“) mehr und mehr zu einer theologischen Grundlegung der gesamten Erklärung entwickelt hat. Die Themen seiner Einzelabschnitte („Gott unserer Hoffnung“, „Leben und Sterben Jesu Christi“, „Auferstehung der Toten“, „Gericht“, „Vergebung der Sünden“, „Reich Gottes“, „Schöpfung“, „Gemeinschaft der Kirche“) sind nicht mehr unter dem Gesichtspunkt des Kontrastes oder auch der Korrespondenz gegenüber den Erfahrungen der Gesellschaft von heute gewählt; sie stehen vielmehr stellvertretend für die zentralen Inhalte der christlichen Glaubensverkündigung überhaupt. Die Art jedoch, wie von diesen Verkündigungsinhalten gesprochen wird, zeigt an, daß der Zusammenhang zwischen Glaube und Hoffnung doch wiederum durch jene Theologie der Umkehr vermittelt ist , die Ferdinand Kerstiens ansatzweise entwickelt hatte.

Der Glaube an Gott „verwehrt" es uns, „uns ausschließlich innerhalb der verkleinerten Maßstäbe unserer Bedürfniswelt einzurichten" (UH, Abs. I, 1). Der Glaube an Jesus Christus den Gekreuzigten „läßt es nicht zu, daß wir über seiner Leidensgeschichte die anonyme Leidensgeschichte der Welt vergessen [. . .], daß wir über seinem Kreuz die vielen Kreuze der Welt übersehen" (UH, Abs. I, 2). Darum stellt diese Botschaft unserem Gewissen die Frage: „Haben wir [. . .] sein hoffnungschaffendes Leid nicht zu sehr von der einen Leidensgeschichte der Menschheit abgehoben?" (ibid.). Der Glaube an Jesus den Auferstandenen ist zugleich „ein Wort des Widerstandes gegen jeden Versuch, den immer wieder ersehnten und gesuchten Sinn menschlichen Lebens einfach zu halbieren und ihn allenfalls für die jeweils Kommenden, die Durchgekommenen, gewissermaßen für die glücklichen Endsieger und Nutznießer unserer Geschichte zu reservieren" (UH, Abs. I, 3), als ob „das Glück der Enkel das Leid der Väter wiedergutzumachen" vermöchte (ibid.). Das Wort vom Gericht ist ein „Maßstab, der uns jedes Paktieren mit Ungerechtigkeit verbietet"; es bringt auf diese Weise „Ernst und Dramatik in unsere geschichtliche Verantwortung" (UH, Abs. I, 4). Die Botschaft von der Sündenvergebung schließlich „widerspricht jenem Unschuldswahn, der sich in unserer Gesellschaft ausbreitet" (UH, Abs. I, 5); denn sie sagt uns: „Der Gott unserer Hoffnung ist uns nahe über dem Abgrund unserer redlich erkannten und anerkannten Schuld" (ibid.). Dieses Wort „macht uns frei", denn es „schenkt die Kraft [. . .] unser schuldiggewordenes Leben auf eine größere heilige Zukunft hin anzunehmen" (ibid.).

Die Beispiele mögen genügen, um zu zeigen: Jedesmal wird der Inhalt der Glaubensverkündigung als ein Wort geschildert, das denjenigen Haltungen „widersteht", denen wir uns zunächst und zumeist hingeben möchten. So wird dieses Wort zur Aufforderung an unser Gewissen, uns zu prüfen, unsere Verirrungen zu entdecken und einzugestehen, nicht weil der Tod des Gerichtes unsere einzige Zukunft wäre, die wir als die „unsere" noch vor uns hätten, sondern weil der Ruf zur Umkehr uns eine neue Zukunft eröffnet. Von hier aus erklärt sich die beständig wiederholte Rede vom „Widerstand“, den die Glaubensbotschaft gegen uns selber ausübt; von hier her bestimmt sich auch die beständige Redeform der Anfrage an unser Gewissen, die den ersten Teil der Erklärung ›Unsere Hoffnung‹ durchgängig geprägt hat. Und wenn auch der zuletzt verabschiedete Text nicht mehr, wie noch die „Zweite Arbeitsvorlage“, vom „Gericht der Hoffnung“ spricht, so enthält doch auch hier noch der „ekklesiologisch“ ausgerichtete Zweite Teil an zentraler Stelle die Mahnung, die Christen dürften nicht „den Ruf nach Umkehr und schmerzlicher Wandlung unterdrücken und mit bloßen Durchhalteparolen übertönen“ (UH, Abs. II, 3). Die Christen dürfen dies nicht, sie brauchen es aber auch nicht zu tun. Denn „wir Christen hoffen ja nicht auf uns selber, und darum brauchen wir auch unsere eigene Gegenwart und unsere eigene Geschichte nicht immer wieder zu halbieren und stets nur die Sonnenseite vorzuzeigen, wie es jene Ideologien tun, die keine andere Hoffnung haben als die auf sich selbst“ (ibid.). Gewiß bestimmt dieser Gedanke der Umkehr nicht mehr so, wie dies ursprünglich beabsichtigt war, den gesamten „ekklesiologischen“ Teil der Erklärung. Nicht mehr von dem „Gericht der Hoffnung“ ist die Rede, unter das die Kirche gestellt ist, sondern vom innerkirchlichen Pluralismus der „vielen Träger der Hoffnung“, für die innerhalb der einen Kirche Platz sein muß. Doch schlagen die soeben zitierten Aussagen über die Umkehr eine Brücke zwischen den Gewissens-Appellen, die die Sprachform des Ersten, theologisch grundlegenden Teils der Erklärung bestimmen, und der Rede von „Wegen in die Nachfolge“, die als Sprachform des Dritten Teils erhalten blieb –– wenn auch nurmehr als Relikt einer früheren, später preisgegebenen Gesamtkonzeption.

d) Die Themen von ›Unsere Hoffnung‹ — Schwerpunkte der Aussage im verabschiedeten Text der Synodenerklärung

Ein erster Überblick über die Synodenerklärung ›Unsere Hoffnung‹ erweckt den Eindruck einer geradezu verwirrenden Themenvielfalt. Der „theologische“ Erste Teil scheint ein Kompendium der zentralen Glaubensinhalte bieten zu wollen (Gott, Christus, Tod und Auferstehung, Gericht und Sündenvergebung, Schöpfung und Kirche). Der Zweite, „ekklesiologische“ Teil zielt auf eine Legitimierung des innerkirchlichen Pluralismus ab. Die Träger des „Amtes in der Kirche" werden daran erinnert, daß sie nicht nur die (gewohnte und stets erfüllte) Pflicht haben, „falschem Geist zu wehren" und zu diesem Zweck „die Geister zu scheiden", sondern auch die (oft vergessene) Pflicht, „den Geist zu suchen und mit seiner unkalkulierbaren, oft unbequemen Spontaneität immer neu zu rechnen" (UH, Abs. II, 4). Wohin diese Erwähnung des Geistes zielt, wird deutlich, wenn die Erklärung sagt, nur so könne „der Schritt" gelingen, „von einer protektionistisch anmutenden Kirche für das Volk zu einer lebendigen Kirche des Volkes, in der alle auf ihre Art sich verantwortlich beteiligt wissen am Schicksal dieser Kirche und an ihrem öffentlichen Zeugnis der Hoffnung" (ibid.). Der Dritte Teil, den man den „moraltheologischen" nennen könnte, spricht von jenen „Haltungen", die sich aus dem „Gehorsam Jesu", dem „zentralen Thema der Nachfolge", ergeben. Die Erklärung bestimmt diese Haltungen als „Armut, Freiheit, Freude" (UH, Abs. III, Einleitung). Der Vierte, sozusagen „sozialethische" Teil kennzeichnet am Anfang jeden Abschnittes das „Land", in dem die deutschen Katholiken leben, also die Bundesrepublik Deutschland, und leitet daraus die Pflichten ab, denen die Katholiken als Bürger dieses Landes zu dienen haben. „Auf Grund der Ausgangslage", d. h. der historischen und sozialen Bedingungen des Lebens in Deutschland, sollen die deutschen Katholiken an „einige besondere Sendungen und Verpflichtungen" erinnert werden, an denen sich wie an „Prüfsteinen" der „Geist unserer Hoffnung" zu bewähren hat (UH, Abs. IV, Einleitung).

Der thematische Abstand, der die verschiedenen Teile voneinander trennt, wird durch den Vergleich des Vierten Teiles mit dem Ersten besonders deutlich. Während im Ersten Teil rein theologisch argumentiert wird und von der Gesellschaft nur peripher die Rede ist, werden die Vokabeln „Sendung" und „Auftrag" im Vierten Teil in keinem spezifisch theologischen Sinne gebraucht. (Ein Vergleich mit Moltmanns Sprachgebrauch von „Sendung" macht den Unterschied besonders deutlich! Vgl. oben S. 134 ff.). Der Bedeutungsgehalt dieser Begriffe ergibt sich nicht aus theologischen Voraussetzungen, sondern aus dem Hinweis auf historisch-soziologische Befunde.

Wir sind die Kirche des Landes der Reformation (UH, Abs. IV, 1).

Wir sind die Kirche des Landes, dessen jüngste Geschichte von dem Versuch verfinstert wird, das jüdische Volk systematisch auszurotten (UH, Abs. IV, 2).

Wir sind offensichtlich die Kirche eines vergleichsweise reichen und wirtschaftlich mächtigen Landes (UH, Abs. IV, 3).

Wir sind die Kirche eines industriell und technologisch hochentwickelten Landes (UH, Abs. IV, 4).

Aufgrund dieser historisch-soziologischen Befunde und nicht etwa mit Berufung auf besondere neue Wege und Ziele, die den Christen durch den „Erfindungsreichtum der göttlichen Liebe" erschlossen werden müßten, wissen die deutschen Katholiken sich verpflichtet zum Wirken „für eine lebendige Einheit der Christen", „für ein neues Verhältnis zur Glaubensgeschichte des jüdischen Volkes", „für die Tischgemeinschaft mit den armen Kirchen", „für eine lebenswürdige Zukunft der Menschheit" (so die Überschriften von UH, Abs. IV, 1; Abs. IV, 2; Abs. IV, 3; Abs. IV, 4).

Diese Vielfalt der Themen, von denen die Synodenerklärung ›Unsere Hoffnung‹ spricht, und der gestörte Aufbau des Ganzen, von dem oben die Rede war (s. oben S. 238), machen es schwer, die thematischen Schwerpunkte zu bestimmen, um die die Fülle dieser Aussagen zentriert ist. Der Wille, einige Grundgedanken hervorzuheben, ist in der Breite des Materials, wenn überhaupt, dann nur noch versteckt wirksam geblieben. Einen ersten Hinweis darauf jedoch, daß der Wille zur Schwerpunktbildung am Werk geblieben ist, bietet der Erste Teil der Erklärung dadurch, daß er zwei Themen der Glaubensverkündigung an einer ungewohnten Stelle behandelt: die Schöpfung und die Kirche (UH, Abs. I, 7; Abs. I, 8). Die Bischofskonferenz hat diesen Sachverhalt bemerkt und erinnert deshalb an „die in der Kommission selbst aufgeworfene Frage, ob die Aussagen über die Schöpfung (UH, Abs. I, 7) richtig placiert seien"; sie findet die Aussagen über die Welt als Schöpfung „zwischen ‚Reich Gottes' und ‚Gemeinschaft der Kirche' [. . .] willkürlich placiert" und regt an, dieses Thema „schon im Anschluß an Abs. I, 1 ‚Gott unserer Hoffnung'" zu behandeln (Stellungnahme der Deutschen Bischofskonferenz zur Vorlage ›Unsere Hoffnung‹ vor der Zweiten Lesung). Sachkommission und Vollversammlung haben sich diesem Vorschlag der Bischöfe, der der gewohnten Einordnung der Schöpfungslehre zwischen der Gotteslehre und der Lehre vom Erlösungswirken Jesu entsprochen hätte, nicht angeschlossen. Sie haben die Schöpfungslehre bewußt in einen eschatologischen Zusammenhang stellen wollen.

Von der *anfänglichen Schöpfung* der Welt ist die Rede, um die

Hoffnung auf die endzeitliche Neuschöpfung des Himmels und der Erde zu bezeugen. Gleich einleitend wird gesagt: „In der Hoffnung auf den neuen Himmel und die neue Erde kommt unser Glaube an die Welt als Schöpfung Gottes in sein Ziel“ (UH, Abs. I, 7). Dieser Schöpfungsglaube „macht uns empfänglich für die Wehen der Schöpfung, für das Seufzen der Kreaturen“ (ibid.). Diese „Empfänglichkeit“ für die Vorzeichen der Zukunft (ihre „Geburtswehen“) und für das Leid der Gegenwart ist jedoch nicht durch den Protest gegen das bestimmt, was ist, sondern durch die „Freude und Dankbarkeit“ für das gute Werk der Schöpfung; denn nur so wird die Solidarität möglich, an den Leiden der Kreatur mitzuleiden und ihre Sehnsucht zum Inhalt der eigenen Hoffnung zu machen.

Die „erste“ Schöpfung als Verheißung der „letzten“ zu verstehen, ja ganz allgemein die erhoffte Zukunft des Heils in der Gegenwartsgestalt „dieser Welt“ schon vorgebildet und antizipiert zu sehen, dies ist ein Grundgedanke, der sich durch weite Teile der Erklärung hindurch verfolgen läßt. Gewiß ist der „Anlaß zur Dankbarkeit und zur Freude“ über das gute Werk der Schöpfung oft „verborgen“ (UH, Abs. I, 7) angesichts des faktischen Zustandes dieser Welt. Deshalb sind „Zustimmung und Dankbarkeit, Lob des Schöpfers und Freude an der Schöpfung kaum gefragte Tugenden“ in unserer Gesellschaft (ibid.). Aber die Christen, die auf einen neuen Himmel und eine neue Erde hoffen, wissen sich nicht als Vollstrecker des Gerichtes über eine böse Schöpfung (und gar ihren bösen Schöpfer, wie das bei Bloch in der unvermittelten Antithese von Alpha und Omega vorausgesetzt wird). Die Christen wissen sich vielmehr gerufen zu einer „Solidarität mit der Gesamtschöpfung“ (ibid.), deren Leid und Sehnsucht sie teilen. So kann der Christ in der Kraft seiner Hoffnung „das Leiden lernen in einer leidensunfähigen [. . .] Welt“ und zugleich „die Freude lernen [. . .] in einer überanstrengten Welt“ (ibid.), d. h. in einer Welt, die das Heil ihrer eigenen Leistung abverlangen möchte und vor dieser geforderten „Anstrengung“ beständig versagen muß.

Von der *Kirche* aber muß im Zusammenhang mit diesem Verständnis der Schöpfung gesprochen werden; daher ist die Reihenfolge der Themen konsequent. Denn die Kirche ist inmitten dieser alten Welt das sakramentale Vorzeichen der kommenden. „Neue Schöpfung ist anfanghaft verwirklicht in der Gemeinschaft der Kirche“ (UH, Abs. I, 8), lautet deshalb der erste Satz des Abschnittes, in dem die Synode von der Kirche spricht. Und wenn die Synodenerklärung sich in ihren ekklesiologischen Aussagen so nachdrücklich auf den „Geist" beruft, so muß auch dies im Zusammenhang mit der Antizipation der neuen Welt inmitten der alten gelesen werden. Gewiß steht diese Berufung auf den Geist vorwiegend im Dienst einer Polemik gegen die „behördliche Organisationsform der Kirche" mit ihrer „Verwaltungsapparatur und den damit zusammenhängenden institutionellen Zwängen" (ibid.), gegen eine „protektionistisch anmutende Kirche" (UH, Abs. II, 4), die der Pluralität der „vielen Träger der Hoffnung" zu wenig Raum läßt. Aber die Berufung auf den Geist ist dennoch, wenigstens der Intention nach, nicht bloß eine theologische Verbrämung einer innerkirchlichen Polemik gegen Amts- und Herrschaftsstrukturen. Sie will Erinnerung daran sein, daß die Kirche aus jener Gabe lebt, die sie fähig macht, anfangshafte Verwirklichung der neuen Schöpfung zu sein.

Freilich kann nicht bestritten werden, daß in den weiteren Aussagen des Zweiten Teiles dieser eschatologische Aspekt der Lehre von der Kirche zurücktritt gegenüber dem Interesse an einer Reform der Kirchenverfassung, welche die aktive Beteiligung der Vielen am Leben der Kirche ermöglichen soll. Und im Dritten, sozusagen „moraltheologischen" Teil ist der Gedanke einer zeichenhaft-sakramentalen Antizipation der kommenden Schöpfung nicht mehr ausgesprochen — so sehr dieser Hinweis hilfreich gewesen wäre, um begreiflich zu machen, daß und warum der „Weg in die Armut" den „Weg in die Freude" nicht ausschließt. Denn gewiß führt der „Weg in die Armut" dahin, daß den Christen „das reale Leid, die Armut und Not", ja das „gesellschaftliche Scheitern" und die „soziale Ächtung" aus eigener Erfahrung bekannt wird, statt daß sie all dies „nur mit der Brille und nach den Maßstäben einer Wohlstandsgesellschaft" sehen und beurteilen (UH, Abs. III, 2). Aber dieser Weg in die Armut soll, nach der Absicht der Synode, kein Weg in den Zorn sein, wie dies für jene utopische Hoffnung charakteristisch ist, die solchem Zorne die Kraft zur Zerschlagung der bestehenden Welt entnimmt. Der Weg in die Armut soll vielmehr ein Weg in die Freude sein, die hoffen kann, weil sie zu danken vermag — zu danken für die empfangene Freiheit auch und gerade in der Gestalt erfahrener Armut. Die theologische Bedingung dafür, daß die Synode in solcher Weise zugleich von Armut und Freude sprechen kann, wurde jedoch im

Text der Erklärung eher unausdrücklich vorausgesetzt als ausdrücklich benannt. Es wäre hilfreich gewesen, in diesem Zusammenhang auf den Gedanken der eschatologischen Antizipation zurückzukommen.

Im abschließenden „sozialethischen“ Teil der Erklärung schließlich kommt der Gedanke, die Kirche sei das sakramentale Vorzeichen der kommenden Welt, nur noch marginal an einer verborgenen Stelle zum Ausdruck: dort, wo die „Tischgemeinschaft mit den armen Kirchen“ als das „Sakrament dieser neuen Geschichte“ bezeichnet wird (UH, Abs. IV, 3).

e) Grundgedanken einer katholischen Theologie der Hoffnung und ihre Spiegelung in der Erklärung der Gemeinsamen Synode

Nach dem Gesagten sind es zwei Grundgedanken, die die Fülle der höchst unterschiedlichen Inhalte der Synodenerklärung zusammenhalten: der Gedanke der Umkehr und der Gedanke der Antizipation der neuen Schöpfung inmitten der alten — auch wenn diese Grundgedanken in den verschiedenen Teilen der Erklärung nur in sehr unterschiedlichem Deutlichkeitsgrad zum Ausdruck kommen.

Mit dem Gedanken der Umkehr hatte Ferdinand Kerstiens den (freilich von ihm noch kaum entfalteten) Ansatz gefunden, von dem her er eine katholische Theologie der Hoffnung grundlegen wollte. Denn diese mußte sich einerseits gegen die utopisch-postulatorische Hoffnung Ernst Blochs abgrenzen, die von einer unvermittelten Antithese zwischen „Alpha“ und „Omega“ ausging; andererseits suchte sie nach einer Alternative gegen die Hoffnungstheologie Jürgen Moltmanns, die aus spezifisch reformatorischen Prämissen die Heilszukunft der Welt so beschrieb, daß sie ausschließlich „Zukunft Gottes“ bleibt, während die Welt keine andere Zukunft die „ihre“ nennen kann als den Tod des Gerichtes, aus dem Gott allein sie zu neuem Leben erwecken kann. Eine katholische Theologie der Hoffnung sollte demgegenüber als Theologie der Umkehr verstanden werden, d. h. als eine Theologie der neuen Wege und Ziele, die dem Menschen und der Welt geöffnet werden, weil Gott ihr mit dem „Erfindungsreichtum seiner Liebe“ (HdG 192) begegnet. Eine solche Theologie der Umkehr, so hat sich gezeigt, hat inhaltlich die „Erste Arbeitsvorlage“ von J. B. Metz bestimmt und klingt im Text der Synodenerklärung wenigstens in der Sprachform noch nach: in den Gewissensappellen des Ersten — theologischen — Teils und in der Rede von Wegen in *die* Nachfolge.

Der zweite Gedanke, daß die kommende Welt in gewissen Formen der Antizipation inmitten der alten schon gegenwärtig sei, kann als eine Folgerung aus der Theologie der Umkehr verstanden werden. Denn die Umkehr ist, theologisch verstanden, keine Eigenleistung des Menschen. Seine „antwortende Freiheit" ist immer auf die ihr vorausliegende „Grundfreiheit Gottes" bezogen (HdG 191), durch welche dem Menschen die Wege der Umkehr eröffnet und dadurch die neuen Ziele seiner Zukunft gesteckt werden. Ehe der Mensch beginnen kann, sich auf diese Wege zu begeben, muß Gottes Heilswillen an ihm schon wirksam geworden sein. Freiheit zur Umkehr und damit zu neueröffneter Zukunft ist darum stets „befreite Freiheit" (um hier den Ausdruck zu gebrauchen, den Metz schon in seiner „Ersten Arbeitsvorlage" verwendet hat). Und auch wenn der Christ auf den „Weg in die Freiheit" gerufen wird, so kann er sich doch nur „im Bewußtsein dieser befreiten Freiheit" auf den Weg machen (UH, Abs. III, 3). In dieser von Gott schon geleisteten Befreiung, die allem menschlichen Weg in die Freiheit ermöglichend vorausliegt, läßt sich, in einer weiterführenden Interpretation des Synodentextes, die grundlegende Antizipation der kommenden Welt sehen, die inmitten der alten schon geschehen ist. Und diese göttliche Antizipation allein ist es, durch welche die Gemeinschaft der Glaubenden und Hoffenden zur „anfänglichen Verwirklichung" einer „neuen Schöpfung" werden kann (UH, Abs. I, 8).

Daraus darf wohl noch eine weitere Folgerung gezogen werden, die so in der Synodenerklärung nicht ausgesprochen ist, die aber, wie es scheint, den Unterschied zwischen gläubiger und utopisch-postulatorischer Hoffnung verdeutlichen könnte. Sofern eine menschliche Praxis der Hoffnung einen Vorgriff auf die kommende Welt enthält, ist sie nicht die Aktualisierung einer in dieser Welt bereitliegenden „Potentialität", weder der „Potentialität der Materie", von der Bloch spricht, noch des Wirkungspotentials unserer eigenen Hoffnungskraft. Verstünde eine Praxis der Hoffnung sich so, dann trüge sie nur erneut zu jener „Überanstrengung" bei, in der diese Welt ideologisch ihre eigenen Möglichkeiten überschätzt und so in immer neue Verzweiflungen gestürzt wird (vgl. die Rede von der „überanstrengten Welt" UH, Abs. I,

7). Alle antizipatorische Praxis der Hoffnung ist vielmehr Antwort auf jene Antizipation, durch welche Gottes zuvorkommende Liebe inmitten der alten Schöpfung die neue schon vorweggenommen hat. Auch wenn antizipatorische Praxis der Hoffnung so verstanden wird, enthält sie ein „postulatorisches" Moment. Aber die „Forderung" wendet sich dann nicht gegen die alte Welt und ihren Schöpfer, um bei diesem die Einlösung unerfüllter Verheißungen „einzuklagen"; sie richtet sich vielmehr an den Hoffenden selbst, um ihn für jenes Werk in Dienst zu nehmen, das Gott inmitten dieser Welt schon begonnen hat und in der Wiederkunft Jesu zur Vollendung bringen wird. In diesem Sinne „klagt" die Hoffnung „bei uns Christen [...] die Erwartung seiner Wiederkunft ein" (UH, Abs. IV, Schlußbemerkung).

Beide Grundgedanken freilich, sowohl der einer Theologie der Umkehr als auch der einer Antizipation, mit der Gottes Gnade die kommende Welt inmitten der alten Welt schon anfänglich verwirklicht hat, sind im Text der Synodenerklärung ›Unsere Hoffnung‹ mehr eingewoben, als daß sie ihn in allen Teilen nach Form und Inhalt sichtbar bestimmten. Das ist, so hat sich gezeigt, zunächst aus der Redaktionsgeschichte zu begreifen, die dieser Text auf dem Weg zwischen der „Ersten Arbeitsvorlage" von J. B. Metz und seiner Verabschiedung durch die Vollversammlung der Synode durchlaufen hat. Aber die verschlungenen Wege dieser Redaktionsgeschichte sind nicht nur der Erklärungsgrund für die schließlich zustande gekommene Textgestalt; sie sind auch ihrerseits ein erklärungsbedürftiges Phänomen. Die Mühe, die es kostete, diesen Text zustande zu bringen, die Vielfalt der versuchten und wieder fallengelassenen Ansätze, schließlich die Uneinheitlichkeit der abschließend zustande gekommenen Textgestalt spiegeln, so darf abschließend gesagt werden, die Tatsache wider, daß die mitwirkenden Theologen auf dem Wege zu einer katholischen Theologie der Hoffnung noch kaum über tastende Versuche hinausgekommen sind und daß sie dort, wo sie diese Versuche weitertreiben wollten, selbst im Kreise der Synodalen, und sogar unter ihren eigenen Schülern und Freunden, die sich in der zuständigen Sachkommission zusammengefunden hatten, nur mühsam Verständnis fanden. Insofern bleibt die Synodenerklärung ›Unsere Hoffnung‹ auch ihrerseits ein Dokument jener überholungsbedürftigen Vorläufigkeit, die ihrer eigenen Aussage gemäß zu jedem Versuch einer Praxis der Hoffnung gehört.

4. Das Selbstverständnis der katholischen Hoffnungs-Theologie in ihrer doppelten Abgrenzung

Von der Erklärung der Gemeinsamen Synode war in dem soeben vorgelegten Teil dieser Abhandlung deshalb die Rede, weil dieser Text den Diskussionsstand spiegelt, den die Bemühungen katholischer Theologen in Deutschland erreicht haben, die sich eine Theologie der Hoffnung zur Aufgabe machen. Auch wenn die Synode nicht die Absicht haben konnte, Abgrenzungen gegen außerkatholische Denkversuche zu formulieren, so hat sich doch gezeigt: Die beiden Grundgedanken, die die Synodenerklärung durchziehen, der Gedanke der Umkehr und der der Antizipation der kommenden Welt inmitten der alten, sind aus den Bemühungen katholischer Theologen hervorgegangen, einen eigenen Weg der katholischen Theologie zu finden. Dieser sollte sich von Blochs Philosophie der utopischen Hoffnung, aber auch von den Bemühungen evangelischer Theologen um ein Verständnis gläubiger Hoffnung auf der Basis reformatorischer Theologie charakteristisch unterscheiden.

Die Abgrenzung gegen Bloch tritt vor allem in denjenigen Textpassagen deutlich hervor, in denen der Zusammenhang zwischen der gläubigen Hoffnung und den Haltungen der Dankbarkeit und Freude betont wird. Denn in diesen Haltungen drückt sich eine Zustimmung zu dieser Welt als der guten Schöpfung Gottes aus, während Blochs utopische Hoffnung durch eine unvermittelte Entgegensetzung von Alpha und Omega bestimmt ist und daher im Verhältnis zu „dieser Welt" nur den radikalen Protest kennt, um die „kommende Welt" aus der Vernichtung der alten hervorgehen zu sehen. „Erinnerung" hat dann ausschließlich „subversiven" Charakter, d. h. sie ist darauf gerichtet, den Willen zur Vollstreckung des Gerichts über diese Welt trotz aller bisherigen Mißerfolge wach und wirksam zu halten. Darum hat die „Erwartung" den Charakter des Postulats, durch welches der Mensch seine berechtigten, aber bisher unerfüllten Forderungen „einklagt". Gläubige Hoffnung dagegen, wie die Synode sie versteht, ist danksagende Hoffnung. Ihre Erinnerung ist darauf gerichtet, daß Gottes Heilstat die kommende Welt schon inmitten der alten antizipiert hat. Und ihre Erwartung hat den Charakter einer Ermächtigung des Menschen, in dieser Welt neue

Wege zu neuen Zielen zu finden, die Gottes schon gewirkte Befreiungstat ihm eröffnet hat.

Die Bemühung um eine spezifisch katholische, d. h. von den besonderen Voraussetzungen der reformatorischen Rechtfertigungslehre unabhängige Hoffnungstheologie tritt vor allem in jenen Passagen der Synodenerklärung hervor, in denen von der „anfänglichen Verwirklichung" der neuen Schöpfung inmitten der alten die Rede ist. Denn indem die Kirche als die Gemeinde der gläubig Hoffenden sich als diejenige Gestalt versteht, in welcher die neue Schöpfung schon anfangshaft verwirklicht ist (UH, Abs. I, 8), sieht sie sich und ihre Glieder auf neue Wege gerufen, die von Menschen gegangen werden können und dennoch das Heil zu ihrem Ziele haben. Moltmanns Theologie der Hoffnung dagegen kannte keine andere Zukunft der Welt und des Menschen als das Gericht, keine andere Zukunft des Heils als die „Zukunft Gottes", keinen anderen Weg zum Heile als den Weg, den Gott auf die Welt zugeht und der den eigenen Weg der Welt und des Menschen nur dort kreuzt, wo diese in den Tod und damit an ihr Ende gelangt sind.

Beide Abgrenzungen, sowohl gegen Blochs Hoffnungsphilosophie als auch gegen die speziell evangelische Hoffnungstheologie, entspringen einem gemeinsamen Ansatz, der oben durch die Grundgedanken der „Umkehr" und der „Antizipation" gekennzeichnet worden ist (s. oben S. 245ff.). Göttliches Handeln ist schon geschehene Vorwegnahme der kommenden Welt inmitten der alten; menschliches Gehen auf *den* Wegen in die Zukunft des Heils ist Verwiesensein auf *die* Wege der Umkehr, die den Menschen durch die zuvorkommende Liebe Gottes geöffnet worden sind. So hat das göttliche Heilswirken dem Menschen schon in dieser Welt Wege des Heiles zugänglich gemacht, dem Menschen schon in dieser Welt Ziele des Wirkens im Dienste der kommenden Welt gesteckt. Gewiß bleibt diese Gegenwart der kommenden Welt inmitten der alten schmerzlich verborgen — wie die Herrlichkeit des Sohnes in der Niedrigkeit des Kreuzes verborgen war, so haben auch die „Wege in die Freude" die paradoxe Gestalt von „Wegen in die Armut". Dennoch wird auf diese Weise eine Praxis der Hoffnung möglich, die schon in dieser Welt neue Gestalten der „anfänglichen Verwirklichung" der „neuen Schöpfung" hervorbringen kann.

Insofern kann gesagt werden, daß die katholische Theologie nicht nur in der zweifachen Abgrenzung gegen Blochs Philosophie und gegen eine spezifisch reformatorisch begründete Theologie ihr eigenes Selbstverständnis geklärt hat; es kann hinzugefügt werden, daß sie so einen eigenständigen, wenn auch noch unentfalteten Ansatz zu einer Theologie der Hoffnung gefunden hat. Das wäre gewiß so nicht möglich gewesen, wenn die katholischen Theologen sich nicht durch Ernst Bloch hätten herausfordern lassen — und wenn ihnen nicht die Versuche der evangelischen Theologie, auf diese Herausforderung Blochs von ihren spezifisch reformatorischen Prämissen aus zu antworten, eine Anregung gegeben hätten. Die katholische Theologie der Hoffnung, wie sie in der Erklärung der Gemeinsamen Synode und vor allem in den ihr vorausliegenden Formulierungsvorschlägen zum Ausdruck kommt, ist insofern durchaus eine Antwort auf die Herausforderung Ernst Blochs.

Dennoch soll abschließend gefragt werden, ob und in welchem Maß diese Antwort der Herausforderung, der sie sich stellte, gerecht geworden ist.

Vierter Teil

DIE KATHOLISCHE THEOLOGIE DER HOFFNUNG — EINE ANTWORT AUF DIE HERAUSFORDERUNG BLOCHS?

1. Die Frage nach dem rechten Ansatz für eine theologische Auseinandersetzung mit Ernst Bloch

a) Die Problemlage

Utopische Hoffnung ist in ihrem Zentrum Zutrauen, „daß sich (!) der evident eingesehene Trauminhalt der menschlichen Seele auch setzt" (GdU 444), also Zutrauen in die Kraft der Träume zur Selbstrealisation. Diese Hoffnung gewinnt Blochs Auffassung nach ihren Halt an der objektiven Wirklichkeit auf dreifache Weise: durch die Potentialität der Materie, die sich selber gestaltet, durch das Recht einer Forderung, die dieser „ganzen weiten und scheinbar so sehr realen Welt" entgegengehalten wird, bis diese „in Explosion auffliegt" (ibid.), und durch die in aller Geschichte hinterlegte Verheißung, deren mannigfache Ausdrucksformen auf den Grundton gestimmt sind: „Ihr werdet sein wie Gott", „Eritis sicut Deus". Weder Blochs Materialismus noch der postulatorische Charakter seiner Hoffnung (deren Erfüllung als Forderung eingeklagt, nicht als Gnade erbeten wird), noch die Weise, wie er die Texte der Religionsgeschichte und vor allem der Bibel als Aufforderung zur Entthronung Gottes verstehen will, sind zufällige Zutaten zu seinem Denken. Vielmehr geht die Kohärenz seines Argumentationsganges verloren, wenn der Leser versucht, diese drei Elemente von Blochs Philosophie beiseite zu setzen, um so eine Philosophie der Hoffnung übrigzubehalten, die theologisch „verwertbar" wäre.

Ohne Blochs Verständnis der Materie keine theoretische Vermittlung zwischen dem Trauminhalt und der erfahrbaren Welt; ohne Postulatenlehre keine praktische Vermittlung zwischen der Utopik, deren Ziel in dieser Welt „keine Stelle findet", und der politischen Alltagstätigkeit, die unter den Bedingungen dieser, nicht der kommenden Welt getan werden muß; ohne das Programm der „Usurpation" des göttlichen

Throns durch den Menschen keine Vermittlung zwischen der religiösen Überlieferung mit ihrem Potential an „subversiven“ Kräften und dem Zutrauen, eine Zukunft zu erreichen, die aus den Kräften der Seele und der Materie allein hervorgeht und deshalb nicht „von oben“ gewirkt zu werden braucht.

Bloch läßt seinen Leser nirgendwo über diese Zusammenhänge im Zweifel. Dennoch hat er auf Theologen beider Konfessionen (für die Jürgen Moltmann und J. B. Metz als hervorragende Beispiele dienen können) eine offenbar unwiderstehliche Faszination ausgeübt. Dieser Befund bedarf einer Erklärung — nicht aus der psychologischen Disposition der Theologen allein, sondern aus der Sache der Theologie.

Es genügt nicht, Blochs Philosophie des Noch-Nicht-Seins nur unter die „Säkularisate“ des Glaubens zu rechnen, d. h. unter diejenigen Phänomene im geistigen Leben der neuzeitlichen Gesellschaft, in welchen Elemente und Kräfte der religiösen Überlieferung historisch nachwirken, die aber ihre religiöse Qualität abgelegt haben und zu Elementen und Triebkräften eines rein „weltlichen“ Bewußtseins geworden sind. Zu offensichtlich ist die Tatsache, daß Bloch nicht nur „Erbe der Religion“ ist, d. h. nach deren „Tod“ einen Teil ihrer „Schätze“ in Besitz genommen hat, sondern „Religion im Erbe“ trägt, d. h. auch nach dem Abschied vom Gottesglauben ein Denken von spezifisch religiöser Qualität bewahrt. (Insofern hat Jürgen Moltmann mit Recht seine Sammlung von Texten aus Blochs Werken unter den Titel ›Religion im Erbe‹ gestellt, auch wenn seine Auswahl die atheistischen, ja „gott-tötenden“ Impulse dieser Texte weitgehend zurücktreten läßt und seine Erläuterungen die Bedeutung dieser Impulse verharmlosen.)

Aber auch die Weise, wie Bloch selbst seine Philosophie verstanden wissen will, als Wahrung des religiösen Erbes gerade durch Rückgriff auf den (vermeintlich oder wirklich) „atheistischen“ Überlieferungskern, läßt mehr Fragen offen, als sie beantwortet. Die offensichtliche Gewaltsamkeit des Umgangs mit den Texten und der Eklektizismus im scheinbar gelehrten Umgang mit bibelwissenschaftlichen Methoden, die jedoch immer nur soweit benutzt werden, wie sie eine offenkundig zuvor schon feststehende Meinung bestätigen, könnte dem Leser das Urteil leichtmachen; er könnte, auf gute Argumente gestützt, die dritte der von Bloch unternommenen Vermittlungen, die Vermittlung zwischen utopischer Zukunftshoffnung und religiöser Menschheits-Überlieferung, schlicht für gescheitert erklären. So, wie Bloch sie versteht, waren die Texte, auch vor aller „priesterlichen Überarbeitung", gewiß nicht gemeint.

Und doch bleibt ein (zunächst noch ganz unbestimmter, aber kaum abweisbarer) Eindruck bestehen, daß sich hier Möglichkeiten abzeichnen, mit einer Methode, die gewiß noch der Verbesserung bedarf, den Zeugnissen der religiösen Überlieferung Auskünfte und Anstöße abzugewinnen, die bisher unbeachtet geblieben sind. Sollte etwa das, was Bloch in einem ersten Anlauf offensichtlich nicht geriet, in einer weiteren, bescheideneren, mit mehr methodischer Selbstkritik unternommenen Bemühung doch noch zu erreichen sein: eine zugleich textgerechte und zukunftsweisende Aneignung der religiösen Überlieferung? Und wenn es darauf ankommt, jenen Überschwang zu vermeiden, mit welchem Blochs Philosophie über das methodisch Kontrollierbare des Umgangs mit Texten hinausschießt: wer sollte dann mehr als die Theologen dazu berufen sein, das begeisterte „Zungenreden" Blochs in überprüfbare Argumentation zu verwandeln?

Ja noch mehr: Wenn es gelingen sollte, das dritte Vermittlungsproblem, die Vermittlung zwischen utopischer Hoffnung und religiöser Überlieferung, auf eine methodisch überprüfbare Weise zu lösen, dann würde sich eine Aussicht eröffnen, auch die beiden anderen Aufgaben, die theoretische und die praktische Vermittlung, neu in Angriff zu nehmen und so auch die „materialistischen" und „postulatorischen" Züge von Blochs Philosophie der Hoffnung zu revidieren.

Blochs Werk wäre dann auf eine neue Weise zu lesen: nicht als „säkularisierte Theologie", wie es zunächst den Anschein hat (d. h. als eine Theorie, welche die religiöse Qualität abgestoßen, das Absolutheitspathos der Heilsverkündigung aber beibehalten hat), aber auch nicht als Proklamation einer „Religion ohne Gott", wie Bloch selbst will (d. h. als der Versuch, die göttliche und darum jeden anderen Gott entthronende Dynamik der menschlichen Seele als den wahren Kern aller Religionen zu begreifen), sondern als der im ersten Anlauf mißlungene, aber dennoch eine neue Richtung eröffnende Versuch, die religiöse Überlieferung auf eine neue Weise zum Sprechen zu bringen.

Dazu freilich wäre es nötig, einen Ansatz zu finden, von dem aus ein dritter Weg sich erschließt: zwischen der Verehrung Blochs, die den notwendigen kritischen Abstand verliert, und einer bloßen Widerlegung, die die Fehler in Blochs Argumentationsgang aufdeckt, aber von ihm nichts zu lernen vermag. Es hat allerdings den Anschein, daß die Theologen beider Konfessionen diesen dritten Weg bisher nicht gefunden haben und sich darauf beschränken, Bloch selektiv und in den ausgewählten Elementen unkritisiert zu übernehmen, oder aber ihn im ganzen zu verwerfen.

b) Vorschlag eines Ansatzes für die Diskussion mit Ernst Bloch: Von der Redaktionsgeschichte zur Religionsgeschichte

Im folgenden soll versucht werden, einen Ansatz zu finden, der es gestattet, über die bloße Parteinahme für oder gegen Bloch, aber auch über den bloß selektiven Gebrauch seiner Aussagen hinauszugelangen. Es mag überraschend erscheinen, wenn dieser Ansatz durch Überlegungen religionshistorischer Art gesucht wird. Doch entspricht dies einem Hinweis, den Bloch selbst gegeben hat. In methodischer Hinsicht nämlich sind seine Überlegungen zum rechten Verständnis der biblischen Überlieferung redaktionsgeschichtlicher Natur. Seine Bemühungen um die „unterirdische Bibel" gelten der Freilegung einer für ursprünglich gehaltenen Bedeutung der religiösen Überlieferungsbestände, die durch spätere „Redaktionen" überdeckt worden ist. Dabei denkt Bloch die Redaktionen als Verfälschungen, unternommen von Priestern im Interesse der Erhaltung bestehender Herrschaftsverhältnisse; das Ursprüngliche aber, nur noch bruchstückhaft Erhaltene und durch redaktionelle Umdeutungen Verdunkelte gilt ihm als das Wahre. Dieses wieder freizulegen ist die Aufgabe des Interpreten.

Nun ist die Redaktionsgeschichte eines Textes nur ein Teil der Geschichte seiner Überlieferung; die Geschichte der Rezeption durch die Hörer und die Leser gehört ebenso zu ihr wie die Geschichte ihrer Gestaltung durch Verfasser bzw. Umgestaltung durch Redaktoren. Die Überlieferungsgeschichte ihrerseits aber ist eingebettet in den größeren Zusammenhang der Geschichte einer Religion (bzw. in die Geschichte der sich begegnenden Religionen), ja noch weiter in die Geschichte der Gesellschaft, in der diese Religion ihre Anhänger hatte. Es scheint also naheliegend, Blochs redaktionsgeschichtlich ansetzende Untersuchungen in diesen größeren Zusammenhang hineinzustellen. Und ein solches

Verfahren erscheint außerdem aussichtsreich, wenn es darum geht, gewisse verengende Perspektiven zu überwinden, die sich aus Blochs Auffassung von der Redaktionsgeschichte eines Textes ergeben.

An Blochs Auffassung von der Geschichte religiöser Texte befremdet nämlich, gerade bei einem so guten Kenner der dialektischen Philosophie wie Bloch, das Undialektische der Form. Das Ursprüngliche ist das Wahre, das Spätere ist das Verfälschende, Freilegung der wahren Bedeutung ist Beseitigung der späteren Übermalungen; der Interpret leistet so eine Negation des für negativ Gehaltenen (der „priesterlichen Verfälschungen"), die dieses nicht „aufhebt", sondern rückgängig macht. Dem, was hier als negativ beurteilt wird (den „Redaktionen"), wird keine „vorantreibende Kraft" zugetraut. Und die Negation dieser Negation wird so unversehens restaurativ: Wiederherstellung dessen, was zuvor schon einmal war (des „ursprünglichen Textes").

Weiterhin fällt auf, daß die Geschichte des Textes (seine Entstehung aus den Sehnsüchten der Unterdrückten, seine Entstellung durch priesterliche Redaktoren, schließlich seine Wiederherstellung durch den philosophischen Interpreten) in eigenartiger Weise abgelöst erscheint von den historisch-gesellschaftlichen Prozessen, an denen die sozialen Unterschichten, deren Hoffnung hier gespiegelt wird, und die sozialen Oberschichten, die die Umgestaltung und Entstellung dieser Zeugnisse zu verantworten haben, immer gemeinsam beteiligt gewesen sind. In beständiger Wiederkehr, ohne qualitative Veränderung, wiederholt sich nach Blochs Darstellung das gleiche Verhältnis: Die Kleinen im Volke, die Elenden und Unterdrückten, flüstern sich, versteckt in den obrigkeitlich umgestalteten Texten, die Hoffnung auf den Umsturz aller Herrschaftsverhältnisse zu; und die Großen, die Herrschenden und Reichen, verfälschen diese Bekenntnisse einer subversiven Hoffnung immer neu zu einer Rede von Gott dem Herrn, der als das Urbild allen Herrentums auch die Herrschaft der menschlichen Herrscher ins Recht setzen soll. In der beständigen Wiederholung dieses Gegensatzes entstehen zwar immer neue Fassungen des Textes; aber die Religion und die Gesellschaft kommen in solcher Wiederholung des Gleichen keinen Schritt voran; es entsteht zwar eine Text- und Redaktionsgeschichte, aber keine Geschichte der Religion und der Gesellschaft.

Gewiß, diese Darstellungsweise ist begreiflich; denn sie dient dem Interesse dessen, der sie anwendet. Der Utopiker und der Revolutionär sind, trotz aller Dialektik im *Vorfelde* der Entscheidung, zuletzt an unvermittelten Antithesen interessiert, die keine Aufhebung in ein höheres Ganzes gestatten, sondern Parteinahme verlangen, damit auch die Herrschaft der Herrschenden nicht „dialektisch aufgehoben", sondern ersatzlos zerschlagen werden kann. Hier endet ihr Interesse an der dialektischen Form. Und der Utopiker wie der Revolutionär sind, trotz aller historischen Betrachtung der *bisherigen* Herrschaftsformen und Ideologien, daran interessiert, in dieser alten, dem Untergang geweihten Welt die Gemeinde der Reinen zu sammeln (z. B. die „Nicht-Klasse" der Proletarier, die nicht eine „Unterklasse" im System ist und deshalb die Stellung einer „Oberklasse" einnehmen möchte, sondern überhaupt keine Klasse ist und deshalb die Klassenherrschaft überhaupt überwinden kann). Die „Reinheit" der revolutionären Gruppe setzt voraus, daß sie nicht mit der Geschichte ihrer Unterdrücker „kompromittiert" ist, daß diese Geschichte gar nicht die ihre ist, sondern von ihr aus gesehen bloße „Vorgeschichte". Der Utopiker und der Revolutionär wollen aus solcher Vorgeschichte unmittelbar in die gegenwärtige Stunde eintreten. Hier endet ihr Interesse an der Historisierung aller Inhalte, die sie beschreiben.

Das Interesse, das diese Darstellungsart bestimmt, ist also verständlich. Und dennoch ist eine solche Betrachtung in eigenartiger Weise abstrakt und wirklichkeitsfern. Es besteht die Gefahr, daß ein solches Denken, trotz aller Betonung seiner Geschichtsbezogenheit, durch Beschreibung einer (vermeintlich) fortschrittslosen Wiederkehr des immer Gleichen zu einer neuen Metaphysik wird — nur ohne die Fähigkeit, sich dazu zu bekennen und den metaphysischen Charakter seiner Aussagen argumentativ zu begründen. Und es besteht eben deshalb die Gefahr, daß ein solches Denken, trotz seines Pathos der Zukunft, restaurativ und romantisch wird, indem es aus den „Verfälschungen" zurück zu den Ursprüngen strebt, wo die Flamme der Hoffnung noch rein und unverstellt brannte, statt der Negation (auch der „priesterlichen Redaktion") die Kraft eines vorantreibenden Momentes zuzutrauen und in der „Negation der Negation" das Verneinte nicht einfach preiszugeben, sondern aufzuheben.

Die „unterirdische Bibel" freizugraben, das „versunkene Land" ans Licht zu heben, als seien sie unter den jüngeren Erdschichten oder unter den Wogen des Meeres nur verborgen gehalten, nicht aber verändert worden, das ist ein ebenso undialektischer wie unhistorischer Umgang mit Texten. Und dabei, so steht zu befürchten, gehen auch diejenigen Erkenntnisse wieder verloren, die die Bemühung um ein neuartiges Textverständnis ausgelöst haben. Die folgenden Überlegungen stellen deswegen Blochs Gedanken zur „unterirdischen Bibel" in einen größeren, religionshistorischen Zusammenhang. Von dort aus soll versucht werden, Kriterien dafür zu gewinnen, ob und auf welche Art von Blochs Philosophie des Noch-Nicht-Seins ein theologischer Gebrauch gemacht werden kann.

2. *Die Frage nach dem religionsgeschichtlichen Ort der biblischen Hoffnungsbotschaft*

a) Blochs Bibelverständnis und seine Auffassung von der religionshistorischen Bedeutung der biblischen Botschaft

Bloch, so hat sich an früherer Stelle gezeigt, interpretiert die Bibel so, daß er den Gegensatz zwischen „dieser" und der „kommenden Welt" für die Mitte der biblischen Botschaft hält, von der her die einzelnen Verkündigungsgehalte erst ihre Bedeutung erkennen lassen. Die Überzeugung von der zentralen Bedeutung dieser Antithese ist insofern sein hermeneutischer Ansatz (s. oben S. 112ff.). Dabei bleibt ihm nicht verborgen, daß sich in den Schriften des Alten wie des Neuen Testaments Aussagen finden, die die Identität von Alpha und Omega behaupten und deshalb den Gegensatz zwischen dieser und der kommenden Welt durch das Verhältnis von Verheißung und Erfüllung vermitteln: Der Gott der Ursprünge hält seinem Werk gerade dadurch die Treue, daß er ein Ende verheißt, das in den Anfängen nur schattenhaft antizipiert war. Seinem hermeneutischen Ansatz gemäß muß Bloch solche Aussagen redaktionsgeschichtlich als Ergebnisse einer verfälschenden Überarbeitung des überlieferten Textes durch priesterlich-reaktionäre Redaktoren deuten. „Denunziert wird" [durch die Art der hier beabsichtigten Bibelexegese] „Entstellung statt bloßer Verderbtheit des Textes, kurz Redaktion nach Weise der Reaktion" (AC 102). Diese Deutung enthält eine zweifache Behauptung: daß diejenigen Texte, welche den Gegensatz von „dieser" und der „kommenden Welt" in irgendeiner Weise dialektisch vermitteln, durch *redaktionelle Überarbeitung einer Vorlage* entstanden seien, die diese Gegensätze noch unvermittelt gegeneinander stellte, und daß diese Bearbeitung als *„Entstellung“* zu beurteilen sei.

Die *erste Annahme* könnte in einem doppelten Sinne verstanden werden. Es könnte angenommen werden, die hypothetisch anzunehmende Vorlage, deren die Redaktoren des heute vorliegenden Textes sich bedient haben, sei außerbiblischen Ursprungs gewesen, und ihre redaktionelle Veränderung habe das Ziel gehabt, sie der spezifischen Verkündigungsabsicht der israelitischen bzw. jüdischen und christlichen Hoffnungsbotschaft anzupassen. (Ein solches Verfahren scheint z. B. der Redaktion mancher Psalmen zugrunde zu liegen, sofern dabei auf Hymnen außerbiblischen Ursprungs als Vorlagen zurückgegriffen wird.) In diesem Falle wäre es unangemessen, die geschehene redaktionelle Bearbeitung als „Entstellung“ der biblischen Hoffnungsbotschaft zu qualifizieren. Wenn Bloch daher von Entstellung spricht, so will er seine redaktionsgeschichtliche Behauptung in einem anderen Sinne verstanden wissen. Er setzt voraus, derjenige Überlieferungsbestand, den die Redaktoren vorgefunden haben, sei nicht außerisraelitischen, sondern israelitischen Ursprungs gewesen und habe daher nicht das Hoffnungsbekenntnis fremder Religionsgemeinschaften, sondern die spezifisch biblische Hoffnungsbotschaft enthalten. Und wenn im redigierten Text, wie er heute vorliegt, die „ursprünglich“ unvermittelte Antithese von Alpha und Omega noch durchscheint, dann wirke hier nicht ein außerjüdisches Hoffnungsverständnis in den biblischen Texten noch nach, vielmehr rage an solchen Stellen jeweils ein Berggipfel der „unterirdischen Bibel“ aus dem „Meer der Korrektheit“ (AC 104, vgl. oben S. 109).

Schon darin liegt eine erste These nicht nur redaktionsgeschichtlicher, sondern religionsgeschichtlicher Art. Die Antithese von Alpha und Omega wird als genuin jüdisch qualifiziert; ja sie stellt nach Blochs Auffassung den spezifisch jüdischen Beitrag zur Hoffnungsgeschichte der Menschheit dar. Deshalb sieht Bloch dort, wo Religionshistoriker dies bestreiten und die Antithese von „dieser“ und der „kommenden Welt“ als Entlehnung aus der Vorstellungswelt fremder Religionen verstehen wollen, „philologischen Antisemitismus“ am Werk (PH 1462). Denn hier wird seiner Meinung nach mit Mitteln der Philologie versucht, dem Judentum sein Eigenstes zu rauben und es den Heidenvölkern zuzuschreiben.

Aber auch unter der Voraussetzung, daß es nicht fremdvölkische, sondern primär jüdische Überlieferungsbestände gewesen seien, die den Gegensatz zwischen dieser und der kommenden Welt noch in unvermittelter Schärfe enthalten haben, und daß der Versuch, zwischen ihnen dialektisch zu vermitteln, einer nachfolgenden Redaktion dieser Quelle zuzuschreiben sei, folgt daraus nicht zwingend die *zweite Annahme* Blochs, daß diese Überarbeitung als Entstellung zu beurteilen sei. Wer z. B. ein „Urdeuteronomium" annimmt und den heute vorliegenden Text des fünften Buches der Thora als Produkt einer mehrfachen Überarbeitung dieses Quellentextes versteht (eine unter Exegeten verbreitete Ansicht), kann diesen Redaktionsprozeß durchaus als die Spiegelung einer legitimen Entwicklung innerhalb der jüdischen Glaubensgeschichte bewerten. Oder wer meint, die Verfasser der drei ersten Evangelien hätten eine gemeinsame, uns nicht erhaltene „Spruchquelle Q" als Vorlage benutzt (eine unter Neutestamentlern herrschende Ansicht), kann dennoch die Bearbeitungen einer identischen Quelle als legitimes Mittel ansehen, die christliche Botschaft dem jeweiligen Leserkreis verständlich zu machen, für den jedes dieser drei Evangelien bestimmt war. Wenn daher Bloch hier stets nur Entstellungen am Werke sieht, dann impliziert dieses Urteil ein zweites Mal eine These nicht nur redaktionsgeschichtlicher, sondern zugleich religionsgeschichtlicher Natur. Was Bloch hier voraussetzt, läßt sich auf folgende Weise herausarbeiten:

Jene redaktionellen Bearbeitungen von Überlieferungsstoffen, aus denen die heute vorliegenden biblischen Schriften hervorgegangen sind, hatten zu ihrem Ergebnis einen maßgeblichen Text, an den die Glaubensgemeinde sich als Norm ihres Glaubens gebunden weiß. (Vgl. dazu die in der katholischen Theologie übliche Rede von der Bibel als „Norma normans fidei".) Der so zustande gekommene Text ist insofern stets eine „kirchliche", auf die Glaubensgemeinde als Institution bezogene Buchsammlung gewesen, und das in dem doppelten Sinne, daß dieser Text durch die Kirche als Institution gesichert und in Geltung gesetzt wurde, und daß umgekehrt der so maßgeblich gewordene Text Kirche als Institution in aller Vielfalt der Weisen, wie die Gläubigen ihren Glauben verstehen, ermöglicht. Denn nur die Kirche als Institution konnte eine Anzahl von Schriften als „kanonisch", d. h. für alles Glaubensverständnis maßgeblich, erklären. Und nur durch gemeinsame Berufung auf den kanonischen Text kann Kirche sich als Institution gegenüber der Vielfalt von Weisen des Glaubensverständnisses legitimieren. Es ist insofern nicht zu bestreiten, daß die Redaktion der biblischen Schriften von einem auf Gemeindekonstitution und Gemeindeleitung gerichteten und insofern im weitesten Wortsinn „priesterlichen" Interesse geleitet gewesen ist. Dieses Interesse nun ist es, das Bloch als „reaktionär", d. h. auf die Wiederherstellung prinzipiell schon überwundener Zustände gerichtet, qualifiziert. Darin aber ist die religionshistorische Behauptung eingeschlossen, die Vorlagen, auf die die redaktionelle Bearbeitung sich bezog, hätten durch ihren ursprünglichen Inhalt die Absicht, eine spezifisch religiöse Gemeinde zu bilden und zu leiten, im Prinzip schon hinter sich gelassen. Nur dann nämlich bildet die „priesterliche" Absicht, einen normativen Gemeindetext herzustellen, einen Rückschritt in schon überwundene Phasen der Religionsgeschichte und ist insofern „reaktionär".

Damit aber wird der ursprünglichen, der priesterlichen Bearbeitung noch vorausliegenden Gestalt der biblischen Botschaft (der „unterirdischen Bibel" als der „ursprünglichen" und wahren) ein bestimmter Ort in der Religionsgeschichte zugewiesen: Sie steht dort, wo der Glaube an Gott oder auch an Götter an sein Ende gelangt. Darum spricht diese unterirdische Bibel ihrer Form nach noch „gläubig", kündigt aber nach Blochs Auffassung ihrem Inhalt nach das Ende allen Gottesglaubens schon an. In der Form einer gläubigen Rede von dem gottgewirkten Exodus aus Ägypten ruft die jüdische Hoffnungsbotschaft, wie Bloch sie versteht, ihrem Inhalt nach schon auf zum „Exodus aus Jahwe" (PH 1456, vgl. oben S. 113). In der Form einer gläubigen Rede vom menschgewordenen Gott ist die christliche Hoffnungsbotschaft, wie Bloch sie versteht, ihrem Inhalt nach schon die Ansage der Stunde, in der das, was die Religionen unter dem Namen „Gott" gesucht haben, nun endlich im Menschen gefunden wird. Der „Stern" dieser Hoffnungsbotschaft hat die „Weisen" aller Religionen der Völker „bis zur Hütte" geführt, „wo Gott aufhört" (PH 1534). „Dahin und zu sonst nichts ist die gesamte Religionsgeschichte gewandert" (PH 1533).

So enthält Blochs redaktionsgeschichtliches Verfahren die religionshistorische These: Die genuin jüdisch-christliche (nicht etwa außerjüdisch-vorbiblische) Hoffnungsverkündigung hat innerhalb der Religionsgeschichte die Funktion, die Religion, sofern sie Glaube an Gott oder Götter gewesen ist, durch eine spezifische Weise des Sprechens von Gott an ihr Ende zu bringen. Deshalb ist in diesen Texten ihrer Form nach noch von Gott die Rede, dem Inhalt nach aber so, daß der „Traum von einer Sache ohne Gott" (AC 347) als der wahre Hoffnungsgehalt aller Religionen offenkundig zu werden beginnt. Dies aber, so ist Blochs Meinung, gelingt der ursprünglichen und unverfälschten biblischen Hoffnungsbotschaft dadurch, daß sie den Gegensatz zwischen dieser und der kommenden Welt so radikal betont, daß von hier aus der Hörer zuletzt zu der Folgerung genötigt wird, „daß ein Prinzip, welches in die so vorhandene Welt hineinführt, nicht auch das Prinzip sein kann, welches aus so vorhandener Welt auch leitend herausführt" (AC 61 = AC 290, vgl. oben S. 115). Durch die radikale Betonung des Gegensatzes zwischen Alpha und Omega, so ist also die These, steht die biblische Hoffnungsbotschaft religionsgeschichtlich am Ende allen Gottesglaubens.

Es ist diese These, die es gestattet, sich mit Bloch auf der Ebene religionshistorischer Betrachtung auseinanderzusetzen. Diese Auseinandersetzung soll im folgenden unter zwei Leitfragen geführt werden: Welches ist der religionshistorische Ort einer Hoffnungsbotschaft, die „diese" und die „kommende Welt" einander in unvermittelter Antithese gegenüberstellt? Und wie verhält sich, rein religionshistorisch gesehen, jüdische Apokalyptik und christliche Eschatologie zu dieser „dualistischen" Gestalt der religiösen Hoffnung?

Um aber diese beiden Fragen auf eine Weise zu behandeln, die Blochs Problemperspektive nicht schon im Ansatz verfehlt, soll die Religionsgeschichte hier in engem Zusammenhang mit der Geschichte der Gesellschaft gesehen werden. Die religionshistorische Ortsbestimmung einer Hoffnungsbotschaft wird deshalb im folgenden stets zugleich als ihre sozialgeschichtliche Ortsbestimmung verstanden werden, und der Beitrag, den eine religiöse Botschaft innerhalb der Hoffnungsgeschichte der Menschheit geleistet hat, wird stets zugleich als der Beitrag verstanden, den sie zur Gestaltung sozialer Verhältnisse zu leisten vermochte. Dem theologisch orientierten Leser mag eine solche Betrachtungsart anstoßerregend erscheinen, der Religionshistoriker mag sie als verengend beurteilen. Darum sei, zur Vermeidung von Mißverständnissen, an dieser Stelle mit Nachdruck betont: Die folgenden Ausführungen erheben in keiner Weise den Anspruch, den Gehalt einer religiösen Verkündigung innerhalb oder außerhalb von Judentum und Christentum erschöpfend darzustellen. Es ist die Auseinandersetzung mit Bloch, die hier die Perspektive bestimmt. Darum wird, was manchen Leser befremden mag, nicht nur die Geschichte der Religionen in die Geschichte der Gesellschaften eingeordnet, innerhalb derer diese Religionen aufgetreten sind; es wird dabei auch von den Methoden der Ideologietheorie und der dialektischen Geschichtsphilosophie Gebrauch gemacht. Die Absicht ist, den Versuch zu machen, ob sich auch auf derjenigen Argumentationsebene, auf der Bloch sich bewegt, Kriterien finden lassen, die es gestatten, Blochs religionshistorische Ortsbestimmung der jüdischen und christlichen Botschaft zu überprüfen. Und im Verlauf dieses Versuches wird sich herausstellen müssen, ob sich auf diese Weise auch Fragen an die Theologen ergeben, die es ihnen gestatten, von ihrer andersgearteten Position aus mit Bloch in eine Diskussion einzutreten, die dessen Problemperspektive trifft, statt nur seine Ergebnisse selektiv, je nach ihrer theologischen „Verwertbarkeit", zu benutzen.

(Vgl. zum Folgenden: R. Schaeffler, Der utopische Gedanke und die christliche Hoffnung, in: L. Hödl u. a., Das Heil und die Utopien, Paderborn 1977, S. 9—66. Sowohl in diesem Sammelband als auch im hier gesteckten Rahmen kann der religionshistorische Zusammenhang freilich nur äußerst gerafft dargestellt werden. Eine ausführliche Darstellung und die Diskussion der einschlägigen Quellentexte muß einer künftigen Publikation vorbehalten bleiben.)

b) Zum religionshistorischen Ort des Gegensatzes zwischen „dieser" und der „kommenden Welt"

Ein Moment utopischer Hoffnung gehört, so scheint es, zur Religion als solcher. Das zeigt sich auch und sogar insbesondere dann, wenn unter allen Gattungen religiöser Rede der Mythos als der wichtigste gilt und seinerseits (mit Platon) als „Archaiologia", als „Rede von den Ursprüngen" verstanden wird. Von den Göttern reden heißt von den Ursprüngen reden, die die Gestalt dieser Welt, wie sie unserer Erfahrung vor Augen liegt, bleibend bestimmen und fortwirkend erneuern; insoweit ist Bloch zuzustimmen. Aber diese Reden enthalten, was

Bloch nicht beachtet, zugleich ein weltkritisches und utopisches Element.

Mythologien, also Reden von den Ursprüngen, sind nach religiöser Überzeugung deshalb notwendig, weil die Ursprünge sonst vergessen werden könnten; das aber ist nur möglich, weil die Zeit, in welcher die mythologisch berichteten Ereignisse geschahen, also die Zeit, da die Götter im Lande der Menschen und die Menschen im Lande der Götter lebten, vergangen ist. Erzählungen vom Abschied der Götter aus dem Menschenland oder von der Vertreibung der Menschen aus dem Lande der Götter gehören deshalb notwendig zu den Schlußberichten vieler Mythen. (Platon hat eine Erzählung dieser Art den Mythos aller Mythen genannt.) Die Welt, wie sie „jetzt" besteht, nach diesem Ereignis, das unsere Zeit vom mythischen „Damals" trennt, ist insofern eine gottverlassene Welt. (Nach Platons „Mythos aller Mythen" ist der Gott aus dem Steuerruder der Welt getreten.) In „dieser" Welt hat der Ursprung, aus dessen Kraft allein die Welt bestehen kann, dennoch „keine Stätte" bleibender Gegenwart, allenfalls Orte und Zeiten seiner ereignishaften Ankunft. Und insofern ist der Gott in „dieser" Welt utopisch, d. h. ganz wörtlich ortlos geworden.

Der Mensch aber ist dazu geschaffen, durch sein mythisches Wort und seine kultische Zeichenhandlung dem Gott, der in dieser Welt keine bleibende Wohnung hat, eine Stätte ereignishafter Ankunft offenzuhalten, damit die Welt nicht an ihrer Gottferne sterbe, sondern sich aus der geschehenden, in Wort und Kultzeichen verhüllten Wiederkehr ihres Ursprunges immer wieder erneuere. Berichte vom Abschied der Götter oder von der Vertreibung der Menschen sind darum häufig verknüpft mit solchen, die die Einsetzung des Kultes erzählen, zu dessen Vollzug der Mensch geschaffen wurde. So wird der Mensch zum Platzhalter Gottes in einer gottfernen Welt — bis zum Ende entweder der Mensch ins Land der Götter entrückt wird (etwa zu den „Inseln der Seligen") oder der Gott ins Land der Menschen zurückkehrt. Dann geht die Zeit der Mythen und Kulte zu Ende; das Bildwort und die Bildhandlung, die die ereignishafte Ankunft des fernen Gottes vermittelt haben, weicht der Realität des wieder anwesenden Gottes. Auf den „Inseln der Seligen" gibt es daher, wie Platon ausdrücklich hervorhebt, kein Gottesbild mehr — ebensowenig wie im „himmlischen Jerusalem" der Johannes-Apokalypse einen Tempel. Und in eben diesem Ausblick wird die

„Utopie“ (im wörtlichen Sinne als Rede von der „Ortlosigkeit“ Gottes in dieser Welt) zur „utopischen Hoffnung“, d. h. zur Hoffnung auf eine Zukunft, in welcher wirklich sein wird, was in der Welt, wie sie heute ist, unmöglich ist. Religiöse Worte und Zeichenhandlungen des Menschen — aber auch die als Zeichen gedeuteten Gestalten der Welt und der Ereignisse im Jahres- und Lebenslauf — halten die Erinnerung an die Ursprünge wach, um solche Hoffnung zu verbürgen.

Diesem Grundmuster einer Weltdeutung folgen die mythischen „Archaiologien“ auffallend vieler Religionen. Insofern ist wiederum Bloch zuzustimmen, wenn er meint, utopische Hoffnung bilde den „Goldgrund“, auf den die „heilformenden Religionsbilder aufgetragen“ sind (ONNS 221). Weil jedoch bei Bloch der Zusammenhang dieser Hoffnung mit den mythologischen Ursprungsberichten unbeachtet bleibt (und statt dessen Alpha und Omega einander antithetisch gegenübergestellt werden), kommen auch die Impulse nicht zur Sprache, die von dieser Grundansicht aus in die Religionsgeschichte hineingewirkt haben. Das soeben skizzierte Grundmuster mythologischer Weltdeutung nämlich enthält Zweideutigkeiten, die eine mehrfache Auslegung zulassen und dadurch einen Spielraum für Abwandlungen religiösen Sprechens eröffnen. Diese Varianten aber treten alsbald in ein Verhältnis solcher Art, daß der Übergang von der einen zur anderen einen unumkehrbaren Richtungssinn erhält. Die Mythen vom Ursprung der Welt enthalten so in sich den Impuls für eine historische Entwicklung der Religion.

Die Zweideutigkeiten der Welt, wie sie mythisch ausgelegt wird, lassen sich mit folgenden Sätzen andeutend umreißen. Die göttlichen Ursprünge sind „fern“ (daher die Notwendigkeit, sie durch Rezitation mythischer Texte in Erinnerung zu rufen und kultisch gegenwärtig zu setzen); aber sie sind zugleich „nahe“ (denn nur aus der Kraft des schon gegenwärtigen Gottes kann der Mensch das Mythenwort sprechen und die Kulthandlung vollziehen; der Gott ist, wie das in Prozessionsritualien sinnfällig dargestellt wird, immer schon beim Menschen angekommen, ehe der Mensch sich aufmacht, um zu dem Gotte zu gehen). Die Welt (sei es im ganzen, sei es in einzelnen ihrer Bereiche, etwa dem tierischen und pflanzlichen Leben, der menschlichen Gesellschaft in Stamm und Stadt, ja sogar in ihrem geographischen Bestand von Inseln und Meeren, Gebirgszügen und Flußläufen) könnte die absolute Ferne des

Gottes nicht ertragen; ihr Bestand ist die Beständigkeit ihrer Erneuerung aus göttlichem Ursprung. Aber sie ertrüge auch die unverstellte Nähe des Gottes nicht; wenn er sich zeigt, „verdampft" das Meer und die Berge „schmelzen". So bedarf sie, mythologisch gedeutet, der verhüllten Gegenwart Gottes, d. h. des Bildes, und zwar zunächst des Bildwortes und der Bildhandlung, erst sekundär dann auch des plastisch verfertigten Götterbildes — ja sie ist selber das Gefüge der Bilder, in die der Gott sich hüllt, um gegenwärtig zu werden. Gerade darum aber ist sie beständig in Gefahr, sich fetischhaft an Gottes Stelle zu setzen.

Der Weltlauf erscheint so einerseits als der Wandel der Gestalten für das ewig Gleiche (für die Gegenwart Gottes in immer neuen Gestalten — mythisches Vorbild für die physikalische Vorstellung von der Erhaltung der Materie und Energie, die nur ihre „Erscheinungsform" wechselt). Andererseits aber erscheint der Weltlauf im ganzen als ein Weg dorthin, wo der Schleier zerreißt und die göttliche Wirklichkeit unverstellt gegenwärtig sein wird. Zweideutig ist deshalb nicht nur die Welt, sondern auch und vor allem die religiöse Hoffnung; sie richtet sich einmal auf die Erneuerung der Welt, die aus der Wiederkehr der göttlichen Ursprünge neue Kraft empfängt; dieser Hoffnung dienen vor allem die Kulte der Fruchtbarkeit. Andererseits aber richtet sie sich auf Überwindung der Welt, auf das Vergehen der Bilder zugunsten der unverstellten Gegenwart des Göttlichen; dieser Hoffnung dienen vor allem die Kulte der Reinigung und der Einweihung in ein unsterbliches Leben.

Und in der Tat zeigen einige Kulte, vor allem die Mysterien des Osiris in Ägypten und die der Demeter und Kore in Eleusis, wie zwei Bedeutungen sich überlagern: der Fruchtbarkeitskult (sei es der Erdmutter, sei es des schlammspendenden Nilgottes), der rauschhaft begangen wird und der Welterneuerung dient, und die Unsterblichkeitsweihe, die Reinigung verlangt und zur Weltüberwindung führen soll. Hier erscheint Osiris nicht nur als Nilgott, sondern vor allem als der, der als erster das Totengericht bestand und nun selber zum Totenrichter erhoben wurde, Kore aber nicht nur als die Tochter der Erdmutter und Spenderin der Weizen-Ähre, sondern vor allem als Königin des Totenreiches und Vermittlerin jener heiligen Schau, die die Seele unsterblich macht. Dienst an den Göttern zur Erneuerung der Welt (Fruchtbarkeitskult) und Weg zu den Göttern als Weg aus der Welt (Unsterblichkeitsweihe): diese divergierenden Zielsetzungen sind hier nicht inhaltlich vermittelt, sondern unmittelbar vereint. Wo aber diese Differenz ausdrücklich bewußt wird, da wird das Unterschiedene in eine sukzessive Anordnung gebracht: als Abfolge unterschiedener Weihestufen. Damit entsteht in der Vielfalt der Bedeutungen ein unumkehrbarer Richtungssinn. Wer die „höhere" Todes- und Unsterblichkeitsweihe empfangen hat, kehrt nicht zu der „niedrigeren" Form orgiastischer Fruchtbarkeitskulte zurück.

Zwischen der Thesis des religiösen Dienstes an der Welterneuerung und der Antithesis der religiösen Weltüberwindung ist jedoch durch die bloße Identifikation von Göttern der Fruchtbarkeit, des Todes und der Unsterblichkeit noch keine vermittelte Einheit gestiftet. Dies geschieht auf einer ersten Stufe erst dort, wo Weltüberwindung als Überwindung „dieser" Welt, Weltdienst dagegen als Dienst an der „kommenden" Welt verstanden wird. Der Widerspruch von Welterneuerung und Weltüberwindung löst sich dann in der Scheidung zwischen der alten Welt, die überwunden, und der neuen, die herbeigeführt werden soll. Die Zweideutigkeit dieser alten Welt aber (ihr Charakter als Bild, das den Gott vergegenwärtigt und zugleich verhüllt, ihre Unfähigkeit, seine absolute Ferne zu ertragen, aber auch seine unverstellte Nähe auszuhalten, ihre Angewiesenheit auf beständige Erneuerung bei gleichzeitiger Unfähigkeit, dabei wirklich neu, d. h. etwas anderes als die beständige Wiederkehr des Gleichen zu werden) wird nun als Anzeichen ihrer „Unreinheit" begriffen. Die solchermaßen unreine Welt muß im Feuer vergehen. An die Stelle einer Reinigung der Seele in Unsterblichkeitsweihen tritt so der reinigende Weltbrand als Bedingung einer kommenden, besseren Welt. Eine solche erste Synthese der Aufgaben von Welterneuerung und Weltüberwindung (nun verstanden als Hoffnung auf eine andere, wirklich neue Welt und als Überwindung der alten Welt im reinigenden Feuerbrand) bestimmt die Verkündigung und den Kultus jener altpersischen Religion, als deren Stifter Zarathustra gilt.

Zur religionsgeschichtlichen Einordnung dieses in der Religionsgeschichte folgenreichen Entwicklungsschrittes mag ein Vergleich mit der altisraelitischen Religion hilfreich sein. Das Problem einer Vermittlung zwischen welterhaltendem Fruchtbarkeitskult und weltüberwindender Unsterblichkeitsweihe konnte im alten, d. h. vorexilischen Israel nicht entstehen, weil dort der Fruchtbarkeitskult tabuisiert, die Unsterblichkeitshoffnung dagegen noch beinahe unbekannt war. So fehlte dasjenige

Problem, auf welches die Lehre Zarathustras von den zwei Welten die Antwort gab. Dies freilich war kein einfacher Mangel, sondern die Folge einer anderen, religionsgeschichtlich ebenfalls sehr bedeutsamen Eigenschaft der Religion Alt-Israels. Dort nämlich wurde als die ausgezeichnete göttliche Gründungstat die Erwählung des Volkes gefeiert (vgl. Ex 19, 5 f.), welche ihrerseits vom Volk eine Wahlentscheidung verlangte: für den Gott des Exodus und gegen die Götter der Ahnen wie gegen die Götter des Landes (vgl. Jos 24, 15). Die Erschaffung von Himmel und Erde dagegen wurde primär deshalb erwähnt, weil so die universale Herrschaft des Bundesgottes deutlich wurde — und damit seine Freiheit, unter allen Völkern gerade dieses eine zu wählen (vgl. Ex 19, 5). Nicht die kosmische Lebenskraft, die vom Himmel in Tau und Regen auf die Erde fällt und von dort, vermittelt durch Weidetiere und Ackerfrucht, dem Menschen zugeteilt wird, gilt in diesem Zusammenhang als das primäre Zeugnis für Gottes Gründungsmacht; vielmehr erweist sich diese Macht Gottes primär im historisch-sozialen Leben der von ihm erwählten und sich für ihn entscheidenden Bundesgemeinde.

Erneuerungsritualien, vor allem Opfer, haben deshalb im alten Israel primär nicht das physische Leben, sondern das historisch-gesellschaftliche Bundesverhältnis zu erneuern, konkret also Versöhnung zu stiften zwischen dem Bundesvolk und dem Bundesgott, wenn der Bund durch Schuld „gebrochen“ war. So wird begreiflich, daß aus dem Komplex der Neujahrsfeste, die bei den „Völkern“ die Lebenskraft von Acker und Vieh aus der fortwirkenden Kraft des göttlichen Ursprungs erneuern sollten, in Israel zuletzt das Versöhnungsfest als der Tag der Bundeserneuerung hervorgegangen ist. Nicht Fruchtbarkeitskult und Unsterblichkeitsweihe, sondern Exodus-Gedächtnis und Versöhnungsfeier sind die beiden Pole, um die der Jahreslauf israelitischer Feste sich bewegt. Wenn aber, gerade um der beständigen Erneuerungsbedürftigkeit willen, das bestehende Verhältnis zwischen Gott und seiner Gemeinde als vorläufig und überbietungsbedürftig empfunden wird, dann richtet sich die Hoffnung nicht primär auf eine „neue Welt“, sondern folgerichtig auf einen „neuen Bund“ (vgl. Jer 31, 31—34).

Nicht Weltgründung, sondern Erwählung als zentrales Gründungsereignis; nicht Erneuerung der kosmischen Lebenskräfte, sondern Erneuerung des historisch-gesellschaftlichen Bundesverhältnisses als Zentralgehalt des Kultus; nicht Tod, sondern Schuld als zentrale Gefährdung der Beziehung zum göttlichen Ursprung (und der Tod nur als Folge des Ungehorsams); darum nicht Hoffnung auf eine neue Welt, sondern Hoffnung auf einen neuen Bund: in alledem war die Wendung von der Natur zur Gesellschaft und ihrer Geschichte das Unterscheidungsmerkmal der altisraelitischen Religion.

Es ist nicht dieser Kontext, in den der Gegensatz von „alter" und „neuer Welt" ursprünglich hineingehört. Damit stimmt überein, daß kein einziger vorexilischer Text diesen Gegensatz bezeugt. Wohl aber bildet diese Antithese das strukturgebende Prinzip in derjenigen Religion, mit der die Juden zur Zeit ihrer babylonischen Gefangenschaft, besonders aber gegen Ende dieser Exilszeit, in Berührung getreten sind: in der altpersischen Religion Zarathustras. Und erst das nachexilische Judentum wird von der Frage bewegt, wer „einen Anteil hat an der kommenden Welt".

Dieser Befund wird auch nicht dadurch entkräftet, daß Bloch ihn als „philologischen Antisemitismus" denunziert (PH 1462), um in der Hoffnung auf eine „kommende Welt", die an die Stelle der „alten" treten wird, einen genuin jüdischen Verkündigungsinhalt zu sehen. (Auch er bringt dafür nicht eine einzige vorexilisch-israelitische Textstelle bei.) Im Gegenteil: Die Zuweisung dieses Verkündigungsinhaltes zur persischen, nicht zur altisraelitischen Tradition wird noch deutlicher, sobald man sich darauf besinnt, daß der Dualismus der Weltalter zwei weitere Dualismen im Gefolge hat, die dem altisraelitischen Denken völlig fremd, wenn nicht gar entgegengesetzt sind: den Dualismus von Leib und Seele und den von Natur und weltverändernder Kultur.

Denn mit unserem Leibe sind wir unzweifelhaft ein Teil „dieser Welt", determiniert durch das Erbgut, hervorgegangen aus einer Geburt, in der die Gattung Mensch sich reproduziert, und in unserem Tode anderen Individuen der gleichen Gattung Platz machend: also dem Kreislauf unterworfen, durch welchen die „alte Welt" sich erneuert. Wenn wir überhaupt einen Anteil haben an der „kommenden Welt", dann nicht mit unserem Leibe, sondern mit dem in uns, was „nicht von dieser Welt" ist, mit unserer Seele. (Eine andere, weder die Perser noch die Juden beschäftigende Frage ist die, ob die „Unsterblichkeit der Seele" eine „Auferstehung des Leibes" erfordert und nach sich zieht.) Es ist konsequent, daß Bloch, der die beiden Weltalter einander antithetisch gegenüberstellt, auch den Dualismus von Leib und

Seele vertritt (auch wenn er dies in seinen späteren Werken weniger deutlich zum Ausdruck bringt als in seiner Frühschrift): „Wir fühlen uns sowieso schon innerhalb unseres Leibes nur wohnen" (GdU 415). „Wir tragen einen Leib, der lächerlich an uns ist, ein noch brennendes Leichenwachs" (GdU 417). Aber es ist inkonsequent, daß Theologen, die den Dualismus von Seele und Leib als unbiblisch verwerfen, den Dualismus der Weltalter theologisch vertreten, die Vergangenheit verteufeln und die Zukunft als die alleinige Dimension des Göttlichen ergreifen wollen. Beide Dualismen hängen logisch zusammen; man kann den einen nicht ohne den anderen haben.

Wie unsere leibliche Existenz ein Teil „dieser Welt" ist, so bezeichnet der Begriff „Natur" ihre Gestalt: das „Wachstum" (griech. *Physis*), das sich aus keimhaftem Ursprung entfaltet, und der Kreislauf der „Geburten" (lat. *Natura*), in welchem die Gattungen des Lebendigen sich im Wechsel der Generationen reproduzieren. Ihr stehen die Werke der Kultur gegenüber, die die vorgegebene Welt planmäßig verändern: Vorboten einer kommenden Welt. Auch dieser Gegensatz ist dem altisraelitischen Denken fremd; aber er ist charakteristisch für die Religion Zarathustras. „Mazda", die Weisheit, war in der archaischen Religion der Perser die Beraterin der Götter bei der Erschaffung der Welt und die Lehrmeisterin der Menschen bei jenen kultischen Handlungen, die diese Welt erneuern sollen. In der Religion Zarathustras aber wird „Ahura Mazda", die Herrscherin Weisheit, zur Gottheit der kulturschaffenden Taten: Steppen berieseln, Sümpfe entwässern, Fruchtgärten pflanzen im bisher Unfruchtbaren, auch Straßenbau im bisher unwegsamen Gelände, wo Berg und Hügel abgetragen werden müssen, damit das Krumme gerade und das Unwegsame zum Weg werde, das sind die guten Werke, die Ahura Mazda gefallen. Nicht die vorexilischen Israeliten, wohl aber die Perser haben bei ihrem Eintritt in die Geschichte (der mit der Religionsstiftung Zarathustras zusammenfällt) das Erstaunen, ja das Erschrecken der Welt durch das religiöse Pathos ihrer naturüberwindenden, kulturschaffenden Arbeit auf sich gezogen. Und die Bedingung dafür war, daß die Mächte der Natur, die Gewalten der sich im Kreislauf von Tod und Geburt nur reproduzierenden alten Welt, zu Dämonen erklärt und entmachtet wurden. Zu den genannten positiven „guten Werken", die Zarathustra aufzählt, gehören deshalb zwei weitere, destruktive: Stätten des Fruchtbarkeitskultes zerstören und die Gebeine der Toten den Vögeln zum Fraße vorwerfen. Der Dienst an der kommenden Welt verlangt die Verachtung jener bisher für göttlich gehaltenen Mächte, in denen die alte Welt in Tod und Geburt sich erneuert. Wer diese Werke tut, wird im kommenden Gericht nicht nach seinen Sünden gefragt.

Die Antithese der beiden Weltalter scheint also deutlich persischen, nicht biblischen Ursprungs zu sein. Wenn Bloch sich diesem Befund entzieht und die Argumente, die zu solchen Ergebnissen führen, als „philologischen Antisemitismus" verklagt, so steht dabei gewiß nicht ein jüdischer Gruppenehrgeiz auf dem Spiele, der einen für die philosophische Utopik wichtigen Gedanken (den Gegensatz zwischen „dieser" und der „kommenden Welt") für das Judentum reklamieren möchte. Es hieße Bloch unterschätzen, wollte man ihm ein so kleinliches Motiv unterstellen. Was auf den ersten Blick wie ein bloßer Streit um Prioritäten erscheinen könnte, ist in Wahrheit der Streit um die Bewertung eines Befundes, den auch Bloch nicht bestreiten kann: der Tatsache nämlich, daß in biblischen Texten das Omega dem Alpha keineswegs antithetisch gegenübergestellt, sondern ausdrücklich mit ihm identifiziert wird. „Ich bin der Erste und der Letzte" (Is 44, 6). „Ich bin das Alpha und das Omega, der Anfang und das Ende" (Apc 1, 8 = 21, 6 = 22, 13). Angesichts dieses Befundes lautet die Frage: Handelt es sich hier, redaktionsgeschichtlich, um priesterliche Verfälschung der ursprünglichen, radikalen Hoffnungsbotschaft, die entschärft werden sollte, um das revolutionäre Pathos zu mildern und die erhoffte neue Welt nur als einen neuen Machterweis des alten Gottes zu deuten? Oder handelt es sich, religionsgeschichtlich, um einen Schritt über den persischen Dualismus hinaus, um die dialektische Überbietung einer undialektischen, weil unaufgehobenen Antithese?

Revolutionäre Utopik bedarf der unvermittelten Antithesen, um die alte Welt nicht bewahrend „aufzuheben", sondern zu zerschlagen, damit sie einer neuer Welt Platz mache. „Zweifellos nimmt die vorhandene Natur einen Platz ein, an den sie selber nicht hingehört" (AC 301). Beruft solche Utopik sich dann, wie Bloch dies tut, auf den Hoffnungsgehalt religiöser Überlieferung, so muß sie die Vermittlung der Gegensätze rückgängig machen. Und eben dies läßt die Frage entstehen: Wird auf diese Weise das Zeugnis der Hoffnung von verfälschenden Übermalungen gereinigt — oder wird der dialektische Gang der

Religionsgeschichte auf einen schon überwundenen Stand zurückgeschraubt?

Gerade im Sinne einer dialektischen Geschichtsphilosophie, wie sie sonst Blochs Denken bestimmt, wird man sagen müssen: Die Unterscheidung zwischen „dieser“ und der „kommenden Welt“, die die Religion Zarathustras beherrscht, ist die erste Aufhebung des Widerspruchs von „Welterneuerung“ und „Weltüberwindung“. Deshalb führt von hier aus kein Weg zurück zum unvermittelten Nebeneinander und Ineinander von welterneuernden Fruchtbarkeitskulten und weltüberwindenden Unsterblichkeitsweihen. Aber diese Synthese hat die neuen, oben geschilderten Dualismen entstehen lassen, die ihrerseits nach dialektischer Aufhebung verlangen. Wenn also die Einheit von Alpha und Omega, wie sie in biblischen Texten behauptet wird, nicht die entschärfende Einebnung dieser Gegensätze sein sollte, sondern ihre dialektische Aufhebung, dann wäre der dialektische Gang der Religionsgeschichte auch über Zarathustra hinausgegangen; dann aber gäbe es keinen Weg zurück zu dessen unvermittelten Dualismen — es sei denn den Weg romantischer Vergangenheitssehnsucht. Die scheinbar harmlose, bloß redaktionsgeschichtliche Frage — priesterliche Entstellung der Hoffnungszeugnisse oder dialektische Aufhebung der dualistischen Antithesen? — erweist sich so als Schlüssel zu dem Sachproblem, mit welchem Recht revolutionäre Utopik sich auf den Hoffnungsgehalt religiöser Überlieferung berufen kann. Unter diesem Gesichtspunkt ist nun nach dem religionsgeschichtlichen Ort biblischer Apokalyptik und neutestamentlicher Eschatologie zu fragen.

c) Zum religionshistorischen Ort biblischer Apokalyptik

Gegen Ende ihrer babylonischen Gefangenschaft sind die Juden den Persern begegnet. Politisch gesehen koinzidierte das Interesse der Unterdrückten und Zerstreuten, die sich weigerten, Babels Götter zu verehren und dadurch Babels Staatsmacht religiös anzuerkennen, mit dem Interesse der Eroberer, die die Macht des Bedrückers zerbrachen. Aber dieses gemeinsame Interesse hätte alle von Babylon unterworfenen Völker mit den Persern verbinden können. Ihre spezifische Hochschätzung füreinander (bei politisch so ungleich verteiltem Gewicht) erklärt sich erst aus einer spezifischen Gemeinsamkeit ihrer religiösen Vorstellungen: aus dem gemeinsamen Kampf gegen Totenbeschwörung und Fruchtbarkeitskulte und der vollzogenen Wendung vom Kosmos zur Geschichte — auch wenn, wie oben beschrieben, jener Kampf und diese Wendung in Israel andere Gründe hatte als bei den Persern. Inmitten einer Welt der „Naturreligionen“ fühlten sich, so scheint es, die Anhänger der beiden „götzentötenden“ Religionsgemeinschaften auf eigenartige Weise verwandt.

Diese besondere Gemeinsamkeit macht es begreiflich, daß nicht nur die machtlosen Juden in den siegreichen Persern ihre von Gott gesandten Befreier begrüßten und dem Perserkönig Kyros als dem „Messias des Herrn“ huldigten (vgl. Is 45, 4 f.), sondern daß auch die Perser ihrerseits die Juden in auffälliger Weise vor anderen ehemaligen Untertanen Babylons bevorzugten. Sie förderten ihre Rückkehr ins Stammland und nahmen sie gegen andere Bewohner dieses Siedlungsraumes, vor allem die „Samariter“, in Schutz.

Politische Interessen-Koinzidenz und religiöse Gemeinsamkeit erleichterten die Übernahme persischer Religionsvorstellungen in das Denken der Juden. Erst jetzt nämlich verband sich die Heilshoffnung Israels mit der Ansage des Gerichts über die bestehende Welt und mit der Zusage einer nahe bevorstehenden Neuschöpfung. Namenlose Propheten der ausgehenden Exilszeit, deren Sprüche dem Isaiabuch beigesellt wurden (später als „Deutero-“ bzw. „Trito-Isaia“ identifiziert), übernahmen die Antithese von „dieser“ und der „kommenden Welt“ in Aussagen, die auch Bloch bevorzugt zitiert.

Gedenket nicht mehr der früheren Dinge und achtet nicht mehr auf das Vorige. Denn siehe, ich schaffe Neues (Is 43, 18). Siehe, ich schaffe einen neuen Himmel und eine neue Erde, daß man des Vorigen nicht mehr gedenken soll (Is 65, 17).

Und da sich die Lage der Juden in der Folgezeit, unter hellenistischer Herrschaft, außerordentlich verschlechterte, mußte die Perserzeit in der Rückschau wie ein goldenes Zeitalter erscheinen. Dies trug weiter zur Stabilisierung solcher religiöser Vorstellungen bei, die sich die Juden während der Herrschaftszeit des „persischen Messias“ zu eigen gemacht hatten.

Doch bleibt festzuhalten: Die Ansage vom baldigen Untergang der „alten“ und von der nahe bevorstehenden Erschaffung einer „neuen

Welt" war nicht das spezifisch Jüdische, sondern das Allgemeine, das Juden und Perser gemeinsam hatten; zur Herrschaftszeit persischer Könige war dieser Gedanke nicht das überraschend Neue, sondern das Zeitgemäße, die „herrschende Idee" als die „Idee der damals Herrschenden". Desto wichtiger ist es, auf die spezifischen Differenzen zu achten, durch welche die jüdische sich von der persischen Erwartung einer kommenden Welt unterscheidet.

Drei solcher Differenzen springen besonders in die Augen: Erstens im Gegensatz zum Arbeits- und Leistungsstolz der Perser das jüdische Vertrauen auf Gottes ungeschuldete Gnade. „Du hast mich nicht gerufen, Jakob, dich nicht um mich bemüht, Israel [. . .]. Ich aber, ich heile deine Übertretungen und gedenke deiner Sünden nicht" (Is 43, 22 und 25). Zweitens im Gegensatz zum persischen Dualismus der Licht- und Finsternismächte das jüdische Bekenntnis zur Alleinursächlichkeit Gottes. „Ich bin der Herr und sonst keiner. Ich mache das Licht und schaffe die Finsternis. Ich schicke das Heil und schaffe das Unheil" (Is 45, 6 f.). Und deshalb drittens im Gegensatz zur persischen Verteufelung der Vergangenheit und zu ihrer alleinigen Zukunftsgewandtheit die Betonung der Einheit von Ursprung und Ziel, von Alpha und Omega. „Vor mir ward kein Gott gebildet und nach mir wird keiner sein" (Is 43, 10). „Ich bin der Erste und der Letzte, außer mir ist kein Gott" (Is 44, 6). Dem Nachweis dieser Identität aber dient jenes Geschichtsverständnis des nachexilischen Judentums, das am Leitfaden der Begriffe „Verheißung" und „Erfüllung" entwickelt worden ist: Was seit den Uranfängen geschah, ist Verheißung, die in der Endzukunft ihre Erfüllung findet.

Wenn also Bloch meint, die Entschärfung des Gegensatzes zwischen der alten und der kommenden Welt durch Identifikation des Schöpfergottes mit dem Erlösergott sei spätere Zutat, und die Lehre vom unmittelbaren Gegensatz der Weltalter sei die frühere und in diesem Sinn ursprünglichere Lehre, so bestätigt der Textbefund diese Meinung, freilich in einem von ihm nicht intendierten Sinn: Der persische Dualismus ist älter als die jüdische Apokalyptik. Auch darin ist ihm zuzustimmen, daß diese Identität von Alpha und Omega mit der Lehre von der ungeschuldeten Gnade zusammenhängt, in welcher der Gott des Ursprungs, über alle Katastrophen der „alten" Welt hinweg, seinem ungetreuen Volk die Treue hält, so daß der Mensch diese Gnade nicht einklagen kann, sondern sie erbitten und dankend empfangen muß. Aber wiederum stellt sich die Frage, ob es sich hier, rein redaktionsgeschichtlich, um priesterliche Textentstellungen handelt, oder vielmehr, religionsgeschichtlich, um eine notwendige und daher irreversible Entwicklung aus der Eigendynamik religiöser Hoffnungsgehalte selbst.

Für die Auffassung von einer priesterlichen Verfälschung der Hoffnungszeugnisse könnte sprechen, daß die Lehre von Gottes Alleinursächlichkeit und ungeschuldeter Gnade, marxistisch ausgelegt, dem Interesse der Priester entspricht, die Gemeinde im Bewußtsein ihrer Unwürdigkeit und der Angewiesenheit auf Versöhnungsritualien zu halten. Doch stehen diesem Argument andere, und zuletzt doch wohl gewichtigere, gegenüber. Unter Beiseitesetzung aller spezifisch theologischen Fragen nach „Schrift-Inspiration" und „Wirken des Heiligen Geistes" beim Zustandekommen der biblischen Textgestalt — Fragen, die bei der Erörterung Blochscher Argumente ohnedies ausscheiden — ist hier, im Rahmen einer rein religionswissenschaftlichen Betrachtung, vor allem auf folgende Sachverhalte aufmerksam zu machen.

Der Lage eines Volkes, das nicht nur unterworfen und seiner Führungsschicht beraubt, sondern überdies unter die Völker zerstreut ist und dadurch aus einem Subjekt zu einem reinen Objekt der Geschichte wurde, entspricht die Lehre von Gottes Alleinursächlichkeit so exakt, daß es keines Priesterbetruges bedarf, um zu erklären, weshalb alle Hoffnung sich nun allein darauf konzentrierte, daß Gott allein, ohne menschliches Zutun, das Heil schaffen werde. Ja noch mehr: Sollte das erfahrene Unheil nicht als Erweis dafür gelten, daß alle Verheißung trügerisch gewesen sei, so blieb keine andere Möglichkeit als die, die erlittene Katastrophe als Strafe zu begreifen und das Heil aus der Hand eben desjenigen Gottes zu erwarten, der sich im Untergang Jerusalems nicht etwa als ohnmächtig, sondern gerade als mächtig erwiesen hat — und zwar nicht als der Gott der Sieger, sondern so, daß in seinem Gericht über sein eigenes Volk die Gnade schon verborgen am Werke gewesen ist. Und weiterhin: In einer Lage, in der alle Mechanismen der sozialen, politischen und religiösen Interaktion zwischen den Gemeindemitgliedern zerschlagen waren, gab es keine andere Hoffnung darauf, die Identität dieser Gemeinde zu wahren, als das Zutrauen in die Identität jenes Gottes, der sich in der Vorzeit als Gott der Väter erwiesen hatte und sich nun an den Zerstreuten als der Gott ihrer Zukunft erweisen werde.

Die Alleinwirksamkeit der göttlichen Gnade abseits allen menschlichen Könnens und Leistens, die Alleinursächlichkeit des einen Gottes, aus dessen Hand das Heil wie das Unheil kommt, die Identität von Ursprung und Zukunft: diese drei spezifisch jüdischen Bekenntnisinhalte erweisen sich in jener historischen Lage, in der die Glaubensgemeinschaft sich damals befand, als die alleinige Bedingung dafür, daß der Hoffnungsgehalt ihrer Überlieferung nicht zuschanden wurde. Nicht um diesen Hoffnungsgehalt, aus reaktionärem Priester-Interesse, zu entschärfen, sondern vielmehr gerade dazu, ihn möglich zu halten, waren eben jene Bekenntnisse nötig, die auf den ersten Blick wie die Ergebnisse priesterlicher Textverfälschung erscheinen konnten. Was einer rein redaktionsgeschichtlichen Betrachtung wie priesterlicher Verrat an der Radikalität einer Hoffnung erscheinen mag, das erweist sich, in den umfassenderen Horizont der Religionsgeschichte und der Sozialgeschichte der religiösen Gemeinde gestellt, als die Möglichkeitsbedingung eines „Hoffens wider alle Hoffnung".

Und nur auf diese Weise wurde die Rede von der „kommenden Welt" aus einer Ideologie der Sieger, die sich zutrauten, die „alte Welt" mit militärischer Gewalt zu zerschlagen, um mit technisch-organisatorischer Leistungskraft eine „neue Welt" zu schaffen, zu einem Hoffnungswort für die Zerschlagenen, die den Untergang der alten Welt als ihre eigene Katastrophe erfahren hatten, und denen der Weg in eine neue Welt nur offenstand, sofern eine fremde Geistgewalt von oben ihre „verdorrten Gebeine" zum Leben erweckte (vgl. Ez 37, 1—14). Und in eben dieser Verwandlung einer Sieger-Ideologie in ein Hoffnungswort für die Zerschlagenen wird der dialektische Fortschritt sichtbar, den der Übergang vom persischen Dualismus zur biblischen Apokalyptik, weit hinaus über die spezielle Situation der Verbannten und auf Heimkehr hoffenden Juden, für die gesamte Religionsgeschichte bedeutet.

Mit Recht sagt Bloch vom persischen Dualismus, ihm „fehlt die Erinnerung an die rechtlose Sklavenzeit in Ägypten" (AC 140). Und bei aller (von ihm nur unter Vorbehalt anerkannten) Gemeinsamkeit mit persischen Vorstellungen von der „kommenden Welt" haben „doch allein die Juden alle Kraft des Leidens und deshalb allen Ernst der Hoffnung für sich" (PH 1462). Aber es ist nicht einzusehen, wie dieser „Ernst der Hoffnung" zustande gekommen wäre, wenn die Exilsgemeinde nicht an die Treue des „alten" Gottes geglaubt hätte, der eben deshalb, weil er sie in die Bedrängnis hineingeführt hat, auch fähig ist, sie wieder herauszuführen.

Entscheidend für den Ernst der Hoffnung ist, daß das erfahrene Leid und das erlittene Unrecht die Hoffnung nicht widerlegt, sondern bewährt. Das von Bloch gerne zitierte Wort „Die Hoffnung läßt nicht zuschanden werden" stammt von Paulus und ist aus einem Sachzusammenhang genommen, der das erfahrene Leid als Quell der Stärke für die bewährte Hoffnung und für ihren Ernst herausstellt. „Bedrängnis bewirkt Durchhaltevermögen" (die Übersetung „Geduld" läßt nicht mehr erkennen, daß es nach dem Wortsinn der griechischen Vokabel *hypomoné* auf die Kraft ankommt, unter der Last standzuhalten und durchzuhalten), „die Durchhaltekraft bewirkt Bewährung, die Bewährung Hoffnung, die Hoffnung aber läßt nicht zuschanden werden" (Rom 5, 3 ff.). Hier wirkt bei dem Diaspora-Juden Paulus die Erfahrung der Zerstreuten in der babylonischen Gefangenschaft nach.

Was aber solche Durchhaltekraft und Bewährung möglich macht, das ist ein Blick in die Vergangenheit, der diese als Verheißung der Zukunft begreift. Es ist exakt die Situation des babylonischen Exils und also der entstehenden Apokalyptik, in welcher jener Psalmvers entstand, den Bloch so gerne zitiert: „Meine Rechte soll verdorren, wenn ich Dein vergesse, Jerusalem" (Ps 137, 5 zitiert u. a. AC 83). Und mit Recht fügt Bloch hinzu: „So ein Psalmwort [. . . ist] keineswegs nur erinnernd gemeint, es sei denn an ein ausstehendes Jerusalem erinnernd" (ibid.). Die Vergangenheit, an die die Erinnerung sich wendet, macht den Psalmisten einer Zukunft gewiß — nicht als Restitution dessen, was war (desjenigen Jerusalem, aus dem die Exulanten vertrieben worden sind), sondern als Heraufführung dessen, was noch niemals gewesen ist (eines neuen Jerusalem, das in späteren apokalyptischen Schriften das „himmlische" heißt).

Eben damit aber berührt der Gedankengang erneut jenen Scheidepunkt, an welchem Blochs utopische Hoffnung sich von der biblischen Apokalyptik trennt. Für den Psalmisten im Exil nämlich ist das zerstörte Jerusalem, an das er sich erinnert, Unterpfand der Hoffnung aus zwei Gründen: weil es real, nicht nur geträumt gewesen ist, und weil es unterging. Daß es gewesen ist, unterscheidet die Hoffnung des Verbannten vom bloß subjektiven Wunschtraum und gibt ihr die Bewährung in erfahrener Wirklichkeit. Daß es unterging, hindert den Gedenkenden daran, dieses „irdische" Jerusalem mit dem letzten, unüberholbaren Ziel seiner Hoffnung zu verwechseln. Daß aber der Untergang des alten Jerusalem die Hoffnung auf das neue nicht widerlegt, sondern gerade bewährt, hat zur Voraussetzung, daß die Thesis seines Gewesenseins und die Antithesis seines Untergangs als Momente in einem dialektischen Prozeß begriffen sind, der beide in der Synthesis der neuen, himmlischen Gestalt Jerusalems aufheben wird. Apokalyptische im Gegensatz zur utopischen Hoffnung hängt davon ab, daß die beiden Weltalter, für die das „alte" und das „neue" Jerusalem stellvertretend stehen, einander gerade nicht unvermittelt antithetisch gegenüberstehen, sondern miteinander dialektisch vermittelt sind.

Und eben dies verleiht der biblischen Apokalyptik ihren religionsgeschichtlichen Ort. Durch die dialektische Vermittlung von „dieser" und der „kommenden Welt" ist die apokalyptische Hoffnung über den unvermittelten Dualismus der Perser ein für allemal hinaus. Nur durch die dialektische Gestalt dieser Vermittlung ist es der biblischen Apokalyptik auch möglich, die übrigen Antithesen, die aus dem Dualismus der Weltalter folgen, nicht zurückzunehmen, sondern dialektisch aufzuheben: die Antithesen von Kosmos und Geschichte und die von Leib und Seele. Demgegenüber stellt, religionshistorisch gesehen, jeder Versuch, die unvermittelte Antithetik der Weltalter wiederherzustellen, einen Rückfall auf eine in der Geschichte der Religion schon überwundene Stufe dar, mag dieser Versuch in der Geschichte der christlichen Theologie von Marcion unternommen worden sein, mag er von Bloch wiederholt werden, der sich dabei ausdrücklich auf Marcion beruft. „Andererseits aber nahm Marcion — den bösen Weltschöpfer über dem Weltregierer nicht verfehlen wollend — ganz heftigen Anschluß, außerhalb Pauli, an den alten, zu seiner Zeit erneuerten Dualismus der altpersischen Religion" (AC 239).

Auf welche Weise hier die Wege sich trennen, zeigt auch Blochs Umdeutung eines für die apokalyptische Hoffnung zentralen Begriffs, des Begriffs der Verheißung. Der Glaubende der Apokalyptik sieht in allen drei Phasen der Geschichte, die ihm vor Augen stehen — in der Gründung des alten Jerusalem und der gesamten alten Welt, in die es hineingehört, im Untergang dieser Stadt und dem Ende der gesamten alten Welt, das durch das Gericht über Jerusalem antizipiert wird, schließlich in der Gründung des neuen Jerusalem, das stellvertretend für den neuen

Himmel und die neue Erde steht — den Heilsplan des einen und einzigen Gottes am Werk. Und weil das Alte wie das Neue von diesem einen Gott gewirkt ist, darum war dieser fähig, schon in der Vergangenheit „das Künftige zur Kenntnis zu geben und das Kommende offenbar zu machen“ (Js 44, 7). Zur Realverheißung, in welcher das alte Jerusalem samt seinem Untergang auf das neue Jerusalem und die neue Welt voraus verwies, tritt die Verheißung durch das Wort, das den Vätern gegeben wurde und dessen Erfüllung die Söhne erhoffen dürfen. Und eben in der endzeitlichen Erfüllung der urzeitlichen Verheißung erweist sich die ausschließliche Macht des einen Gottes, der Anfang und Ende zugleich ist (Js 44, 6).

Da Bloch die Identität von Alpha und Omega ausdrücklich bestreitet, ist für den Begriff der Verheißung im soeben beschriebenen Sinne bei ihm kein Raum. Und wenn dennoch auch er von Verheißung spricht, so ist damit gerade nicht der dialektische Zusammenhang gemeint, der die alte Welt ebenso wie ihren Untergang als Momente im Prozeß relativ rechtfertigt, um sie in einer neuen Welt dialektisch aufzuheben. Das Wort „Verheißung“ steht bei ihm vielmehr für die enttäuschte, aber ungebrochene Hoffnung der Väter — und für den Protest der Söhne dagegen, daß die Hoffnung der Väter enttäuscht worden ist.

Im Gegensatz dazu brauchte die apokalyptische Hoffnung die Erfahrung der Katastrophe nicht zu einem Mißgeschick abzuwerten, das beim nächsten Versuch zu korrigieren sei. Der dialektisch aufgehobene Untergang fordert nicht zur beständigen Wiederholung des bisher (und immer neu) Mißlungenen auf, sondern führt gerade im Hören auf die Vergangenheit über diese hinaus. Erinnerung wird zur Verheißung gerade dadurch, daß die Gegensätze sich ineinander verschlingen: das Zerschlagenwerden als Unterpfand des Heiles (denn nur die in dieser Welt Zerschlagenen können durch die Zerschlagung dieser Welt gerettet werden); das Gerichtetsein als Erweis der Erwählung (denn das erfahrene Unheil ist nur dann ein Hoffnungszeichen, wenn es anzeigt, daß die Gemeinde derer, die im Elend sind, jenes Reinigungsfeuer schon durchlitten und durchlebt haben, das „dieser Welt“ noch bevorsteht); schließlich und vor allem: das exemplarisch-stellvertretende Durchleiden jenes Unterganges, der dieser Welt im ganzen bestimmt ist, als Erwählungszeichen derer, die in die „kommende Welt“ berufen sind.

(Denn für die Sieger ist es stets leicht, über die unterworfene Welt zu Gericht zu sitzen; die Elenden aber, die dem Elend dieser Welt nicht entfliehen können, sind nur dann die Adressaten des Hoffnungswortes, wenn der Weg zum Heil nicht darin besteht, vor dem Unheil dieser Welt bewahrt zu bleiben, sondern darin, das Ende dieser dem Gericht verfallenen Welt am eigenen Leibe vorweg erfahren zu haben.) Nicht zufällig wird bei dem gleichen Propheten der ausgehenden Exilszeit, den wir „Deutero-Isaia" nennen, der leidende Gerechte, auf den die Schuld der Sünder gelegt wird, zum Prototypos all derer, die zum Heil der kommenden Welt berufen sind.

Bloch freilich sieht gerade in den Liedern vom leidenden Gottesknecht eine böswillige „Interpolation" reaktionärer Priester, denen es darauf ankam, die Leidenden zur Geduld zu ermahnen und dadurch den Widerstand zu brechen, den sie dem Unrecht, das ihnen angetan wird, entgegensetzen. Nicht umsonst beruft gerade Paulus sich auf diese alttestamentliche Vorlage, um den Kreuzestod Jesu als Opfertod auszulegen, ihn damit theologisch zu rechtfertigen und so, wie Bloch nun weiter interpretiert, das Leid zu vergolden und den Protest zum Schweigen zu bringen. Auf diese Art „sollte sich [. . .] die sogenannte Geduld des Kreuzes sanktionieren, die den Unterdrückten so empfehlenswerte, den Unterdrückern so bequeme" (AC 224). Die alte, böse Welt, die damals den Gerechten zum Leidenden machte und später Jesus an den Galgen gebracht hat, hat Blochs Auffassung nach diese Theologie des Sühnetodes entwickelt, „um sich zu rechtfertigen [. . .], als wäre er" [der Kreuzestod Jesu und ganz allgemein der Tod des Gerechten] „nicht in ihrem, sondern in seinem Sinne gelegen" (PH 1489).

Bei solcher Kritik an der Theologie des Sühnetodes bleibt unverständlich, auf welche Weise denn sonst die Ansage einer „kommenden Welt" aus einer Ideologie der Sieger zu einem Hoffnungswort jener Schwachen hätte werden sollen, denen in dieser Welt nichts als der Tod vor Augen stand. Und dennoch bleibt der geäußerte Ideologieverdacht für den Religionshistoriker bedenkenswert. Soeben war davon die Rede, daß in der Zeit der ausgehenden babylonischen Gefangenschaft die Lehre von einer dreifachen Verschlingung der Gegensätze entwikkelt worden ist: von dem Zerschlagensein als Unterpfand des Heils, vom erfahrenen Gericht als Erweis der Erwählung, vom stellvertretend durchlittenen Gericht über „diese Welt" als Anzeichen dafür, daß der

Leidende zum Leben in der „kommenden Welt“ berufen sei. Wenn nun diese Theologie nichts anderes gewesen wäre als ein Kunstgriff, um die Ansage der kommenden Welt aus einer sakralen Überhöhung des Erfolges (persischer Eroberer) zu einem Hoffnungswort für die Machtlosen (die zerstreuten und dadurch handlungsunfähigen Juden) zu machen, dann wäre freilich eine solche „Ideologie der Zukurzgekommenen“ von durchaus ambivalenter Funktion. Aus einer Verherrlichung der Elenden, die ihr Elend als Zeichen ihrer Erwählung verstehen und daraus die Hoffnung auf Überwindung des Elends schöpfen, würde dann mit geringer Mühe eine Verherrlichung des Elends gemacht — eines Elends, das die Unterdrückten im Interesse ihrer Unterdrücker ertragen müssen, um nur ja ihre Erwählung nicht zu verscherzen. Die bloße, unvermittelte Verknüpfung der Gegensätze bleibt hier wie auch anderwärts zweideutig, je nach Belieben für die entgegengesetzten Zwecke verwendbar. Eindeutig und irreversibel ist nicht die bloße Verschlingung des Entgegengesetzten, sondern seine dialektische Vermittlung und Aufhebung.

Ein Kennzeichen, an welchem die dialektische Vermittlung und Aufhebung der Gegensätze sich von ihrer bloßen unvermittelten Vermengung und Verschlingung unterscheidet, besteht darin, daß hier keine „Wesensaussagen“ gemacht werden — so als fände das Leid deshalb, weil es Leid ist, Gottes Wohlgefallen, oder als müsse die Gnade, weil sie Gnade ist, die Gestalt des Gerichts annehmen. Bloch weist mit Recht darauf hin, daß eine so verstandene Theologie des leidenden Gerechten oder des Opfertodes Jesu „dem Widerchristlichen schlechthin“ entspricht, nämlich der Vorstellung von einem am Leid sich erfreuenden Gott, ja daß sie auf diese Weise „dem ältesten, so lang schon vermiedenen Menschenopfer, zuletzt noch vor Moloch“ entspringt (AC 222). Dialektisch verstanden hat die Lehre von dem in Unheil und Gericht sich verbergenden Heil eine andere Bedeutung, auf die Bloch nicht aufmerksam geworden zu sein scheint: die Ansage einer welthistorischen Stunde. Diese Stunde ist „welt“-historisch in dem ganz wörtlichen Sinne, daß das Leiden des Gerechten, vor allem aber der Tod Jesu, das Ende „dieser Welt“ und den Beginn der „kommenden Welt“ signalisiert. Indem er stirbt, ist es mit dieser Welt zu Ende; in diesem Sinne stirbt der Gerechte „den Tod dieser Welt“ und erweist sich dadurch als der, der in der kommenden Welt leben wird. Und wie sein Tod nicht nur der seine, sondern der Tod dieser Welt ist, so ist sein Leben nicht das seine allein, sondern das Leben der kommenden Welt.

Es ist diese dialektische Vermittlung von Tod und Leben, die beim Übergang von der jüdischen Apokalyptik zur christlichen Eschatologie aufs deutlichste hervortritt — und die zugleich den religionsgeschichtlichen Ort der christlichen Eschatologie bezeichnet.

d) Zum religionshistorischen Ort der neutestamentlichen Eschatologie

Die Botschaft vom Kreuze Jesu will stets zugleich ansagen, welche „Stunde" im Lauf der Welt nun erreicht sei. Im Kreuz hat die Welt über Jesus das Urteil gesprochen. Sein Tod war kein bloßer Mißerfolg eines Weltverbesserers, der über seinen hohen Zielen die Frage nach praktikablen Programmen vergessen hätte. Vielmehr war seine gesamte Existenz und Lebensführung ein Angriff auf „das Gesetz dieser Welt"; und wenn diese Welt überleben wollte, mußte sie ihn vernichten. Aber eben damit hat „diese Welt" sich selbst das Urteil gesprochen. Denn sie hat offenbar gemacht, daß in ihr der, der ihr das Heil bringen könnte, „keine Stätte hat" und in diesem wörtlichen Sinne ortlos, „utopisch" ist. Angesichts des Kreuzes Jesu wird deutlich, daß Hoffnung in dieser Welt nur utopische Hoffnung sein kann.

Aber die Welt hat, indem sie den Heilbringer tötete, nicht nur die Maske fallen gelassen, so daß nun jeder sehen kann, wie es mit ihr immer schon bestellt ist; sie ist damit selber in eine neue, im wörtlichen Sinne „kritische", d. h. der Krisis des Gerichts zugehörige Phase getreten. Nicht nur der Betrachter kann angesichts des Kreuzes Jesu sein begründetes Verwerfungsurteil über diese Welt sprechen; sie selbst hat, indem sie ihn tötete, der dazu bestimmt war, die Verheißungen zu erfüllen, sich um ihre Zukunft gebracht. Eine solche Welt ist im strengen Sinne des Wortes „am Ende".

Der Tod Jesu ist, so verstanden, das Ende „dieser Welt". Was die Evangelien als Verfinsterung der Sonne, als das Beben der Grundfesten der Erde, als das Zerreißen des Vorhangs im Tempel berichten, zeigt diesen Zusammenhang an. Und in diesem Sinne ist Jesus nach dem Glauben seiner Jünger nicht nur seinen eigenen, gleichsam „privaten" Tod gestorben, sondern den „Tod dieser Welt". Darum führt, wie J. B.

Metz in seiner frühen Schrift ›Die Stunde Christi‹ mit Recht bemerkt hat, kein Weg dieser Welt über die Kreuzesstunde Jesu hinaus.

Nicht Kundmachung eines Wesens-Sachverhaltes, sondern Ansage einer welthistorischen Stunde ist daher auch der zweite Satz aller Kreuzestheologie: daß Jesus nicht nur den Tod dieser Welt gestorben sei, sondern daß jetzt alle Zukunft, die es nun noch zu erhoffen gibt, nicht mehr die Verlängerung des Lebens dieser Welt sein kann, sondern nur noch das Leben aus dem Tode. Denn indem Jesus mit seiner ganzen personalen Existenz den Tod dieser Welt gestorben ist, erwies er ihr, die ihn von sich trennen wollte, eine letzte Solidarität. Alle Hoffnung, die es nun noch geben kann, gründet sich darauf, daß so, wie er den Tod der Welt gestorben ist, die Welt sein Leben leben werde — als Leben aus den geöffneten Gräbern. Darum tun nach dem Bericht des Matthäus-Evangeliums zur Kreuzesstunde Jesu die Gräber sich auf.

Alle Kreuzesnachfolge der Jünger ist darum stets beides zugleich: Ansage des Gerichts über diese Welt, das im Tode Jesu schon ergangen ist, und Solidarität mit eben dieser Welt, nicht um sie zu entschuldigen, sondern um sich mit ihr gemeinsam unter das Gericht zu stellen. Dies hat nicht, wie Bloch fürchtet, den Zweck, das Unrecht hinzunehmen, damit die böse Welt bleiben könne, wie sie ist. Die Absicht ist vielmehr, immer neu zu bezeugen, daß das „Gesetz" dieser Welt durch Jesu Tod außer Kraft gesetzt ist: das Gesetz der „eigenen Gerechtigkeit". Diesem Gesetz gemäß haben alle „Heilbringer" dieser Welt sich selbst für die Gerechten gehalten, die dazu berufen sind, Verkünder und Werkzeuge des Gerichtes über diese böse Welt zu sein. Sich selbst ins Recht und den Gegner ins Unrecht zu setzen, das war die geistige Waffe, die alle körperlichen Waffen sakralisierte und so den eigenen Herrschaftsanspruch legitimieren sollte. Solche Selbstgerechtigkeit ist der Kern aller Ideologien — der revolutionären nicht weniger als der reaktionären. Und sie ist zugleich der Grund dafür, daß aus allen Befreiungen in der Geschichte dieser Welt immer wieder neue Knechtung hervorgegangen ist. Auch der revolutionäre Utopist ist der arglosen Überzeugung, seinerseits auf der „richtigen Seite" zu stehen, der kommenden Welt zu dienen und mit der alten nichts gemein zu haben. Eben damit aber folgt auch er dem Gesetz dieser alten Welt, so daß die Utopie, wie Landauer sagte, immer in einer neuen „Topie" endet, oder, wie Herbert Marcuse sagt, die Geschichte der Revolutionen die Geschichte ihrer verratenen Ideale ist. Eben dieses Gesetz der Selbstgerechtigkeit aber gilt nicht mehr, wo der wahrhaft Gerechte, wo Jesus den Tod der Welt auf sich genommen hat.

In theologischer Hinsicht folgt daraus: Wer die revolutionäre Utopik und ihre postulatorische Hoffnung zum Interpretament einer Kreuzestheologie machen will, setzt voraus, daß die Gerechtigkeit, die einen Anspruch auf das kommende Heil anmelden kann, je schon auf seiner Seite ist. Eine solche Theologie aber müßte nicht nur jede „Satisfaktionstheorie" verwerfen (die Bloch als einen Ausdruck von „Zahlmeistergesinnung" verspottet), sondern die gesamte paulinische Botschaft von der Selbstgerechtigkeit als der Quelle aller Sünde, von der Rechtfertigung aus Gnade, kurz all das, was im paulinischen Sinne „Evangelium" heißt.

In religionshistorischer Hinsicht jedoch signalisiert die Eschatologie, die in ihrem Zentrum Theologie des Kreuzes ist, einen weiteren Schritt über die schon im Judentum erreichte Apokalyptik hinaus. Für jene jüdischen Exulanten, aus deren Erfahrung die Apokalyptik hervorging, war die Zerstörung Jerusalems und besonders des (ersten) Tempels durch die Babylonier das Ende des „alten Jerusalem" und zugleich das antizipierte Ende der „alten Welt". Damit war für sie offenkundig gemacht, daß diese ganze Welt mit allem, was sie an Erinnerungswürdigem enthielt, nur Verheißung, nicht Erfüllung gewesen war und auf ein „neues Jerusalem" hoffen ließ. Für die Jünger Jesu hatte die Stunde des Kreuzes einen vergleichbaren Stellenwert: Ende der „alten Welt" zu sein. So verglichen sie Jesu Tod mit der Zerstörung des (zweiten) Tempels, die wenige Jahrzehnte später eintreten sollte: „Er sprach aber vom Tempel seines Leibes" (Joh 2, 21).

Und doch war ihnen Jesu Tod nicht bloße Verheißung, die sich in seiner Auferstehung und in der erhofften Auferstehung aller Toten erfüllen sollte (wie die Zerstörung Jerusalems bloße Verheißung war, die sich in der Errichtung eines „neuen Jerusalem" erfüllte). Jesu Tod galt den Jüngern zugleich als Erfüllung dessen, was „angefangen von Moses und allen Propheten in allen Schriften über ihn" [den Messias] „geschrieben war" (Luc 24, 27). Im Lichte der Auferstehung wurde ihnen deutlich, daß dieser Tod „notwendig" gewesen war. So sagt es der Engel zu den Frauen am Grabe (Luc 24, 7), so Jesus selbst zu den Jüngern auf dem Wege nach Emmaus (Luc 24, 26), so hatte es Jesus bei der Ankündigung seiner Leiden gesagt (Mc 8, 31) und es bei seiner Gefangennahme wiederholt (Mc 14, 49). Leiden und Sterben Jesu „mußten" geschehen, „damit erfüllt würden die Schriften der Propheten" (Mc 14, 49; Mt 26, 54).

Die Frage, wie diese „Notwendigkeit" zu verstehen sei, läßt sich in folgender Weise formulieren: „Mußte" all dies geschehen, weil es vorhergesagt war? Oder „mußte" es vorhergesagt werden, weil es, auf Grund einer Sachnotwendigkeit, geschehen „mußte"? Ist die prophetische Wortverheißung der Grund für die so nachdrücklich betonte Notwendigkeit? Oder entspringt dieses Wort aus einer Realverheißung, die in der vorausliegenden Geschichte hinterlegt war und in Erfüllung gehen „mußte"? Die in der christlichen Gemeinde früh entwickelte „Opfertod-Theologie" ist einer solchen Sachnotwendigkeit auf der Spur — freilich nicht jener, die Bloch ihr unterstellt. Bloch nämlich sieht in jeder Theologie des Opfertodes den „archaischen" Gedanken erneuert, der Zorn eines blutdürstigen Gottes könne nur dadurch besänftigt werden, daß er Blut sehe: Tierblut, noch besser Menschenblut, schließlich das Blut des eigenen Sohnes. Das aber scheint, religionshistorisch gesehen, ein Rückfall in längst überwundene Archaismen, „noch vor Moloch" (AC 222).

Wenn nun, nach Überzeugung der Jünger, die Realverheißungen der Geschichte sich im Tode Jesu gerade deshalb erfüllen, weil dieser den Charakter des Opfertodes hat, dann ist zunächst religionswissenschaftlich wie theologisch zu untersuchen, ob „Opfer" noch etwas anderes sein kann als die Stillung göttlichen Blutdurstes. Es sei an dieser Stelle gewagt, einen solchen Deutungsvorschlag als Alternative zu Blochs Interpretation zur Diskussion zu stellen.

Zunächst scheint, abweichend von Blochs Auffassung, die Deutung von Jesu Kreuzestod als Opfer keineswegs ausschließlich auf Paulus zurückzugehen (als eine jener reaktionären „Interpolationen", die das Leid rechtfertigen und damit der Erinnerung an den Skandal des Kreuzes die „subversive", d. h. potentiell revolutionäre Kraft rauben wollen). Nicht der Paulusschüler Lukas, wohl aber Markus und Matthäus bieten dafür ein wenig beachtetes Textzeugnis. Das Psalmwort, das der sterbende Jesus dort spricht, hat in der hebräischen Urfassung wie in der griechischen Übersetzung des Alten Testamentes den gleichen Wortlaut, den auch der griechische Text der Evangelien enthält: „Mein Gott, warum hast du mich verlassen?“ (Mc 15, 34; Mt 22, 26). Und doch überliefern die beiden Evangelisten einen hebräischen Wortlaut, der weder mit dem alttestamentlichen Psalmtext noch mit der in den Evangelien gebotenen Übersetzung übereinstimmt. Die Abweichung ist also weder durch die Vorlage noch durch die Absicht der Evangelisten bedingt und scheint gerade deshalb eine sehr frühe Gemeindetradition zu spiegeln, die den Evangelisten schon nicht mehr verständlich war. Statt der Verbform *asabtani* („hast du mich verlassen“) steht hier der Wortlaut *sabachtani* („hast du mich geopfert“). Die Deutung des Kreuzestodes als *sebach* („Opfer“) zeigt also in die Zeit vor Abfassung des Markusevangeliums zurück, und zwar gerade nicht innerhalb der paulinisch-lukanischen Tradition.

In der Vorstellung vom Tod eines Menschen als Opfer scheint nun in der Tat, wie Bloch vermutet, „Archaisches“ nachzuklingen. Aber gerade dieses Archaische ist von anderer Art, als Bloch dies vermutet, und es gewinnt im neuen Kontext eine neue Funktion. Archaische Mythen, welche die Opferhandlungen deuten, sprechen nicht von göttlichem Blutdurst, der zu stillen wäre, sondern deuten im Gegenteil alle Tötungsritualien als Abbilder einer Selbsthingabe der Gottheit für das Leben der Welt. Das gilt für auffallend viele Opferkulte, von dem phönikischen Adonis bis zu den Menschenopfern der Azteken, welche die Selbstopferung einer verachteten, in Krötengestalt auftretenden Gottheit wiederholen, die sich für die Welt hingegeben hat und deshalb anschließend als strahlende Sonne an den Himmel versetzt worden ist. Bloch liebt es, gerade diesen Kult zu erwähnen, sich mit Recht über seine Grausamkeit zu empören, ihn durch Nennung seines so leicht ironisierbaren Gottesnamens „Vitzliputzli“ zu verspotten (der Name dieses Gottes lautet in angemessenerer Umschrift „Huitzilopochtli“), freilich ohne seinen Sinngehalt zu erwähnen.

Der Grundgedanke solchen Opferverständnisses läßt sich in folgender Weise formulieren. Menschliche Ohnmacht stirbt „an“ der Welt: an der Übermacht ihrer Ungerechtigkeit. Und wenn es hoch kommt, wird dadurch offenbar, wie die Welt immer schon ist in ihrer gewöhnlich hinter Masken verborgener Bosheit. Göttliche Schöpfungskraft aber, dies ist der Grundgedanke der Opfertheorie, stirbt „für“ die Welt. Das Leben, das die Gottheit „hingibt“, kann von der Welt angeeignet und zu ihrem eigenen Leben werden. So bleibt sie nicht, wie sie ist, zeigt sie nicht nur, was sie immer schon war, sondern wird neu. Menschliches Sterben aber wird Opfertod, wenn es die Machtfülle göttlichen Sterbens „für" die Welt (nicht nur „an" ihr) abbildhaft gegenwärtig macht und so auch seinerseits die Welt nicht nur demaskiert, sondern verändert. Die Selbsthingabe der Gottheit für das Leben der Welt ist so das Urbild; aller Tod in der Welt ist dessen Abbild; und in Tötungsritualien wird diese Abbildhaftigkeit ausdrücklich gemacht und damit, nach Meinung der Kultfeiernden, die lebenstiftende Kraft der göttlichen Hingabe erneuert.

Die biblische Überlieferung nun kennt keinen Mythos vom sterbenden Gott, aus dessen Tod die Welt im Anfang hervorgegangen wäre oder ihre Lebenskraft und Fruchtbarkeit empfangen hätte. Aber der christliche Glaube kennt ein Sterben des Sohnes am Ende (nicht am Anfang) „dieser Welt". Das tausendfache Sterben in der Welt (innerhalb und außerhalb ritueller Opferhandlungen) ist hier nicht das nachahmende Abbild eines Gründungsereignisses vor aller Zeit, aber es läuft auf den Tod des Sohnes zu, auf seine endzeitliche — nicht urzeitliche — Selbsthingabe für das Leben der Welt. Und nur so, bezogen auf diesen einen Tod als „Erfüllung", wird aller Tod in der Welt zur „Verheißung". Denn nicht der Tod als solcher, auch nicht der Untergang Jerusalems und seines Tempels, ja dieser ganzen „bestehenden Welt", garantiert für sich genommen schon den Anfang eines neuen Lebens. Daß das alte Jerusalem, die alte Welt zu ihrem Ende kommt, ist für sich genommen noch nicht die Verheißung eines Neuen. Erst im Lichte dieser „Erfüllung", der opfernden Selbsthingabe des Sohnes für das Leben der Welt, erweist sich alles zuvor geschehene Sterben als „Verheißung". Denn nur so enthält alles welthaft-menschliche Sterben „an" der Welt, das kein Heil bewirken, sondern nur die wesenhafte Heillosigkeit „dieser Welt" offenbar machen konnte, die Aussicht, auch seinerseits in ein Sterben „für" die Welt verwandelt zu werden: Sieg im Tode, der die Welt verändert.

Selbsthingabe des Gottessohnes nicht als Beginn, sondern als Vollendung, nicht als Ermöglichung des Lebens „dieser Welt", sondern als „Erfüllung" alles bisherigen Sterbens in ihr und damit als Verwandlung dieses Sterbens in Verheißung — in diesem Sinne war es „notwendig", daß Jesus litt und starb.

Die Opfertod-Theologie traut dem Tode Jesu und durch ihn jedem anderen Tod die verwandelnde Kraft zu, an die Stelle der Welt, die an ihr Ende geraten ist, die erwartete neue zu setzen. So steht gerade die Opfertod-Theologie dafür ein, daß „Hoffnung" mehr ist als das trutzige „Dennoch" angesichts so vielfältigen Untergangs der Gerechten und „Verheißung" mehr als die Unvergeßlichkeit der guten Absichten, denen der Erfolg versagt geblieben ist,

Eben dies freilich, daß Jesus nicht nur „an" dieser Welt, sondern „für" sie gestorben ist, nicht nur ihr Unheil offenkundig machend, sondern ihr Heil wirkend, nicht nur von ihr, wie dies Menschen geschieht, seines Lebens beraubt, sondern zugleich ihr, wie es göttlich ist, sein Leben schenkend, so daß es zum Leben der Welt werden konnte — das ist selbst nur eine geglaubte, keine erweislich geschaute Wirklichkeit. Es ist zwar nach Überzeugung der Jünger im Verborgenen „schon" gewirkt, aber der Welt „noch nicht" offenbar gemacht. Daß Jesu Tod die Erfüllung sei, von der her alles frühere Sterben in der Welt als Verheißung gedeutet werden darf, das ist selbst noch Verheißung, die erfüllt werden muß. Und sie soll sich, nach der Hoffnung der Glaubenden, an der Welt erfüllen in ihrer Erneuerung, und vor allem an den Jüngern in ihrer Gemeinschaft mit dem Tod ihres Herrn.

Wenn wir nämlich mitverwachsen sind mit der Gestaltgleichheit seines Todes, so werden wir es auch sein mit seiner Auferstehung (Rom 5, 5). Mitgestorben mit Christus glauben wir, daß wir auch mit ihm leben werden (Rom 5, 8).

Das Verhältnis von Verheißung und Erfüllung, das in der Apokalyptik die Weltalter verband und so den persischen Dualismus überwand, hat sich in der christlichen Kreuzestheologie in ein „Zugleich" verwandelt. Denn im Kreuzestod Jesu ist jede Verheißung schon erfüllt und doch zugleich noch für eine Zukunft offen gehalten. Was zukünftig noch aussteht, fällt zusammen mit dem, was schon gewirkt ist; der als zukünftig erwartet wird, ist identisch mit dem, der schon dagewesen ist. Das bedeutet nicht, daß mit seiner Wiederkehr auch die alte Welt wiedergebracht werden sollte. Die christlich erwartete Parusie des Gekreuzigten und Auferstandenen hat nichts mit einer Lehre vom Kreislauf der Ereignisse zu tun, worin die entfernteste Zukunft mit der ältesten Vergangenheit zusammenfiele. Wäre es so, dann wäre der Christus des Glaubens wirklich, wie Bloch dies befürchtet, zum „Jahrgott" geworden, der periodisch aus der Unterwelt wiederkehrt. Christliche Erwartung der Wiederkunft Christi meint im Gegenteil, die „alte Welt“ sei mit dem Tode Jesu so sehr an ihr Ende gelangt, daß sie nur noch ein gespensterhaftes Nachleben führt, die „neue Welt“ aber sei so sehr zum Greifen nahe gekommen, daß alles, was ihr Leben sein wird, in Jesu Auferstehung schon vorweggenommen ist.

Darum ist christliche Hoffnung nicht nur ein trutziges Postulat, das einer Welt der wahrhaft hoffnungs-losen Tatsächlichkeit entgegengeschleudert werden müßte, sondern ein Zutrauen in die fortwirkende Kraft dessen, was schon gewirkt ist: in die Kraft des Sohnes, den Tod, den er von „dieser Welt“ erlitten hat, in die Hingabe seines Lebens zu verwandeln, aus der die „kommende Welt“ leben wird. Und darum ist christliche Erinnerung nicht nur die „subversive“ Erinnerung an die mutigen, aber erfolglosen Versuche der Väter, das „Reich“ zu erben, sondern *Memoria* als *Eucharistia,* Gedenken als Danksagen für jenes Leben, das Jesus nicht nur an die alte Welt „verloren“, sondern der neuen Welt „gegeben“ hat. Es ist diese Einheit von Erinnerung und Hoffnung, von verlangendem Ausgriff nach der neuen Welt und Danksagung für das Heil, das schon gewirkt ist, von „Schon“ und „Noch nicht“, durch welche die christliche Eschatologie, religionshistorisch gesehen, einen Typus der Hoffnung geprägt hat, der über die Apokalyptik hinausgeht. Denn dieses „Zugleich“ hebt jene eindeutige Abfolge der Weltalter auf, die für das apokalyptische Geschichtsbild charakteristisch war.

Dem Utopiker mag solche Hoffnung als zu demütig, dankesbereit, nach „oben“ gerichtet erscheinen. Doch steht dem gegenüber, daß die christliche Hoffnung auf eine kommende Welt sich auf anderes gründet als den berechtigten Zorn über die Mißerfolge, welche die böse Welt den guten Absichten der Väter bereitet hat (die „geschlagen nach Haus“ ziehen und deren Enkel es „besser austragen“ sollen). Christliche Hoffnung stützt sich auf eine Realverheißung, real deshalb, weil sie ihrerseits schon Erfüllung enthält. Denn der Tod Jesu enthält die Erfüllung allen Sterbens in der Welt und ist eben deshalb zugleich Verheißung eines Lebens der Welt aus demjenigen Leben, das Jesus in seinem Tod an die Welt hingibt und das sich in seiner Auferstehung als unvergänglich erwiesen hat.

3. *Blochs Philosophie der Hoffnung als Herausforderung an die Theologie*

a) Die Art der Herausforderung

Ernst Bloch, so hat sich *zuerst* gezeigt, will die utopische Hoffnung auf dreifache Weise mit der erfahrbaren Realität vermitteln (s. oben S. 102 ff.). Die erste Vermittlung geschieht theoretisch-ontologisch durch den Begriff der Materie, deren „reine Potentialität" den subjektiven Wunschinhalten des menschlichen Bewußtseins den objektiven Halt am Sein gewähren und die Kategorie des „Ungewordenen" als Grundkategorie des Seienden ausweisen soll. Die zweite Vermittlung geschieht politisch-praktisch durch den nach marxistischem Programm herbeigeführten Umsturz der ökonomisch-gesellschaftlichen Verhältnisse. Dabei darf die politisch-sittliche Vernunft „postulieren", daß, entgegen allem Augenschein, inmitten dieser Welt jene Praxis möglich ist, die im Dienst der Welt von morgen getan werden muß. Die Aufgabe der revolutionären Praxis aber darf in einer Weise verstanden werden, die Bloch mit Worten des Apostels Paulus beschreibt. Dieser hatte von den geisterfüllten „Zungenrednern" gesprochen, die zwar sich selbst „erbauen", aber keinen Beitrag zum Aufbau der Gemeinde leisten, wenn nicht „Propheten" ihr unverständliches Lallen in verständliche Rede übersetzen. So übersetzt die revolutionäre Praxis das „Zungenreden" des utopischen Philosophierens in die „aufbauende", d. h. gemeindebildende „Prophetie". Dabei freilich bleibt sie an die Bedingung gebunden, daß sie, im Gegensatz zum Vulgärmarxismus, „den Geist nicht auslöscht", sondern als das Ferment der Veränderung wirksam erhält. Die dritte Vermittlung geschieht historisch, durch die Aneignung des Erbes der Menschheit, vor allem ihres religiösen Erbes, sofern in ihm Verheißungen hinterlegt sind, die „unabgegolten" sind und dadurch „auf Zukunft begierig machen".

Treue zur Überlieferung als Zutrauen zur uneingelösten Verheißung, Freilegung des Hoffnungsgehaltes im Erinnerungsstoff, kritische Bewährung der subjektiv-individuellen Wunschträume, aber auch der bloß zeitgemäß-kollektiven Zukunftsbilder durch ihre Konfrontation mit dem objektiven Hoffnungsgehalt der Menschheitsgeschichte: Das sind Programmbegriffe einer Hermeneutik, mit der Bloch die Zeugnisse der Vergangenheit auf neue Weise zum Sprechen bringen will. Und sie kommen auf neue Weise zum Sprechen, indem sie vom wahrhaft Neuen, noch immer Zukünftigen sprechen, das der Menschheit als Chance und Aufgabe noch bevorsteht. Es ist evident, daß ein solches Programm auch und gerade die Theologen aufhorchen läßt, weil es sie an ihre eigene, nicht immer bewußt gehaltene Aufgabe erinnert. Und die Theologen hatten zum Aufhorchen um so mehr Anlaß, als Bloch primär an Texten der Bibel exemplarisch vorführt, wie dieses hermeneutische Programm zu realisieren wäre.

Freilich zeigte sich alsbald *ein Zweites* (s. oben S. 110ff.). Blochs Interesse konzentriert sich auf das, was er die „unterirdische Bibel“ nennt, d. h. auf die nur noch in Fragmenten greifbaren, von ihm jedoch für ursprünglich gehaltenen Hoffnungstexte der Rebellen, denen die Paradiesesschlange nicht als Verführerin, sondern als Erweckerin galt, denen die futurische Form des Gottesnamens „Ich werde sein, der ich sein werde“ die Chiffre für die Göttlichkeit der Zukunft bedeutet, die den von Jahwe bewirkten Exodus aus Ägypten nur als Vorspiel für den „Exodus aus Jahwe“, d. h. aus jeder Art von Beziehung zu einem strafenden oder auch gnädigen Gott verstanden. Und diesen Rebellen, wie Bloch sie in biblischen Texten bezeugt findet, galt auch der zum Himmel auffahrende Jesus als der menschliche, ja plebejische „Volkstribun“, der sich als Usurpator auf Gottes Thron setzte, um so den Gott wie den Thron endgültig abzuschaffen. Gegenüber dieser „unterirdischen Bibel“ gilt für Bloch die „offizielle“ als das Produkt priesterlich-textverderbender Redaktion im Dienste der Reaktion, d. h. der Verhinderung von Aufruhr.

Es ist begreiflich, daß die Theologen — auch solche, die Bloch besonders hochschätzten — ihm in dieser Bevorzugung der „unterirdischen Bibel“ nicht folgten. Sie rechtfertigten dies, in methodischer Hinsicht durchaus überzeugend, mit dem Hinweis, daß Blochs sich „textkritisch“ nennendes Verfahren mit dem Text allzu offensichtlich gewaltsam umsprang, des Ergebnisses schon vor der Untersuchung gewiß und die Methode jeweils so wählend, daß sich der immer gleiche, erwünschte „subversive“ Sinn der Schriften überall mit der gleichen Notwendigkeit ergab. Was Theologen zur Nachfolge bewog, war nicht Blochs Vorliebe für die schlangenverehrenden „Ophiten“, für die himmelstürmenden Erbauer des Turms zu Babel oder den (seiner Meinung nach) ebenfalls himmelstürmenden, nun aber erfolgreich Gott entthronenden Jesus. Theologisch eindrucksvoll war dagegen ein Programm und eine Methode, das auch auf die „offizielle“ Bibel anwendbar schien. Auch hier galt es ja, Überlieferung als Verheißung, Erinnerung als Zeugnis der Hoffnung zu lesen. Und die zentralen Gehalte biblischer Verkündigung: der durch Moses angeführte Auszug aus Ägypten und das von Jesus angekündigte Reich, schienen einer solchen Auslegung besonders gut zu entsprechen.

Nun jedoch stellte sich rasch *ein Drittes* heraus (s. oben S. 112ff.). Auch die „offizielle“ Bibel, nach Blochs Methode interpretiert, beginnt im Sinn der „unterirdischen“ zu sprechen. Exodus wird zum „Exodus aus Jahwe“, Reich wird zum „Reich ohne Gott“, und das Kriterium, an dem sich „der neue Himmel und die neue Erde“ wirklich als neu erweisen, besteht darin, daß man „des Vorigen nicht mehr gedenken soll“ — bis schließlich Omega das Alpha zum „Fürsten dieser Welt“ degradiert, der sich, indem er seine Schöpfung „sehr gut“ findet, das eigene Urteil schon gesprochen hat. Nicht die Bezugnahme auf diesen oder jenen (oft recht gewaltsam zurechtkonstruierten) Überlieferungsgehalt der „unterirdischen Bibel“ erweist sich so als das für Bloch Spezifische — so ernst es ihm mit dieser Textkritik ist, und sosehr dabei seine Auslegungsabsicht zutage kommt. Entscheidend ist die Methode, weil sie einerseits die Bevorzugung gerade dieser Inhalte begründet, andererseits auch allen anderen biblischen Texten stets die gleiche Aussage abgewinnt. Für diese Methode aber gibt der scharfe und unvermittelte Gegensatz zwischen „dieser“ und der „kommenden Welt“ den hermeneutischen Schlüssel ab, der nach Blochs Interpretation den Sinn aller Schriften aufschließt.

Von hier aus allein erhält auch Blochs Atheismus seine unverwechselbare Funktion, die mit vulgärer „Gottlosenbewegung“ nichts gemein hat. Jener „Atheismus“, den Bloch in der Bibel als deren wahren Gehalt zu finden meint, ist die einschränkungslose Verwerfung „dieser Welt“, die nicht dialektisch aufgehoben, sondern schlechtweg vernichtet werden soll, und deshalb die Verurteilung Gottes als ihres Schöpfers. Denn „es kann“, um einen Zentralsatz noch einmal zu wiederholen, „ein Prinzip, welches in die so vorhandene Welt hineinführt, nicht auch das Prinzip sein [...], welches aus so vorhandener Welt auch leitend herausführt“ (AC 61 = AC 290). Alle Versuche, den Gegensatz zwischen „dieser“ und der „kommenden Welt“ dialektisch zu vermitteln und so die Identität von Alpha und Omega nachzuweisen (wie das für die Apokalyptik des Alten wie des Neuen Testaments charakteristisch ist), müssen nach Blochs Auffassung „redaktionsgeschichtlich" erklärt werden — als priesterlich-reaktionäre Übermalungen des ursprünglichen, revolutionären Hoffnungszeugnisses.

Indessen, so hat sich *viertens* gezeigt, ist das Verhältnis zwischen unvermittelt dualistischer Antithese und dialektischer Vermittlung rein redaktionsgeschichtlich nicht zureichend erklärbar. Es verlangt darüber hinaus nach einer religionsgeschichtlichen Untersuchung. Eine Untersuchung dieser Art aber führt zu folgenden Ergebnissen:

Der Dualismus von „dieser" und der „kommenden Welt" war religionshistorisch vorbereitet durch die Mysterienreligionen. Im Verlaufe der Geschichte dieser Kultform hat sich der Bedeutungsakzent vom Fruchtbarkeitskult (als Dienst an der Welterneuerung) zur Unsterblichkeitsweihe (als Weg zur Weltüberwindung) verschoben. Doch wurden diese beiden Momente hier noch nicht deutlich geschieden, noch weniger dialektisch vermittelt, sondern bildeten eine noch ungeschiedene Gegensatz-Einheit. Zu deutlicher Scheidung von Weltdienst und Weltüberwindung ist die Religion des klassischen Persien fortgeschritten. Sie richtete ihre Hoffnung auf die Überwindung „dieser Welt" und stellte sich in den Dienst an der Heraufführung der „kommenden Welt". Dabei hatte der Dualismus der Weltalter zwei weitere Dualismen zu seiner notwendigen Folge: den Dualismus von Leib und Seele und den Dualismus von Natur und kulturschaffender Arbeit. Denn der Leib gehört „dieser Welt" zu und ist in ihren Kreislauf von Geburt und Tod verflochten, die Seele aber ist dazu bestimmt, durch den reinigenden, alles Leibliche vernichtenden Weltbrand hindurch in die „kommende Welt" einzugehen. Im Kreislauf von Geburt und Tod aber erneuert sich die „alte" Natur, während die kulturschaffende Arbeit alles Naturwüchsige überwindet und so die „kommende Welt" antizipiert.

Ist dies, religionsgeschichtlich gesehen, der Ort des unvermittelten Gegensatzes zwischen „dieser" und der „kommenden Welt", so zeigt eine allgemeinhistorische Betrachtung, daß sich diese Weltsicht mit dem Interesse der siegreichen Perser deckte, die sich zutrauen konnten, „diese Welt" mit Waffengewalt zu zerbrechen und alle vorgegebenen Stammesverbände und Königtümer in dem einen, rational geplanten und durchorganisierten „neuen Reich" aufgehen zu lassen.

War einmal mit solcher Klarheit zwischen „dieser“ und der „kommenden Welt“ unterschieden, so wurde dadurch der Weltüberwindung (als dem Sieg über „diese Welt“) und dem Weltdienst (als dem Aufbau der kommenden) eine je besondere Aufgabe gestellt. Von hier aus führte, religionsgeschichtlich gesehen, kein Weg zur unvermittelten Gegensatz-Einheit von Fruchtbarkeitskult und Unsterblichkeitsweihe zurück. Wohl aber war es, in allgemein-geschichtlicher Hinsicht, erforderlich, diese Rede von „dieser“ und der „kommenden Welt“ aus einer Ideologie der Sieger in ein Hoffnungswort der Machtlosen zu verwandeln. Eben dies war die historische Leistung der jüdischen Apokalyptik. Und sie wurde möglich, indem der unvermittelte Gegensatz zwischen „dieser“ und der „kommenden Welt“ dialektisch vermittelt wurde. Denn die Hoffnung des Siegers mag dahin gehen, die alte Welt vollständig zu vernichten, bis zur Tilgung ihres Gedächtnisses, um eine neue Welt an ihre Stelle zu setzen. Die Hoffnung der Machtlosen aber kann nur dann auf eine „kommende Welt“ gerichtet sein (statt bloß auf die Wiederherstellung dessen, was sie verloren haben), wenn die vergangene Wirklichkeit und ihr Untergang gemeinsam die Thesis und Antithesis sind, aus denen die neue Welt als Synthesis hervorgeht. Das Jerusalem, das gewesen ist, ist dann nicht das „böse Alte“, das einem „guten Neuen“ zu weichen hätte, sondern es ist in seinem Untergang als die Verheißung offenbar geworden, die durch ein „neues Jerusalem“ erfüllt werden soll. In solcher dialektischen Vermittlung des Gegensatzes von alter und neuer Welt besteht zugleich der irreversible Schritt, den die jüdische Apokalyptik über den persischen Dualismus hinaus getan hat.

Bloch will die Schärfe des revolutionären Kampfes nicht gemindert sehen, durch welchen die „alte Welt“ beseitigt, nicht aufhebend bewahrt werden soll. Darum hält er an der unvermittelten Antithese von „dieser“ und der „kommenden Welt“ fest. Gerade dies aber bedeutet eine *Herausforderung* an die Theologie (vor allem *an die Theologie des Alten Testaments*), dem Rückfall aus der dialektischen Vermittlung in die undialektischen Gegensätze entgegenzuwirken — nicht um, wie Bloch meint, im Dienste der Reaktion das Alte im Übergang zum Neuen möglichst unverändert zu erhalten, sondern um gerade zu verhindern, daß das Hoffnungswort der Schwachen erneut zu einer Ideologie der Mächtigen wird. Denn dann bliebe dem Machtlosen nichts übrig, als den ohnmächtigen Zorn der Väter über ihre Niederlagen als „subversive Erinnerung" an die Enkel weiterzugeben.

Bloch dagegen stellt jede dialektische Vermittlung des „Alten" mit dem „Neuen" unter Ideologieverdacht — freilich ohne zu zeigen, auf welche andere Art es möglich sei, die Rede von der „kommenden Welt" nicht nur für die Mächtigen, sondern auch für die Schwachen zu einem Hoffnungswort zu machen. Aber auch hierin liegt eine *Herausforderung* an die Theologie (diesmal vorwiegend *an die Theologie des Neuen Testaments*). Solange nämlich die Behauptung, die erlittene Katastrophe enthalte die Verheißung des Heils, nichts anderes ist als eine Selbstrechtfertigung der Schwachen (die weder die alte Welt zu bewahren vermochten noch die neue heraufführen können und deshalb ihre Hoffnung darauf stützen, daß das erfahrene Elend ihnen die kommende Herrlichkeit verheiße), solange ist ein solches Hoffnungswort ambivalent — wie jede Ideologie. Allzu leicht wird die Rede von der Herrlichkeit der Elenden zu einer Verherrlichung des Elends im Dienste der Mächtigen. Auf diese Gefahr verweist Bloch mit vollem Recht. Doch wird solche Gefahr nicht durch die Rückkehr zu einer vordialektischen Antithese der Weltalter gebannt — hat doch gerade diese sich als die Ideologie der Sieger erwiesen. Wenn die jüdische Apokalyptik mit ihrer Identität von Alpha und Omega sich wirklich, wie Bloch befürchtet, als ideologieanfällig erweist, so ist der Ausweg nicht rückwärts, beim persischen Dualismus, zu suchen, sondern vorwärts, bei der christlichen Eschatologie. Und die Herausforderung an die Theologie des Neuen Testaments besteht darin, diesen Zusammenhang deutlich zu machen.

Dabei ist, so zeigte sich zuletzt, der Ansatz zur Überwindung der Ideologiegefahr gerade in jener Kreuzestheologie zu suchen, die Bloch so entschieden bekämpft, ja noch spezieller in jener theologischen Deutung des Kreuzes als Opfertod, der Bloch nichts anderes abzugewinnen vermag als einen Rückfall in Vorstellungen vom blutdürstigen Gott, „noch vor Moloch". Ideologie nämlich hat stets die Funktion der konkurrierenden Selbstrechtfertigung, die den Gegner ins Unrecht, die eigene Gruppe ins Recht setzen soll. So wird sie zur geistigen Waffe, die dem Gebrauch körperlicher Waffen die sakrale Weihe verleiht. Ideologieüberwindung ist deshalb nirgendwo anders zu finden als in der Verbindung zweier scheinbar unvereinbarer Weisen des Verhaltens zu „dieser Welt": der Ansage des Gerichts über sie und der Solidarität mit ihr, also des Mutes, ihr das Ende anzusagen, und der Bereitschaft, dieses ihr todbringendes Ende am eigenen Leibe mitzutragen. Eben dies aber ist Kreuzesnachfolge.

Denn auch das Kreuz ist zweierlei zugleich. Es ist das Ereignis, in welchem die Heillosigkeit dieser Welt nicht nur offenbar wird, sondern in dem „diese Welt" sich selbst ihrer Zukunft beraubt, indem sie den, der ihr Heil bringen könnte, zu Tode bringt. Aber das Kreuz ist nicht nur auf solche Art das Gericht über „diese Welt", sondern zugleich das Ereignis, in welchem der, der „an der Welt", als Opfer ihrer Ungerechtigkeit, sterben mußte, zugleich „für die Welt" stirbt, d. h. das ihm geraubte Leben zugleich dieser Welt als neuschaffende Kraft mitteilt. (Diese Vorstellung vom Tod eines Gottes für das Leben der Welt hat sich als die Grundvorstellung aller Opfertheorie, auch der noch so archaischen, erwiesen.) Und wenn seit Jahrtausenden Gerechte „an der Welt" starben, ohne doch dadurch „für die Welt", zu ihrer Rettung und ihrem Heil, etwas bewirken zu können, so ist in diesem einen Tod, dem Kreuzestod Jesu, auch ihr Sterben zu seinem Ziele gebracht und also im Lichte dieser „Erfüllung" als „Verheißung" verstehbar geworden. Und diese Erfüllung allein enthält ihrerseits die Verheißung dafür, daß nicht nur das Ende „dieser Welt" unvermeidlich ist, sondern auch die Heraufkunft der „kommenden Welt" gewiß.

Es ist also gerade der Opfertod, durch den das „Gesetz dieser Welt" (d. h. der Zwang zur Ideologisierung aller Hoffnungsbotschaften, den Bloch mit Recht fürchtet) gebrochen werden kann. Die Rückwendung zum unvermittelten Dualismus von „dieser" und der „kommenden Welt" mag dem Revolutionär erwünscht erscheinen, weil sie klare Freund-Feind-Verhältnisse schafft. Aber die Rückkehr zu religionshistorisch überwundenen Entwicklungsstufen wird stets vergeblich versucht. Die *Herausforderung* Blochs an die neutestamentliche Theologie, speziell *an die Theologie des Kreuzes,* ruft diese auf, den Weg nach vorne zu zeigen, um das Gesetz dieser Welt, den Bann der Ideologien, durch die Kreuzesnachfolge zu brechen und so die alte Welt ins Gericht zu rufen und ins Leben einer neuen Welt aufzuheben.

Blochs Ideologieverdacht richtet sich jedoch nicht nur gegen die Theologie des Opfertodes Jesu, sondern ganz allgemein gegen jede Interpretation der biblischen Hoffnungsbotschaft, die „theologisch" bleiben, d. h. das erhoffte Heil als Gabe Gottes empfangen will. Denn der

Glaube an den „Gott des Exodus“ (den Gott, der Israel aus Ägypten geführt hat) hat nach Blochs Meinung seinen wahren Sinn darin, eine Hoffnung auszulösen, die sich erst im „Exodus aus Gott“ (d. h. in der Überwindung jeder Gottbezogenheit des Hoffens) vollendet. Und der Glaube an den Gott des kommenden Reichs hat nach Blochs Meinung seinen wahren Sinn darin, eine Hoffnung auszulösen, die sich erst im „Reich ohne Gott“ erfüllen kann. Daß der vorliegende Wortlaut der Bibel anders spricht, ergibt sich nach Blochs Überzeugung teils daraus, daß zur Entstehungszeit der Texte rätselhaft gesprochen werden mußte, damit jene „Herren“, die sich und ihre Herrschaft durch Berufung auf „Gott den Herrn“ legitimierten, den subversiven Charakter der Botschaft nicht bemerkten. Teils ergibt sich die biblische Sprechweise, wie Bloch sie versteht, auch daraus, daß die bezeugte Hoffnung erst auf dem Wege, in den sie hineinschreitet, zu klarerem Bewußtsein ihrer selbst gelangen konnte. Auch hier ergibt sich Blochs Auslegung aus der unvermittelten Antithese von Alpha und Omega, weil Hoffnung, wie er sie versteht, sich nur darin bewähren kann, daß sie fähig wird, diese bestehende Welt bis in ihren göttlichen Ursprung hinein zu überwinden, bis schließlich Omega der Erinnerung an Alpha nicht mehr bedarf und deshalb auch die „gläubige“ Redeweise entbehren kann, in die diese Hoffnung früher gekleidet war.

Hierin nun liegt Blochs dritte *Herausforderung* an die Theologie (diesmal vorwiegend *an die systematische Theologie*). Denn es ist eine legitime Aufgabe der systematischen Theologie, den „Sachgehalt“ der biblischen Botschaft aus seinen zeitbedingten Einkleidungen herauszuarbeiten. Und es ist durchaus der Prüfung wert, zu fragen, ob die Bedingungen der Entstehungszeit biblischer Texte die jeweiligen Autoren zu einer „verschlüsselten Redeweise“ genötigt haben. Ebenso ist es eine legitime Frage, ob eine lange Auslegungsgeschichte nötig war, ehe sich unter dem Einfluß des biblischen Textes jenes „neue Bewußtsein“ bilden konnte, das fähig war, das Neue dieser Botschaft unverstellt wahrzunehmen. Nicht Blochs Fragen sind insofern abzuweisen. Aber es ist zu prüfen, ob Bloch den „wahren Bedeutungsgehalt“ der biblischen Texte richtig bestimmt, wenn er ihn darin sucht, daß die Bibel eine „utopische Hoffnung“ entzündet habe, die sich in revolutionärer Praxis bewähren muß, wobei diese Praxis ihrerseits die Verwandlung der „gläubigen“ in eine „atheistische Hoffnung“ vorbereite. Blochs dritte

Herausforderung an die Theologen besteht in der Behauptung, daß die Bibel in einem revolutionären Sinne „politisch“ gelesen sein will und daß eine politische Hermeneutik der Bibel so lange unvollständig bleibt oder gar sich ihrer eigenen Konsequenz entzieht, wie sie sich weigert, die biblische Botschaft „atheistisch“ zu verstehen.

Wer diese Herausforderung annehmen will, um sie angemessen zu beantworten, muß sich zunächst Klarheit über Blochs Argumentation verschaffen. Wenn Bloch sagt: „Atheismus ist [. . .] so wenig Feind religiöser Utopie, daß er deren Voraussetzung bildet“ (PH 1413), so ist damit nicht behauptet, daß zuerst ein explizit atheistisches Bewußtsein erreicht werden müsse, ehe mit einer Praxis utopischer Hoffnung begonnen werden kann. Bloch weiß sehr wohl, daß z. B. Thomas Müntzer Revolutionär war, ohne explizit Atheist zu sein, ja daß er seiner subjektiven Überzeugung nach ausdrücklich theistisch dachte. Mit dem Satz: „Die religiöse Reichsintention als solche involviert Atheismus“ (PH 1412) ist vielmehr ein impliziter Atheismus behauptet, der logisch in der utopischen Hoffnung enthalten sei, auch wenn er psychologisch den Hoffenden und Kämpfenden keineswegs bewußt ist, ja wenn diese in ihrem subjektiven Bewußtsein die entgegengesetzte Überzeugung tragen. Der „totale Hoffnungsinhalt“, der der Sache nach stets atheistisch ist, weil er Blochs Überzeugung nach die Vergottung des Humanum enthält, kann hinsichtlich der Weise, wie Menschen sich zu diesem Hoffnungsinhalt verhalten, sehr wohl „unter dem Namen Gottes“ intendiert werden (PH 1416).

Dieser Name ist dann zwar unangemessen, sozusagen ein Pseudonym des Hoffnungsinhaltes. Aber das, was er meint, „das unter Gott Gedachte“ (PH 1411) muß „endlich begriffen“ werden (ibid.). Und es wird „endlich begriffen“ als die „in ihrem Vorwärts, ihrem Oben, ihrer Tiefe offene Existenz“ des Menschen (PH 1414).

Blochs Lehre vom „impliziten“ Atheismus, der in aller utopischen Hoffnung am Werke sei und sie logisch ermögliche, ohne doch als „expliziter“ Atheismus den Hoffenden psychologisch bewußt zu werden, und seine Behauptung, das „Reich ohne Gott“ könne durchaus „unter dem Namen Gottes“, also pseudonym, intendiert werden, erscheint so wie das Gegenstück zu Rahners Lehre von den „anonymen Christen“. Nach Rahners Lehre ist auch der, der psychologisch nichts von Gott weiß, mit logischer Notwendigkeit in jedem Akt seines Denkens auf

Gott bezogen, weil diese Gottesbeziehung die Bedingung ist, die jede Urteilsfällung und also jeden Erkenntnisakt möglich macht. So ist sogar der, der explizit Gottes Dasein leugnet, implizit ein Glaubender und sogar ein Christ, freilich „anonym", weil er den Namen Gottes nicht ausspricht. Entsprechend ist nach Blochs Auffassung auch der, der psychologisch von der Wahrheit des Gottesglaubens überzeugt ist, mit logischer Notwendigkeit, in jedem Akt seines Glaubens, Atheist, weil die Einsetzung der Menschen an die Stelle des entthronten Gottes die Bedingung ist, der jeden Akt der Hoffnung und deswegen auch jeden Akt des Glaubens erst möglich macht. Sogar derjenige, der explizit seinen Glauben an Gott bekennt, ist implizit Atheist, wenn auch pseudonym, weil er seinen Hoffnungsinhalt unter dem Namen Gottes intendiert.

Es bedeutet kein Argument gegen Rahner, wenn man ihn darauf hinweist, daß viele Menschen sich als durchaus fähig erweisen, Urteile zu fällen, und sich dennoch explizit als Atheisten bekennen. Denn seine Behauptung, unsere Urteilsfähigkeit sei „transzendental" durch einen „Vorgriff auf Gott" ermöglicht, schließt nicht die Behauptung ein, daß alle Menschen sich dieser transzendentalen Ermöglichung ihrer Urteilsfähigkeit auch „kategorial-reflex" bewußt sein müssen. Rahner leugnet nicht, daß es urteilsfähige Menschen gibt, die Atheisten sind, und deshalb kann er durch den Hinweis auf diese Tatsache auch nicht widerlegt werden. Sie bedeutet für ihn nichts anderes, als daß der Gottesglaube dieser Menschen „anonym" geblieben ist. (Vgl. dazu: K. Rahner, Die anonymen Christen, in: ders., Schriften zur Theologie VI, Einsiedeln 1965, 545—554).

Entsprechend aber bedeutet es auch kein Argument gegen Bloch, wenn man ihn darauf hinweist, daß viele Menschen sich als durchaus fähig erwiesen haben, aus utopisch-revolutionärer Hoffnung heraus zu handeln, und sich doch explizit als Gottesverehrer bekannten. Denn seine Behauptung, die religiöse Hoffnung auf das „Reich" trage implizit den Atheismus in sich, schließt nicht die Behauptung ein, alle Menschen, die diese Hoffnung durch die Tat bewährt haben, seien sich dieser Implikation bewußt gewesen oder hätten diesen impliziten Atheismus gar explizit zum Ausdruck gebracht. Bloch leugnet nicht, daß es Menschen gibt, die ihre Hoffnung auf das „Reich" als gläubige, auf Gott gerichtete Hoffnung verstehen. Deshalb kann er durch den Hinweis auf diese Tatsache auch nicht widerlegt werden. Aber diese Tatsache bedeutet für ihn nichts anderes, als daß diese Menschen ihren Hoffnungsinhalt „unter dem Namen Gottes" intendierten, oder daß, wie man diesen Befund ausdrücken könnte, ihr Atheismus pseudonym geblieben ist.

Die Hoffnungsphilosophie Blochs, so läßt sich zusammenfassend sagen, ist eine Herausforderung an die Theologie nicht nur deshalb, weil sie zentrale Aussagen des christlichen Glaubens bestreitet, so z. B. die Gottheit Jesu, den Sühnecharakter seines Kreuzestodes, ja sogar die Existenz Gottes. Blochs Herausforderung an die Theologie besteht noch weit mehr darin, daß seine Philosophie den Anspruch erhebt, den wahren Hoffnungsgehalt der biblischen Botschaft freizulegen, der in der „offiziellen" Auslegung der Bibel durch die Kirche, ja schon bei der Herstellung ihres „offiziellen" Textes durch priesterliche Redaktoren im Interesse der Reaktion verfälscht worden sei. Der Skandal, den Bloch für die Theologie bedeutet, liegt in seinem Anspruch, nicht im Widerspruch zur biblischen Botschaft zu stehen, sondern ihr Hermeneut zu sein.

Darin liegt, so hat sich gezeigt, eine Herausforderung dreifacher Art. Sie richtet sich an die Theologie des Alten Testaments, vor allem an die theologische Auslegung der alttestamentlichen Apokalyptik, an die Theologie des Neuen Testaments, vor allem an die theologische Auslegung der Verkündigung vom Kreuzestod Jesu, und an die systematische Theologie, vor allem an die theologische Deutung der Geschichte. Die Frage, ob Blochs Herausforderung angemessen beantwortet worden sei, soll deshalb im folgenden in dieser dreifachen Hinsicht erörtert werden.

b) Die katholische Theologie der Hoffnung als Antwort?

Eine *Theologie des Alten Testaments* wird durch Blochs Exegese der biblischen Rede von der „kommenden Welt" dazu herausgefordert, den theologischen Bedeutungsgehalt, aber auch die religionshistorisch irreversible und allgemeingeschichtlich weiterführende Funktion der biblischen Apokalyptik herauszuarbeiten (s. oben S. 293 f.). Dabei ließe sich zeigen, daß die biblische Apokalyptik den Dualismus der beiden Weltalter, der für die Religion der Perser kennzeichnend war, durch eine dialektische Vermittlung der Gegensätze überwunden hat, und daß eben dadurch die Rede von der „kommenden Welt" aus einer Ideologie der

Sieger zu einem Trostwort für die Bedrückten geworden ist (s. oben S. 274ff.). Daß dies auch die Argumentationsabsicht von J. B. Metz gewesen ist, zeigt sich dort, wo er „Erlösung" von „Emanzipation" unterscheidet und erläuternd hinzufügt: „Emanzipationsgeschichte ohne Erlösungsgeschichte entlarvt sich als abstrakte Siegergeschichte" (EuE 127, vgl. oben S. 168). Die gleiche Bemühung wird am Text der Synodenerklärung dort ablesbar, wo diese sich gegen jeden Versuch wendet, „den immer neu ersehnten und gesuchten Sinn menschlichen Lebens [...] für die glücklichen Endsieger und Nutznießer unserer Geschichte zu reservieren" (UH, Abs. I, 3, vgl. oben S. 239).

Um aber Blochs Herausforderung angemessen zu beantworten, genügt es nicht, daß man die Absicht erklärt, allen Sieger-Ideologien entgegenzutreten. In dieser Absicht ist Bloch mit den Theologen durchaus einig. Statt dessen hätten die Theologen den Nachweis zu erbringen, daß die Überwindung einer bloßen Ideologie der Mächtigen gerade an jenes Verständnis der biblischen Apokalyptik geknüpft ist, das Bloch als priesterlich-reaktionäre Textverfälschung abtun möchte: an die Überwindung des Dualismus der Weltalter durch eine dialektische Synthese. Es mag sein, daß Blochs Exegese den Theologen allzu gewaltsam erschien, so daß sie sich nicht veranlaßt sahen, sie überhaupt als eine Möglichkeit des Bibelverständnisses ernsthaft in Betracht zu ziehen und wissenschaftlich zu erörtern. Und doch liegt gerade in der Behauptung, der Gegensatz der beiden Welten, nicht ihre Vermittlung, sei die genuine Aussageabsicht der apokalyptischen Texte, Blochs Herausforderung an die Theologie des Alten Testaments. Und die Tatsache, daß diese Herausforderung nicht angenommen wurde, hat zu einer Zweideutigkeit des Umganges mit Blochs Ergebnissen geführt. Man hielt sich für berechtigt, die Diskussion von Blochs hermeneutischem Ansatz zu vermeiden, seine Ergebnisse dort, wo sie unerträglich erschienen, unerwähnt zu lassen, andere Aussagen jedoch selektiv zu übernehmen. So kommt etwa auch Ferdinand Kerstiens nicht über den Versuch hinaus, vor der dualistischen „Gefahr" der Apokalyptik (und den daraus resultierenden Gefahren des Determinismus und des Geheimwissens) zu warnen. Aber er tritt nicht in die Erörterung der Frage ein, ob dieses dualistische Verständnis der Apokalyptik dem religionshistorischen und allgemeingeschichtlichen Stellenwert dieser Gattung biblischer Schriften gerecht wird oder nicht (vgl. oben S. 194ff.).

Eine *Theologie des Neuen Testaments,* so hat sich weiterhin erwiesen, wird durch Blochs Deutung des Todes Jesu herausgefordert, weil Bloch das Kreuz Jesu ausschließlich als Tod *durch* diese Welt und damit als Offenkundigwerden ihrer Bosheit verstehen will, während erst eine priesterliche Geschichtsfälschung aus ihm einen Sühnetod *für* diese Welt gemacht habe. Das müßte eine neutestamentliche Theologie dazu herausfordern, den theologischen Bedeutungsgehalt, aber auch die unverwechselbare religionshistorische und allgemeingeschichtliche Funktion der Lehre vom Sühnetod Jesu aufzuzeigen (s. oben S. 294f.). Dabei ließe sich deutlich machen: Die Lehre vom Sühnetod Jesu zeigt den kommenden Richter der Welt in letzter Solidarität mit eben der Welt, die durch ihn ins Gericht gerufen wird. Erst dieses Verständnis von Jesu Tod ist geeignet, die Antithese zwischen der sündigen Welt und dem von ihr hingerichteten und gerade darum sie richtenden Gerechten dialektisch zu vermitteln. Gerade dadurch aber bricht diese Lehre wie keine andere den Bann der Ideologien, die darauf abzielen, die jeweils eigene Gruppe gegenüber der feindlichen konkurrierend ins Recht zu setzen, und die doch immer wieder dahin ausschlagen, daß die Ideologie der Unterdrückten zur Ideologie der Unterdrücker wird (s. oben S. 280f. und 285ff.).

Daß auch J. B. Metz diesen Nachweis führen wollte, zeigt sich dort, wo er darlegt, daß die liberale wie die revolutionäre Emanzipationstheorie einem „Zwang zur zwischenmenschlichen Verfeindung" unterliegt, den nur eine Botschaft von der Erlösung zu überwinden vermag (EuE 128, vgl. oben S. 168f.). Die gleiche Bemühung kann am Text der Synodenerklärung dort abgelesen werden, wo diese bekennt: „Der ‚Gott unserer Hoffnung' ist uns nahe [...] als der unsere Entscheidungen Richtende und der unsere Schuld Vergebende zugleich" (UH, Abs. I, 5), und wo sie den Grund der Ideologien darin sieht, daß Menschen „keine andere Hoffnung haben als die auf sich selbst" (UH, Abs. II, 3).

Um aber Blochs Herausforderung angemessen zu beantworten, genügt es nicht, nachzuweisen, daß emanzipatorische Ideologien mit einer gewissen gesetzmäßigen Notwendigkeit in Ideologien der Unterdrükkung umschlagen, so daß die Aktionen der Befreiung stets in neue Gestalten der Knechtschaft übergehen. Dessen ist Bloch sich sehr wohl bewußt, und Metz beruft sich auf ihn (EuE 121). Statt dessen hätten die Theologen den Nachweis zu erbringen, daß die Überwindung dieser

Gesetzmäßigkeit gerade an jenes Verständnis des Todes Jesu geknüpft ist, das Bloch für eine priesterlich-reaktionäre Geschichtsfälschung hält, ja sogar als einen Rückfall in archaische Vorstellungen vom blutdürstigen Gott diffamiert: an das Verständnis des Kreuzes als Opfertod (vgl. oben S. 284 ff.). Wiederum mag es sein, daß die Theologen den Eindruck hatten, der Polemik Blochs gegen die Opfertod-Theologie liege ein so verzerrtes Bild dieses christlichen Verkündigungsinhalts zugrunde, daß es nicht lohne, sich damit wissenschaftlich auseinanderzusetzen. Und doch liegt gerade in der Behauptung, Jesu Tod sei ausschließlich ein Sterben *an* dieser Welt und ihrer Bosheit, keinesfalls aber ein Sterben *für* diese Welt und ihre Rettung, Blochs Herausforderung an die Theologie des Neuen Testaments. Die Tatsache, daß auch diese Herausforderung nicht angenommen worden ist, hatte auch auf dem Felde der neutestamentlichen Theologie die gleiche Folge wie auf dem der alttestamentlichen: sie verursachte eine Zweideutigkeit im Umgang mit Blochs Exegese. Man hielt sich, wie hinsichtlich der Apokalyptik, so auch hinsichtlich der Theologie des Kreuzes für berechtigt, eine Diskussion von Blochs hermeneutischem Ansatz zu vermeiden, seine Ergebnisse dort, wo sie unannehmbar erschienen (wie etwa seine Identifikation Jesu mit der luziferischen Paradiesesschlange) unerwähnt zu lassen, andere Aussagen aber selektiv zu übernehmen. Die Frage nach dem Sühne- und Opfercharakter des Leidens Jesu blieb ausgespart, und diese Aussparung machte es möglich, das Leiden dessen, der *für* die Welt stirbt, ungeschieden in eine Reihe mit den Leiden der Ungezählten zu stellen, die *an* dieser Welt gestorben sind. So spricht sogar die Synode von den „vielen Kreuzen in der Welt" und der „einen Leidensgeschichte der Menschheit" (UH, Abs. I, 2), ohne zu fragen, ob und wie diese „namenlosen Untergänge" (ibid.) etwa erst durch den einen, benennbaren Tod Jesu jene neue Qualität erhalten haben, die es gestattet, auf sie die Vokabel „Kreuze" anzuwenden. Denn damit soll doch offensichtlich nicht nur eine Hinrichtungsart bezeichnet werden, sondern ein Sterben, das nicht nur „Untergang", sondern nach christlicher Auffassung zugleich eine Quelle des Heils gewesen ist.

Eine *systematische Theologie der Geschichte,* so hat sich schließlich gezeigt, wird durch Blochs Auffassung von der Stellung der christlichen Botschaft in der Hoffnungsgeschichte der Menschheit herausgefordert. Denn Bloch sieht die weltgeschichtliche Bedeutung der christlichen

Botschaft darin, durch die Verkündigung vom „Reich Gottes“ die Zukunft eines „Reichs ohne Gott“ vorbereitet zu haben. Durch diese Behauptung wird die systematische Theologie dazu herausgefordert, die Stellung der christlichen Botschaft vom Gottesreich innerhalb der Geschichte der Religionen und damit innerhalb der Hoffnungsgeschichte der Menschheit zu klären (s. oben S. 296f.). Dabei ließe sich zeigen: Die welthistorische Bedeutung der christlichen Botschaft liegt in der Überwindung des Dualismus der Weltalter, nicht in seiner Wiederherstellung; seine geschichtsmächtige Kraft liegt in der Überwindung der Freund-Feind-Verhältnisse und ihres ideologischen Überbaues, nicht in ihrer Sakralisierung, als gebe es eine Gruppe, die sich gegenüber der anderen als Vollstreckerin des Weltgerichts wissen dürfte. Wenn aber, wie Bloch überzeugend dargelegt hat, eine Hoffnung, die sich dualistisch versteht, tendenziell atheistisch ist, dann wird umgekehrt nur diejenige Hoffnung geeignet sein, den Dualismus zu überwinden, die wesenhaft gläubige Hoffnung ist und bleibt.

Es ist offenkundig, daß auch die Argumentationsabsicht von J. B. Metz in diese Richtung ging. Denn verständlicherweise haben die Theologen diejenige Herausforderung Blochs, die hier an dritter Stelle erwähnt wurde, deutlicher bemerkt als die beiden anderen. Selbst wer seine Exegese der Apokalyptik annehmbar fand und bereit war, mit ihm die Theologie des Opfertodes Jesu preiszugeben, fand sich als Theologe durch Blochs These alarmiert, der „Stern“ des Evangeliums selbst führe die Weisen „zur Hütte, wo Gott aufhört“ (PH 1534, s. oben S. 157), weil die „religiöse Reichsintention als solche Atheismus involviert“ (PH 1412, s. oben S. 154). Und es versteht sich von selbst, daß es die Absicht von Metz wie die aller Theologen gewesen ist, dem Verdacht zu begegnen, „die christliche Erlösungsbotschaft habe wirkungsgeschichtlich in eine Situation hineingeführt, in der sie sich am Ende selbst überflüssig macht und Erlösung nun von Emanzipation erfolgreich beerbt wird“ (EuE 125, s. oben S. 167f.). Wenn Metz das Eigenrecht einer Theologie der Erlösung gegenüber aller Theorie der Emanzipation so entschieden betont, so steht diese Bemühung im Dienst der Aufgabe, einer Aufhebung der gläubigen Hoffnung in die atheistische Hoffnung zu widerstehen. Und in entsprechender Weise verstand die Synode ihre Erklärung ›Unsere Hoffnung‹ als ein „Bekenntnis zum Glauben“, nicht als eine tendenziell atheistische Emanzipationstheorie.

Um aber Blochs Herausforderung angemessen zu beantworten, genügt es nicht, den Nachweis zu führen, daß die Zeugnisse der Schrift und der Überlieferung, aber auch die Bekenntnisse der christlichen Gemeinde die christliche Hoffnungsverkündigung als eine Botschaft des Glaubens verstehen. Nicht nach dem Selbstverständnis der Glaubenszeugen hatte Bloch gefragt, sondern nach der historischen Funktion ihrer Botschaft. Ihm, der in der Tradition von Hegel und Marx philosophiert, ist es geläufig, zwischen der subjektiven Absicht der historischen Akteure und der objektiv-historischen Funktion ihrer Aktionen zu unterscheiden. Aber auch wenn diese Unterscheidung den Theologen im allgemeinen weniger geläufig ist, so kann doch in diesem Falle nicht wie in den beiden vorherigen vermutet werden, die Theologen hätten Blochs Interpretation einfach für unseriös und deshalb für wissenschaftlich nicht diskutabel gehalten. Dennoch ist die Auseinandersetzung mit den Grundsatzfragen seiner Hermeneutik des Christentums (und aller Hoffnungsbewegungen der Menschheit) bis heute nicht geführt worden. So blieb, wie auf dem Felde der alttestamentlichen und neutestamentlichen Theologie, so auch auf dem Felde einer Theologie der Geschichte das hermeneutische Grundsatzproblem aus den Auseinandersetzungen ausgespart. Und dies hatte auch in diesem Falle eine Zweideutigkeit der Weise zur Folge, wie die Theologen mit Blochs Aussagen umgegangen sind. Man hielt sich für berechtigt, den dort behaupteten Zusammenhang zwischen „Reichsintention“ und „Atheismus“ unberücksichtigt zu lassen (oder den Atheismus Blochs in einen „Atheismus um Gottes willen“ umzuinterpretieren), andere Aussagen aber selektiv zu übernehmen, etwa dann, wenn Blochs politische Interpretation des Begriffes „Reich“ dazu geeignet erschien, allen „Privatisierungstendenzen“ der christlichen Hoffnung entgegenzutreten.

J. B. Metz hat in seinem jüngsten Buch ›Glaube in Geschichte und Gesellschaft‹ erneut den Versuch unternommen, im Dialog mit Ernst Bloch das unterscheidende Selbstverständnis der christlich-gläubigen Hoffnung zu formulieren. Von Blochs philosophischem Denken zu lernen und doch zugleich das Proprium christlicher Hoffnung im Widerspruch gegen Bloch geltend zu machen, bedeutet für ihn keinen inneren Widerspruch, sondern die Bedingung kritisch-dialogischer Lernfähigkeit. „Christliche Theologen werden nur im Widerspruch zu ihm von ihm lernen können. So aber durchaus“ (J. B. Metz, Glaube in Geschichte und Gesellschaft, S. 149). Worum es bei diesem kritischen Lernen geht, ist eine Überwindung des „evolutiven“ Denkens mit seiner „Fiktion von Zeit als einer leeren, überraschungsfreien Unendlichkeit“ (a. a. O., S. 152), die in Wahrheit „Zeitlosigkeit“ genannt werden müßte. Die Herrschaft dieses evolutiven Denkens signalisiert insofern den Verlust des Sensoriums für Zeit überhaupt.

Der „Kampf um die verlorene Zeit“ aber wird geführt im Namen einer „Hoffnung als Naherwartung“ (so die Überschrift des abschließenden § 10 der ganzen Abhandlung: „Hoffnung als Naherwartung oder der Kampf um die verlorene Zeit“, a. a. O., S. 149). Naherwartung ist theologisch der Ausdruck einer bestimmten Gotteserfahrung: „Gott ist“ im Verhältnis zur Zeit „deren Ende, ihre Begrenzung, ihr Abbruch — und gerade so ihre Möglichkeit“ (a. a. O., S. 153). Im Gegensatz dazu macht das evolutive Mißverständnis der unendlichen und homogenen Zeit in Wahrheit jedes Bewußtsein für Zeit unmöglich. Die praxisanleitende Funktion dieser Naherwartung (und des ihr entsprechenden Gottesverständnisses) besteht darin, daß sie „Zeit- und Handlungsdruck in das christliche Leben“ bringt und „keine Vertagung der Nachfolge“ gestattet (a. a. O., S. 156). Denn die Leitfrage des eschatologischen und apokalyptischen Zeitverständnisses im Gegensatz zum evolutiven Rechnen mit unendlichen Zeiträumen lautet: „Wieviel Zeit haben wir überhaupt (noch)?“ (a. a. O., S. 157).

Dieses Bewußtsein von der drängenden, kostbaren Zeit, wie es die Naherwartung bestimmt, ist „mystische Entsprechung zu einer erfahrenen politischen Wirklichkeit“, näherhin zu „Krisenzeiten, [. . .] Zeiten der erlittenen Verfolgung, der massiv gewordenen Ungerechtigkeit und des menschenfeindlichen Hasses“ (a. a. O., S. 155). Denn solche Zeiten sind es, die die Radikalität der Nachfolge erfordern. „Nachfolge ist Naherwartung“ (a. a. O., S. 156). Solche Nachfolge aber ist das strikte Gegenteil der „Utopie, die sich entlang des ‚Fortschritts‘ verwirklicht“ (a. a. O., S. 154).

Ohne Zweifel liegt in diesen thesenartig vorgetragenen Gedanken ein Versuch, von Blochs Philosophie der Hoffnung kritisch zu lernen und zugleich die Eigengestalt gläubiger Hoffnung im Widerspruch gegen Bloch zur Geltung zu bringen. Aber auch an diesen Versuch ist die Frage zu stellen, ob er über das Verfahren selektiver Aneignung wirklich hinausführt.

Das Bewußtsein von der drängenden Stunde ist Metz mit Bloch gemeinsam. Und beide befinden sich in gemeinsamer Gegnerschaft gegen einen Optimismus der Evolution, der „unendliche Zeit“ vor sich zu haben meint und damit das Entscheidungsgewicht der Stunde verkennt. Dem entspricht der marxistische Aufruf zum „letzten Gefecht“ (Refrain der Internationale) als Ausdruck einer „Naherwartung“, in welcher die Gegenwart als die nicht aufschiebbare Stunde der Entscheidung darüber erfahren wird, ob die gesamte Geschichte der Menschheit „alles oder nichts“ zu ihrem Ziele hat. (Vgl. Blochs Aussagen über die Zweideutigkeit der beiden „Latenzen“ in der „Tendenz“ der Welt.)

„Brüder, kaufet die Zeit aus, denn die Tage sind böse“ (Eph 5, 16), dieses Bewußtsein von der Unaufschiebbarkeit der Entscheidung ist Christen und Marxisten gemeinsam. Und wenn die Apokalyptik nichts anderes ist als die „mystische Entsprechung“ der erfahrenen Krisenzeiten, dann kann Bloch sein utopisches Denken mit Recht ein „apokalyptisches Denken“ nennen.

Insoweit also kann Metz, wie jeder Theologe, dem utopischen Denken Blochs zustimmen. Andererseits aber will er nicht irgendeine beliebige „Naherwartung“ zum Inhalt der christlichen Hoffnung machen, sondern die ganz bestimmte Erwartung des Herrn, der „bald“ wiederkommen wird. Und er weigert sich, wie alle Theologen, in dieser bestimmten Erwartung ein bloßes „Bild“ zu sehen, das „auf den Goldgrund der Hoffnung aufgetragen“ ist — und das, wie Bloch meint, zuletzt entbehrt werden kann, wenn nur die Hoffnung als solche erhalten bleibt, bis sich herausstellt, daß diese Hoffnung „in Wahrheit“ unter dem Namen des wiederkommenden Herrn auf die Vergottung des Menschen gerichtet war. Aber dieses Proprium der christlichen Hoffnung, dieser Widerspruch gegen Bloch im kritischen Lernen von ihm, ist aus der bloßen „Nähe“ des Endes der Zeit, aus dem bloßen „Zeit- und Handlungsdruck“, unter den diese Nähe uns stellt, weder herzuleiten noch zu rechtfertigen. Und die Herausforderung Blochs bestand ja gerade in der hermeneutischen Behauptung, wonach die christliche Erwartung, auch in der Gestalt der „Naherwartung“, sich mißversteht, wenn sie auf einen „Herrn“ zu warten meint, während sie „in Wahrheit“ von der Verheißung „Eritis sicut Deus“ in Gang gehalten wird und ihren impliziten Atheismus unter dem Pseudonym Gottes verbirgt.

Die Frage, ob die katholische Theologie der Hoffnung die Herausforderung Blochs beantwortet habe, ist also nicht eindeutig zu entscheiden. Die Antwort hängt davon ab, was man unter „Beantwortung einer Herausforderung" versteht. Die Theologen haben bemerkt, daß Bloch von ihrer Sache redet, daß er aber ihnen in dieser ihrer Sache widerspricht. Sie haben sich dadurch anregen lassen, das Thema „Hoffnung", das objektiv immer schon ihre Sache gewesen wäre, nun auch mit geschärftem Bewußtsein zu ihrer Sache zu machen. Und nach einer gewissen Phase der Bewunderung für Bloch haben sie die Unbefangenheit wiedergewonnen, nun auch ihrerseits ihm zu widersprechen und diesen ihren Widerspruch zu begründen. In diesem Sinne haben sie Antwort auf Blochs Herausforderung gegeben und sind durch die Bemühung um eine solche Antwort auch ihrerseits vorangekommen, und dies bis in die kirchliche Dimension ihres Dienstes hinein. Die Synodenerklärung ›Unsere Hoffnung‹ beweist das.

Versteht man jedoch unter „Beantwortung einer Herausforderung", daß der Antwortende sich zunächst diejenige Frage zu eigen macht, die den Herausforderer zu seiner Provokation veranlaßt hat, dann scheint die Herausforderung Blochs noch heute auf ihre angemessene Antwort zu warten. Wenn Bloch vom Christentum spricht, so fragt er nach dem religionshistorischen und weltgeschichtlichen Ort der christlichen Botschaft in der Hoffnungsgeschichte der Menschheit. Auf diese Frage aber ist in den theologischen Diskussionen bisher noch kaum eingegangen worden, obgleich Blochs (zugegebenermaßen gewaltsame) Interpretationen des Christentums zeigen, daß das Verständnis des Inhaltes der christlichen Botschaft entscheidend davon abhängt, wie diese Frage beantwortet wird.

Allzu fraglos waren die katholischen Theologen geneigt vorauszusetzen, die spezifisch christliche, „im Glauben gegründete" Hoffnung sei die wahre, die überall in der Hoffnungsgeschichte der Menschheit „unter vielerlei Namen gesucht" worden sei (UH, Einleitung). Die Gegenfrage, ob etwa die spezifisch christliche Hoffnung ihrerseits nur einer unter den vielen Namen sei, unter denen die utopisch-atheistische Hoffnung „unbewußt gesucht" wurde, ob also nicht die atheistisch Hoffenden „anonyme Christen", sondern die christlich Hoffenden „pseudonyme Atheisten" seien, erschien den Theologen offenbar zu absurd, als daß sie sie diskutiert hätten. Und doch spitzt sich Blochs Herausforderung an die christliche Theologie gerade in dieser Frage zu.

Statt also die anonyme Christlichkeit aller Hoffnungen der Menschheit fraglos vorauszusetzen, wäre es nötig gewesen, zunächst das Spezifikum christlichen Hoffens im Verhältnis zu den vielfältigen Gestalten menschlicher Hoffnung genauer zu bestimmen, sodann aber den historischen Zusammenhang nachzuweisen, durch den diese bestimmte Gestalt der Hoffnung in die Hoffnungsgeschichte der Menschheit verwoben ist. Dabei hätte für die Theologen kein Anlaß bestanden, der Frage auszuweichen, wie die christliche Hoffnung sich zur dualistischen Hoffnungsgestalt historisch und sachlich verhält. Eine solche Untersuchung hätte ihr vielmehr, wie an dieser Stelle nur andeutungsweise gezeigt werden konnte, mancherlei Gelegenheit gegeben, den theologischen Bedeutungsgehalt und die historische Funktion der christlichen Hoffnung eindrucksvoll herauszustellen.

Das ist bisher nicht geschehen. Dennoch ist, wie sich gezeigt hat, das Gespräch nicht ohne Ergebnis geblieben. Theologen bekennen, daß der Philosoph Bloch sie gerade deshalb, weil er philosophisch sprach, daran erinnert habe, daß das Thema Hoffnung zu ihrer, der theologischen Sache gehört. So bleibt zu hoffen, daß die Theologen ihrerseits, wenn sie die Herausforderung annehmen und theologisch von der Hoffnung sprechen, auch die Philosophen daran erinnern werden, daß und wie das Thema Hoffnung auch zu ihrer, der philosophischen Sache gehört. Denn nicht nur die Theologie hat selbstkritisch darüber zu klagen, daß die Tugend der Hoffnung die „kleine Schwester“ zwischen dem Glauben und der Liebe geblieben ist. Auch in der Philosophie ist die Frage „Was dürfen wir hoffen“? die „kleine Schwester“ geblieben, die man über den beiden anderen Fragen „Was können wir wissen?“ und „Was sollen wir tun?“ immer wieder zu vergessen neigte. Vielleicht können, nachdem der Philosoph Bloch die theologische Diskussion um die Hoffnung so fruchtbar angeregt hat, die Theologen ihrerseits durch ihre Antwort dahin wirken, daß die Philosophie sich erneut der Frage nach der Hoffnung annimmt. Oder sollte es für die Philosophie ohne Belang sein, daß Sokrates, der stets als die exemplarische Gestalt philosophischen Lebens gegolten hat, mit einem Bekenntnis der Hoffnung die Summe seines Lebens gezogen hat? Es bedarf vielleicht des Gesprächs zwischen den Philosophen und den Theologen, um ihm diese Worte nachsprechen zu lernen: „Schön ist das Wagnis und die Hoffnung groß“ (Phaidon 114 c).

4. Perspektiven einer künftigen Hoffnungs-Theologie?

a) Selektive Aneignungsverfahren und ihre Unzulänglichkeit

Die katholische Theologie der Hoffnung mußte ihren eigenen Weg dadurch finden, daß sie sich gegenüber zwei anderen Weisen des Hoffnungsverständnisses abgrenzte: gegenüber einer Philosophie der postulatorischen Hoffnung und gegenüber dem reformatorischen Verständnis der Hoffnung auf Gottes alleinwirksame Gnade.

Die Philosophie der postulatorischen Hoffnung ist den katholischen Theologen in der besonderen Ausprägung begegnet, die Ernst Bloch ihr gegeben hat. Sein utopisches Denken will gegenüber „dieser ganzen weiten und scheinbar so sehr realen Welt" (GdU 444) den „evident eingesehenen Trauminhalt der menschlichen Seele" (GdU 443) ins Recht setzen. Daraus resultiert bei ihm die Forderung, „diese" Welt „in Explosion auffliegen" zu lassen (GdU 444) zugunsten dessen, was in ihr „keine Stelle findet" und deshalb im wörtlichen Sinne „utopisch" ist.

Mit dieser utopischen Hoffnung weiß die katholische Theologie sich in zweifacher Hinsicht verbunden: durch das Vertrauen auf eine verheißene „kommende Welt" und durch das Interesse an einer weltverändernden Praxis. Denn sie will, in dieser Hinsicht mit Bloch völlig einig, die absolute Hoffnung auf das Heil in eine „docta spes" verwandeln, eine wohlberatene, nicht schwärmende, eine praxisanleitende, nicht träumende Hoffnung. Darum muß das „geistgewirkte Zungenreden" in die gemeinde-aufbauende „Prophetie" übersetzt werden (GdU 296, vgl. 1 Kor 14, 4). Eine Abgrenzung gegenüber Blochs utopischer Hoffnung aber war für die Theologen aus zwei Gründen nötig. Der allgemein-christliche Grund, der eine Abgrenzung verlangte, bestand darin, daß die Theologen die „gläubige" Gestalt dieser Hoffnung nicht als die bloß historisch-vorläufige (d. h. die zwar notwendige, aber überbietungsbedürftige) Form einer Hoffnung begreifen wollten, die, wie Bloch annahm, aus sich selber heraus mit sachlicher Notwendigkeit dazu drängt, in einer atheistischen Gestalt der Hoffnung aufgehoben zu werden. Der spezifisch katholisch-theologische Grund für die Notwendigkeit einer solchen Abgrenzung aber bestand darin, daß die katholischen Theologen sich weigerten, „diese Welt" als total verdorbene, ja von ihrem (göttlichen!) Ursprung her böse Welt zu beurteilen, an welcher der hoffende Mensch das Gericht zu vollziehen habe, um sie von Grund aus umzustürzen und eine neue, bessere Welt an ihre Stelle zu setzen.

Die evangelische Theologie der Hoffnung ist den katholischen Theologen in zweifacher Gestalt begegnet: als Theologie der „weltlichen Welt" im Sinne von Friedrich Gogarten und Karl Barth, und als Theologie der „Zukunft Christi" im Sinne von Jürgen Moltmann.

Die Theologie der „weltlichen Welt" will die Ziele und Methoden einer sittlich verantwortbaren weltgestaltenden Praxis nicht aus den besonderen Inhalten der christlichen Glaubensverkündigung herleiten, sondern aus dem Sachverstand der „Juristen", d. h. derer, die sich auf den Ausgleich gesellschaftlicher Interessen und die Schlichtung gesellschaftlicher Konflikte verstehen, ohne dazu der illusionären Voraussetzung zu bedürfen, daß alle Menschen „gut" seien. Für eine solche Praxis bedarf es nicht der Kenntnis des „himmlischen Jerusalem", das den Glaubenden verheißen ist; wohl aber ist dazu nötig, die Erfordernisse zu kennen, die erfüllt werden müssen, wenn die Gesellschaft trotz aller Interessengegensätze und Konflikte überlebensfähig bleiben soll. Darum ist es nach der hier referierten Auffassung nötig, auf „christliche" Politik, ja sogar auf „christliche" Kulturarbeit zugunsten einer rein „weltlichen" Gestaltung des öffentlichen Lebens zu verzichten.

Dieser Verzicht, so wird weiterhin gesagt, ergibt sich aus der christlichen Botschaft selbst, die alles „Heilswirken" allein von der göttlichen Gnade erwartet und jeden Versuch zur Herbeiführung einer „besseren Welt" als einen Eingriff des Menschen in dieses Gott allein vorbehaltene Heilswirken entlarvt. Alles, was der Mensch durch seine Werke zu leisten vermag, muß (im Sinne des „primus usus legis") als Dienst an jener „Welterhaltung" begriffen werden, durch welche Gott diese Welt davor bewahrt, daß sie sich in ihrer Bosheit selbst vernichtet. Diese göttliche Welterhaltung aber dient dem Ziele, die Welt für die Neuschaffung aus reiner Gnade aufzubewahren. Eben dies aber, daß alle Welterhaltung im Dienste ihrer Aufbewahrung für die göttliche Neuschaffung steht, macht die Theologie der weltlichen Welt zu einer Theologie der Hoffnung. Denn daß die Welt daran gehindert wird, sich in ihrer Bosheit selbst zu vernichten, ist schon ein Anzeichen dafür, daß Gott sie aus dem selbstverschuldeten Tode zum gnadenhaft geschenkten Leben führen will.

Mit dieser Theologie der weltlichen Welt waren die katholischen Theologen, so hat sich gezeigt, darin einig, daß sie der Welt jenen Dienst anbieten wollten, den diese selbst auf Grund ihrer „Freude und Hoffnung, Furcht und Trauer“ nötig hat, statt dieser Welt mit einem Heilsangebot zu begegnen, in welchem sie das nicht wiedererkennt, wonach sie verlangt. Eine Abgrenzung gegenüber der evangelischen Theologie der weltlichen Welt aber erschien den katholischen Theologen, vor allem J. B. Metz und den Mitgliedern der Gemeinsamen Synode, deswegen nötig, weil sie sich die schroffe Unterscheidung zwischen „Erhaltungsdienst“ und „Heilswirken“ nicht zu eigen machen konnten und wollten. Darum waren sie nicht bereit, die Heraufführung einer „besseren Welt“ allein der Gnade Gottes zu überlassen und die menschliche Praxis auf die Erhaltung der bestehenden Welt zu beschränken.

Die Theologie der „Zukunft Christi“ will jener sündhaften Welt, die keine Zukunft die „ihre“ nennen kann als den Tod des Gerichtes, eine andere Zukunft eröffnen, die zunächst nicht die Zukunft der Welt ist, sondern die „Zukunft Christi und Gottes“. Diese Zielsetzung entspricht der reformatorischen Rechtfertigungslehre, die dem Sünder eine Gerechtigkeit zuspricht, welche primär nicht seine „eigene Gerechtigkeit“ ist, sondern die „fremde“ Gerechtigkeit des gerechtmachenden Gottes. Jene Zukunft des Heiles, die dementsprechend nicht die eigene Zukunft der Welt, sondern die fremde Zukunft Christi ist, wird der Welt dadurch zugewendet, daß die Zukunft Christi seine „Zukunft zur Welt“ ist, seine bevorstehende Wiederkunft, in der er sich als der Herr dieser Welt erweisen wird. Das aber wird dadurch geschehen, daß offenbar wird: Die Auferweckung des Gekreuzigten war die Antizipation der Auferweckung der Welt aus dem von ihr selbst verschuldeten Tod des Gerichtes zum Leben der Gnade Gottes.

Mit einer solchen Theologie der Zukunft Christi wußten die katholischen Theologen sich in wichtigen Inhalten einig. Sie sind nicht weniger als die evangelischen Theologen davon überzeugt, daß das Heil sich für die Welt nicht „evolutiv“, aus der Dynamik ihrer eigenen Entwicklung, ergeben wird, sondern ihr ausschließlich „eschatologisch“, im Vorblick auf die Wiederkunft Christi, offensteht. Und sie sind gemeinsam mit den evangelischen Theologen davon überzeugt, daß dem Menschen und der Welt diese Zukunft des Heils durch Vergebung (Erlösung) eröffnet wird, welche ihrerseits nicht die Gerechten in ihrem Recht bestätigt und zu Vollstreckern des Gerichtes über die böse Welt einsetzt, sondern den Sünder, der darauf keinen Rechtsanspruch hat, gerecht macht. Aber eine Abgrenzung gegenüber der evangelischen Theologie der Zukunft Christi erschien den katholischen Theologen, vor allem Ferdinand Kerstiens, aber auch den Kommissionsmitgliedern der Gemeinsamen Synode, deshalb nötig, weil sie eben diese Rechtfertigung des Sünders nicht nur als die Zusage seiner kommenden Erweckung vom selbstverschuldeten Tode begreifen wollten, sondern auch und vor allem als die Ermächtigung zu einer Umkehr, die dem Menschen inmitten dieser Welt neue Wege zu neuen Zielen eröffnet habe.

Überblickt man diese Problemsituation, dann wird begreiflich, daß diejenigen katholischen Theologen, denen es um eine Neubegründung der Theologie der Hoffnung zu tun war, sich sowohl zu Blochs utopischem Denken als auch zu der aus der reformatorischen Rechtfertigungslehre entwickelten evangelischen Hoffnungstheologie vorwiegend selektiv verhielten. Sie übernahmen aus beiderlei Vorlagen partiell jeweils diejenigen Momente, die ihnen von ihren eigenen Voraussetzungen aus als zustimmungswürdig erschienen. So begreiflich jedoch dieses Verfahren ist, so erwies es sich doch im Verlauf der hier vorgelegten Untersuchung immer wieder als Grund für die Schwächen der so erzielten Ergebnisse. Selektion ersetzt nicht die methodenbewußt reflektierte, kritisch gesicherte Transposition. (Gerade ein Vergleich mit Maréchals „transposition du Kantisme“, einem Zentralstück seines Werkes ›Le Point de Depart de la Metaphysique‹, macht den Unterschied deutlich). Denn bei bloßer Auswahl aus den Ergebnissen, zu denen Bloch in seiner philosophischen Utopik und die evangelischen Theologen in ihrer weiterführenden Interpretation der reformatorischen Rechtfertigungslehre gelangt sind, geht der Argumentationszusammenhang notwendigerweise verloren.

Es waren nämlich weithin die gleichen Prämissen, aus denen Bloch zu seiner (von den katholischen Theologen mit Beifall aufgenommenen) Rechtfertigung einer weltverändernden Hoffnung, aber auch zu seiner (von den katholischen Theologen abgelehnten) Verteufelung der vorfindlichen Welt und ihres Schöpfers gelangt ist. Und entsprechend waren es weithin die gleichen Prämissen, aus denen die evangelische Theologie der „weltlichen Welt“ folgerte, diese Welt sei „rein weltlich“, d. h. nach den Bedürfnissen ihrer Überlebensfähigkeit, zu behandeln (was die katholischen Theologen übernahmen), aber diese „weltliche" Praxis habe sich jeden Anspruchs auf Heilsverwirklichung zu enthalten (was die katholischen Theologen nicht übernehmen wollten). Und noch einmal in entsprechender Weise waren es weithin die gleichen Prämissen, aus denen Moltmann einerseits (mit Zustimmung der katholischen Theologen) die eschatologische Orientierung der christlichen Hoffnung von allem rein naturhaften, evolutiv begründeten Weltoptimismus unterschied, aber auch (im Gegensatz zur Meinung der katholischen Theologen) nur den Tod als die „eigene" Zukunft des Menschen und der Welt, alle Heilszukunft ausschließlich als „Zukunft Christi und Gottes" und insofern als „fremde" Zukunft der sündhaften Welt begreifen wollte.

Nun kann man aber Folgerungen, die aus identischen Prämissen gezogen werden, nicht teilweise akzeptieren, teilweise ablehnen, ohne den Begründungszusammenhang preiszugeben. Hinsichtlich der übernommenen Elemente muß dann ein Gefühl unmittelbarer Plausibilität das kritisch-methodische Argument ersetzen. Aber auch die Kritik, die dann noch an Bloch oder an der evangelischen Theologie geübt werden kann, stößt nicht zum Kern der Argumente vor, weil sonst auch diejenigen Folgerungen entkräftet würden, denen man gerne zustimmen möchte. Insbesondere die Herausforderung Blochs, so hat sich gezeigt, kann auf solche Weise nicht angemessen beantwortet werden. Und der eigene Ansatz, von dem aus die katholischen Theologen eine Theologie der Hoffnung entwickeln wollten und der mit den Begriffen „Umkehr" und „zeichenhafte Antizipation" umschrieben worden ist, konnte auf solche Weise nicht in kritischer Abgrenzung gegenüber den Ansätzen von Bloch bzw. der reformatorischen Rechtfertigungslehre einer Bewährungsprobe unterzogen werden.

b) Ein Rückblick auf die Hoffnungsphilosophie Kants

Der soeben geschilderte Problemstand läßt es angezeigt erscheinen, erneut zum Ursprung der postulatorischen Hoffnungsphilosophie zurückzukehren: zur eingangs erwähnten Philosophie Immanuel Kants. Denn die beiden Positionen, zwischen denen die katholische Theologie der Hoffnung ihren eigenen Weg zu suchen hatte, waren in diesem Anfang noch miteinander verbunden: die reformatorische Rechtfertigungslehre mit ihrem Verständnis des Glaubens als Zutrauen in Gottes gerechtmachende Gerechtigkeit, und die Postulatenlehre, durch welche der Glaube seinen Eigenstand gegenüber allem Wissen und Wollen erweisen und zugleich das theoretische mit dem praktischen Vernunftinteresse verbinden sollte. Kant konnte, wie später Bloch, die Inhalte dieser Hoffnung „postulieren" und doch zugleich, abweichend von der späteren Hoffnungsphilosophie Blochs, davon sprechen, daß der Mensch „keinen Rechtsanspruch" darauf habe, vor Gott als ein Gerechter zu erscheinen und so der Glückseligkeit für würdig befunden zu werden (Rel. 94, vgl. oben S. 17). Und er konnte, gemäß der reformatorischen Rechtfertigungslehre, vom Menschen verlangen, daß dieser sich als Sünder bekennt, der der Vergebung bedarf, und doch zugleich, im Gegensatz zur calvinistischen wie zur lutherischen Orthodoxie, davon sprechen, daß der Glaube sich darin bewähre, die Widersprüche der theoretischen wie der praktischen Vernunft aufzulösen, statt bei der bloßen Paradoxie des „simul iustus et peccator" stehenzubleiben. Die Postulate des Glaubens sind nicht dazu da, die „Antinomie der praktischen Vernunft" zu stabilisieren, sondern sie „kritisch aufzuheben" (vgl. pV 205).

Und jedesmal war ihm das, was in anderen Zusammenhängen unvereinbar erscheint, deswegen zugleich möglich (kompossibel), weil er von einem eigenen Ansatz aus die Dialektik der theoretischen wie der praktischen Vernunft aufhob. Dieser Ansatz aber lag in seiner transzendentalen Reflexion, welche ihrerseits aus seiner Lehre von den „Vernunftzwecken" verstanden werden muß. Denn es ist ein Interesse der Vernunft, das allen subjektiven Perspektiven der Theorie und allen subjektiven Neigungen und Bedürfnissen der Praxis die Bedingung vorschreibt, unter der allein sie Anspruch darauf erheben können, in theoretischer Hinsicht als wahr, in praktischer Hinsicht als gerechtfertigt zu gelten: Die Vernunft *soll* sich zur Objektivität erheben. Sie *soll* ihren subjektiven Eindrücken „objektive Realität", ihren subjektiven Neigungen und Bedürfnissen „objektive Verbindlichkeit" verleihen – oder aber dort, wo dies nicht gelingt, sie als unwahr und ungerechtfertigt verwerfen. Darum, weil sie Objektivität erreichen *soll*, wird in transzendentaler Reflexion nach den *Möglichkeitsbedingungen* für Objektivität gefragt. So dient die transzendentale Reflexion jedesmal dem Interesse der Vernunft.

Diesem Interesse folgend wird in der theoretischen Philosophie nach den Bedingungen gefragt, die es möglich machen, daß unsere subjektiven Eindrücke zu „Objekten" der theoretischen Vernunft verwandelt werden, die dieser, unabhängig von der Differenz der beobachtenden Subjekte, mit Maßgeblichkeit für das theoretische Urteil gegenübertreten. Dem gleichen Interesse folgend wird in der praktischen Philosophie nach den Bedingungen gefragt, die es möglich machen, daß unsere subjektiven Neigungen und Bedürfnisse zu „Objekten" der praktischen Vernunft verwandelt werden, die dieser, unabhängig von der Differenz der wollenden und handelnden Subjekte, mit Maßgeblichkeit für das praktische Urteil gegenübertreten. Daß es Bedingungen gebe, die dies möglich machen, daß also die transzendentale Frage nicht ins Leere gehe, wird vorausgesetzt. Denn daß die Vernunft könne, was sie soll, daß also Objektivität im theoretischen wie im praktischen Urteil erreichbar sei, das ist es, was der Mensch „fordern" darf, wenn er bereit ist, dem Gesetz zu gehorchen, das von ihm eben diese Erhebung zur theoretischen und praktischen Objektivität verlangt.

Das bedeutet für die theoretische Philosophie, daß die „transzendentalen Aufgaben der reinen Vernunft", also die Aufgabe, die Möglichkeitsbedingungen theoretischer Objektivität aufzufinden, „schlechterdings müssen aufgelöst werden können" (rV 476), so daß der Forschende hier „mit Recht eine genugtuende Antwort [. . .] fordern kann" (rV A 478). Für die praktische Philosophie folgt aus dem gleichen Ansatz: Jede Prämisse ist erlaubt, die unentbehrlich ist, um den Gehorsam gegen das Sittengesetz vor dem Anschein der Widersprüchlichkeit zu bewahren, da dieses Gesetz von uns nichts anderes verlangt, als daß wir uns das, was dem objektiven Vernunftzweck dient, auch subjektiv zum Zweck unseres Wollens und Handelns machen. Ja die Aufgabe, den praktisch-objektiven Vernunftzweck auch praktisch-subjektiv uns zu eigen zu machen, stiftet „ein Bedürfnis in schlechterdings notwendiger Absicht und rechtfertigt seine Voraussetzung nicht bloß als erlaubte Hypothese, sondern als Postulat" (pV 258).

Aber die „Forderung" hat jedesmal einen anderen Adressaten. Die Forderung der theoretischen Vernunft richtet sich an den Erkennenden selbst. Die „transzendentale Aufgabe", die „schlechterdings muß aufgelöst werden können", verlangt von ihm nichts anderes, als daß er sich auf den Standpunkt des „transzendentalen Idealismus" erhebe und anerkenne: Die Welt als ganze, aber auch ihre Elemente, die einzelnen Objekte, sind nicht gegeben, sondern aufgegeben, weil ihre Objektivität, d. h. ihr maßgebliches Entgegenstehen für das theoretische Urteil, erst dadurch entsteht, daß der Stoff der subjektiven Eindrücke in die Form jener Anschauungen und Begriffe gebracht wird, welche ihrerseits die „Bedingungen der Möglichkeit aller Gegenstände der Erfahrung" darstellen (vgl. rV A 158). Die Forderung der praktischen Vernunft dagegen, ihr „Postulat", ist nicht durch den Wollenden und Handelnden selber erfüllbar. Es genügt nicht, wie in der Theorie, bloß einen neuen „Standpunkt" einzunehmen und von dort aus die Welt der Objekte neu zu verstehen (als eine Welt bloßer Erscheinungen). Es ist vielmehr verlangt, ein neuer Mensch zu werden und dadurch die Welt, die sich der Erfahrung keineswegs als eine Welt objektiver Vernunftzwecke darbietet, erst zur „moralischen Weltordnung" zu gestalten. Und eben die Fähigkeit, ein neuer Mensch in einer neuen Welt zu werden, ist kein Gegenstand des Wissens oder bloßen Wollens, sondern ein Gegenstand des Hoffens.

Die „transzendentale Aufgabe", also die Frage, wie Objektivität in praktischer Absicht möglich sei, muß zwar auch hier „schlechterdings aufgelöst werden können". Aber sie ist nur aufzulösen, indem ein Gott „gefordert" wird, auf den die Hoffnung sich richten kann. Auch diese Antwort ist „transzendental idealistisch", sofern die Forderung sich auf ein Gesetz stützt, das die Vernunft sich selber gibt, und sofern die Hoffnung sich auf einen Gott richtet, den die Vernunft auf Grund ihrer eigenen Bedürfnisse „postuliert" und in diesem Sinne „sich selber gemacht" hat (vgl. Rel. B 257 Anm.). Aber die postulatorische Hoffnung wird hier (im Gegensatz zur späteren Hoffnungsphilosophie Blochs) nicht *gegen* die Welt und ihren göttlichen Schöpfer zur Geltung gebracht. Sie richtet sich vielmehr gerade darauf, daß der Gott der Hoffnung sich zugleich als der Schöpfer und Herr dieser Welt erweise. Gefordert wird „eine oberste Ursache der Natur [. . .], die eine dem moralischen Gesetz gemäße Kausalität hat" (pV 225), also der moralisch gute Schöpfer dieser für unsere Erfahrung so wenig moralisch gut erscheinenden Welt.

So entsteht aus Kants Ansatz eine postulatorische Hoffnung, jedoch eine, der alle Selbstgerechtigkeit fernliegt. Der „Unschuldswahn", um einen Ausdruck von J. B. Metz zu gebrauchen, kann hier nicht aufkommen, weil das Postulat, das nach der Existenz eines Gottes verlangt, gerade daraus hervorgeht, daß der Mensch sich als derjenige erfährt, der ein anderer werden muß, und der doch aus eigener Kraft, selbst durch einen unendlichen Progreß, seinen Ausgang vom Bösen nicht ungeschehen machen kann (vgl. Rel. 94f., vgl. oben S. 16). Darum ist diese Hoffnung, unbeschadet ihres postulatorischen Charakters, auch frei von der Pose jenes „Gerechten“, der an der bösen Welt (und gar noch an dem „bösen Gott dieser Welt“) das Gericht vollstreckt. Denn die Hoffnung, die sich in diesem Postulat ausspricht, ist die Hoffnung dessen, der sich unter das Gericht gestellt weiß, nicht die Hoffnung dessen, der sich gegenüber der bösen Welt als Richter eingesetzt meint.

c) Kants postulatorische Hoffnung und die katholische Theologie

Die katholische Theologie der Hoffnung, so hat sich gezeigt, bemüht sich einerseits darum, (mit Bloch) dem Interesse der weltverändernden Praxis zu dienen und deshalb die absolute Hoffnung auf das Heil mit konkreten Aufgabenstellungen innerweltlichen Handelns zu vermitteln. Sie ist andererseits bemüht, (gegen Bloch) die dualistische und zuletzt notwendig atheistische Konsequenz zu vermeiden, zu der Bloch gelangt, wenn er aus dem Recht der utopischen Hoffnung die totale Verwerfung „dieser“ Welt und ihres teuflischen Schöpfers ableitet.

Wie eine postulatorisch-praktische Hoffnung ohne dualistisch-atheistische Implikationen aussehen könnte, dafür könnte den katholischen Theologen Kants Hoffnungsphilosophie als Modell dienen, freilich nur dann, wenn sie diese Philosophie nicht vorschnell und ohne Prüfung der Texte dem Verdacht einer „Privatisierungstendenz“ unterstellen, welche der christlichen Hoffnung zuwiderlaufe. Die wachsende Schärfe, mit der J. B. Metz, vor allem in seinem jüngsten Buch ›Glaube in Geschichte und Gesellschaft‹, gegen den transzendentalen Ansatz in der Theologie polemisiert, beruht darauf, daß er den gesellschaftlich-politischen Bezug der Transzendentalphilosophie Kants nicht bemerkt hat. Alles transzendentale Denken gilt ihm sogleich als „privatisierend“ und in dieser Privatisierungstendenz als „elitär“. Hier liegt nun zweifellos nicht nur ein Mißverständnis der Intention Kants vor, sondern vor allem eine Unterschätzung der Möglichkeiten, die sich aus dem transzendentalen Ansatz ergeben könnten. Das hätte sich schon daran ablesen lassen, daß Kants postulatorische Hoffnung die Forderung enthält: „Der Mensch soll aus dem ethischen Naturzustand herausgehen, um ein Glied eines ethischen gemeinen Wesens zu werden" (Rel. A 126). Der Übergang vom Naturzustand der isoliert lebenden Einzelnen zum Gesellschaftszustand derer, die in sittlicher Autonomie nicht nur sich selbst, sondern dem Gemeinwesen das sittlich begründete Gesetz geben, ist nach Kants Meinung auf dem Felde der Moral noch nicht geschehen, muß aber „gefordert" werden. Und das Postulat der Existenz Gottes richtet sich in diesem Zusammenhang auf jenes „höhere moralische Wesen", welches es möglich macht, daß Moralität nicht länger eine Sache der isolierten Einzelnen bleibt, sondern zur Aufrichtung eines ethischen Gemeinwesens fortschreitet. Dazu ist es nötig, die Existenz Gottes zu postulieren, weil nur durch Gottes „allgemeine Veranstaltung die für sich unzulänglichen Kräfte der Einzelnen zu einer gemeinsamen Wirkung vereinigt werden" (Rel. A 128). Darum ist „ein ethisches gemeines Wesen nur [. . .] als ein Volk Gottes [. . .] zu denken möglich" (Rel. A 131). Gerade deshalb, weil es der postulatorischen Hoffnung — auch und gerade in der transzendentalphilosophisch begründeten Form, wie sie bei Kant ausgesprochen wird — nicht um die „Privatisierung" der sittlichen Praxis zu tun ist, sondern um die Aufrichtung eines „ethischen gemeinen Wesens", hat die so verstandene Hoffnung immer auch eine politische Dimension. Eine Auseinandersetzung mit Kants Hoffnungsphilosophie (nicht ihre unkritische und selektive Übernahme!) hätte es daher den katholischen Theologen auch leichter gemacht, den Ansatz zu finden, von dem aus die Auseinandersetzung mit der evangelischen Theologie der „weltlichen Welt" bzw. der „Zukunft Christi" geführt werden könnte.

Die katholische Theologie der Hoffnung, so hat sich gezeigt, war darum bemüht, mit Gogarten und Barth der Welt in deren eigenen, durchaus „weltlichen" Bedürfnissen zu dienen, vor allem um sie vor ihrer drohenden Selbstvernichtung zu bewahren. Sie war andererseits bemüht, im Gegensatz zu Gogarten und Barth, die „Erhaltung" der Welt, d. h. ihren Schutz vor Selbstvernichtung, nicht so von allem „Heilswirken" zu unterscheiden, daß alle auf das Heil gerichtete Tätigkeit ausschließlich der Gnade Gottes vorbehalten werden müßte. Auch in diesem Bemühen ist Kant den katholischen Theologen vorausgegan-

sondern zugleich eine Anweisung dafür geben, wie der Gegenstand der praktischen Vernunft, das Reich Gottes, in konkreten Handlungen intendiert werden kann, und wie ein besonderer Gegenstand der theoretischen Vernunft, die sichtbare Kirche, auf den praktischen Vernunftzweck zu beziehen sei.

Ein vergleichbares Selbstverständnis hat die katholische Kirche auf dem Zweiten Vatikanischen Konzil formuliert. Auch die Pastoralkonstitution ›Die Kirche in der Welt von heute‹ will die Kirche so verstanden wissen, daß sie die Möglichkeit eröffnet, zwischen absoluter Heilshoffnung und praktischem Weltdienst zu vermitteln. Und auch hier zeichnet die Hoffnung den Horizont vor, innerhalb dessen eine Lehre von der Kirche möglich wird, die an zentraler Stelle die Aussage enthält:

> Jegliches Gut, das das Volk Gottes in der Zeit seiner irdischen Pilgerschaft der menschlichen Familie gewähren kann, ergibt sich daraus, daß die Kirche das universale Sakrament des Heiles ist, d. h. daß sie das Geheimnis der Liebe Gottes zum Menschen zugleich offenkundig und wirksam macht (Gaudium et Spes I, 7 Nr. 48).

Die Vermittlung zwischen absoluter Hoffnung und Dienst an der „menschlichen Familie“ geschieht auch hier in Gestalt einer Kirche, die sich als die vorwegnehmende „Darstellung“ des Reiches Gottes versteht.

Auf dem Felde der theoretischen Philosophie war es der Begriff des „tätigen Geistes“, der es Maréchal ermöglicht hat, Kants Transzendentalphilosophie in den Zusammenhang einer aristotelisch-thomistischen Erkenntnislehre zu transponieren und die transzendentale (d. h. Gegenstände ermöglichende) Funktion des Urteils als einen „Vorgriff auf Gott“ zu deuten. Dieser „Vorgriff“ seinerseits wurde durch Karl Rahner als der Reflex der universal wirksamen zuvorkommenden Heilsgnade Gottes interpretiert. Sollte es etwa — trotz aller Polemik Kants gegen den „Kirchenglauben“ und speziell gegen dessen katholisch-sakramentales Verständnis — gerade der Kirchenbegriff sein, der es möglich macht, Kants praktisch-religiöse Philosophie in den Kontext einer Theologie der Hoffnung zu transponieren?

Es ist offensichtlich, daß es sich dabei nicht um den Versuch handeln könnte, einige zustimmungswürdig erscheinende Aussagen Kants aus ihrem argumentativen Kontext zu lösen und selektiv für eine theologische Verwendung nutzbar zu machen. Auch und gerade hier wäre nicht Selektion, sondern Transposition verlangt, bei welcher die strukturelle Differenz zwischen Kants Postulatenlehre und der katholischen Hoffnungstheologie sich aller Vermutung nach dahin auswirken müßte, daß kaum ein Element bei seiner Übernahme bedeutungsgleich bliebe. Und dennoch scheint es der Mühe wert, dorthin zurückzukehren, wo die Wege der postulatorischen Philosophie und der reformatorischen Hoffnung auf Rechtfertigung des Sünders sich noch nicht getrennt hatten, jene beiden Wege also, zwischen denen die katholische Theologie der Hoffnung heute ihren dritten Weg zu suchen hat.

Eine solche Transposition erscheint, am Maßstab der „textnahen Interpretation" gemessen, immer gewagt. Doch ist daran zu erinnern, daß es nicht darum geht, Kants Behauptungen zu bestätigen, sondern darum, das von ihm formulierte „Vernunftinteresse" zu erfüllen. Maréchal transponierte den theoretisch-philosophischen „Kantismus" in einen Kontext hinein, den Kant selber gewiß nicht als seiner Philosophie gemäß beurteilt hätte: in den Zusammenhang einer Lehre vom „Vorgriff auf Gott", der in jedem Urteil vollzogen werde. Entsprechend würde die hier in Aussicht genommene Transposition des praktisch-philosophischen „Kantismus" den Ansatz Kants in einen Kontext hineinstellen, der ihm vermutlich noch fernergelegen hätte: in den Zusammenhang einer Lehre von den zeichenhaften Antizipationen, die allein eine Praxis der Hoffnung möglich machen. Die theologische Konsequenz war im einen Falle eine Theologie des universal wirksamen Heilswillens Gottes. Die theologische Konsequenz wäre im hier vorgesehenen Falle eine Theologie der sakramentalen Antizipation. Denn es scheint — trotz Kants Polemik gegen Kirchenglaube und Sakrament —, daß die Vermittlung zwischen dem dritten Hoffnungsziel, dem „Reich Gottes", und der Erfahrung innerweltlicher gesellschaftlicher Größen nur durch eine Kirche geleistet werden kann (was auch Kants Meinung ist), die sich als das „universale Sakrament des Heils" versteht (was Kant gewiß ablehnen würde).

Es ist hier nicht der Ort, um eine solche Theologie der sakramentalen Antizipation auch nur in Umrissen vorzuzeichnen. Dies wurde an anderer Stelle versucht. In einem Aufsatz: ›Kultisches Handeln — Die Frage nach Proben seiner Bewährung und Kriterien seiner Legitimation‹ (in: R. Schaeffler und P. Hünermann, Ankunft Gottes und Handeln des Menschen, Quaestiones disputatae 77, Freiburg 1977) habe ich versucht, Kriterien für eine Praxis der Hoffnung zu formulieren, die sich aus einer Theorie zeichenhafter Antizipationen ergeben. Weil sich dadurch auch Perspektiven für eine Theologie der Hoffnung eröffnen könnten, seien die Ergebnisse dieser Untersuchung hier erwähnt:

Jede Ansage einer neuen Welt enthält den Gerichtsruf über die alte — und dieser Gerichtsruf impliziert den Anspruch des Rufers, seinerseits schon Bürger der neuen Welt zu sein. Aber der Kulthandelnde braucht nicht in (stets fiktiver) Selbstgerechtigkeit zu verleugnen, daß auch er zugleich ein Teil jener altgewordenen Welt ist, wenn er sich und diese Welt für eine Erneuerung offenhalten will [. . .]. Er weiß, daß er in dieser alten Welt ausharren muß, wenn er für die Hoffnung auf ihre und seine Neuschaffung eine Stelle offenhalten will. Seine Würde besteht weder darin, ein positives Werturteil zu verdienen und also dem Gericht enthoben zu sein, noch darin, ein Verwerfungsurteil über diese Welt aussprechen und vollstrecken zu können und also wiederum von der Verworfenheit dieser Welt ausgenommen zu sein. Würde der Welt und Würde des Menschen bestehen vielmehr darin, Ort und Gestalt für die Gegenwart dessen zu sein, vor dem aller Anspruch auf Selbstrechtfertigung versagt (a. a. O., S. 48 f.).

Das Postulat der praktischen Vernunft, d. h. jener „theoretische Satz“, der dem „praktischen Gesetz“ der menschlichen Berufung „unzertrennlich anhängt“ (vgl. pV 220), könnte so die Gestalt annehmen: Wenn ich durch mein Handeln der Neuschaffung der Welt dienen soll, muß ich annehmen dürfen, daß die Tat, die ich tue (das *opus operantis*), die Gestalt ist, deren objektiver Inhalt (das *opus operatum*) die Heilswirksamkeit Gottes ist, die in dieser menschlichen Knechtsgestalt mitten in der Welt gegenwärtig und wirksam wird. Was ich zu „postulieren“ habe, ist nichts anderes als die selbstlose Würde des Bildes, das nicht sich selbst, sondern Gottes Heilswirken in der Welt „zugleich offenkundig und wirksam macht“ (Gaudium et Spes I, 7 Nr. 48).

Die Frage „Was dürfen wir hoffen?“ fände in einer so konzipierten, auf spezifisch katholische Ekklesiologie und Sakramentenlehre gegründeten Theologie der Hoffnung die Antwort: Wir dürfen hoffen, in der Unzulänglichkeit unseres menschlichen Wirkens und unseres gesellschaftlich-kirchlichen Lebens dazu angenommen zu sein, das „universale Sakrament des Heils“, die sichtbare Gestalt für die Präsenz der kommenden Welt inmitten der alten, zu sein. Es ist dieser hohe und zugleich selbstlose (weil keine „eigene Gerechtigkeit“ vortäuschende) Anspruch, an dem eine christliche Praxis der Hoffnung sich messen lassen muß. Es ist ein Anspruch auf Hoffnung hin, den die menschliche Praxis nur dann erfüllen kann, wenn der Handelnde weiß, daß er die selbstlose Würde des sakramentalen Zeichens nicht durch Leistung „verdient", sondern durch die Vergebung seines Versagens stets neu geschenkt erhält.

LITERATUR

Die Zahlenangaben in Klammern verweisen auf Zitierungen im vorliegenden Band.

Adorno, Th. W., H. Albert u. a., Der Positivismusstreit in der deutschen Soziologie, Neuwied 1969 (85).

Aristoteles, Politik (172).

Auer, A., Der weltoffene Christ, Düsseldorf 1960 (75).

Barth, K., Die Kirche und die Kultur, in: Ders., Ges. Vorträge II (Die Theologie und die Kirche), München 1928, SS. 364—391 (54, 56 f., 59 f.).

Bloch, E., Atheismus im Christentum, in: Ges. Werke XIV, Frankfurt 1968 (108—117, 144, 151—153, 157, 191 f., 257 f., 261, 270, 275—277, 279 f., 284, 291).

–, Avicenna und die aristotelische Linke, Frankfurt 1952 (103).

–, Geist der Utopie (Urfassung) München 1918, zitiert nach: Ges. Werke XVI, Frankfurt 1976 (99, 102—106, 151, 163, 251, 269).

–, Geist der Utopie (Zweitfassung) zitiert nach: Ges. Werke III, Frankfurt 1975 (105, 151).

–, Philosophische Grundfragen I: Zur Ontologie des Noch-Nicht-Seins, Frankfurt 1961, hier zitiert nach: Ges. Werke XIII, Frankfurt 1970 (102 f., 105, 127 f., 131 f., 264).

–, Das Prinzip Hoffnung, Berlin (Ost) 1954—1959, hier zitiert nach: Ges. Werke V, Frankfurt 1968 (108, 113—115, 127 f., 130, 151, 154, 156 f., 162, 164, 170, 191, 258, 260, 268, 275, 279, 297, 303).

–, Naturrecht und menschliche Würde, in: Ges. Werke VI, Frankfurt 1961 (204).

–, Religion im Erbe (hrsg. v. J. Moltmann), München 1967 (156, 158).

–, Thomas Müntzer als Theologe der Revolution, München 1921 (99).

–, Tübinger Einleitung in die Philosophie II, Frankfurt 1964 (156).

Blumenberg, H., Die Legitimität der Neuzeit, Frankfurt 1966 (83).

Boros, L., Erlöstes Dasein, Mainz 1965 (188).

Gaudium et Spes (Pastoralkonstitution des Zweiten Vatikanischen Konzils) (323).

Gogarten, F., Illusionen. Eine Auseinandersetzung mit dem Kulturidealismus, Jena 1926 (51—55, 57, 68, 78).

–, Verhängnis und Hoffnung der Neuzeit. Säkularisierung als theologisches Problem, Stuttgart 1953 (50 f., 62—64).

Heidegger, M., Über den Humanismus, Frankfurt 1949 (37).

–, Was ist Metaphysik?, Frankfurt 1960 (36).

Kant, I., Die Religion innerhalb der Grenzen der bloßen Vernunft, Königsberg [1]1793, [2]1794 (16, 19, 106, 314, 316—319).

Kant, I., Kritik der reinen Vernunft, Riga [1]1781 (13, 15—18, 28f., 315f.).

–, Prolegomena zu einer jeden künftigen Metaphysik, die als Wissenschaft wird auftreten können, Riga 1783 (3).

–, Vorlesungen über Logik (hrsg. v. G. J. Jäsche), Königsberg 1800 (13, 16).

–, Kritik der praktischen Vernunft, Riga [1]1788 (14f., 19, 27f., 314—316, 325).

Kaftan, J., Kant der Philosoph des deutschen Protestantismus, Berlin 1905 (18).

Kerstiens, F., Die Hoffnungsstruktur des Glaubens, Mainz 1968 (179—201, 216—220, 245f.).

–, „Hoffnung", in: Sacramentum mundi II, Freiburg 1968, Sp. 725—735 (180f.).

Konkordienformel von 1577, in: Bekenntnisschriften der evangelisch-lutherischen Kirche, Göttingen [6]1967 (53).

Landauer, G., Die Revolution, Frankfurt 1907 (101f.).

Lübbe, H., Säkularisierung. Geschichte eines ideenpolitischen Begriffs, Freiburg 1965 (83).

Maréchal, J., Le Point de Départ de la Métaphysique, 5 Bde. 1922 ff. (30—33).

Marx, K., Thesen über Feuerbach, in: Marx-Engels-Werke III (140).

Melanchthon, Ph., Loci communes (17).

Metz, J. B., Christliche Anthropozentrik. Über die Denkform des Thomas von Aquin, München 1962 (41—46, 70).

–, „Apologetik", in: Sacramentum mundi I, Freiburg 1967, Sp. 266—276 (159f.).

–, Erinnerung des Leidens als Kritik eines teleologisch-technologischen Zukunftsbegriffs, in: Evangelische Theologie 32 (1972), S. 338—352 (162—165).

–, Erlösung und Emanzipation, in: L. Scheffczyk (Hrsg.), Erlösung und Emanzipation, Freiburg 1973, S. 120—140 (167f., 300—303).

–, Glaube als gefährliche Erinnerung, in: A. Exeler, J. B. Metz, K. Rahner, Hilfe zum Glauben, Zürich 1971, S. 23—38 (161—167).

–, Glaube in Geschichte und Gesellschaft. Studien zu einer praktischen Fundamentaltheologie, Mainz 1977 (304f.).

–, Gott vor uns. Statt eines theologischen Arguments, in: Ernst Bloch zu Ehren, Frankfurt 1965, S. 227—241 (69).

–, Heidegger und das Problem der Metaphysik, in: Scholastik 28 (1953), S. 1—28 (35—37).

–, Kirche und Welt im eschatologischen Horizont, zunächst in: T. P. Burke (Hrsg.), The World in History, New York 1966, S. 69—85; sodann in: T. P. Burke (Hrsg.), Künftige Aufgaben der Theologie, München 1967, S. 11—30;

überarbeitet und gekürzt in: Stimmen der Zeit 77 (1966), S. 451—462, und in: Orientierung 30 (1966), S. 107—109; hier zitiert nach: Metz, Zur Theologie der Welt, S. 76—91 (69, 79f.).

–, „Politische Theologie“, in: Sacramentum mundi III, Freiburg 1969, Sp. 1232—1240 (153, 158f.).

–, Politische Theologie in der Diskussion, in: H. Peukert (Hrsg.), Die Diskussion zur politischen Theologie, Mainz und München 1969, S. 267—301 (162, 165—167).

–, Die „Stunde“ Christi. Eine geschichtstheologische Erwägung, in: Wort und Wahrheit 12 (1957), S. 5—18 (38, 72).

–, Zur Theologie der Welt, Mainz 1968 (50, 67—82, 86, 88, 90—95, 102, 149, 152, 158f., 161).

–, Die Theologie der Welt und die Askese, in: K. v. Bismarck u. W. Dirks (Hrsg.), Neue Grenzen I, Stuttgart/Olten 1966, S. 171—174; hier zitiert nach: Metz, Zur Theologie der Welt, S. 92—95 (79).

–, Theologische und metaphysische Ordnung, in: Zeitschrift für Katholische Theologie 83 (1961), S. 1—14 (38—40).

–, Verantwortung der Hoffnung, in: Stimmen der Zeit 177 (1966), S. 451—462 (88).

–, „Welt“, in: Lexikon für Theologie und Kirche, 2. Aufl. Freiburg 1965, Bd. X, Sp. 1021—1026 (72).

–, Weltverständnis im Glauben. Christliche Orientierung in der Welt heute, zuerst in: Geist und Leben 35 (1962), S. 165—184; dann in: F. X. Arnold u. a. (Hrsg.), Handbuch der Pastoraltheologie II, Freiburg 1966, S. 239—267; hier zitiert nach: Metz, Zur Theologie der Welt, S. 11—45 (71—73).

–, Der zukünftige Mensch und der kommende Gott, in: H. J. Schultz (Hrsg.), Wer ist das eigentlich — Gott?, München 1969, S. 260—275 (86f., 152).

–, Die Zukunft des Glaubens in einer hominisierten Welt, zuerst in: J. B. Metz (Hrsg.), Weltverständnis im Glauben (nicht identisch mit dem gleichnamigen Aufsatz von 1962), Mainz 1962, ²1966, S. 45—62; sodann in: Hochland 56 (1964), S. 377—391; auszugsweise mit anderem Titel in: H. J. Schultz (Hrsg.), Kontexte I, Stuttgart 1965, S. 17—25; hier zitiert nach: Metz, Zur Theologie der Welt, S. 51—71 (76f.).

Moltmann, J., Theologie der Hoffnung, München 1969 (118—126, 129—137, 142—144, 182—185, 188, 190, 193, 195, 217).

–, Die Kategorie „Novum“ in der christlichen Theologie, in: Ernst Bloch zu Ehren, Frankfurt 1965, S. 243—263 (141, 146f.).

Platon, Charmides (40).

Platon, Phaidon (308).

Platon, Phaidros (40).

Platon, Politeia (24f., 203).

Rahner, K., R. Garaudy, J. B. Metz, Der Dialog, Reinbek 1966 (69, 149—151).
–, Die anonymen Christen, in: ders., Schriften zur Theologie VI, Einsiedeln 1965, S. 545—554 (298).
Schaeffler, R., Ideologiekritik als philosophische und theologische Aufgabe, in: Theologische Quartalschrift 155 (1975), S. 97—116 (171).
–, Kultisches Handeln. Die Frage nach Proben seiner Bewährung und Kriterien seiner Legitimation, in: R. Schaeffler und P. Hünermann, Ankunft Gottes und Handeln des Menschen (Quaestiones disputatae 77), Freiburg 1977 (324 f.).
–, Der utopische Gedanke und die christliche Heilserwartung, in: L. Hödl u. a., Das Heil und die Utopien, Paderborn 1977, S. 9—66 (230, 262).
Schulz, W., Philosophie in der veränderten Welt, Pfullingen 1972 (85).
Seibt, F., Utopica, Düsseldorf 1972 (100).
Tillich, P., Das Recht auf Hoffnung, in: Ernst Bloch zu Ehren, Frankfurt 1965, S. 265—276 (146).
Unseld, S. (Hrsg.), Ernst Bloch zu Ehren, Frankfurt 1965 (141, 144, 146—149, 156).
Unsere Hoffnung. Ein Bekenntnis zum Glauben in dieser Zeit, in: L. Bertsch u. a. (Hrsg.), Gemeinsame Synode der Bistümer in der Bundesrepublik Deutschland I: Beschlüsse der Vollversammlung, Freiburg 1976 (225, 230—232, 237—249, 300—303, 307).
Arbeits- bzw. Beschlußvorlagen zum Synodentext (225—232, 235—238).

STICHWORTREGISTER

Alpha und Omega 97. 140—144. 169. 210 f. 213—217. 244—246. 248 f. 257. 266. 271—273. 277 f. 288. 292 f.
Anthropozentrik, anthropozentrisch 37. 40—46. 88
Antithese s. Dualismus
Antizipation 66. 115. 244—249. 322—326
Apokalyptik, apokalyptisch 140. 194 f. 271—278. 283. 293. 299 f.
Apologie, apologetisch 47. 159. 180. 226 f.
Atheismus 21. 99. 111. 114—116. 151—159. 297 f.
Auferstehung, Auferweckung der Toten 58. 119—125. 129—135. 138. 141. 144. 147. 187 f. 206 f. 211. 214. 218—220. 229. 233 f. 283. 287 f. 311

Befreiung s. Freiheit

Dialektik s. Vermittlung, dialektische
Dualismus 140—144. 154 f. 169. 195. 268—271. 275. 292 f.

Emanzipation s. Freiheit, Befreiung
Epiphanie, Epiphaniereligionen 119. 123 f. 194. 196 f.
Erhaltung, Erhaltungsordnungen 56—62. 74. 83. 89. 145. 205 f. 310. 318
Erinnerung: Memoria, Gedächtnis, „subversive Erinnerung" 108 f. 161—165. 229. 248. 278. 288. 293 f.
Erlösung 166—170. 227. 300. 303
Eschatologie (vgl. Zukunft, Verheißung) 88. 118—129. 134 f. 154 f. 182—185. 247. 249. 281—284. 311 f.
Eschatologischer Vorbehalt 58—60. 66—69. 90. 92 f. 152 f. 155

Freiheit, Befreiung 27. 74. 76. 81 f. 90—93. 105 f. 159. 166—169. 212—221. 229. 246. 303
Frühkatholizismus 123—125. 193

Gedächtnis s. Erinnerung
Gemeinde s. Kirche
Gericht 52. 127 f. 173. 237—241. 249. 281 f. 316 f. 325
Geschichte 26. 38. 72. 82. 128. 131. 133—135. 186. 209. 215—219. 222 f. 256 f. 277
Gesellschaft, gesellschaftlich 85 f. 227—229. 236—238
Gesetz, dreifacher Gebrauch des Gesetzes 53—58. 65 f.
Glaube 1 f. 4—6. 17 f. 50 f. 57—66. 114 f. 168 f. 174—182. 185 f. 209. 223—240. 259 f. 286. 296—299. 303. 307 f. 313 f. 321
Gnade 4. 7. 16—18. 21. 33. 52—57. 65 f. 74. 89. 99. 171. 189. 205 f. 211—223. 233 f. 247. 283. 309 f. 318 f. 321

Gott (vgl. Atheismus, Gnade, Schöpfung) 7. 26—29. 32 f. 106. 113—116. 119—123. 137 f. 142 f. 148. 216—218. 220 f. 263—268. 274 f. 295 f. 316 f.

Hypostatische Union 68. 80—84

Identität („in se" oder „extra se") 121 f. 142—144. 188—190. 196. 207
Ideologie, Ideologiekritik, Ideologieverdacht 84 f. 205. 279. 282. 294—296. 300 f.
Inkarnation, Menschwerdung 73 f. 77. 79. 157. 189

Kirche (auch: [Glaubens-]Gemeinde, kirchlich) 1. 58. 90 f. 93 f. 152. 173 f. 223—225. 229. 232—245. 249. 259 f. 299. 322 f.
Konzil, Zweites Vatikanisches 1. 5 f.
Kreuz Christi (auch: Passion, Tod Jesu) 37 f. 40. 71. 119. 121. 129 f. 153 f. 162—164. 187. 206. 218 f. 229. 233. 239. 279—288. 295. 299—302
Kultus 125. 263—267. 324 f.

Latenz 125—129. 209 f.

Materie (auch: Potentialität der Materie) 103—107. 127
Memoria s. Erinnerung
Menschwerdung s. Inkarnation
Metaphysik, metaphysisch 3 f. 13. 35 f. 88. 94 f. 104. 190. 256
Mythos, Mythologie 262—266. 285

Nachfolge 131. 231—233. 237. 241. 295
Natur (des Menschen und der Dinge), Naturrecht 200—205. 215—219
Neuzeit, neuzeitlich 2. 40—43. 47 f. 61—64. 70. 76. 89 f.
Noch-Nicht s. Tendenz

Offenbarung s. Wort Gottes
Opfertod, Sühnetod 163. 279 f. 284—286. 294 f. 299. 301 f.
Ostern s. Auferstehung

Passion s. Kreuz Christi
Philosophie, griechische 122. 186 f. 190. 197
Philosophie, transzendentale 2—4. 24 f. 29. 32 f. 37—39. 88. 323
Politik, politisch 80. 85—88. 91 f. 160—173. 229. 297. 319 f.
Positivismusstreit 85 f.
Postulat, postulatorisch 15 f. 19—21. 29. 32. 98 f. 104—107. 230. 315—319. 325
Potentialität s. Materie
Praxis, sittliche (vgl. Vernunft, praktische) 13. 28. 103—106. 205. 209 f. 219 f. 247. 310. 318 f. 322 f.

Rechtfertigung, Rechtfertigungslehre 16—21. 51—54. 122—124. 138. 168 f. 192 f. 206 f. 212. 249. 311—314. 321
Redaktionsgeschichte 116 f. 141. 254—261. 273—275. 292
Reich Gottes 93. 114—116. 132 f. 138 f. 153—155. 164—167. 242. 302 f. 322. 324
Religionsgeschichte 116 f. 141. 254—262. 274 f. 292 f.
Revolution, revolutionär 28. 99. 101—103. 150. 160. 164—166. 170. 256. 289. 295. 297. 301

Säkularisierung (vgl. Weltlichkeit) 49—51. 61—68. 77f. 83
Säkularismus 61—66. 78
Schöpfung, Schöpfungstheologie (vgl. Alpha und Omega) 25. 81. 111. 115f. 130f. 144f. 202. 205. 215f. 242f.
Sein, Seiendes 24—26. 30f. 36f. 42. 44f. 75. 113. 121f. 200f.
Sendung 134. 197f. 241
Sittengesetz s. Gesetz
Sühnetod s. Opfertod
Sünde, Sünder, Sündhaftigkeit (vgl. Rechtfertigung, Gericht) 52—54. 168f. 173. 196. 313f.
Synode, Gemeinsame der deutschen Bistümer 223—225. 230—236. 243—249. 300. 302f. 311f.

Technik, technologisch, „Technokraten“ 84—87. 90f. 162
Tendenz (auch: Noch-Nicht; vgl. Utopie, utopisch) 95f. 102. 113. 124—129. 209f. 214f. 252
Theologie, dialektische 58—60
Theologie, negative 156—158
Theologie, politische 80. 87f. 91. 94f. 153. 158—161. 165—173. 227—230
Theologie, soziale 200—208
Theologie, transzendentale 3f. 29—35. 200
Tod Jesu s. Kreuz
Totenauferweckung s. Auferstehung
Transposition (als Methodenproblem) 3. 29f. 34. 64f. 126. 188—190. 208. 320f. 323f.

Umkehr 217—222. 231—240. 245—249
„Unterirdische Bibel“ 109—112. 116. 156. 191f. 254. 257—260. 290
Utopie, utopisch 64. 95—105. 114f. 117f. 132. 151—155. 164f. 223. 256. 263f. 270f. 281—283. 297. 309

Veränderung 73f. 105. 139f. 143. 161. 198f. 202. 204. 208—215
Vergebung s. Rechtfertigung
Verheißung (auch: Verheißung und Erfüllung) 56—59. 66. 117. 119. 123. 132. 136. 142f. 163. 186f. 278. 286f.
Vermittlung, dialektische 107. 128. 131. 133—137. 141. 144. 204. 214f. 252—256. 271. 275—281. 289. 292f. 302f.
Vernunft, Interesse der 13f. 315
Vernunft, praktische (auch: Wille) 13—16. 20. 27—29. 106f. 314—316. 289. 321f. 325
Vernunft, theoretische 13—15. 19f. 27f. 32f. 314—316
Vollendung 55. 167. 196f. 201. 209—214
Vorläufigkeit (vgl. Eschatologischer Vorbehalt) 92f. 127

Weltlichkeit, weltlich 4. 49—54. 60—67. 74—77. 89f.
Wissen 1—4. 13. 15. 17—19. 60. 104f. 130. 186. 316
Wort Gottes (auch: Offenbarung, Ruf Gottes; vgl. Verheißung) 25f. 39f. 121

Zukunft (auch: Zukunft der Welt, Zukunft Christi zur Welt) 72—74. 95f. 113—115. 118—124. 131—140. 142f. 148. 153f. 187—189. 196—198. 207. 216f. 245f. 311

5

gen. Denn er verband die Hoffnung auf die moralische Weltordnung, die nur durch Gott erfüllt werden kann, mit der Verpflichtung, die Welt nicht nur zu erhalten, sondern der Verwirklichung der besseren Welt durch sittliche Praxis zu dienen. Die Schrift ›Zum ewigen Frieden‹ zeigt, daß Kant die religiöse Hoffnung auf Gott mit der Forderung eines politisch weltverändernden Handelns durchaus zusammendenken konnte. Hoffnung, wie er sie versteht, ist nicht darauf gerichtet, daß Gott abseits aller sittlichen Werke des Menschen das Heil schaffen wird, sondern darauf, daß aus dem Wirken des Menschen gerade derjenige Effekt hervorgeht, den dieses Wirken nicht unmittelbar und aus eigener Kraft hervorzubringen vermag: die sittlich postulierte bessere Welt. Die Moralität unserer Gesinnung hat mit dem „höchsten Gut" zwar keinen „unmittelbaren" kausalen Zusammenhang, wohl aber, so fordert Kant, einen vermittelten, „vermittelst eines intelligiblen Urhebers der Natur" (pV 207).

Der Ansatz aber, von dem aus Kant die Hoffnung auf Gott mit der Forderung nach einer sittlichen (und zwar nicht nur individuellen, sondern auch politischen) Praxis verbinden kann, liegt hier nicht weniger als in der theoretischen Philosophie in seiner transzendentalen Reflexion. Die moralische Welt ist der objektive Zweck der praktischen Vernunft, ihr letzter Gegenstand, den sie im praktischen Urteil als sittlich gefordert anerkennt. Die Hoffnung aber richtet sich auf jene Bedingung, die den Bezug der praktischen Vernunft auf diesen Gegenstand möglich macht. Wäre diese Bedingung nicht gegeben, so wäre der Begriff der moralischen Welt ein subjektiver Traum, kein Objekt des praktischen Vernunfturteils.

Die Hoffnung auf die moralische Weltordnung und das sittliche gemeine Wesen ist, wie Kant gelegentlich sagen kann, „chiliastisch", sofern sie sich nicht auf das theoretisch voraussehbare Ergebnis der Weltentwicklung richtet, sondern auf das „nicht vorauszusehende Ereignis", das die Welt ebenso plötzlich überfällt, wie der Tod das Individuum (vgl. Rel. A 195). Und doch richtet sich diese Hoffnung nicht nur auf jenen Punkt, an dem alle Wege des Menschen und der Welt im Tod des Gerichtes enden, sondern auf die Bedingung, die den „Progressus" zum Besseren möglich macht — trotz allen „Rechtsanspruches", den das böse Prinzip auf den Menschen anmelden kann (Rel. A 99). So ist Kant den katholischen Theologen auch insofern vorangegangen, als diese (mit Moltmann) einerseits das Ziel der gläubigen Hoffnung „eschatologisch", nicht „evolutionistisch" erwarten wollen, zugleich aber (gegen Moltmann) sich durch diese Hoffnung nicht nur zum Leben aus dem Tode, sondern auch und vor allem zu einem neuen Weg in dieser Welt gerufen wissen wollen. So hätte es sich wohl gelohnt zu untersuchen, auf welche Weise es Kant von seinem transzendentalen Ansatz aus gelingt, „Chiliasmus" und „Prozeß", das „nicht voraussehbare Ereignis" und die Stetigkeit des sittlich-politischen Wirkens zusammenzudenken.

d) Auf der Suche nach einem angemessenen Kontext katholischer Hoffnungs-Theologie

Diese Hinweise könnten nun den irreführenden Anschein erwecken, als solle an dieser Stelle den katholischen Theologen empfohlen werden, sich (anstelle von Bloch, Gogarten oder Moltmann) Immanuel Kant zum Vorbild zu nehmen, um mit seiner Hilfe eine katholische Theologie der Hoffnung zu entwickeln. Dies jedoch ist nicht die Absicht, von der die hier gebotenen Hinweise geleitet wurden. Denn eine Kant-Rezeption in die katholische Theologie hinein würde aller Vermutung nach nicht weniger partiell und selektiv ausfallen wie die Rezeption Blochscher Philosophie bzw. reformatorisch bestimmter Theologie, von der in der hier vorgelegten Untersuchung die Rede war. Indessen kann es nicht auf partielle und selektive Rezeption ankommen, sondern allein auf methodenbewußte und kritische Transposition. Eine derartige „Transposition des Kantismus" hat, hinsichtlich der theoretischen Philosophie, Joseph Maréchal unternommen; hinsichtlich von Kants praktischer Philosophie aber steht sie, so scheint es, bis heute noch aus. Gerade eine Transposition von Kants praktischer Philosophie aber erscheint dringlich und aussichtsreich zugleich. Denn Kants Philosophie der postulatorischen Hoffnung ist aus einer Transposition der reformatorischen Rechtfertigungslehre in den Kontext der praktischen Philosophie hervorgegangen; andererseits läßt sich Blochs Philosophie der postulatorischen Hoffnung als eine Transposition dieses kantischen Ansatzes in den Kontext utopischen Denkens begreifen. Sollte da nicht eine Transposition des Kantismus den geeigneten Ansatz bieten, von dem aus ein Weg gebahnt werden könnte, der „zwischen reformatorischer Rechtfertigungslehre und utopischem Denken" gerade von der katholischen Theologie gesucht werden muß? Und wenn, wie Kant ausgeführt hat, allein eine Philosophie des hoffenden Glaubens geeignet ist, das theoretische mit dem praktischen Vernunftsinteresse zu vereinen, dann dürfte sich hier wohl ein Anknüpfungspunkt bieten, von dem aus auch das theologische Interesse, die „Hoffnungsstruktur des Glaubens" nachzuweisen, sich mit dem philosophischen verbinden kann.

Freilich: Ehe ein Urteil darüber gewagt werden kann, ob eine solche, auf die praktische Philosophie bezogene „Transposition des Kantismus" möglich sei, was von ihr erwartet werden könne und wo die Grenzen des Erwartbaren liegen, müßte Klarheit darüber bestehen, wie der theologische Kontext beschaffen sein müsse, in den hinein eine solche Philosophie sinnvoll transponiert werden kann. Für Maréchals Transposition von Kants theoretischer Philosophie bot sich als vermittelnder Leitbegriff die aristotelisch-thomistische Konzeption vom „tätigen Geist" an, dessen Tätigkeit aus dem Stoff der sinnlichen Eindrücke erst die Objekte möglicher Erkenntnis gestaltet. Der Akt dieses tätigen Geistes konnte einerseits, im Sinne Kants, als die Hervorbringung der Erkenntnisobjekte aus dem Stoff der Sinnesaffektionen begriffen werden, andererseits aber als „jener Vorgriff auf Gott", der sich theologisch als Reflex der universalen, aller menschlichen Leistung zuvorkommenden Heilsgnade Gottes interpretieren ließ. So wurde die theologische Lehre vom universalen Heilswillen Gottes zu demjenigen Kontext, in den hinein Kants theoretische Philosophie transponierbar war. Es ist noch nicht deutlich, ob für eine Transposition von Kants praktisch-religiöser Philosophie ein theologischer Kontext bereitsteht, in welchen seine Lehre von der postulatorischen Hoffnung ebenso philosophisch methodenbewußt wie theologisch fruchtbar übertragen werden könnte.

Doch sei es gewagt, abschließend auf eine Möglichkeit aufmerksam zu machen, die gerade für die katholische Theologie von Bedeutung sein könnte. Die Hoffnung, von der Kant spricht, hat einen dreifachen Inhalt: Sie richtet sich auf die Rechtfertigung des Sünders (die uns allererst der Glückseligkeit würdig macht), auf die Glückseligkeit des Einzelnen, aber auch auf die Errichtung eines „ethischen gemeinen Wesens". Alle diese Ziele sind der praktischen Vernunft durch das Sittengesetz vorgezeichnet. Aber alle diese drei Zielsetzungen sind nur dann objektiv (im Gegensatz zu bloß subjektiven Träumen und Sehnsüchten), wenn ein

Gott vorausgesetzt werden kann, der ihre Möglichkeit begründet. So „postuliert" jedesmal der Glaubende die Bedingung, die den Gegenstand der praktischen Vernunft als Gegenstand möglich macht. Die Hoffnung ist daher ihrem Inhalt nach religiös (auf Gottes Gnade gerichtet), ihrer Form nach aber transzendental (auf die Möglichkeitsbedingung der Gegenstände der praktischen Vernunft bezogen).

Das gilt auch von dem dritten Hoffnungsgegenstand, dem „ethischen gemeinen Wesen". Denn „ein ethisches gemeines Wesen" ist nur „als ein Volk Gottes [. . .] zu denken möglich" (Rel. A 131). Aber „ein moralisches Volk Gottes zu stiften, ist [. . .] ein Werk, dessen Ausführung nicht von Menschen, sondern nur von Gott selbst erwartet werden kann" (Rel. A 133). Aber dieses Hoffnungsziel unterscheidet sich von den beiden anderen, der vollendeten Gerechtigkeit und der ihr entsprechenden Glückseligkeit, dadurch, daß ihm auch in dieser Welt der Erfahrung ein Gegenstand entspricht: die Kirche. „Die Idee eines Volkes Gottes ist (unter menschlicher Veranstaltung) nicht anders als in der Form einer Kirche auszuführen" (Rel. A 132). Diese freilich *ist* nicht das Reich Gottes, aber sie ist diejenige Gemeinschaft von Menschen, „welche das (moralische) Reich Gottes auf Erden, soviel es unter Menschen geschehen kann, darstellt" (Rel. A 134). Sie ist „bloße Repräsentantin eines Staates Gottes" (Rel. A 136).

So ergibt sich innerhalb von Kants postulatorischer Philosophie der Hoffnung eine Lehre von der Kirche. Diese kantische Ekklesiologie enthält die Anweisung dafür, wie die Idee des von Gott allein zu errichtenden ethischen gemeinen Wesens auch der menschlichen Praxis ein Feld ihrer Tätigkeit eröffnen kann. Menschlich-praktischer Dienst an der göttlich-gnadenhaften Zukunft des Reiches Gottes ist nur möglich in einer Kirche, sofern diese das Reich Gottes nicht ist, sondern antizipierend „darstellt", sofern sie zwar „menschliche Veranstaltung" bleibt, aber eben darin „ein Werk, dessen Ausführung [. . .] nur von Gott selbst erwartet werden kann", betreibt. Dabei ist es offensichtlich nur innerhalb eines spezifischen, durch die Hoffnung strukturierten Kontextes möglich, die Kirche so zu erfahren, daß sie als antizipierende Darstellung des Gottesreiches und als menschlich-praktische Gestalt für Gottes Gnadenwirken sichtbar wird. Ekklesiologie, so könnte man folgern, ist nur im Kontext einer Philosophie bzw. Theologie der Hoffnung möglich; denn diese will nicht ein bloßes System von Postulaten bleiben,